懐かしい東武沿線にタイムトリップ

東武伊勢崎線 日光線 古地図さんぽ

坂上 正一 著

姫宮～杉戸（現・東武動物公園）間を走る7800系。◎昭和56年9月23日　撮影：高橋義雄

1章【伊勢崎線（スカイツリーライン区間）、亀戸線、大師線】

2章【伊勢崎線】

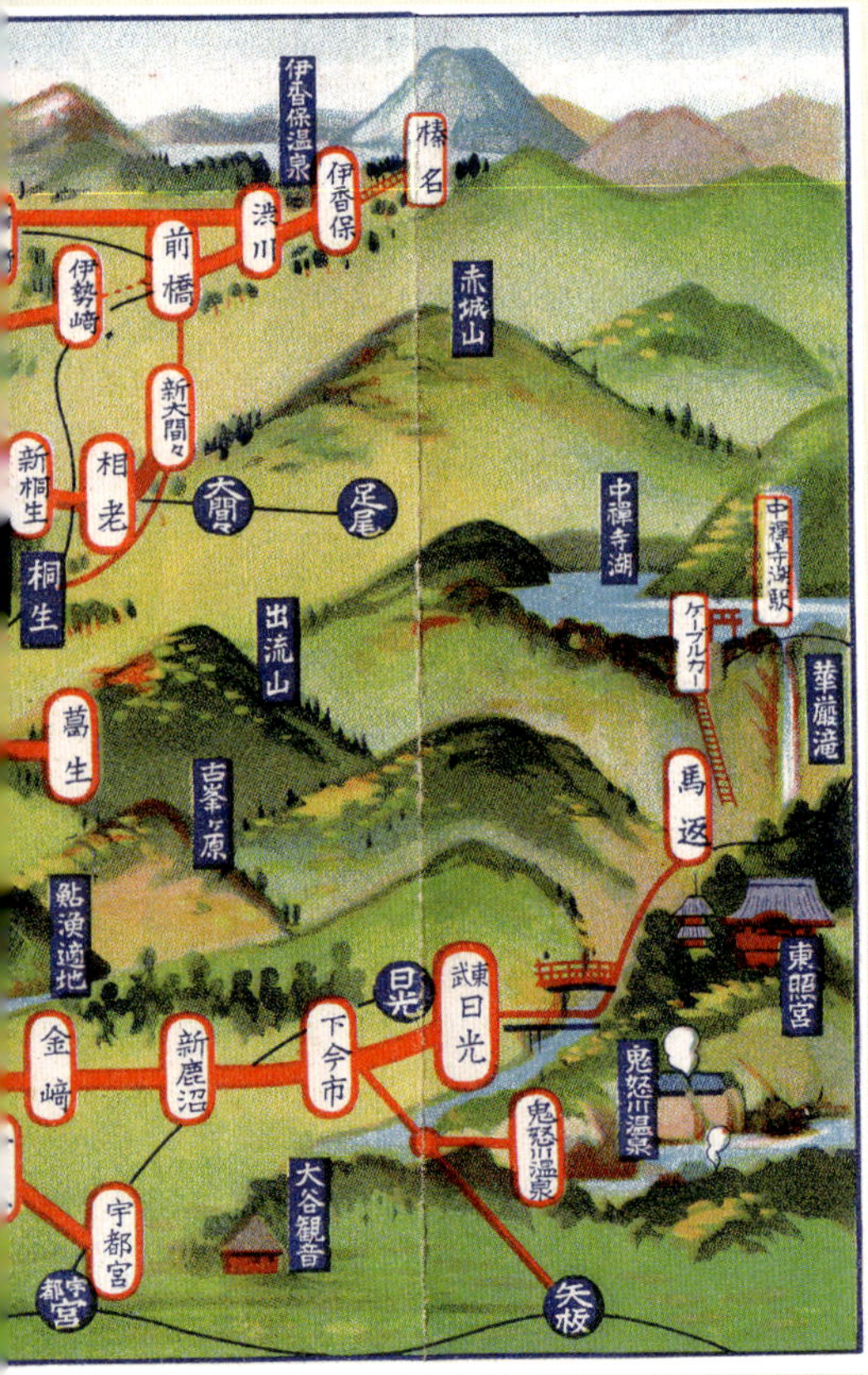

伊香保温泉
榛名
伊香保
渋川
前橋
伊勢崎
赤城山
新大間々
新桐生
相老
大間々
足尾
桐生
中禅寺湖
中禅寺湖駅
ケーブルカー
華厳滝
出流山
葛生
古峯ヶ原
馬返
鮎漁適地
東照宮
日光
東武日光
金崎
新鹿沼
下今市
鬼怒川温泉
鬼怒川温泉
大谷観音
宇都宮
宇都宮
矢板

3章【日光線、宇都宮線、鬼怒川線】

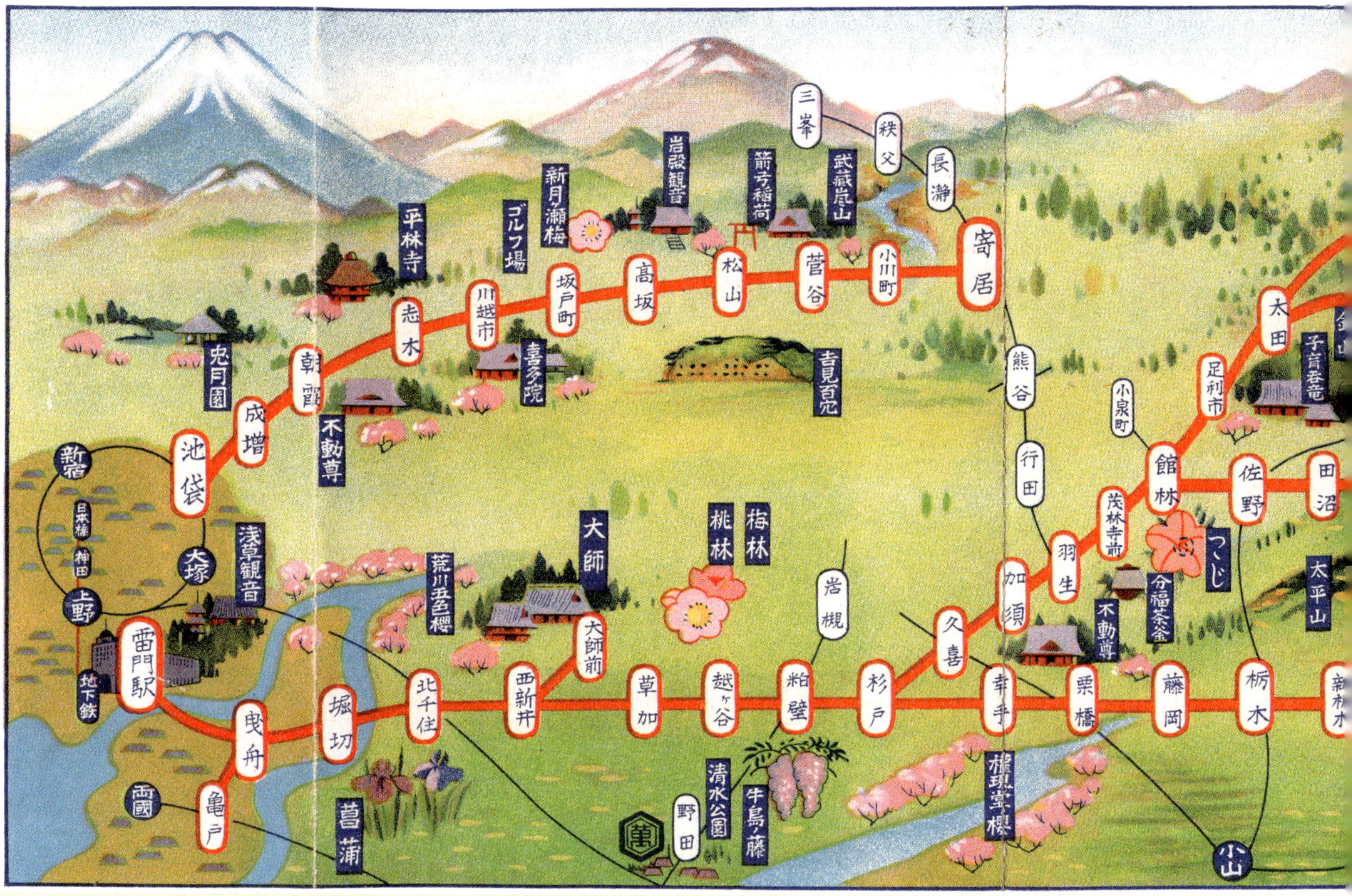

◎大東京案内図(部分)　太平洋戦争が始まる直前、1941(昭和16)年1月に発行された関東近県の鉄道(案内)地図の一部である。折り畳み式で拡げると1メートルほどになり、裏面には日光、鎌倉、伊豆などの地図も付いている。主要な路線(国鉄線)は黒い太線で、私鉄線は赤線で示されている。東武(伊勢崎)線は北千住、栃木などを経由して、宇都宮、日光、桐生、伊勢崎などへ。一大観光地である日光の東照宮、中禅寺湖なども描かれている。

【主な参考資料】
●名所江戸百景　安藤広重
●東京近郊電車案内：附・乗合自動車　渡辺政太郎 編
鉄道智識普及学会　大正15年
●歴史の跡を尋ねて　横井春野 著　白揚社　大正15年
●東武鉄道線路案内記　小泉一郎 著　小泉書房　明治37年
●東武線案内　戸丸暁鐘 著　日本信用通信社　大正７年
●大正元年特別大演習紀念写真帖　田山宗尭 編　ともゑ商会[ほか]　大正２年
●東京近郊写真の一日　松川二郎 著　アルス　大正11年
●大東京繁昌記／下町編　平凡社
●埼玉県名勝旧蹟案内　埼玉県編　埼玉県　昭和５年
●日本百景　小川一真 著　小川一真出版部　明治29年
●日本名勝旧蹟産業写真集. 関東地方之部　西田繁造 編　富田屋書店　大正７年
●利根川汽船航路案内　汽船荷客取扱人聯合会 編
汽船荷客取扱人聯合会　明治43年
●江戸の今昔　歌川広重 著　湯島写真場　昭和７年
●大東京名所百景写真帖　青海堂　昭和11年
●日本歓楽郷案内　酒井潔 著　竹酔書房　昭和６年
●三府及近郊名所名物案内　日本名所案内社　大正７年
●遠足の栞　東京女子高等師範学校附属高等女学校 編　東京女子高等師範
●カメラを携へて東京の近郊へ　奥川夢郎 著　東文堂　大正11年
●東京の近郊：一日二日の旅　田山花袋 著　磯部甲陽堂　大正９年
●旅すがた　田山花袋 著　隆文館　明治39年
●一日の行楽　田山花袋 著　博文館　大正７年
●歴史の跡を尋ねて　横井春野 著　白揚社　大正15年
●古河足尾銅山写真帖　小野崎一徳 編小野崎一徳　明治28年
●旅の小遣帳　時事新報家庭部 編　正和堂書房　昭和５年
●東京風景　小川一真出版部　明治44年
●日本之名勝　瀬川光行 編　史伝編纂所　明治33年
●日本之勝景　小泉幾太郎 編　日本地史編纂所　明治35年
●宿場と街道　今戸栄一　日本放送出版協会
●春日部市まち・ひと・しごと創製総合戦略　平成28年
●越ケ谷案内　大塚文男 編　子吟書屋　大正５年
●玉の井〜色街の社会と暮らし　日比恆明　自由国民社.
●すみだ街歩きガイド　墨田区観光協会
●田舎教師　田山花袋　新潮文庫
●濹東綺譚　永井荷風　新潮文庫
●足利商工案内　安野源三郎 編　足利市商業聯合会　大正15年
●伊勢崎織物同業組合史　伊勢崎織物同業組合 編
伊勢崎織物同業組合　昭和６年
●太田町勢要覧　太田町　昭和16年
●太田町勢要覧　太田町　昭和12年
●館林町勢要覧　館林町　昭和13年
●吾嬬町誌　吾嬬町誌編纂会　昭和６年
●町制施行記念　藤原町　昭和10年
●東京百年史
●台東区史
●江東区史
●墨田区史
●足立区史
●草加市史
●越谷市史
●春日部市史
●昭和の郊外・東京戦前編　三浦展 編　柏書房
●東武鉄道百年史　東武鉄道株式会社

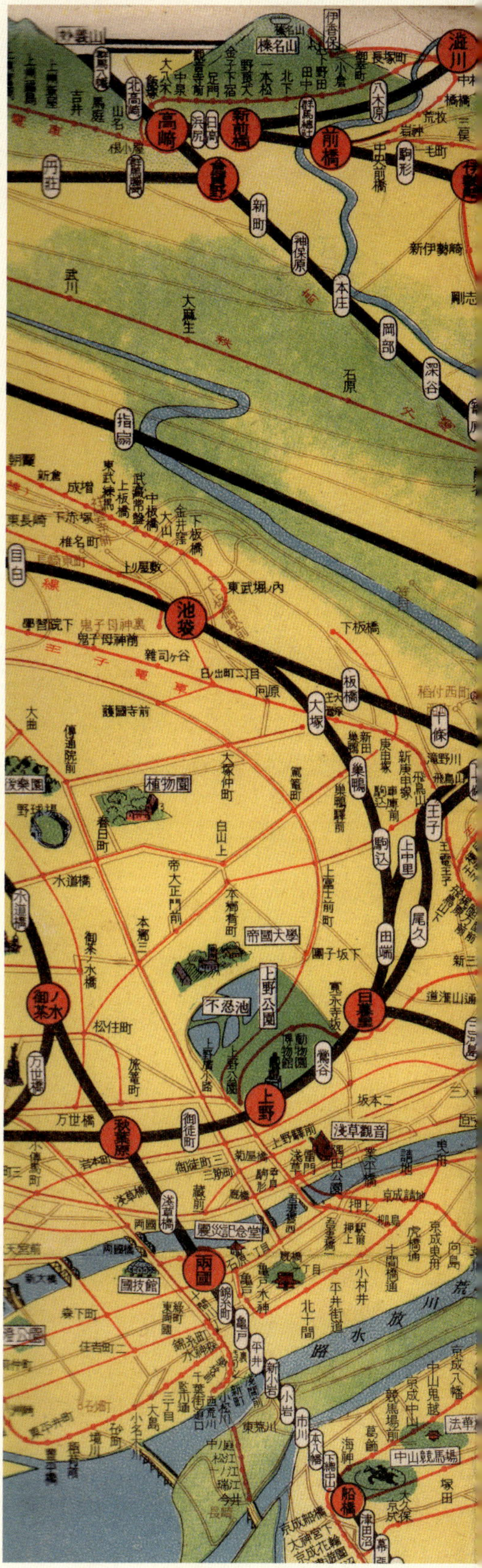

先人の夢の結実
～まえがきに代えて～

東武鉄道は、伊勢崎線と日光線で東京メトロ日比谷線、半蔵門線及び東急田園都市線と相互直通運転を行っている。利用客は相互直通運転は当たり前のように受け止め、その利便性を享受している。しかし、東武鉄道が創業時の先人の夢を結実させ、北関東と神奈川を結ぶ鉄道ネットワークの一員となるまでは、幾度となく挫折した永い道のりがあった。

東武鉄道は明治の創業時から都心乗り入れの思いを強く抱き続けた。創業時に深川・越中島への延伸を図ったときも、明治37（1904）年に亀戸から総武鉄道（現・JR総武線）に乗り入れて両国を始発駅にしたのも、アールデコ風の駅ビルを建設して昭和6（1931）年に浅草駅を開業したときも、その先に見ていたのは都心乗り入れであった。山手線の内側に入ることは、東武鉄道創業以来の悲願だった。

その夢が実現したのが昭和37（1962）年、地下鉄日比谷線との相互直通運転だった。隅田川を越えたものの浅草止まりという不便な鉄道だった伊勢崎線沿線に住もうという人も少なく、昭和30年代（1955～1964年）後半になっても市街化されていたのは都区部の西新井までと、草加、越谷、春日部、杉戸（現・東武動物公園）、久喜駅周辺に過ぎなかった。西新井以遠はかつての日光街道宿場街駅を除くと、その沿線は小集落が点在する田園風景が続いていた。しかし、日比谷線との直通運転が始まり、乗り入れ区間が伸びるに連れて沿線は急速に開発され、今に至る都市景観を形成していく。

そしていま、東武伊勢崎線は他社線3路線と乗り入れ、北関東～東京～神奈川を結ぶ繁華な路線となった。

東武鉄道は明治32（1899）年8月に北千住～久喜間で開業した。日本経済を牽引していた繊維産業のさらなる発展と沿線地域の開発を志し、北関東の機業地と帝都東京を結ぶ今の東武伊勢崎線が広大な関東平野の田園地帯を汽笛を響かせて走り出してから、2019年には開業120週年を迎える。

2018年10月　著者 記

1章
伊勢崎線(スカイツリー区間)
亀戸線
大師線

北千住～小菅間を走る6000系。◎昭和56年9月8日　撮影：高橋義雄

伊勢崎線

浅草

昭和モダンの駅ビルで浅草駅開業

陸軍参謀本部陸地測量部発行「1/10000地形図」

明治42年(1909年)

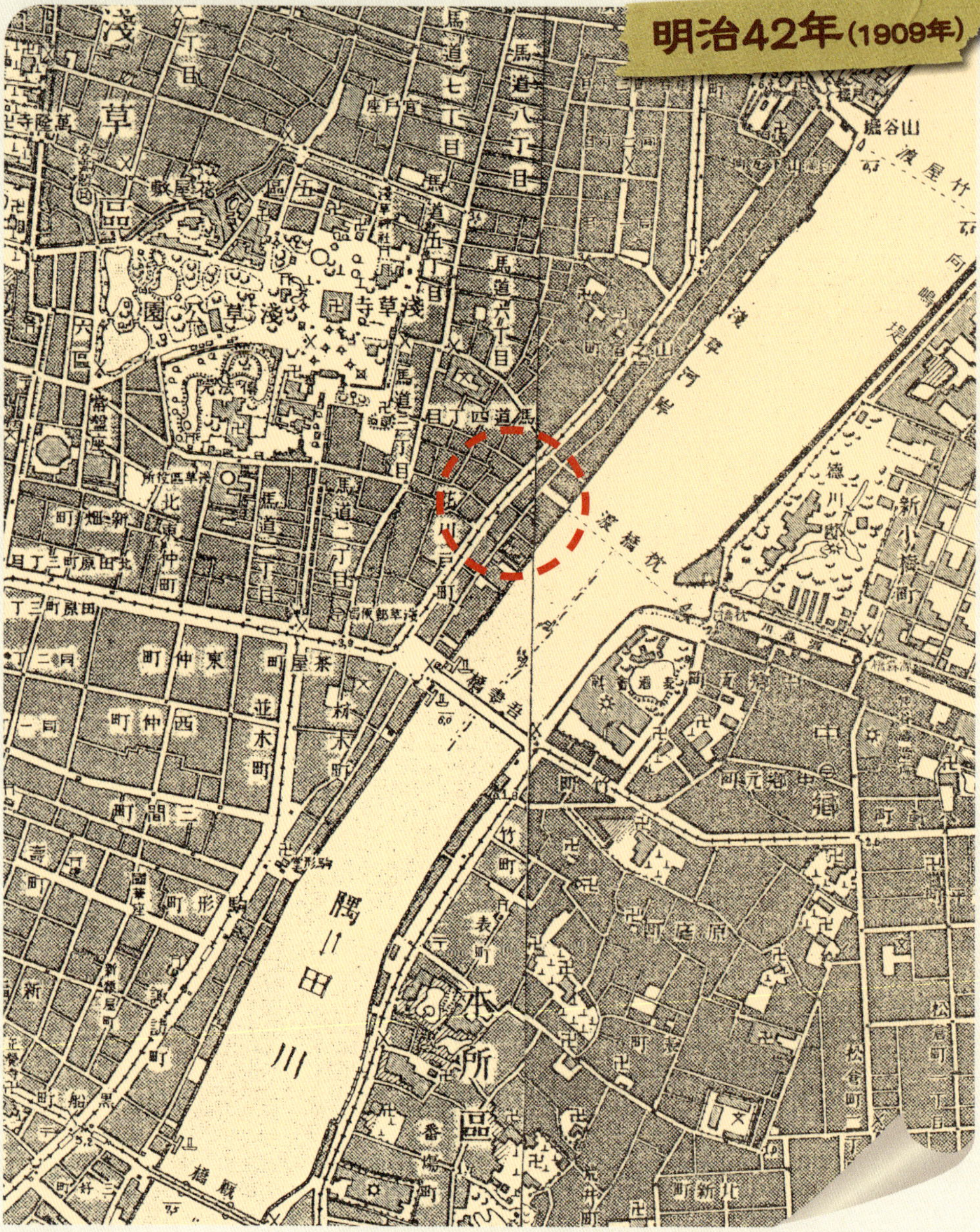

浅草区や本所区が見える懐かしき時代である。江戸以来、日本一の繁華街であった浅草の明治末期、市電ネットワークが出来上がっている。隅田川「枕橋渡」の東側に見える「源森川」は北十間川の隅田河口側の名称。東武鉄道は明治37(1904)年に北十間川沿いに吾妻橋駅(現・とうきょうスカイツリー駅)を開業、隅田川越えを企図して総武鉄道(現・JR総武線)に乗り入れるなど試行錯誤。吾妻橋駅を浅草駅に改称するのはこの翌年だ。

開業年	昭和6(1931)年5月25日
所在地	東京都台東区花川戸1-4-1
駅構造	3面4線(高架駅)
キロ程	0･0㎞(浅草起点)
乗降客	48,673人

遂に隅田川を渡った

〈東武鉄道は関東平野の中央を貫通する極めて重要なる地位を占める。桐生、足利、伊勢崎の織物大機業地は云うも更なり。近くは昨年、日光線の開通に於いて愈々同社の営業機能は発揮されるに至った。日光急行の為には最新式展望車まで備え、営業サービスの改善には東京郊外電鉄中、特異のものである〉云々。

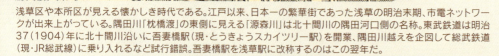

当時、向島区にあった吾嬬町(現在の東向島駅の東側になる)が昭和6年に発行した町誌の一節だが、東武鉄道はこの年の5月、現在地に浅草駅、当時は浅草雷門駅を開業した。

東武浅草駅開業当時の空撮(吾嬬町誌)

東武鉄道は明治30(1897)年、関東平野を縦断して両毛機業地と東京を直結しながら沿線各地の産業の開発・発展を促す目的で会社を設立。明治32年に北千住～久喜間で開業以来30年余。紆余曲折を経ながら東武鉄道が初めて

陸軍参謀本部陸地測量部発行「1/10000地形図」

東武鉄道の浅草駅開業前年の地図だ。地図中央、吾妻橋の右手に見える「麦酒会社」は、明治39（1906）年に、大阪麦酒、日本麦酒、札幌麦酒が合併して誕生し大日本麦酒である。戦後、過度経済力集中排除法の適用を受けて分裂。現在はアサヒビール本社だ。その右側の「神谷酒造場」は、神谷バーの醸造部。お馴染みの電気ブラン等を作っていた。浅草寺に眼を移すと、今は消えた瓢箪池が見える。

「男女和合の神様」待乳山聖天

東武浅草駅から歩いて10分足らず、隅田川畔の小高い丘である待乳山にある（台東区浅草7-4-1）。浅草寺の子院で、院号は本龍山。歓喜天と十一面観音が祀られている。待乳山はかつては周囲が見渡せる山であり、江戸時代には文人墨客がこの地を訪れている。例年1月7日には聖天さんの大好物とされる「大根まつり」が有名。池波正太郎は大正12年に待乳山聖天傍で生まれたことに因んで、入り口に池波正太郎生誕の地の碑がある。

待乳山聖天社殿

池波正太郎生誕の地の碑

隅田川を渡り、東京都心部に初めて設けた駅が、浅草雷門駅だった（浅草駅に改称するのは昭和20年）。

都心部への路線延伸は東武鉄道創業以来の願望であり、浅草雷門駅開業も計画では、国鉄上野駅に乗り入れる構想だった。

東武鉄道浅草駅はその頃は業平橋駅だった。現在のとうきょうスカイツリー駅である。東武鉄道が業平橋から延伸し、隅田川を渡って浅草花川戸から上野駅に達する路線延長を申請したのは関東大震災直後の大正12（1923）年10月。しかし、当時は東京地下鉄道（現在の東京メトロ銀座線の前身）が浅草～上野～新橋間に敷設計画を持っていたため、東武鉄道の申請は大正14年に浅草花川戸止まりで認可されるに至った。

開通した当時の地下鉄（大東京写真帖）

東京地下鉄道は昭和2（1927）年に浅草～上野間が開業。地下鉄は早速、東京名物となり日本一の繁華街浅草はその繁華を更に加速。東武鉄道が浅草の繁華に負けない駅ビルの建設にかかったのは昭和4年のことだった。

建設省地理調査所発行「1/10000地形図」

昭和30年（1955年）

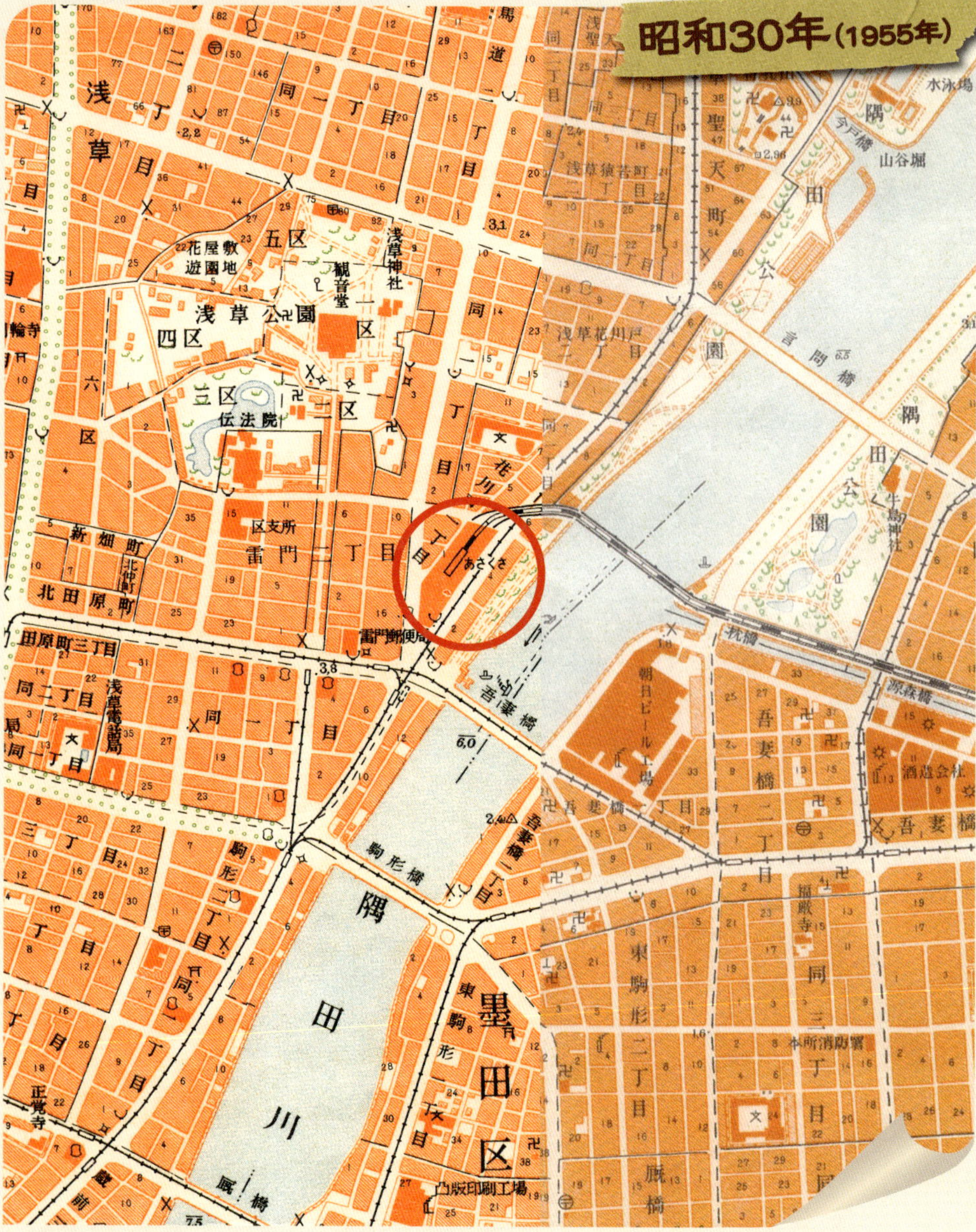

隅田川の両岸に「隅田公園」が見える。隅田公園については19ページの「日本初のリバーサイドパーク」で採り上げている。墨田区側の大部分はかつての水戸徳川家別邸だった。10年後、頭上に首都高速が建設され、景観は一変してしまう。地図右上の山谷堀が埋め立てられるのは昭和40年代（1965〜1974年）。現在は桜並木となって、隅田公園のざわめきとは一線を画した花見の名所。花の盛りより、葉桜の季節に雅味がある。

屋上遊園地

東武浅草ビルの屋上遊園地は、その後の百貨店屋上遊園地のハシリだった。
屋上遊園地は戦争でいったん姿を消すが、戦後に再開。復興の波に乗って屋上遊園地は下町の百貨店から、全国の鉄道系のターミナル百貨店、富裕層が中心だった銀座の百貨店に広がって行った。
デパート屋上の遊園地は、高度経済成長期を経てテーマパークの登場や価値観の変化、百貨店の経営合理化の流れの中で、昭和末期から平成にかけて屋上遊園地は徐々に規模を縮小。やがてそのほとんどが姿を消していった。
東武浅草ビルも屋上は現在、屋上は東京スカイツリーを望める「浅草ハレテラス」として開放され、自由使用のテーブルが20ほど設けられている。
東京では現在、東急プラザ蒲田店の屋上に唯一の遊園地があり、カラフルな観覧車が回る昭和の時代の屋上遊園地の風景が広がっている。

現在の浅草駅ビル

浅草の繁華が増幅

松屋デパートが今もテナントで入っている東武浅草ビルは、関東では初となる本格的な百貨店併設のターミナルビルとして開業した。浅草1丁目1番地の神谷バーなど、浅草界隈に残る数少ない戦前建築である。

昭和20年の東京大空襲で被災し、内部を焼失したが浅草の戦後復興を牽引すべく昭和21年には営業再開。外装も昭和49年の改装工事で全館がアルミパネルで覆われ、当初の面影は残されていなかった。

しかし、平成23年からの改修工事でアルミパネルを撤去。その後、外壁と同様覆い隠されていた時計塔も復活。昭和初期を代表するアール・デコ様式の風情が復活している。

昭和6年の竣工当時、東武浅草駅はターミナルビルとしては2年前の昭和4年に開業した大阪梅田の阪急ビルを凌ぐ日本一の規模を誇った。

東武浅草ビルの駅正面の大階段両側に、2階ホーム改札階に直結するエスカレーターがある。駅開業当時からのものだ。

今でこそ珍しくはないが、当時は画期的であり、関東地方では初めてのモダンな設備であった。

浅草は江戸時代からの繁華街であったが、明治に入って浅草寺周辺の浅草田圃を開発。第一区から第六区に区割りし、池を巡って一大遊園地や映画街が誕生してから、繁華街浅草の地位は不動のものとなった。

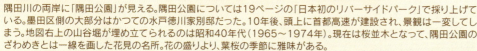

花川戸と「町奴」幡随院長兵衛

東武浅草駅の所在地は花川戸だが、江戸時代初期、男伊達で名を売ったのが花川戸の町奴、幡随院長兵衛だ。世情安定していなかった江戸初期、形成され始めた町人社会で名を売ったのが町奴。俗に言う侠客の元祖だが、その代表格が浅草花川戸の口入れ屋を稼業としていた幡随院長兵衛。
5千石の旗本水野十郎左衛門を敵役に、昭和30年代の映画黄金時代には幾度となく映画化されたが、浅草の源空寺（台東区東上野6-19-2）には幡随院長兵衛が妻きんとともに葬られており（写真参照）都旧跡となっている。

源空寺の幡随院長兵衛墓所

慶安3年（1650）、長兵衛は水野十郎左衛門の騙し討ちに遭い、36歳で命を落としているが、神田川に投げ込まれた長兵衛の死体が上がったのは現在の江戸川橋下流の隆慶橋付近という。

国土交通省国土地理院発行「1/10000地形図」

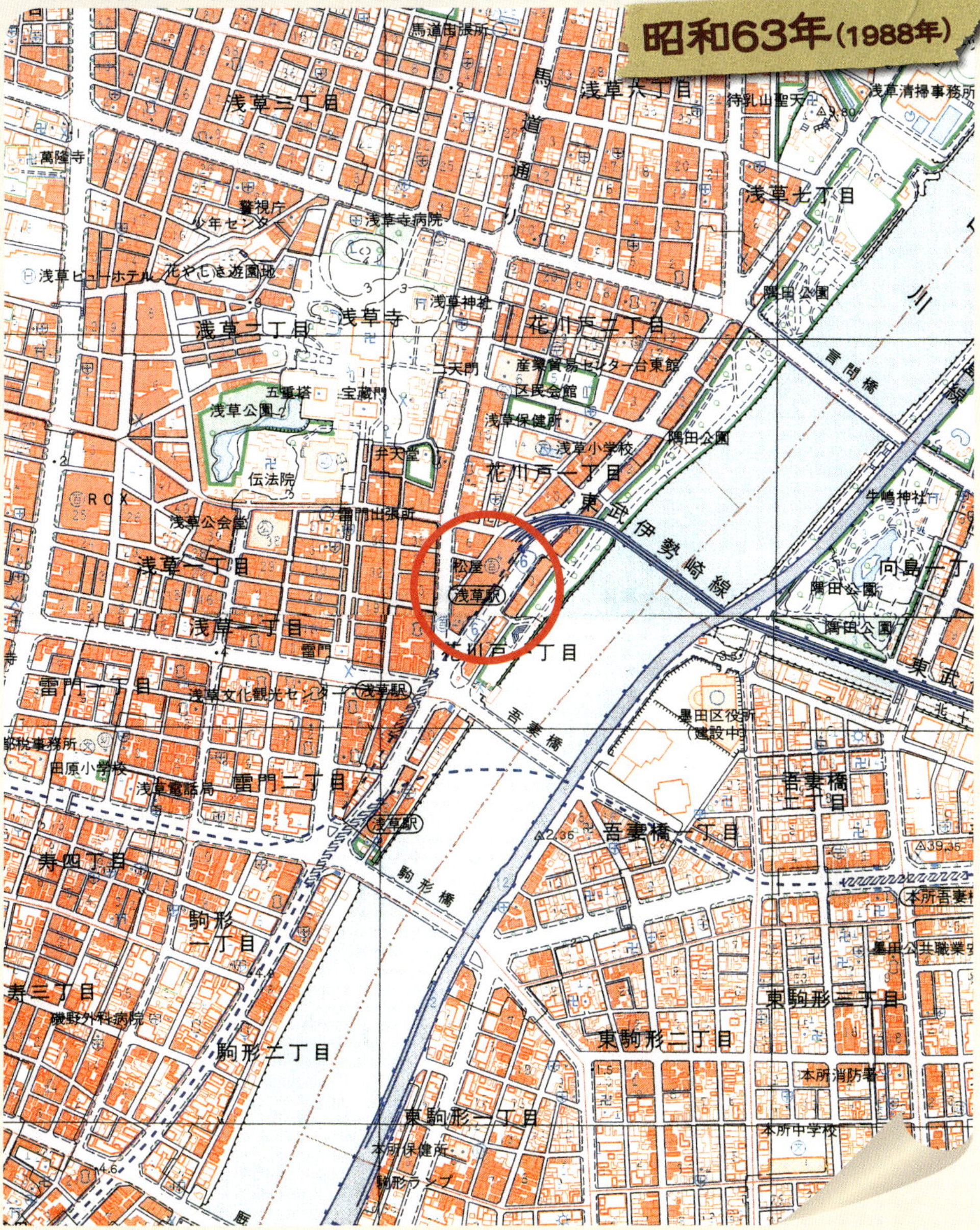

地図左端の南北軸は国際通り。今はその下を平成17（2005）年開業のつくばエクスプレスが走る。「浅草公園」は昭和22（1947）年まで実際にあった都市公園。昭和40（1965）年まで町名として残されたが、この頃は浅草寺境内の代名詞として使用されていた。浅草公園と国際通りの間が「六区」だったが、今や再開発され、ドン・キホーテの出店など往時の面影は消えた。唯一浅草ロック座が残っているのが、オールドファンには嬉しい。

浅草寺仲見世通り

外国人観光客でも賑わう浅草寺仲見世通りは日本で最も古い商店街で、その原型は家康入府以前にあったといわれる。境内に出店営業の特権が与えられたのは元禄から享保の頃で、管理者から東京都から浅草寺に移転、家賃値上げで話題になったのはつい最近だ。現在の外観は大正末期建築のもの。戦災で焼けたが外観は残り、戦後修復して今日の盛況に甦った。

雷門の大提灯

昭和に入ると地下鉄が走り出し、隅田川を眺める東武浅草ビルからは日光への電車が走り始めていた。

浅草六区の賑わい（大東京写真帖）

東武鉄道日光線が開通したのは昭和4年。浅草雷門駅開業後は特急電車が毎日運転され（浅草発8時、東武日光発16時10分発の1日1往復）、日曜・祝日には貴賓車を転用した展望車両が連結された。冒頭の吾嬬町誌に云う「最新式展望車」は、この貴賓車転用展望車をいう。

昭和初期に誕生したモダンな東武浅草ビルは、JR駅と接続も近接もしていないターミナル駅として異色の存在感を発揮している。

陸軍参謀本部陸地測量部発行「1/10000地形図」

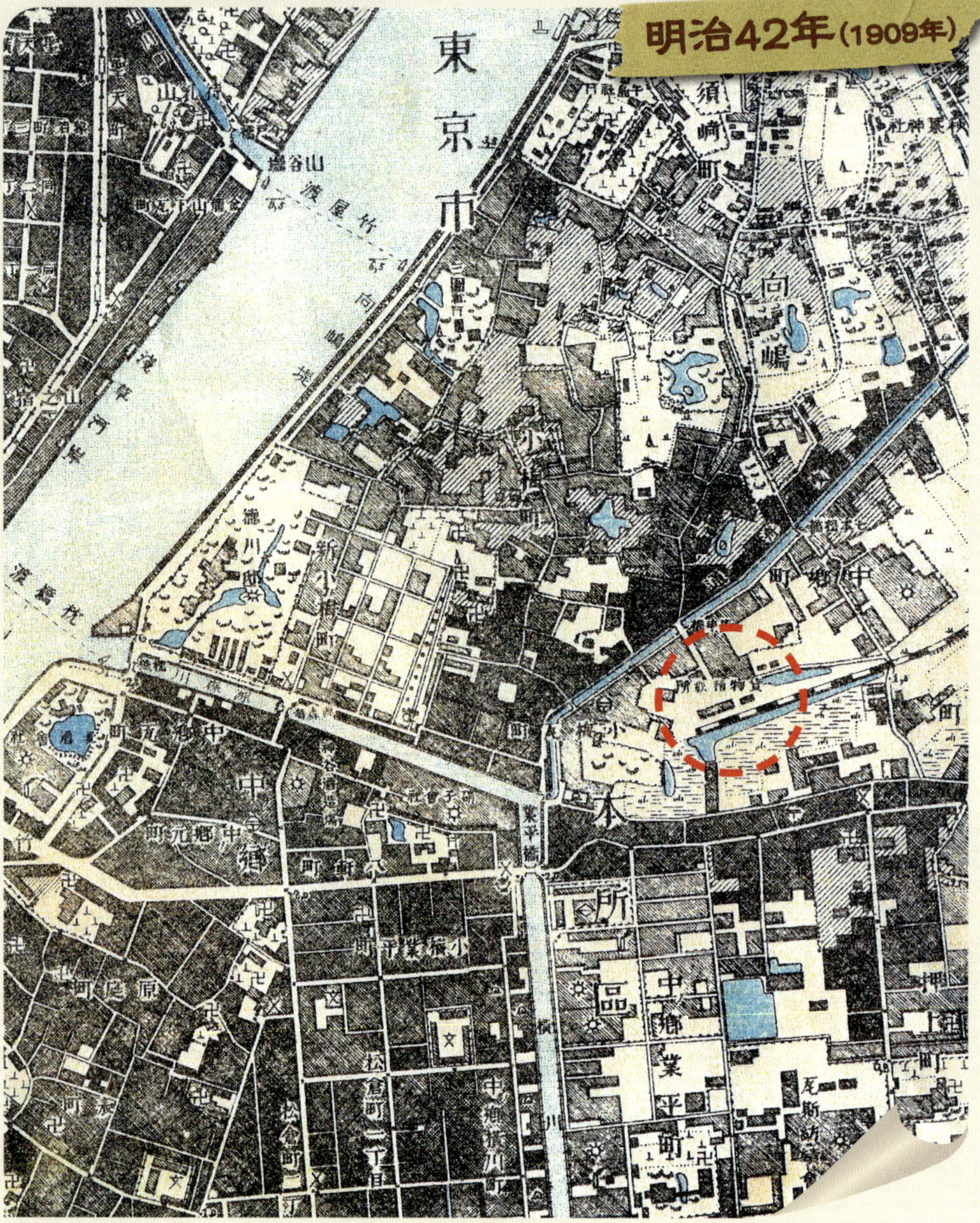

地図には駅名が入っていないが、地図右側中央の鉄道が東武鉄道であり、その先端が現在のとうきょうスカイツリー駅であり、当時は吾妻橋駅だった。線路に沿って堀割があるが、このころは貨物駅であり、この堀割は北十間川に入る水路となっている。北十間川が隅田川とつながっていた時代であり、水路を利用した舟運に適した立地であった。吾妻橋駅の北側で斜めに流れているのは曳舟川。舟運盛んな時代の地図である。

伊勢崎線

とうきょうスカイツリー

街の表情を一変させた高さ634m

開業年	明治35（1902）年4月1日
所在地	東京都墨田区押上1-1-4
駅構造	1面2線（高架駅）
キロ程	1.1km（浅草起点）
乗降客	17,683人

東武鉄道のイメージも変わった

東京スカイツリーの来場者が3千万人を記録したのは平成30年1月26日。平成24年5月の開業から5年8カ月、単純計算で年間500万人以上を数える。昭和33年に開業した東京タワーが3千万人に達したのは8年後の昭和41年。当時とは交通事情も、また情報伝達の速度も濃度も違う。一概に比較はできないが、交通の便を見れば東京スカイツリーは、至近に鉄道のない東京タワーよりはるかに優位性があった。

東京スカイツリーは東武伊勢崎線、京成押上線、東京メトロ半蔵門線、都営地下鉄浅草線が交わる押上駅と、業平橋駅改めとうきょうスカイツリー駅の間に立地。交通結節点に位置している上に、成田空港と羽田空港を結ぶ路線上にある。また、周辺道路も浅草通りや水戸街道など幹線道路が走り、複数の首都高インターチェンジが集積している。

見慣れた光景ですが・・・（スカイツリー遠景）

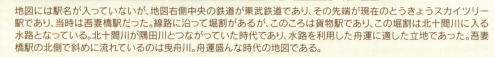

陸軍参謀本部陸地測量部発行「1/10000地形図」

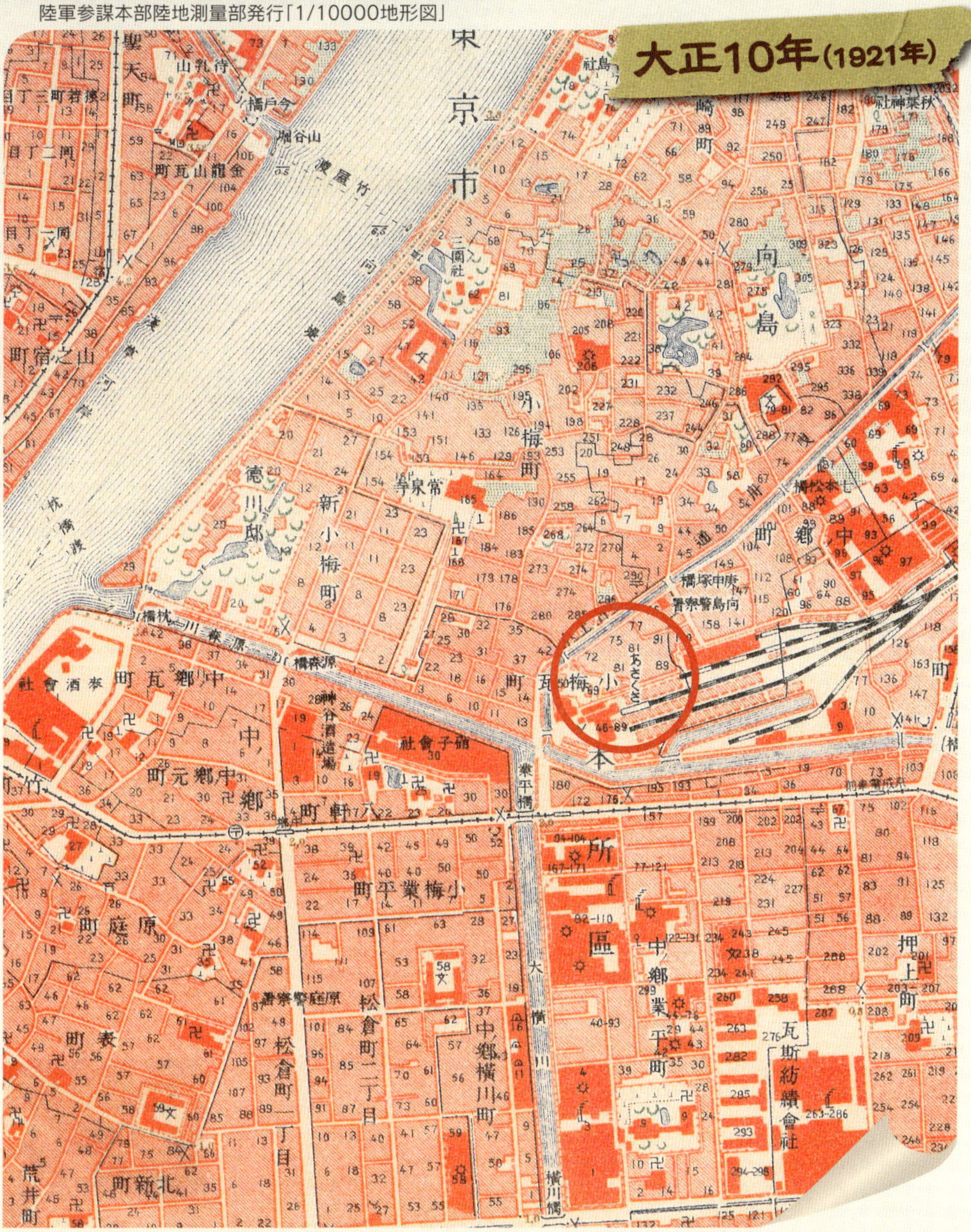

向島と本所

北十間川の北側の向島区と、南側の本所区が合体して昭和22年に墨田区は誕生しているが、向島と本所は地図相が大きく違う。向島は江戸時代前から農村地帯として時を刻み、江戸中期には隅田川の水景と桜が文人墨客も愛でる名勝地となり、料亭も登場。賑わいを増した。一方の本所エリアは江戸時代に開発された広大な新開地だ。明暦3（1657）年のいわゆる「振袖火事」は江戸市中の半分以上を焼き尽くした。隅田川に橋がなかったことも被害を大きくし、犠牲者の数は10万人にも及んだ。幕府は江戸の街づくりと、防火対策を根本から見直し、万治2（1659）年に両国橋を架けると同時に武家屋敷などを移転するため両国橋東岸の開発に着手する。これが世にいう「本所開拓」だ。

碁盤の目状に町割りをし、湿地帯だった悪条件を逆手に活かし、竪川や大横川、北十間川、更に東西南北に掘割下水を整備。かくて本所エリアには舟運用に水路が四通八達、イタリアのベニスにも匹敵する水の都となった。

名所江戸百景「両国橋大川はた」

震災復興事業の一つとして言問橋が架けられるのは昭和初期。このころの隅田川は往昔以来の「渡し」の時代。地図上左、待乳山聖天の足元を流れる山谷堀から出る「竹屋の渡し」。対岸に「竹屋」なる料理屋があったことから、その名がついた。一説には、舟が竹屋側にいるとき、山谷堀から「おーい、竹屋〜!」と大声で舟を呼んだとも。隅田公園の一隅に「竹屋の渡し」の石碑が残されている。

東京スカイツリーが持っていた巨大な集客力に、交通機能が対応していたことも、スカイツリー効果が地元墨田区のみならず、隅田川を渡った浅草にも波及している要因となっている。

東京スカイツリーで一変したのは街の表情ばかりでなく、東武鉄道も然り。デジタル放送時代前夜の平成10年頃から600m級新タワー建設が論議され始めた。候補地としてさいたま新都心などが名乗りを上げる中、墨田区や地元関係者が東武鉄道に新タワー誘致の協力を要請。東武鉄道はそれを了承し、東武鉄道貨物ヤード跡地に建ったのが東京スカイツリーだ。

東武鉄道は浅草及び池袋（東上線）に拠点ターミナルを構えていたものの、都心部から離れていく路線のため、同じ郊外私鉄ながら都心部を縦断、横断していく東急や京急、小田急、京王など比べると地味な存在だった。しかし、東京スカイツリーはそうした東武鉄道のイメージを一新。メディアへの露出度も格段にアップした東武鉄道は東京スカイツリー開業に先駆けて東武伊勢崎線の浅草駅〜東武動物公園駅間及び押上駅〜曳舟駅間を「東武スカイツリーライン」と洒落た愛称をつけると、あわせて長らく馴染んでいた業平橋駅を「とうきょうスカイツリー駅」と改称したのだった。

駅開業からの転変

隅田川に馴染みの深い在原業平に因んだ駅名だったとうきょうスカイツリー駅の歴史は古い。東武鉄道開業間

建設省地理調査所発行「1/10000地形図」

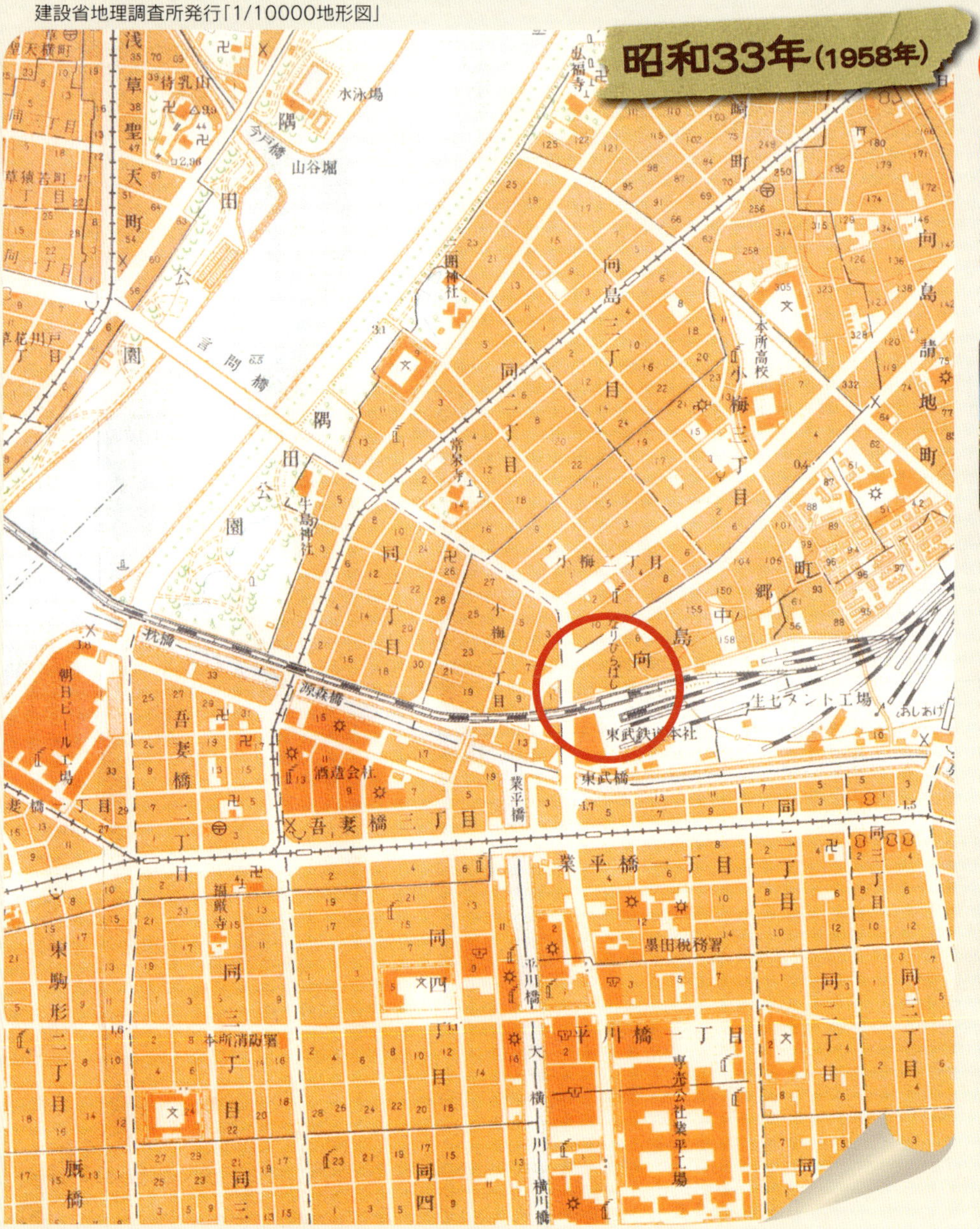

言問橋が架けられたことから言問通りが整備され、大横川東側に沿って伸びている。曳舟川は曳舟通りとなり、水戸街道（国道6号）も通っている。地図右側上部で斜めに走っているのは現在の桜橋通り。この通りで対岸と結ばれる歩行者専用の桜橋が架かるのは、30年後の昭和60（1985）年だ。東武鉄道の吾妻橋駅もその後、変遷を重ねて業平橋駅となっている。東武鉄道の本社もこの地に移っている。「朝日ビール」はかつての大阪麦酒である。

隅田川に出られぬ北十間川

東京スカイツリー誕生を機に墨東の内部河川から隅田川、荒川へと出て行く舟運観光が賑わいを増している。

復活した舟運観光（船着き場）

内部河川の舟運観光では、東京スカイツリーの足許を流れる北十間川にも発着場が設けられた。しかし、北十間川は隅田川と行き来できない。地図上では隅田川とつながっているのだが、とうきょうスカイツリー駅の南側に架かる東武橋の西側に北十間川樋門が設けられているからだ。

樋門は江東ゼロメートル地帯の水害防止用の設けられたものだが、閘門と違ってゲートの開閉で船を行き来させる機能はない。

（1658～61）に開削された。川幅が十間だったことが名の由来だが、開削当時は東武橋がその西端だった。

現在、隅田川とつながっている部分は寛文年間（1661～73）の開削で、二つの川が繋がったのは明治18年。しかし、昭和53年に樋門が設けられて以降、隅田川とは行き来できない川となってしまった。

もない明治35（1902）年、吾妻橋が駅名だった。

スカイツリーの賑わい

東武鉄道は明治32年に北千住～久喜間で開業すると、久喜以遠の延伸に着すると、同時に隅田川の西側、東京都心部を目指す前段階として浅草方面にも路線延長を図る。それが向島線と通称される北千住～吾妻橋間の路線だ。

明治35年に開業した向島線に設けられた停車場は北千住～堀切～鐘ヶ淵～白鬚～曳舟～吾妻橋。このうち白鬚は後の玉の井（現東向島）である。

吾妻橋駅は計画段階では「小梅駅」だった。所在地は当時、本所区小梅瓦町だったことから、地名に因んだ。しかし、小梅より吾妻橋の方がはるかに知名度は高かったことから、吾妻橋に変更。そして明治（1910）43年、吾妻橋駅を浅草駅と改称、東武鉄道浅草駅の誕生である。しかし、繁華を謳歌する浅草の江戸っ子から見れば、川向うである。東

日本初のリバーサイドパーク

隅田公園はかつては吾妻橋付近から白髭橋付近まで隅田川の両岸に沿った、日本で初めてのリバーサイドパークだった。

隅田公園の計画が立てられたのは関東大震災後の大正12年11月。帝都復興院理事会で決定された政府原案には、隅田公園設置理由書には次のように記されている。

〈隅田川上流両岸にして大体吾妻橋付近より白髭橋付近に至る沿岸に道路公園を設定せむとす。一朝非常時に際しては群衆の避難場たらしめんとす。殊に此処は古来史跡に富めるが故に此等旧蹟を保存すると同時に東京唯一の臨川公園たらしめるを得べし〉（要約）

隅田公園は昭和5年に完成した。

墨田区側は延長1キロ超の並木道路が根幹となっており、墨堤の桜並木は幅18間（33m）に拡張。並木道路は車道（幅6間）が1本、歩道（幅2間半）が2本、そして河岸沿いの幅2間の遊歩道からなり、その間には幅1間半の芝生帯とし、桜を植樹している。堤防の斜面にも樹木が植栽されていた。

日本の公園史上、画期的だった隅田公園も戦後は都市環境の激変に晒される。殊に墨田区側の隅田公園は昭和39年の東京オリンピックのために首都高が建設され、壊滅的打撃を受けた。

国土交通省国土地理院発行「1/10000地形図」

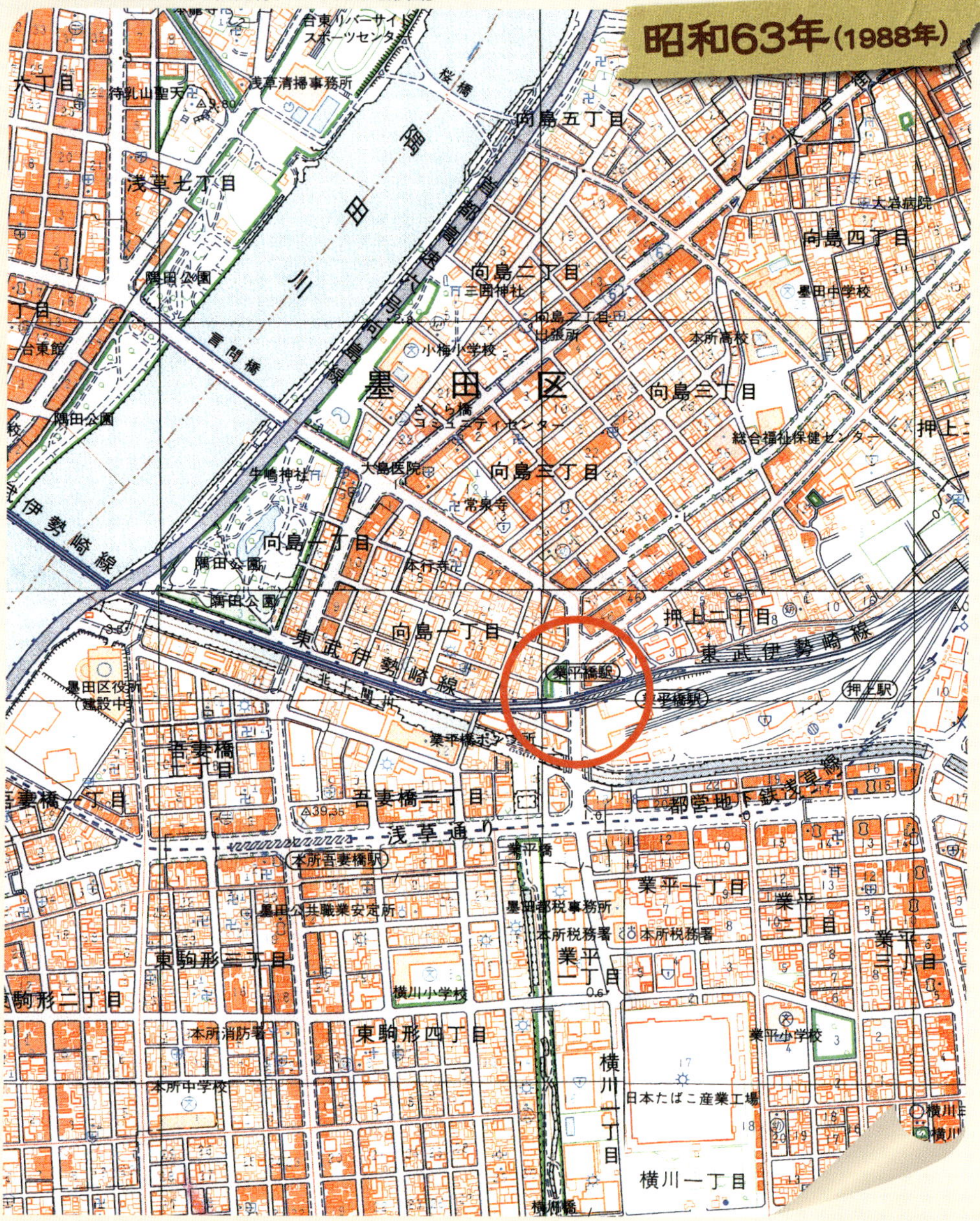

地図上部に「桜橋」が見える。台東区と墨田区の提携事業として昭和55（1980）年に事業がスタート、昭和60（1985）年に完成した隅田川唯一の歩行者専用橋。両岸の隅田公園を結ぶ園路の役割を持つ。平面のX字形の特異な形をしているのはご存じの通り。桜の季節には両岸の桜を楽しむ花見客でごった返す。地図下の日本たばこ産業工場は現在、同社の生産技術センター。その一画に「たばこと塩の博物館」が渋谷から移転してきている。

墨田区役所に勝海舟像

墨田区役所（吾妻橋1-23-20）は東京スカイツリーの足元を流れる北十間川の最も隅田川寄りに架かる枕橋南側にあるが、区役所の一画に勝海舟の像が立つ。北十間川の南側は本所地区だが、勝海舟は本所生まれ。平成15（2003）年に生誕180年を記念して建てられた。世界に目を向けた勝海舟を、右手を前に突き出した姿で表現。像の高さは2.5m。台座も入れると5mを越す。

武鉄道も、浅草駅と名称したものの、内心忸怩たるものがあったかもしれない。

隅田川を渡る路線延長が認可され、昭和6年に名実伴う浅草駅が開業。それまでの浅草駅は業平橋と改称されたというのが、とうきょうスカイツリー駅の前史だ。

吾妻橋駅は、別項で取り上げる亀戸線（曳舟〜亀戸間）が開通した明治37年、一時廃止されている。しかし、明治41年に貨物駅として再開業。浅草駅に改称した明治43年は旅客駅としても再開業したことによる。

往時、北関東から鉄道で業平橋駅に運び込まれた貨物は、ここで舟運に積みかえられ、北十間川から隅田川、中川を通って、広く全国に運び出されていた。東武鉄道の貨物輸送を支えた貨物ヤード跡地に建ったのが、東京スカイツリーだった。

◎千住大橋　千住大橋は隅田川最古の橋であり、徳川家康が江戸に入って間もない1594(文禄3)年に最初の橋が架橋されている。江戸時代の木橋の姿は、歌川広重が浮世絵に描き、当時は「大橋」と呼ばれてきた。現在の橋は関東大震災後の復興事業として、1927(昭和2)年に竣工した。国道4号(日光街道)が通り、戦前、戦後を通じて、北千住に向かう東京市電(戦後は都電)が走っていた。

◎綾瀬川橋梁　綾瀬川に架かる橋梁を渡る、東武伊勢崎線の蒸気機関車が牽引する列車である。この絵葉書に写された東京郊外の綾瀬川とは、現在の墨田区と足立区との境界、堀切駅の南側を流れていた付近と思われる。東武伊勢崎線は1902(明治35)年に開通し、堀切駅も開業したが、駅が一時廃止されていた。1924(大正13)年の荒川放水路掘削に伴って、ルートが変更された後、堀切駅も移転・再開業した。

◎浅草雷門付近　浅草寺の雷門は幕末の火災で焼失後、戦後に復活するまで存在しなかった。絵葉書にはときどきに再現された仮(設)門の姿が見えるが、これは明治後期のもので雷門自体は見えない。「東京勧業博覧会」の看板があることから、1907(明治40)年の風景と思われる。

◎押上付近　「冬木立　押上附近」とタイトルが付けられた、現在は東京スカイツリーがある押上付近、明治後期の冬の風景である。左側を流れるのは北十間川で舟の姿もある。右側には道の脇に小さな祠が見え、石碑のようなものが建てられている。

トリビ　ど　公園・施設など　神社　寺

◎白鬚橋　東武の東向島駅の西側を流れる隅田川に架かる白鬚橋である。戦前には一時期、この付近に京成白鬚線の終着駅である白鬚駅が存在した。この白鬚橋は1914(大正3)年に架橋された初代の橋(木橋)で、1925(大正14)年に東京府が買い取った。現在の橋は1931(昭和6)年に架け替えられた。

陸軍参謀本部陸地測量部発行「1/10000地形図」

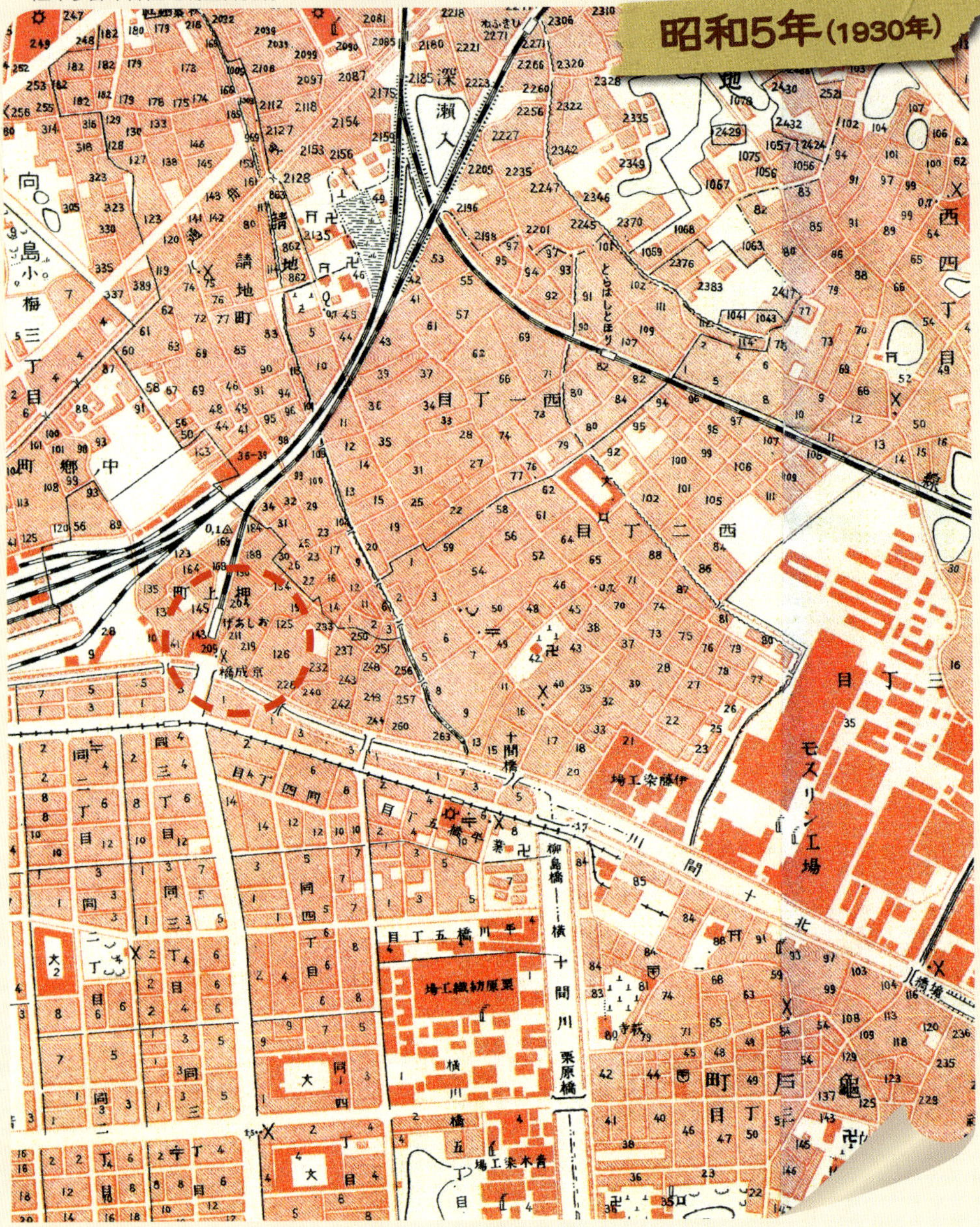

地図上中央から分岐して右側に分岐しているのは東武亀戸線で、「とらはしどおり」とある駅は、昭和3(1928)年の亀戸線全線電化に合わせて、中間駅として亀戸水神駅、北十間駅、平井街道駅(現・東あずま駅)、小村井駅、十間橋通駅とともに開業した「虎橋通駅」。戦後に廃止された駅だ。地図中央左側に京成電鉄押上駅が見える。京成電鉄も都心延伸を目指していたが押上で頓挫。昭和35(1960)年に都営地下鉄と接続して、息を吹き返した。

伊勢崎線

押上

今も昔も墨東の交通の要衝

開業年	平成15(2003)年3月19日
所在地	東京都墨田区押上1-1-65
駅構造	2面4線(地下駅)
キロ程	0·8㎞(曳舟から)
乗降客	103,102人

湿地帯からの変貌

東京スカイツリーはそのタウンの東西に鉄道駅を持つという稀有な立地にある。浅草側がとうきょうスカイツリー駅であり、東側の押上にあるのが押上駅だ。

東武伊勢崎線の押上駅開業は平成15年と、歴史は浅い。その年に営団地下鉄(当時)半蔵門線との相互直通運転がスタートし、両路線の押上駅が開業。京成電鉄と都営地下鉄浅草線との乗り入れ駅だった押上駅は4路線が集中する交通結節点となった。この頃はすでに東京タワーに代わる新電波塔の建設が論議されており、業平橋の東武鉄道貨物ヤード跡地に東京スカイツリーの建設が決定するのは、3年後の平成18年である。

東武線押上駅前

「押上」という地名は、川が土砂を堆積させ、次第に押し上げて陸地になった土地に由来するとも言われるが、隅田川の東岸——いわゆる墨東の中央部で交通の要衝となった押上は、湿地帯から中小企業の街となった歴史を持つ。

東京スカイツリータウンが展開する業平・押上地区は、江戸時代に入っても

建設省地理調査所発行「1/10000地形図」

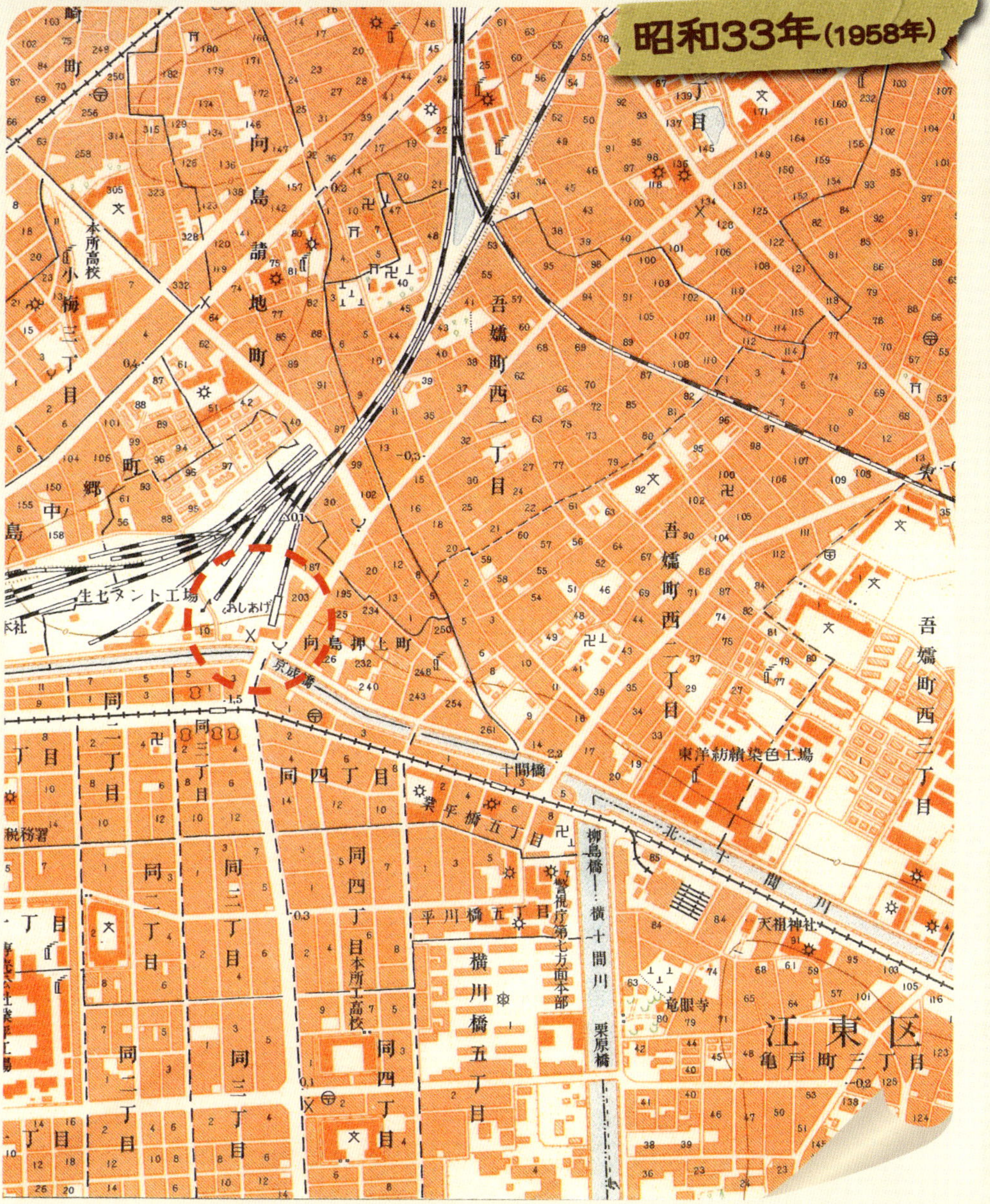

墨東の戦前戦後

墨田区の人口は平成30年7月現在で27万人だが、これまで最も人口が多かったのは本所区と向島区が合併する前の昭和15年の48万人。帝都東京の工場地帯として如何に発展していたかがわかる。

墨東地域はこれまで2度、筆舌に尽くしがたい災厄を経験している。大正12年の関東大震災と昭和20年3月の東京大空襲だ。

関東大震災では南部地域の被害甚大で、家屋の9割が失われ、死者は4万8千人に上った。

建て替え中だった吾妻橋は破壊され、半ばは隅田川に水没した（写真）。

東京大空襲では7万人近い死傷者と30万人以上もの罹災者を出し、区域の7割が廃墟と化した。

昭和22年3月、向島区と本所区が合体して墨田区となった当時の人口は戦前の48万人から14万人に激減していた。

「墨田」の区名は、古来から親しまれてきた墨堤と隅田川から一文字ずつ取って付けられている。

右頁地図からモスリン工場や鐘紡の工場などが消え、地図右上から地図下まで走っている幹線道路は四ツ目通りだ。横十間川の北側から東南方向に伸びているのは十間橋通り。戦後十年、繊維黄金時代を物語る工場が消え、新しい道路が整備されている以外、戦前とほとんど変わらなくく復興した下町を写している地図となっている。地図中央に「吾嬬町」が見える。〈浅草〉の項で採り上げた吾嬬町の位置関係がよく分かる。

鬼平犯科帳でお馴染み春慶寺

日蓮宗春慶寺（業平2-14-9）は元和元年（1615）浅草森田町に創建され、寛文7（1667）年現在地となる本所押上村へ移転。「押上の普賢様」と称され、参拝客で賑わった春慶寺は池波正太郎の「鬼平犯科帳」では平蔵の剣友岸井左馬之助の寄宿先として度々登場する。「明神の次郎吉」は春慶寺が舞台となっており、往時の押上村の様子が描かれている。

隅田川を国境に下総国に帰属し、葦の生い茂る湿地帯に農地が散在する江戸の郊外だった。明暦3（1657）年の振袖火事の後、干拓により隅田川以東の市街化が進み、武家屋敷や町屋も建ち並び、正徳3（1713）年には代官、町奉行も置かれた。下総との国境は現在の江戸川に移り、新開地となった墨田区南部は晴れて江戸市中に組み込まれた。

明治時代に入ると、北十間川の南部は近代化を担う東京の工業地帯へと変貌していく。掘割河川が縦横に走り、舟運に好適だったからだ。紡績業、精密工業、石鹸製造、製靴などが盛んであった。

鉄道も走り出す。明治27（1894）年に千葉県佐倉と本所（錦糸町）を結んだ総武鉄道を皮切りに明治35年には東武鉄道が走り、大正元年に開業した京成電鉄がこの地に設けたのが押上駅であり、東武鉄道がいままた新しい押上駅を設けた。

伊勢崎線

曳舟

駅構内に曳舟川が流れていた

陸軍参謀本部陸地測量部発行「1/10000地形図」

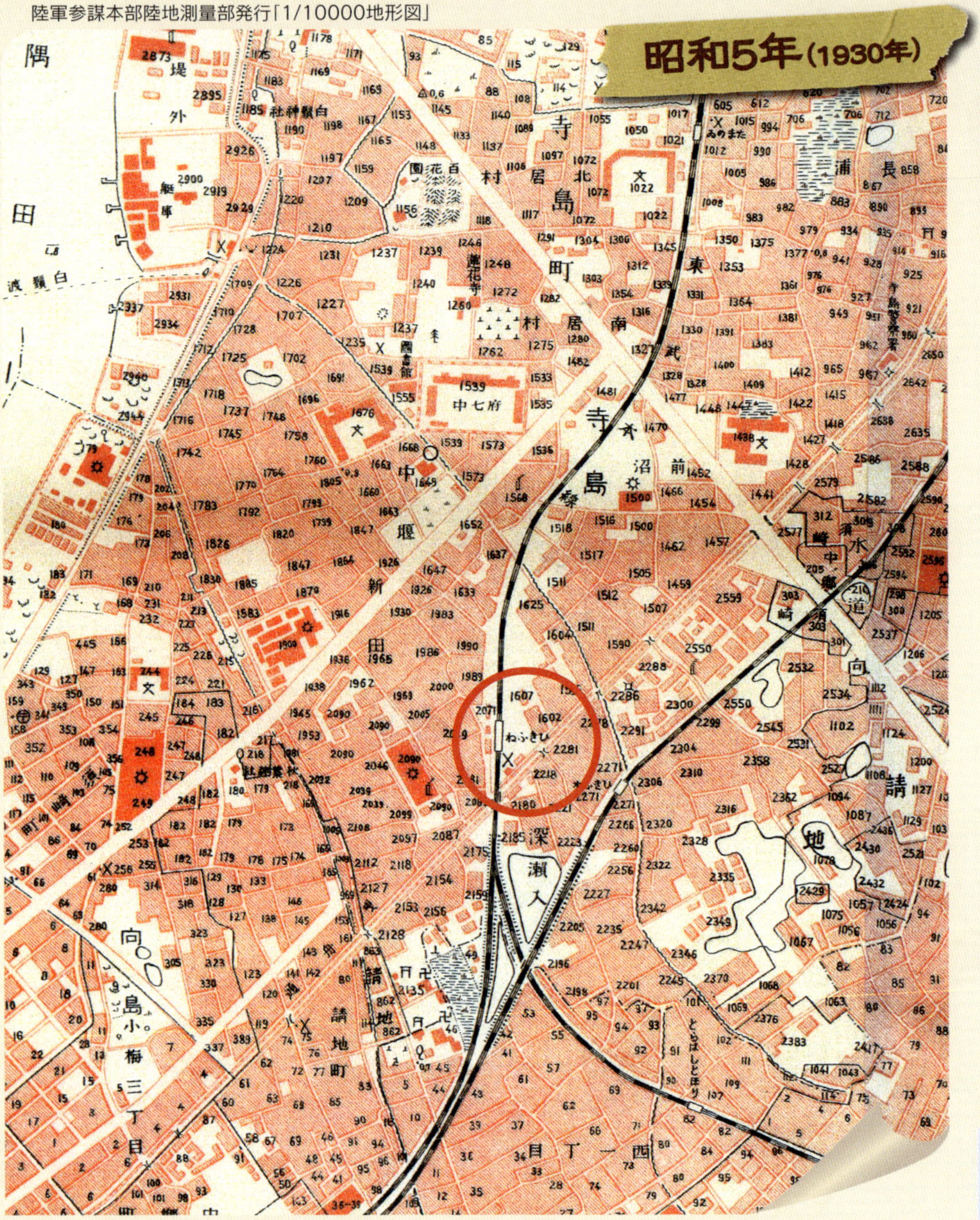

地図左上、隅田川畔に「艇庫」が見える。明治38（1905）年に隅田川向島にて早慶レガッタ第1回大会が開催されて以降、ボートレースは六大学スポーツの華となり、隅田川を彩る風物詩となった。艇庫はレガッタ出場校のマリーナでもあった。この頃になるとかつては曳舟駅構内を流れていた曳舟川も埋め立てられており、曳舟通りとなっている。街が壊滅した大正12（1923）年の関東大震災から数年で、東京の下町は見事に復活している地図相である。

開業年	明治35（1902）年4月1日
所在地	東京都墨田区東向島2-26-6
駅構造	3面5線（高架駅）
キロ程	2･4㎞（浅草起点）
乗降客	27,559人

江戸名所百景になった曳舟

曳舟駅の南側に曳舟川通りが走っている。とうきょうスカイツリー駅の北側から荒川へ南北斜めに縦断している曳舟川通りは、荒川を渡るとまもなく四つ木橋を通る水戸街道と合流する。曳舟川通りはその名の如く曳舟川を埋め立てたものだ。

曳舟川のそもそもは江戸時代初期に遡る。

明暦の振袖火事後、本所が開発される際、飲料水用の上水が整備された。元禄年間（1688～1704）に開削されていた葛西用水を亀有村から利水したもので、本所上水と呼ばれるようになる。

八代吉宗治世の享保7（1722）年、亀有上水、本所上水とも上水の分給が廃止されると、農業用水や水運に使われるようになった。

名所江戸百景「四ツ木通用水引ふね」

現在の四ツ木（葛飾区）から亀有付近では「サッパコ」と呼ばれる小さな舟に旅人などを乗せて、土手の上から長い綱で肩に掛けて引く商売が生まれた。今と違って風景明媚な頃である。江戸市中から下総、水戸方面へ向かう旅人が「こ

建設省地理調査所発行「1/10000地形図」

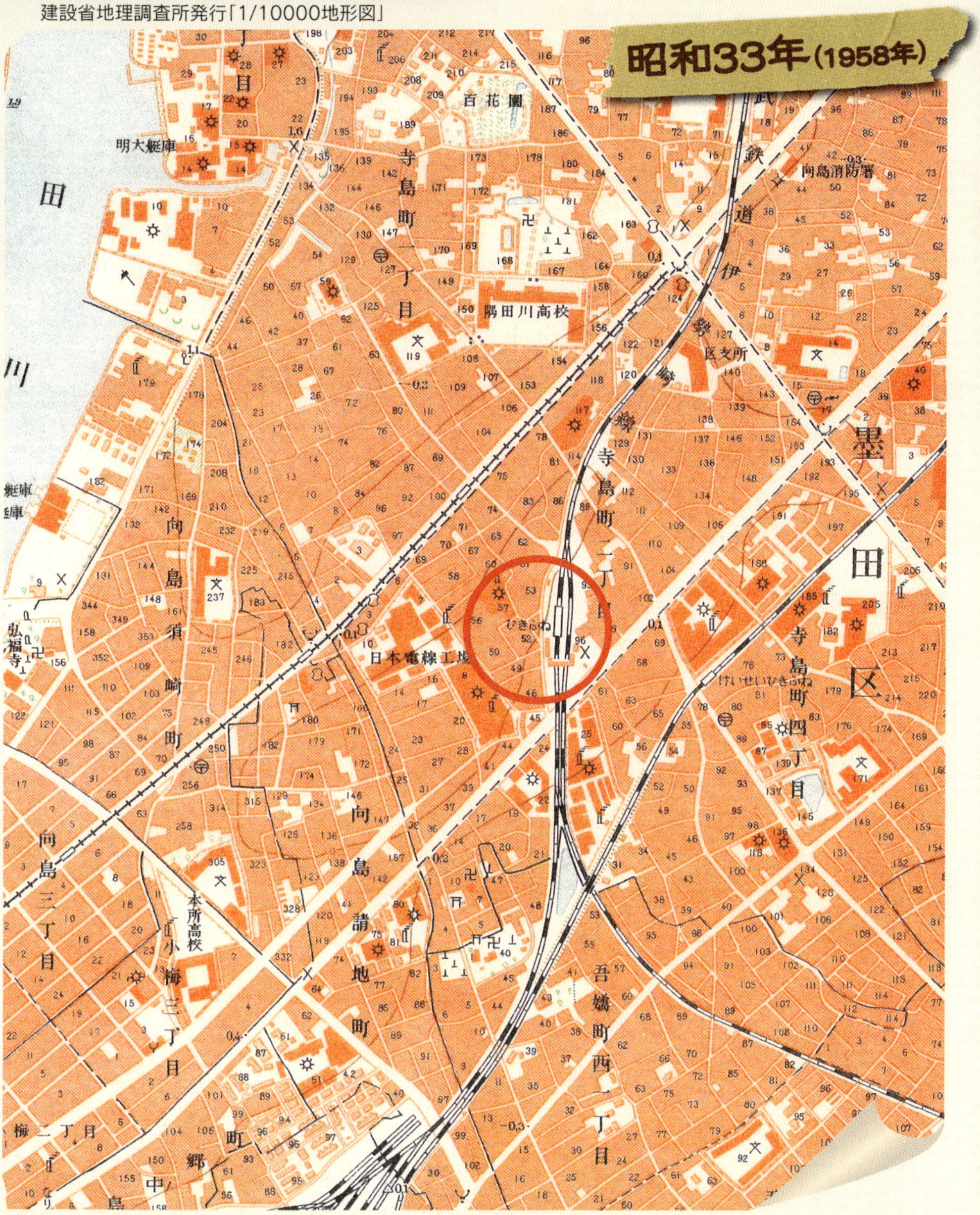

東京の下町は関東大震災と戦禍で二度も壊滅的打撃を受けている。けれども街はその度に蘇り、戦後十年でその活気がわかる人口集積地となっている。戦前には地域の到るところに見受けられた池沼（右頁地図参照）も消え、宅地となっている。地図左下方から右上に市電が走っているのは水戸街道（国道6号）で、地図右上で水戸街道と斜めに交差しているのは明治通り。亀戸線虎橋通駅はこの時点で消えている。

鳩の街

吉行淳之介が鳩の街での実体験をモチーフに『驟雨』で芥川賞を受賞したのは昭和29年、29歳の時だ。東武曳舟駅の西側、水戸街道の東向島1丁目の交叉点から墨堤通りに向かう通りが、かつての鳩の街だ。

永井荷風がこよなく愛した玉の井は戦災で壊滅状態となった。そこで業者たちの一部は戦争が終わると、戦火を免れた隣町の寺島商店街に移転、商売を再開した。普通の商店街が赤線の地になったのである。

吉原遊郭が象徴するように、日本は公娼制度が連綿と続いているお国柄だった。そこに上陸してきた占領軍最高権力者マッカーサーは公娼制度の廃止を命令する。

寺島商店街に移転した玉の井の業者たちは取締りの手を逃れる妙策を考えた。怪しげな享楽街ではないことをアピールするため、平和の象徴である鳩＝ピジョンを持ち出し、戦前とは変貌した寺島商店街をピジョンストリートと標榜したのである。

曳舟駅西口が玄関口となった鳩の街

長命寺と桜餅

天台宗延暦寺の末寺である長命寺（墨田区向島5-4-4）創建年代等については不詳であるが、平安時代とも江戸時代初期の慶長年間ともいう。長命寺といえば桜餅だが、八代吉宗治世の享保2（1717）年、土手の桜の葉を樽の中に塩漬けにして試みに桜もちというものを考案し、長命寺の門前で売り出したのが江戸に於ける桜餅の始まりとなっている。なお、隅田川の土手の桜は吉宗が植樹したのが花見の名所となる起こりになっている。

りゃ風流だ」と利用するようになり、界隈の風物詩ともなった。

初代安藤広重はその景色を切り取り、「四ツ木通用水引ふね」（写真参照）と題して『名所江戸百景』の一つに発表。以降、亀有用水～本所用水の流れは「曳舟川」と称されるようになったと伝わる。

東武伊勢崎線の曳舟駅が当時の住所表記でいえば南葛飾郡寺島村大字寺島字新田に開業したのは明治35（1902）年。

構内に曳舟川が流れていたことが駅名の由来となっているが、農家の野菜船が朝靄を縫うように隅田川に入っていく風景が見られたかもしれない。

陸軍参謀本部陸地測量部発行「1/10000地形図」

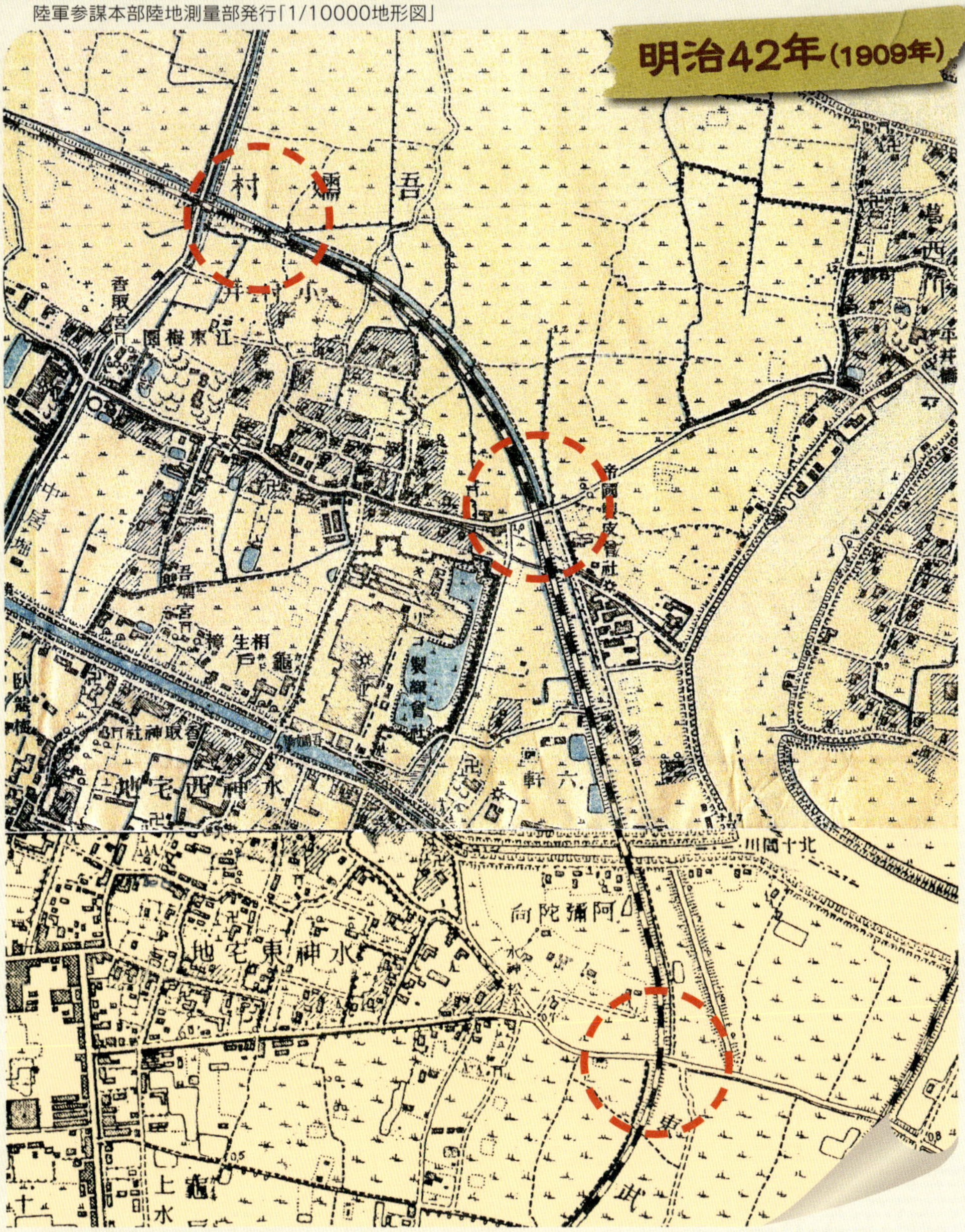

亀戸線開業から5年。途中駅は曳舟～小村井間にあった「天神」一駅だけだった時代の沿線風景だ。地図右側で湾曲しているのは中川で、中川の恵みで田園が広がっている。地図左上方、香取神社の右側に「江東梅園」が見える。芥川龍之介も中学時代、遠足で行ったという梅の名所で、開園年等仔細は不明だが、関東大震災後に消えたこと、龍之介は『本所両国』（〈亀戸〉参照）で綴っている。

亀戸線

小村井、東あずま、亀戸水神

亀戸線と越中島線計画

小村井駅

開業年	昭和3（1928）年4月15日
所在地	東京都墨田区文花2-20-1
駅構造	2面2線（地上駅）
キロ程	2.0km（亀戸起点）
乗降客	11,247人

東あずま駅

開業年	昭和3（1928）年4月15日
所在地	東京都墨田区立花4-23-8
駅構造	2面2線（地上駅）
キロ程	1.4km（亀戸起点）
乗降客	7,940人

亀戸水神

開業年	昭和3（1928）年4月15日
所在地	東京都江東区亀戸8-5-1
駅構造	2面2線（地上駅）
キロ程	0.7km（亀戸起点）
乗降客	4,074人

総武鉄道への直通運転

曳舟駅から分岐し、亀戸に向かう亀戸線の途中駅は「小村井」「東あずま」「亀戸水神」の3駅で、いずれも昭和3年の開業だが、それまで亀戸線の途中駅は現在の曳舟～小村井間にあった「天神」の一駅だけで、沿線人口が増えだしたことによる途中駅変更だった。

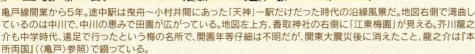

亀戸線の開業は日露戦争が始まった年の明治37（1904）年4月だが、そもそもは東武鉄道が計画していた越中島線の一部だった。

曳舟駅の亀戸線。2両編成でトコトコ

北千住～曳舟～亀戸～越中島（江東区）の路線が越中島線で、亀戸では総武鉄道に接続し、直通列車を乗り入れる

小村井駅

現在の所在地は墨田区文花だが、江戸時代には下総国葛飾郡西葛西領だった。明治元年に東京府に所属し、明治22年は吾嬬村大字となり、駅開業時は、周辺は小村井村に属していた。今はホームに接して集合住宅が建つ。

東あずま駅

昭和3年の駅開業時の所在地は吾嬬町東だった。当時は吾嬬町大字請地、小村井、亀戸、上木下川、葛西川大畑を吾嬬町の「東」と呼んでいたが、語呂の関係等によって東吾嬬（東あずま）と命名された模様。駅利用客には若い人が目立つ。駅西側から明治通りに向かって商店街（東あずま本通り会）が伸びている。

亀戸水神駅

駅西側に別項で取り上げた亀戸水神がある。水神さまから天神さままで、周りのお店などを見ながらゆっくり歩いて20分足らず。ホームには「亀戸天神の最寄り駅は亀戸駅です。亀戸天神と亀戸水神は違います」云々の張り紙。

建設省地理調査所発行「1/10000地形図」

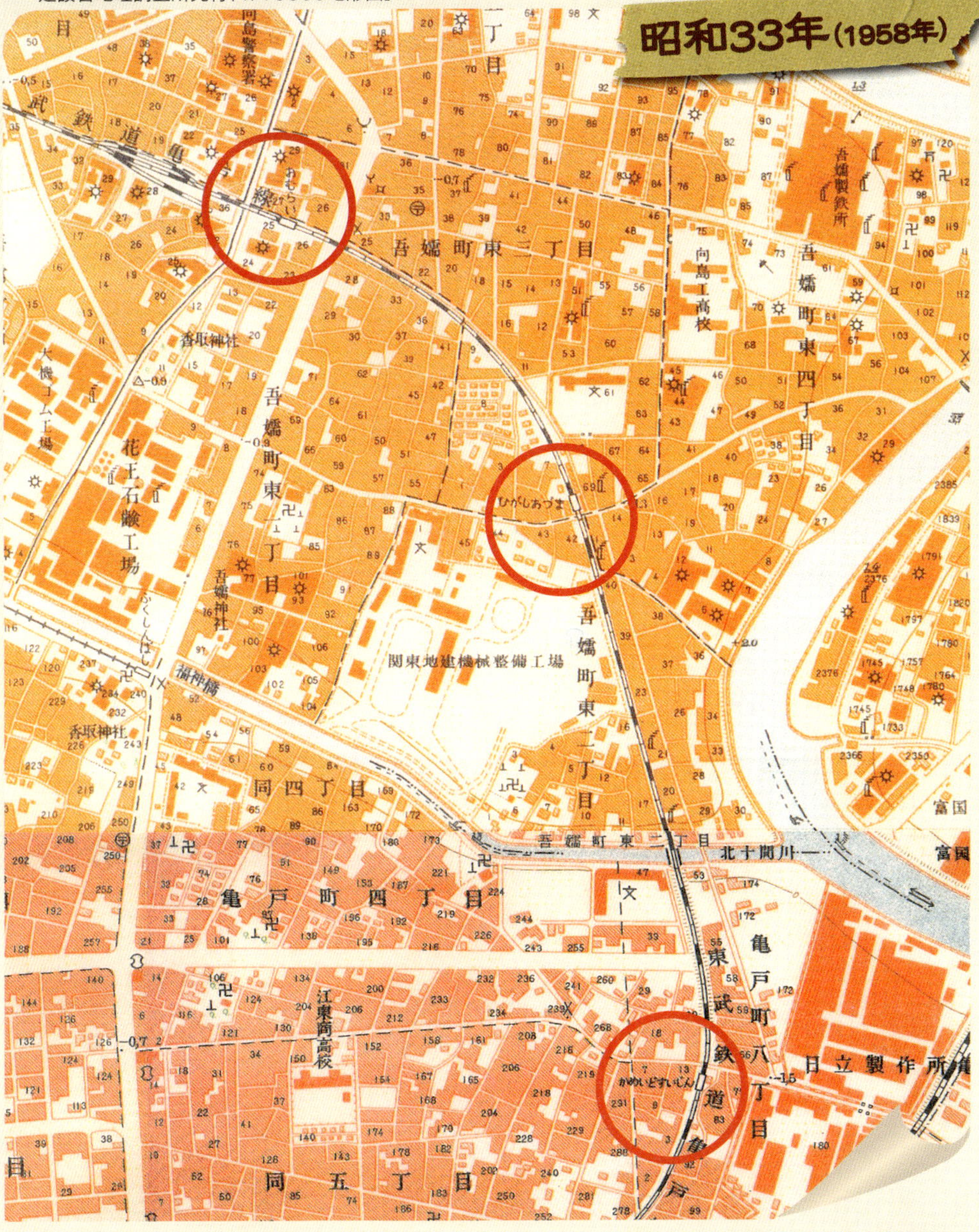

亀戸線沿線も関東大震災後、急速に宅地化が始まり、沿線人口も急増。亀戸線も電化し、途中駅も現在の3駅体制となった。地図左側に南北に走っているのは明治通りで、地図下方で交差して東西に走っているのは蔵前通り。地図左中央やや上に見える花王石鹸工場は現在の同社「すみだ事業場」で、大正12（1923）年から同地で操業が始まっている。ちなみに花王の創業は明治20（1887）年。東京電力の前身、東京電燈の開業年でもある。

「江戸名所百景」亀戸水神

亀戸水神宮（亀戸4-11-18）の創建は古い。周辺が新田開墾された室町時代十二代将軍足利義晴の治世の頃（1521～46）と推定されている。土民が水害から免れん為の祈願として大和国吉野の丹生川上神社から勧請したと伝わる。安藤広重が『江戸名所百景』（写真参照）にも描き、明治末期までは巨木が鬱蒼と繁る森に囲まれ「水神森」と呼ばれていたが、付近に民家や工場が激増したため次第に樹木が枯死し、往時の面影は失われた。

計画になっていた。『東武鉄道百年史』によれば、当時社長だった根津嘉一郎と総武鉄道は知己の間柄だったという。

明治27年に千葉県佐倉と本所（現錦糸町）間で開業した総武鉄道（後のJR総武線）はその後、両国橋（現両国）まで延伸していた。その頃、東武伊勢崎線は川俣まで延伸しており、両国橋～川俣間の直通運転からスタートしたのが、亀戸線の草創期となっている。

東武鉄道は越中島線計画が進んだことで、先に開業していた曳舟～吾妻橋間を廃止する。しかし明治39年、国の鉄道行政が一変する。幹線鉄道の国有化だ。政府は総武鉄道と東武鉄道との共用契約を破棄。東武鉄道はターミナルを吾妻橋駅に戻すことになり、明治41（1908）年に吾妻橋～曳舟間を貨物線として再開。明治43年に吾妻橋駅を浅草駅と改称して、同区間の旅客営業を再開することになった。

一方、越中島周辺も工場地帯となって市街地化が急進。用地取得は困難となり結局、亀戸以遠は明治43年に免許が失効。越中島線計画は幻となり、亀戸線のみが残ることになったのだった。

陸軍参謀本部陸地測量部発行「1/10000地形図」

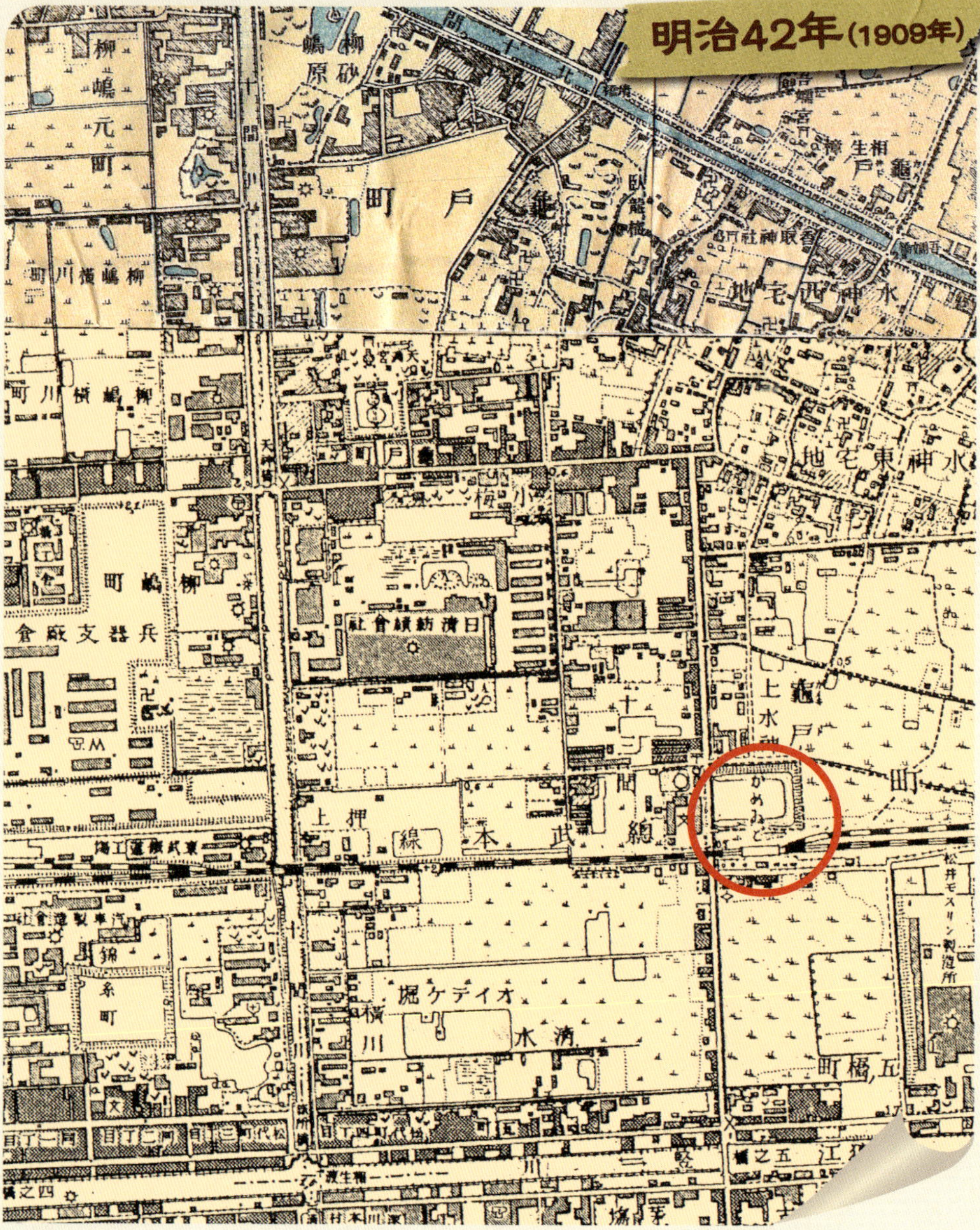

亀戸線

亀戸

天神様と花街

総武線に東武亀戸線が乗り入れていた時代を教える地図だ。この年を境に直通運転は解消された。亀戸駅西側で南北に走っている通りが後に明治通りとして整備され、亀戸天神の南側で東西に走っている通りが後に蔵前通りとなる。地図中央に見える日清紡績の跡地が後に亀戸球場となり、現在は広域避難地の空間となっている。地図下中央に本所七不思議の一つ「オイテケ堀」が記されている。

開業年	明治37（1904）年4月5日
所在地	東京都江東区亀戸5-1-1
駅構造	1面2線（地上駅）
キロ程	0・0㎞（亀戸起点）
乗降客	26,817人

天神より水神だった

東武亀戸駅からは南隣のJR総武線のホームの屋根が見える。向こうは高架駅、こちらは地上駅の違いだ。

その昔は、曳舟からやってきた東武電車はそのまま総武線の前身となる総武鉄道に乗り入れ、両国（当時は両国橋）まで行っていた。その期間はわずか2年余と短いが、明治39年発行の田山花袋紀行集『旅すがた』の一節〈古駅〉に、両国停車場が出てくる。

――東武鉄道で両国橋の停車場を出で、一時間も川と野と古駅との他見るものも無い往昔の武蔵野の北部を掠めると、やがて眼を刮するような連山の雪、吹き荒れる西風の空はくっきりと鮮やかに、所々の杉の森、落葉した後の村はひっそりと寂しく、田には刈稲の茎、大根の葉のむざと捨てられたる、冬という強い寒い感はひしひしと胸に迫る（以下略）

亀戸駅前の賑わい

亀戸梅屋敷

江戸時代、亀戸には呉服商・伊勢屋彦右衛門の別荘「清香庵」があり、その庭には見事な梅の木々が生えていた。立春の頃になると江戸中から人々が北十間川や竪川を舟でやってきて、この地はたいそう賑わったという。特に、庭園のなかを数十丈にわたり枝が地中に入ったり出たりする一本の梅が名高く、評判を聞きつけこの地を訪れた水戸光圀は、まるで竜が臥せているようであると感嘆。その木に「臥竜梅」の名を与えた。

以上が、安藤広重が「江戸名所百景」に描いて名高い「亀戸梅屋敷」（写真参照）の伝承だが、その名を冠した多目的スポットが蔵前橋通りとの交差点にある現代の「亀戸梅屋敷」（写真参照）。

物産販売コーナーや喫茶室、飲食店など施設はバラエティに富んでいる。

陸軍参謀本部陸地測量部発行「1/10000地形図」

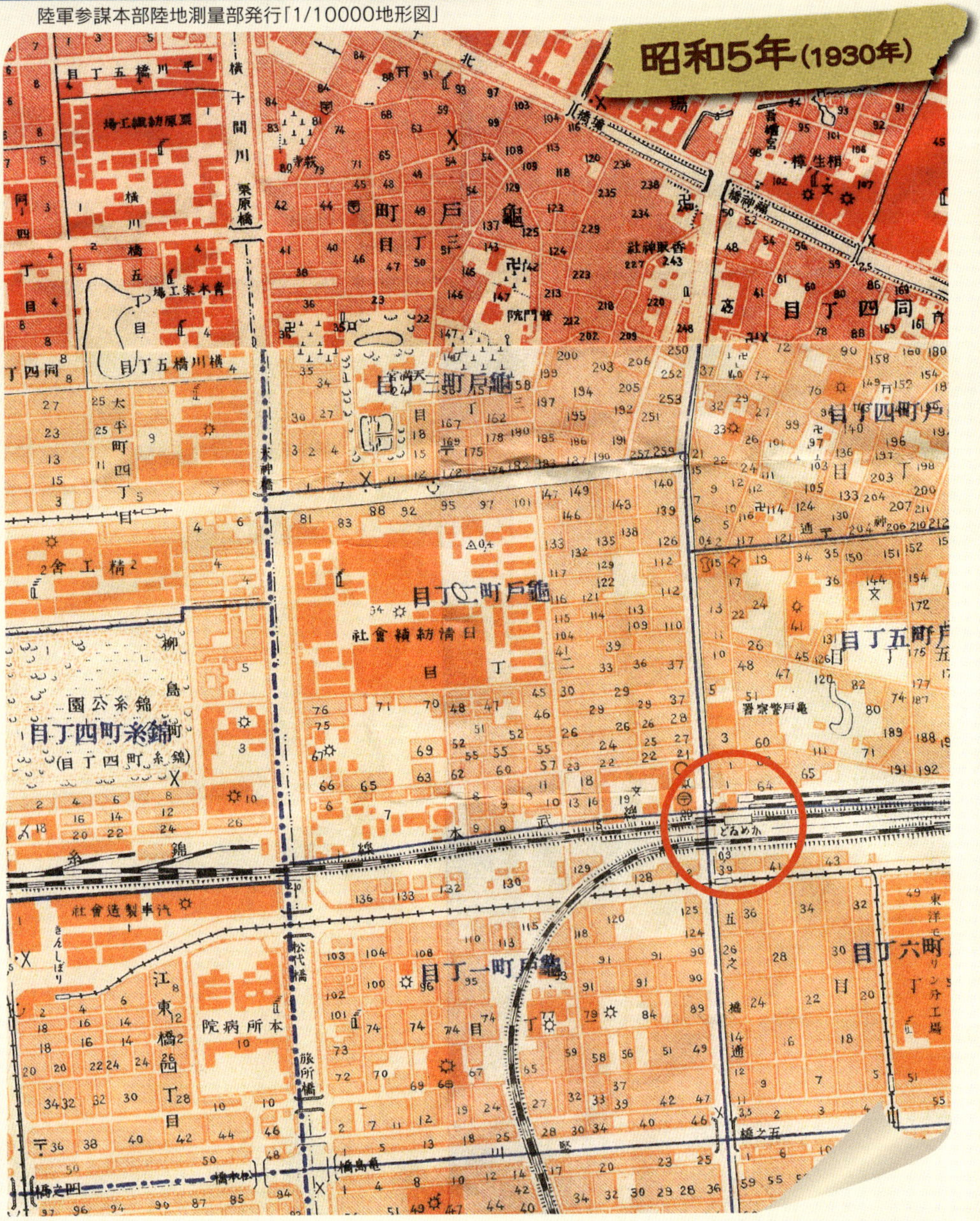

兵器支廠倉庫（右ページ参照）だったところが錦糸公園になっている。大正12（1923）年の関東大震災で東京の下町は壊滅的な被害を受けた。錦糸公園は震災復興事業の一環として計画されて、昭和3（1928）年に開園している。錦糸公園の他、隅田公園（台東区、墨田区）、浜町公園（中央区）も震災復興事業で誕生している。戦時中は空襲からの避難所としての役割や戦災で命を落とした人たちの仮埋葬所としても利用された。

「勝守」と大根の香取神社

天智天皇時代の665年創建と伝わる亀戸香取神社（亀戸3-57-2）は亀戸天神の東側にある。平将門の乱で、俵藤太秀郷が当社に戦勝祈願。平定後、弓矢を奉納、勝矢と命名した云々の古事に因んだ勝矢祭が毎年5月5日に行われていることから、必勝祈願の参拝者も多い。社務所では「勝守」が売られている。香取神社周辺は亀戸大根栽培の中心地だったことから、境内には「亀戸大根の碑」（写真）が建っている。

亀戸線は曳舟〜亀戸間を2両編成で走る。朝の通勤通学時を除き、10時台から22時台まで概ね10分間隔である。亀戸線の途中駅はローカル色が濃いものの亀戸駅に着くと駅前風景は一変、賑やかなことこの上ない。

亀戸の繁華の一翼を担っているのは亀戸3丁目にある亀戸天神社（以下は亀戸天神と表記）だが、その創建は徳川四代家綱治世の寛文元年（1661）。一方、前項で取り上げた亀戸水神は室町時代末期の創建と伝わる。

往時の地元にとっては、学問の神様より、水の神様の方が切実だったのは、亀戸というより、江東区の生い立ちにある。

墨田区の北十間川南側の本所地区もそうだが、江東区も江戸時代からの埋

建設省地理調査所発行「1/10000地形図」

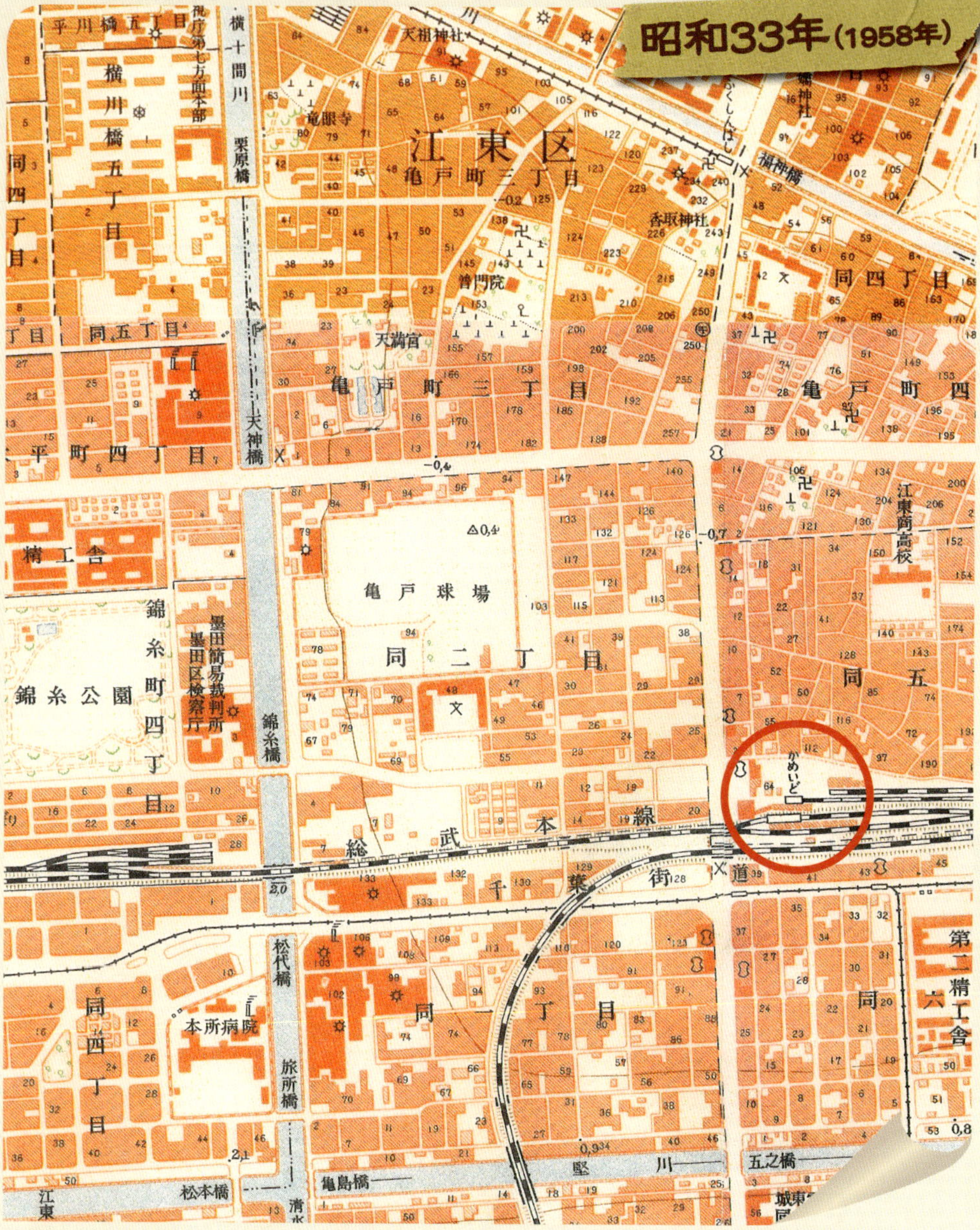

亀戸天神の北側、亀戸3丁目の集積地が下段テキストで触れている亀戸花街だ。水上勉『飢餓海峡』は薄幸のヒロイン杉戸八重が身を隠した地として、往時の亀戸遊郭の情景を描写している。地図下からカーブしながら亀戸駅に伸びている鉄道は国鉄（当時）の越中島貨物線。昭和4（1929）年に小名木川の水運との物流連絡のため、亀戸駅から小名木川駅まで開業し、その後越中島駅（現・越中島貨物駅）まで延伸された。

龍之介と船橋屋のくず餅

亀戸天神名物「くず餅」の船橋屋（亀戸3-2-14）は文化2年（1805）創業の老舗だ（写真）。

船橋屋のくず餅を好んだのが、芥川龍之介だ。中学時代、体育の授業を抜けて錦糸町から亀戸天神様まで走ってきて、船橋屋本店の喫茶室で黙々とくず餅を食べて学校に戻った云々のエピソードが残されている。昭和2年に東京日日新聞の企画記事『大東京繁昌記』で連載した『本所両国』でも、亀戸天神の藤まつりの帰途、立ち寄った船橋屋を登場させている。一部を抜粋する（原文のママ）

――船橋屋も家は新たになつたものの、大体は昔に変つてゐない。僕等は縁台に腰をおろし、鴨居の上にかけ並べた日本アルプスの写真を見ながら、葛餅を一盆づつ食ふことにした。「安いものですね、十銭とは。」
O君は大いに感心してゐた。しかし僕の中学時代には葛餅も一盆三銭だつた。――『大東京繁昌記』には芥川龍之介の他に泉鏡花、島崎藤村、田山花袋、久保田万太郎等々、錚々たる面々が筆を執っている。

め立てで区域の殆どが成り立っている。

江東区は、天正18（1590）年に徳川家康が江戸入府をした頃は、殆どが葦の茂っている低湿地帯。江東区史によれば現在の亀戸2・3・5・8・9丁目辺りに土地があった程度だった。室町時代の江東方面推定図では、亀戸水神は隅田川河口、江戸湾に浮かぶ「亀井戸島」にある。水害が日常のことだったからこそ、水神の勧請は切実だったのだろう。

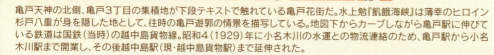

亀戸花街の盛衰

亀戸天神社は墨東地域の開発地の鎮守社地として四代家綱が寄進した地に建立されたから、創建時から繁栄は約束されたようなものだ。

善男善女で賑わう亀戸天神

明治期に入ると亀戸天神は「亀戸花街」の中心でもあった。

亀戸天神の西側に横十間川が流れている。天神社前の蔵前通りが横十間川に架かる橋が天神橋で、そこから横十間川を北に、北十間川合流地点にかかる柳島橋から北十間川沿いに東に進む

国土交通省国土地理院発行「1/10000地形図」

越中島貨物線は廃線となり現在は一部区間に線路が残されているだけとなったが、江東区では10年ほど前、亀戸駅～新木場駅（駅前または駅北側）間にLRTを走らせる構想が浮上した。亀戸駅前～南砂付近までを高架化または既存路線を活用し、以南は明治通り沿いの都有地に線路を敷設するプランだ。JRや東京都の絡むプランに加えて財政的な問題もあってか、このLRT構想は「途中停車」したままのようだ。

「文明の火」マッチと清水誠

亀戸天神拝殿左には、国産マッチ産業の基礎を築いた清水誠の顕彰碑（写真）がある。

文明開化の明治初期、台所に文明の火をもたらしのは「早附木」あるいは「摺附木」と表記されたマッチだった。

清水誠は金沢藩の武士だった。明治3（1870）年欧州に留学。当時外遊中の宮内次官吉井友実に勧められて、マッチの製造法を研究。帰朝後の明治8年に東京市三田四国町の吉井氏別邸に仮工場を建ててマッチの製造に着手。翌年、今は都立両国高校がある東京市本所柳原に「新燧社」を設立、本格的にマッチの製造を始めた。

清水誠は無私の人で、マッチの製法を広く公開。当時の失業士族救済のための授産産業として奨励され、各地にマッチ工場が設立されていく。

新燧社は順調に生産量を増やす一方、清水誠は輸入マッチの販売店（当時は洋品業者が扱っていた）に呼びかけて「開興商社」なる組合を設立。国産マッチの普及に尽力。明治13年夏にはマッチの輸入を一掃するまでに国産マッチ業界を盛業に導いた。

目をやる人は少ないですが･･･清水誠顕彰碑

と明治通りと交わる福神橋がある。

亀戸花街は蔵前通り、横十間川、北十間川、明治通りに囲まれた今の亀戸3丁目全域に渡っており、日露戦争後から昭和30年代まで賑わいを見せていた。

「町の中央には亀戸天神があって、藤の花が咲く頃になると、市内から遊山かけて来る人も多い。街はいま日が暮れたばかりである。天神橋の裏手にあたる路地という路地は、いよいよこれから活動舞台に入ろうとするところ…まだ人通りは繁くないが、甘い咽せるような脂粉の薫りがどこからともなくヒタヒタと流れてくる」と、昭和6年刊行の『日本歓楽郷案内』（竹酔書房）が亀戸花街の春を描写している。

江東区は昭和22年、深川区と城東区が合併して誕生しているが、亀戸はそれまで大島、砂町と城東区を形成。城東三業地と呼ばれたのが亀戸花街である。大正末期頃から、付近が工場として拓けるに連れ、城東三業地にカフェーも進出。90軒近くあった芸妓屋が衰頽した戦後は、カフェーが特飲店となって軒を連ねていった。永井荷風が描いた玉ノ井のような街が出来上がったのだ。

亀戸の特飲街は亀戸天神の北側の目抜き通りで形成され、横十間川方面から入っていくと、左側に特飲店が軒を並べ、右側に商店、飲み屋、料亭がずらりと並び、「他所の特飲街には見られぬ風景をつくった」と江東区史は綴っている。

昭和33年の売春防止法からそうした街の風景もセピア色となっていき、今は亀戸天神周辺は住宅街となっている。

陸軍参謀本部陸地測量部発行「1/10000地形図」

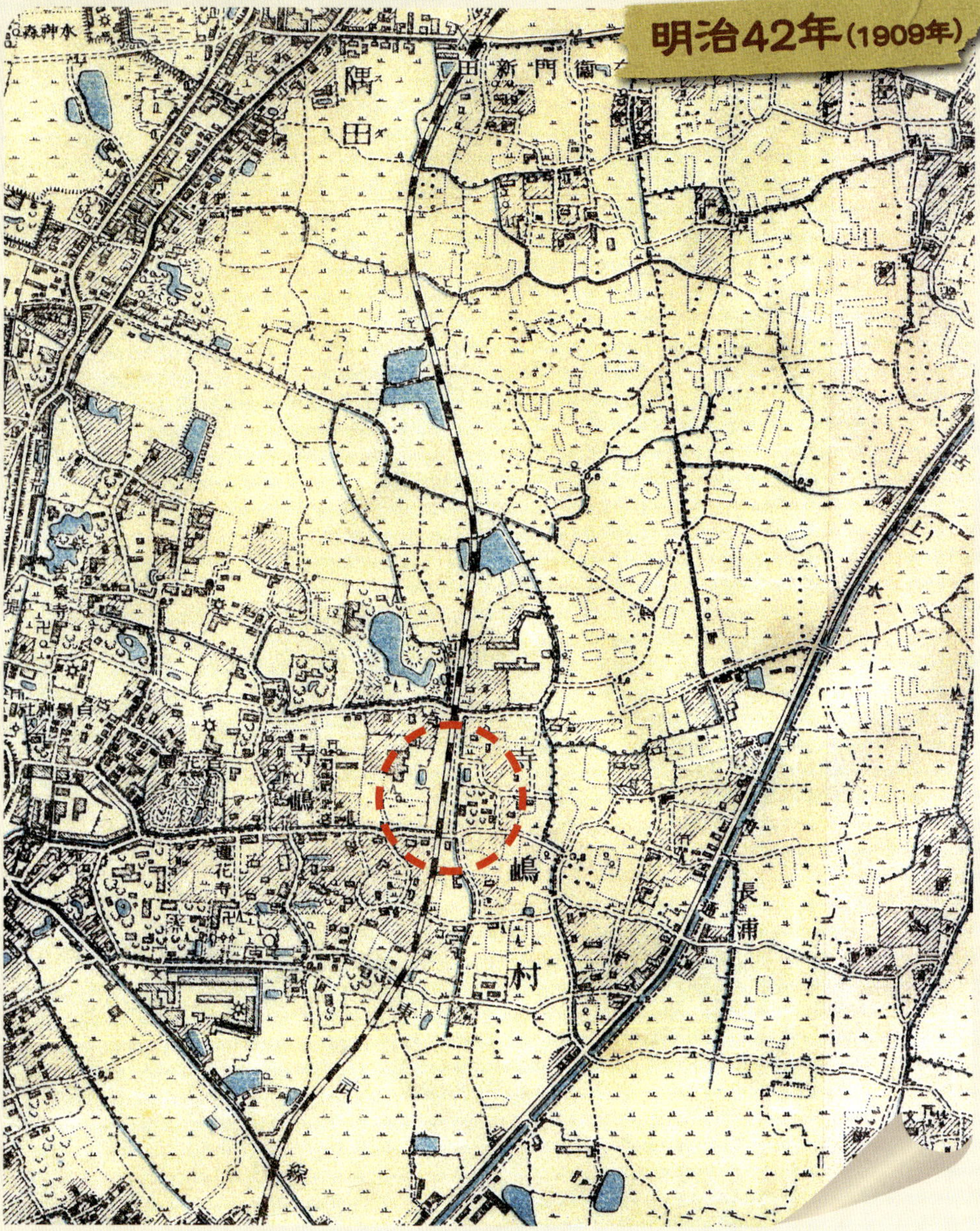

後に東向島となる寺島村の明治時代だ。明治35(1902)年に白鬚駅の名で開業した玉の井駅(現・東向島駅)は利用客少なく廃駅になった翌年の地図だ。後に享楽街として賑わう玉ノ井いろは通りも一面畑だらけ。寺島ナスがまだ多くの農家で作られていたころだ。駅周辺で賑わいが見られるのは、江戸以来の名所である百花園近辺だけだ。地図右側で斜めに走っている水路は曳舟川である。

伊勢崎線

東向島

寺島ナスと濹東綺譚

開業年	明治35(1902)年4月1日
所在地	東京都墨田区東向島4-29-7
駅構造	2面2線(高架駅)
キロ程	3.2㎞(浅草起点)
乗降客	19,107人

江戸の近郊農村

駅高架下に東武博物館(別項参照)のある東向島の街は、かつては寺島村と呼ばれた。

墨田区は古くから陸地化していた北部は農村地帯として拓けていき、明暦年間(1655~57)には幕府直轄の御前栽畑(将軍用の野菜を栽培する畑)が、梅若伝説で知られる木母寺(別項参照)付近に設けらた。隅田川上流から運ばれてきた肥沃な土壌は野菜づくりに適していた。寺島村は江戸の町に新鮮な野菜を供給する農村として歩みを続け、やがて寺島村が産するナスは小ぶりながら味よく、「寺島のナス」として評判となる。

東武博物館のある東向島粋通りで「寺島ナス」をPR

文政11(1828)年の「新編武蔵国風土記稿」には「形は小なれども早生なすと呼び賞美す」云々とある。

寺島ナスは今、夏場には地元で市販

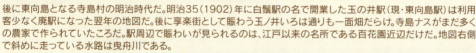

東武博物館

東武博物館（東向島4-28-16）は創立90周年を記念して、平成元年にオープン。蒸気機関車をはじめ、実物車両や記念物などの貴重な資料を展示している一方で、運転シミュレータや実物機器を設置。博物館の真上を走行する車両を至近距離から観察できる、立地を活かしたコーナーもある。
開館は午前10時から。毎週月曜日休館（祝日・休日の場合は翌日）。入館料金は大人200円、子供（4歳から中学生まで）100円。

梅若伝説と木母寺

時は平安時代の半ば。「訪ねきて　問わばこたえよ都鳥　すみだ河原の露と消えぬと」との一首を遺して12歳で生涯を閉じた梅若丸とその母の情愛と悲劇を伝える梅若伝説を残す梅柳山墨田院木母寺（堤通2-16-1）は天台宗の古刹。平安中期に開山、梅若寺と称した。

陸軍参謀本部陸地測量部発行「1/10000地形図」

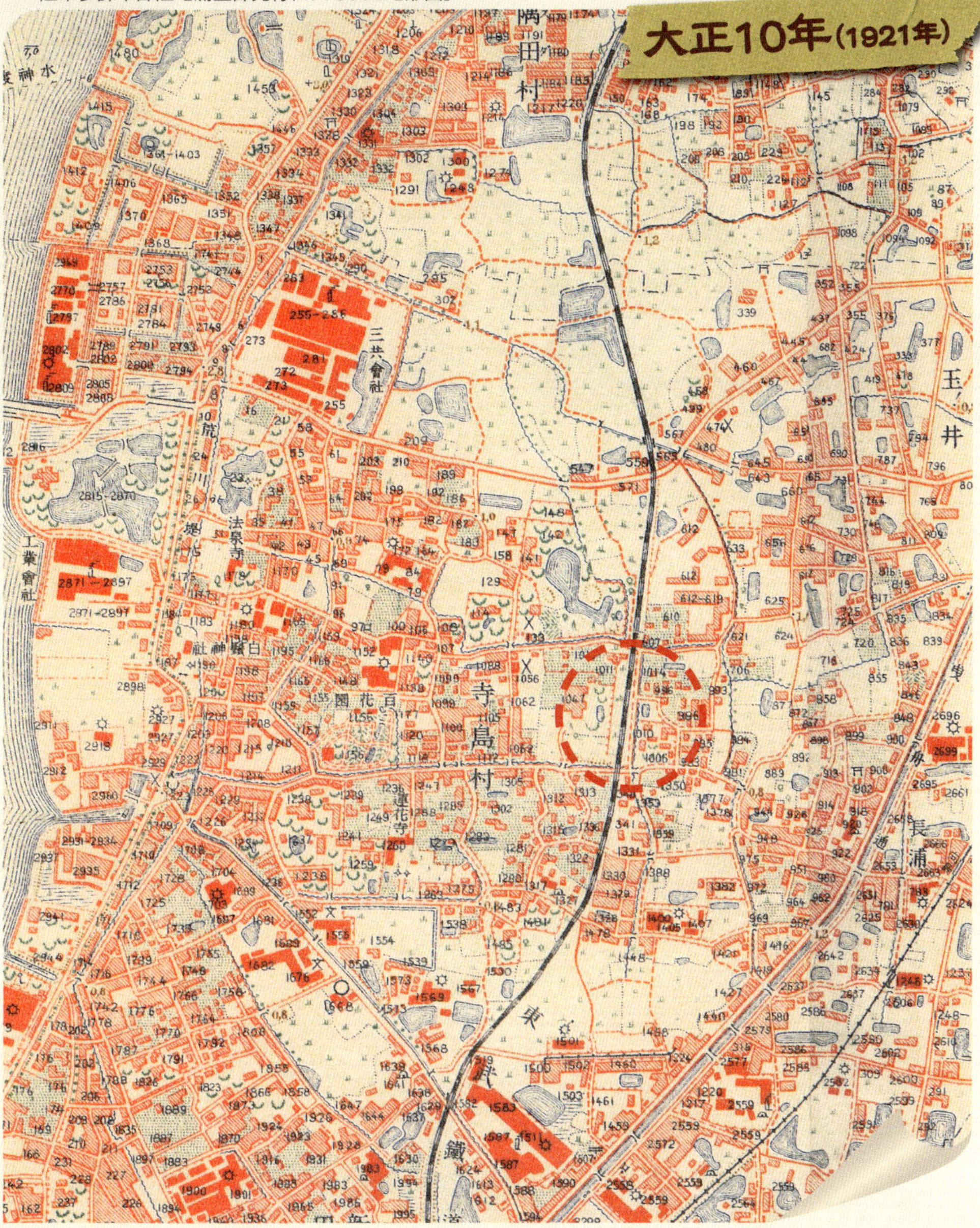

地図中央やや上で、東武鉄道と交差するあたりで屈曲している東西に伸びている通りが下段テキストで採り上げた大正通りで、東武鉄道の東側の部分が玉の井いろは通りと呼ばれたところだ。地図右側に「玉井」が見えるが、「玉ノ井」の意味である。いろは通りの周囲にはぽちぽち集積が始まっており、大正12（1923）年の関東大震災後、急速に膨れ上がる。いろは通りの南側は既に宅地化が始まっており、白鬚駅改め玉ノ井駅開業は震災の翌年だ。

できるまでになったが、往時の農家は収穫したナスや野菜を舟に積んで朝早く千住や本所四ッ目、神田の青物市場等に出荷していた。明治に入っても「寺島ナス」はブランド品だったが、農村寺島の風景を変えていくのが近代化の波と大正12年の関東大震災だった。

永井荷風と玉の井

――東武鉄道玉の井停車場の横手に出た。

線路の左右に樹木の鬱然と生茂った広大な別荘らしいものがある。吾妻橋からここに来るまで、このように老樹の茂林をなした処は一箇所もない。いずれも久しく手入をしないと見えて、匐いのぼる蔓草の重さに、竹藪の竹の低くしなっているさまや、溝際（どぶぎわ）の生垣に夕顔の咲いたのが、いかにも風雅に思われてわたくしの歩みを引止めた。

（中略）

そこはもう玉の井の盛場を斜に貫く繁華な横町の半程で、ごたごた建て連った商店の間の路地口には「ぬけられます」とか、「安全通路」とか、「京成バス近道」とか、或は「オトメ街」或は「賑本通（にぎわいほんどおり）」など書いた灯がついている。――

永井荷風が昭和12年に発表した『濹東綺譚』からの抜粋・引用だが、荷風は東京朝日新聞に連載する前、半年以上の時間をかけて玉ノ井を歩き、資料を集めたという。挿絵を担当することになった木村荘八も、連載前に玉ノ井を訪れ、写生していた。

建設省地理調査所発行「1/10000地形図」

昭和33年（1958年）

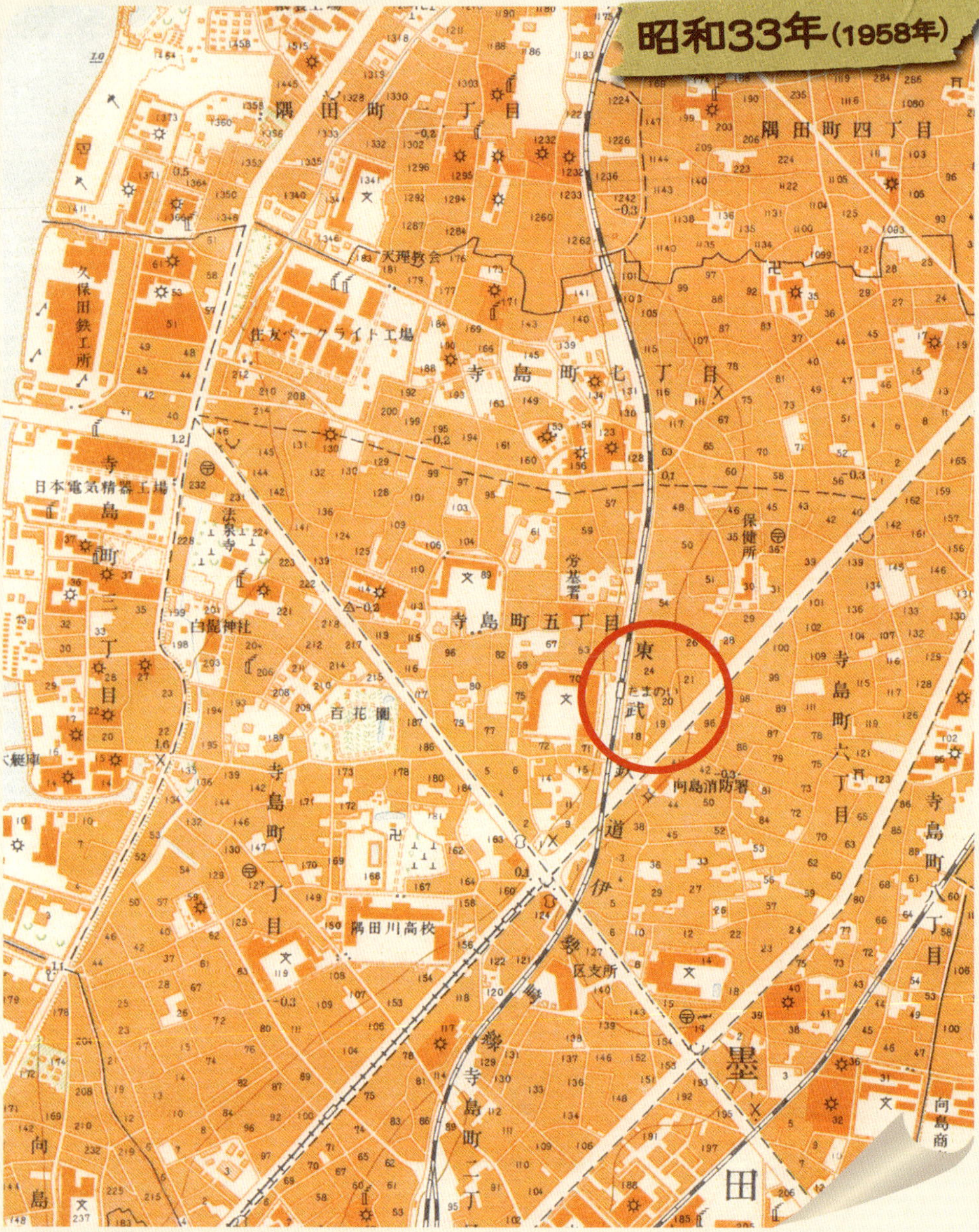

下段テキストで触れているようにいろは通り周辺の享楽街も戦争の空襲で壊滅。業者たちはよそに移住。残った業者たちがカフェに衣替えして営業していたのが、いろは通りの北側。そのカフェ街の中に寺院があるが、このお寺は曹洞宗神向山東清寺、通称玉ノ井稲荷。『東綺譚』にも出てくる。一帯が現在のように住宅地となっていくのは昭和30年代（1955～1964）後半からである。

大正通りと玉ノ井いろは通り

大正通りは往時の寺島町を東から西に横切って、墨堤通りと鐘ヶ淵通りを結んでいる。

寺島村当時は田圃の畦道のような曲がりくねった道しかなかったが、明治末期から大正に入ると住宅も増えてきたため、新しく作ったのが大正通りだった。大正4（1915）年、墨堤通りから東武伊勢崎線のガードまでがまず完成し、ガード下から鐘ヶ淵通りまで全通したのは大正7～8年。それまでは『濹東綺譚』にある賑本通り（現在の平和通り）につながっていた。戦前、大正通りは道幅も広く、両側には映画館や商店が立ち並び、玉ノ井の遊客もあって墨田区でも有数の商店街となった。

東武伊勢崎線を境にして大正通りの東側を「玉ノ井いろは通り」と呼ぶようになったのは戦後の昭和27年、「玉ノ井いろは通り商店会」が結成されてから。しかし、商店会も解散し、「いろは通り」の名も消えた。

地元は7～8年ほど前から地域の活性化に「玉ノ井カフェ」（東向島5-27-4）を設けている（写真）。

4～5年前まであった「いろは通り」看板。商店会の解散とともに、看板も消えた

『濹東綺譚』は連載早々評判を呼んだ。「私娼の街」玉ノ井の名は広まり、新たな客を呼び込むことになった。

玉ノ井の戦後

東向島駅を降り、線路沿いに鐘ヶ淵駅方向に歩くと、玉ノ井いろは通りに出る。荷風が「玉ノ井の盛場を斜に貫く繁華な横町」と記した通りで、そのころは「大正通り」（別項参照）と呼ばれていた。『濹東綺譚』で描かれた銘酒屋が密集していたのは、大正通りと現在の水戸街道に挟まれた一画で、一部、二部、三部と地割されていた。

東向島駅は明治35（1902）年の開業時は「白鬚」が駅名だったが、利用客少なく明治38年には一時営業休止となり、同41年には廃止された。

その頃、浅草の十二階凌雲閣下に蝟集していた銘酒屋は当局から追い立てを受けていた。銘酒屋は女を置いたミルクホールから発展したものだが、帝都

「東向島の鎮守」白髭神社

東向島駅開業時の駅名「白髭」は寺島村の鎮守「白髭神社」（立花6-19-17）に因んだ。白髭神社は墨田区内の古社の一つで、社伝によれば天暦5（951）年、近江国志賀郡境内下（現在の滋賀県高島町）鎮座の白鬚大明神を慈恵大師が勧請したものという。

大正年間の白髭神社

向島百花園

隅田川文化を代表する一つが向島百花園だ。文化元年（1804）、粋人や文人墨客が「梅は百花に先駆ける」と梅園を開いたのが、その始まり。当初は亀戸の梅屋敷の向こうを張って「新梅屋敷」称されたが、数年後には「百花園」と呼ばれるようになった。昭和53年、江戸に始まる貴重な庭園として国の名勝及び史跡に指定され、現在に至る。

明治40年頃の百花園（「東京風景」より）

国土交通省国土地理院発行「1/10000地形図」

昭和63年（1988年）

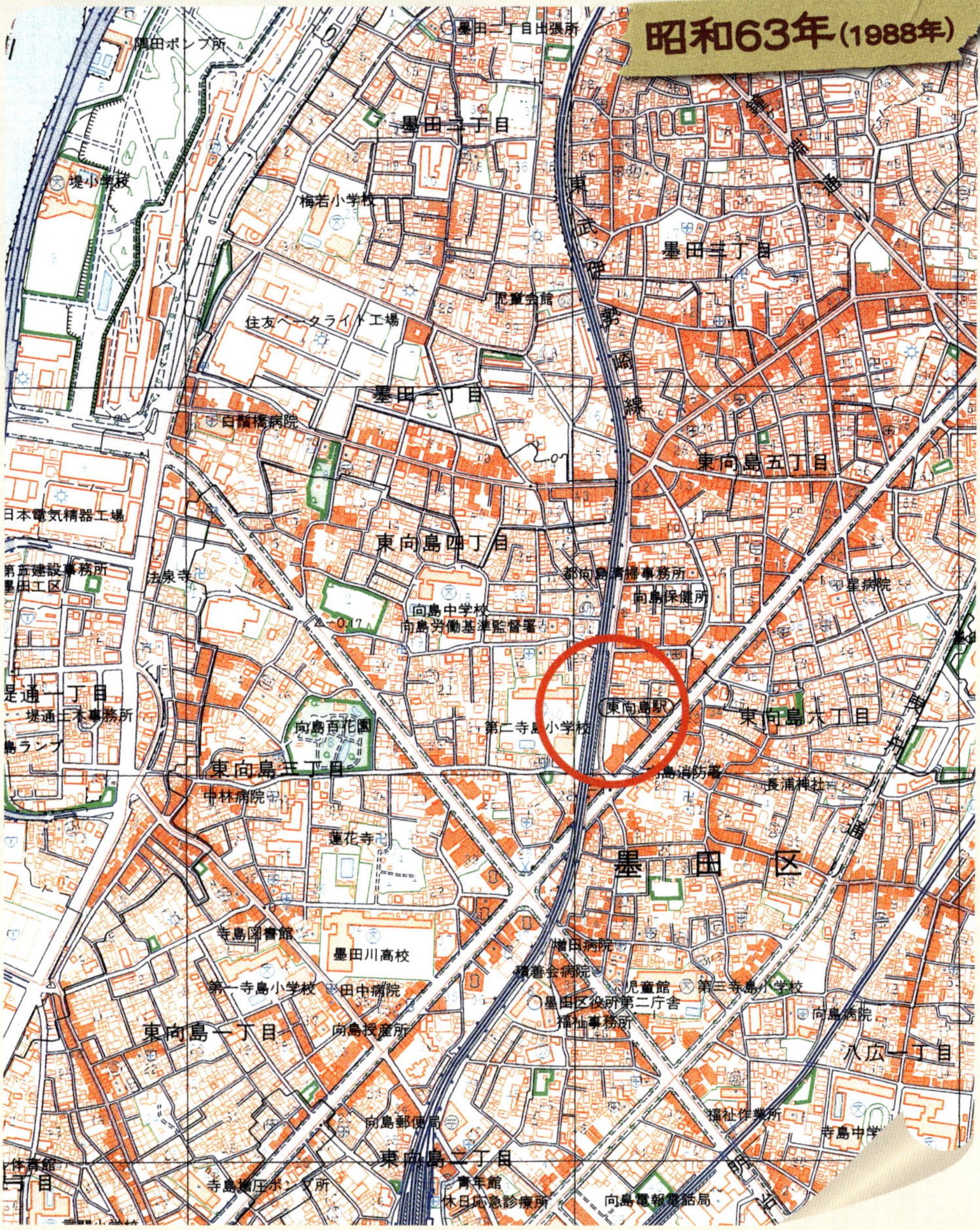

地図上から左下に走っているのは、かの有名な墨堤通り。地図左から墨堤通りと交差して右下に抜けていくのは明治通り。一方、大正通り沿いは現在、かつてのいろは通りも含めて商店街の賑やかさは消え、静かな通りになった。「住友ベークライト工場」は昭和前期からこの地にあったが地図年の昭和末期に移転。その後は再開発され、現在、その跡地は都民ハイムなど公営住宅やマンションが建っている。

の繁華街浅草の風紀上よろしくないと、警察が追い出しにかかったのだ。

大正7～8年に大正通りが完成すると、凌雲閣下の銘酒屋は浅草から近い大正通り沿いに移り始めた。関東大震災を契機に罹災者の住宅地ともなり沿線人口は急増。大正13年、東武鉄道は白鬚駅を玉の井駅と改称して営業を再開する。

かつての「いろは通り」の現在

以降、玉の井駅周辺は急速に発展する。東武鉄道の昭和4年下期の駅別旅客収入は、浅草駅、足利市駅に次いで玉ノ井駅は堂々3位にランクされているほどだ（東武鉄道百年史）

繁華を極めた玉ノ井も戦争の空襲で壊滅。戦後、銘酒屋業者たちは〈曳舟〉の項で取り上げた鳩の街などに移住。玉ノ井に残った業者は大正通りの北側でカフェーに衣替え。昭和33年の売春防止法まで存続。玉の井駅もまた昭和62年には「東向島駅」と改称し、副駅名に「玉の井」を残した。

陸軍参謀本部陸地測量部発行「1/10000地形図」

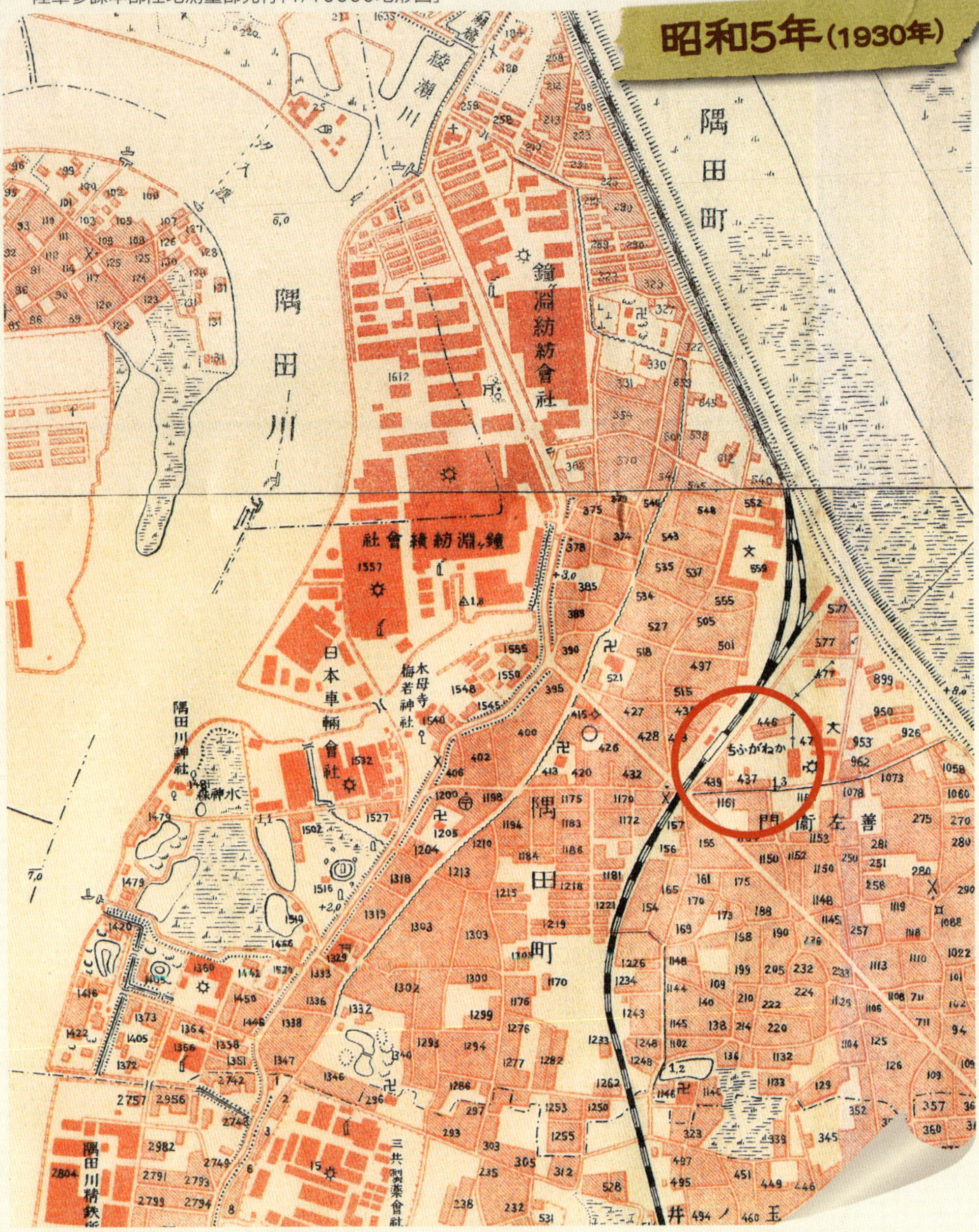

鐘淵紡績の工場が如何に広大な敷地にあったかがひと目で分かる地図となっている。この頃の綾瀬川は隅田川とつながる水路となっており、舟運の要だった。地図上方に見える「汐入の渡し」は明治23（1890）年から昭和41（1966）年まであった。対岸の荒川区南千住から鐘淵紡績に働く女工さんたちの通勤用として活躍。隅田川で最後まで運行されていた渡しである。千住汐入大橋の架橋は平成18（2006）年のこと 。

伊勢崎線

鐘ケ淵

景観を激変させた荒川放水路

開業年	明治35（1902）年4月1日
所在地	東京都墨田区墨田5-50-2
駅構造	2面4線（うち通過線2線）（地上駅）
キロ程	4.2㎞（浅草起点）
乗降客	12,716人

近代工業の先覚だった鐘紡

〈鐘ケ淵は墨田村大字隅田にありて、近く鐘ケ淵紡績工場あり。墨田村は寺島村の北隣にありて隅田川の屈曲部に当たり、綾瀬川の合流点に位置す。水運、便にして工場地に適せり。村の人口一万千六百余〉——今から100年前になる大正8（1919）年に東京女子高等師範学校附属高等女学校校友会が刊行した『遠足の栞』の一節だ。

墨田区に於ける近代工業の先覚となる鐘淵紡績の工場が建ち、操業を開始したのは明治22（1889）年。鐘淵紡績は三越、大丸、白木屋等々、江戸時代からの大手呉服屋5軒が出資して東京綿商社を設立。工場の操業開始と共に鐘淵紡績と改称したものだ。

名所江戸百景が描いた鐘ケ淵の景観

鐘紡の工場があったのは綾瀬川が隅田川に流れ込んでくる沿岸に近い、現在で言えば墨田5丁目19番あたり。墨田区の最北部だ。

そのころは江戸時代さながらに田畑が広がっていた景観も、水運に恵まれていたことから工場が相次いで進出。景観を決定的に変えるのは荒川放水路（現在は荒川と呼称）だった。明治43（1910）年の大水害（別項参照）を契機に翌年から始まった荒川放水路開削

建設省地理調査所発行「1/10000地形図」

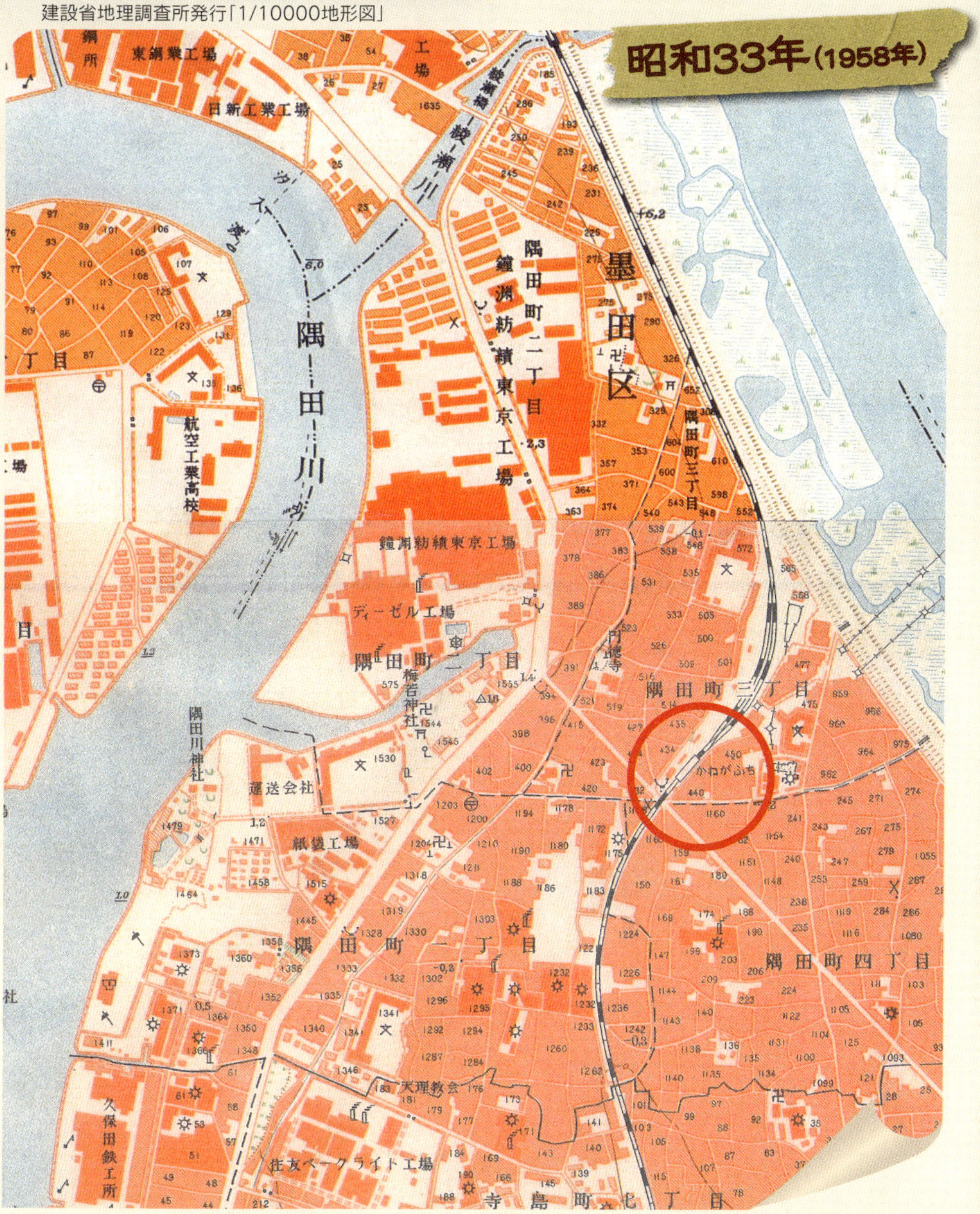

地図左側中央に隅田川神社、その東側に梅若神社が見え、隅田川からの水路が入り込んでいる。隅田川神社のかつての所在地であり、隅田川総鎮守の神様として奉られた由縁となる立地だった。別項で採り上げているように後の高速道路建設で隅田川神社は南に移転させられ、今は背後を高速道路が走っている。また、隅田川水景の一つだった水路も高速道路建設で埋め立てられ、今は往時の面影は消滅した。

大水害と荒川放水路

荒川は明治時代まで、その下流は隅田川となって東京湾に流れ込んでいた。「荒れる川」の名の通り、荒川は江戸期からたびたび水害禍をもたらしていたが、最悪だったのが明治43年の洪水だった。

「8月1日以来晴雨定まらず、連日降雨で8日に至り漸次烈しくなり、10日には暴風雨となり、荒川筋は未曾有の大洪水となり…」と記録に残されている。

東京では泥海と化したところを舟で行き来し、漸く水が引いて地面が見えるようになったのは12月を迎える頃だった。

この洪水が契機となってつくられたのが、荒川と隅田川を赤羽の岩淵水門で分流した荒川放水路こと、現在の荒川である。

荒川放水路はおよそ20年の工事の後、昭和5年（1930）に完成。以降、昭和22年9月のカスリーン台風でも荒川は洪水を起こすことなく、荒川の治水に成功している。

岩淵水門完成当時は、水門が朱色だったことから赤水門と呼ばれた。現在は昭和57年に竣工した青水門が運用中。赤水門（写真）は都の歴史的建造物に指定。

隅田川総鎮守の隅田川神社

源頼朝が亀で隅田川を渡ったとの伝承がある隅田川神社（堤通2-17-1）は、隅田川の浮洲に亀に乗った水神が上陸し、隅田川総鎮守の神となったとされ、狛犬の代わりに狛亀が鎮座している。水神社とも呼ばれ、かつては樹木の繁茂する水神の森だった。『伊勢物語』の主人公が都を流され、この地に落ちて「いざこ言問わむ都鳥～」と詠んだのは、隅田川神社辺りにあった隅田の渡し付近だったともいう。昭和50年、高速道路建設などのために100mほど北側から現在地に移転している。

事業は、大正13（1924）年の赤羽・岩淵水門完成によって上流から下流までが繋がって通水が行われ、昭和5年にすべての工事が完成している。

現在の鐘ヶ淵駅

鐘ヶ淵駅手前で鐘ヶ淵通りが斜めに、東武伊勢崎線を横断して荒川と平行するように南北に走っている。墨堤通りと曳舟川通りを結ぶ鐘ヶ淵通りは、荒川放水路によってそれまで地続きだった葛飾区四ツ木方面とは分断されたため、隅田川沿岸地域と曳舟通りを陸上交通で結ぶために、昭和2年に完成したものだった。

陸軍参謀本部陸地測量部発行「1/10000地形図」

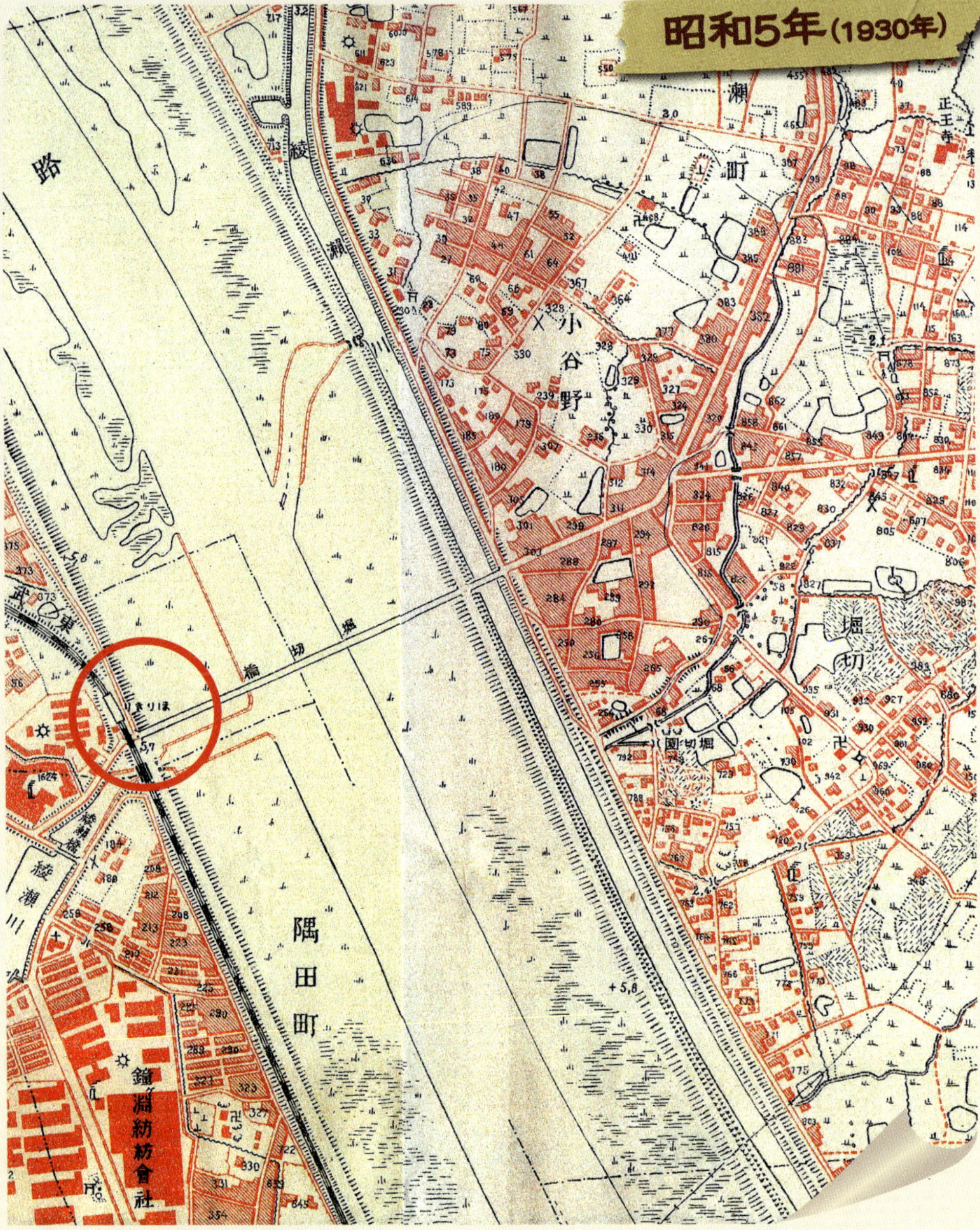

地続きであった地が荒川放水路で分断された直後の地図だ。地図右側下部に「堀切園」とあるのが、堀切菖蒲園。一帯が水耕栽培に適した湿地帯であったこと、地図が現しているが、別項で触れているように菖蒲園は複数あった。田山花袋が連れ込み客も止めてくれたという、話の分かる小高園は、地図が切れているところにあった。最後まで残った菖蒲園が堀切だった。

伊勢崎線

堀切

菖蒲園のために開業したが…

開業年	明治35（1902）年4月1日
所在地	東京都足立区千住曙町34-1
駅構造	2面2線（地上駅）
キロ程	5.3㎞（浅草起点）
乗降客	4,406人

荒川放水路で川向うになった

――堀切の菖蒲園は、東京の郊外で、一日行って遊ぶにはよいところである。吾妻橋から汽船で鐘ヶ淵まで行って、そこから十五町、菖蒲園に行く道標が到るところに立ててあるから、迷うことはない。また、押上から京成電車で行っても好し、浅草駅から東武線の汽車で行っても好い。

そこには、小高園と武蔵屋と二軒ある。花の頃には、都会の人たちがよく出かけて行くので、派手なパラソルが田舎道を彩って、ちょっとカラーに富んでいる。田圃には稲が青く、小さな川には薄が浮いて、水馬（みずすまし）などが日に動いている。

堀切駅が開業した頃の菖蒲園

小高園には、ちょっとした丘がある。そこには松があって、そこから一面に下の菖蒲の花を見るという形になっている。武蔵屋には池の周りに小さな亭（あずまや）が並んでいて、そこで酒を呑む

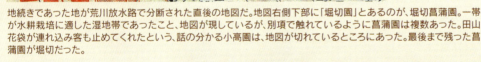

堀切菖蒲園今昔

綾瀬川沿いにある現在の堀切菖蒲園は葛飾区が運営している都市公園となっている。

江戸系花菖蒲を中心に200種6000株の花菖蒲が植えられており、見ごろは6月中旬前後にはパレードなどのイベントが行われるほりきり葛飾菖蒲まつりが催される。

菖蒲園の起こりは室町時代説と江戸時代説の二説ある。江戸時代には花期には代々の将軍が鑑賞に訪れたといい、安藤広重が「名所江戸百景」に採り上げ、大胆な構図で菖蒲園を描いている（写真）。

戦前まで、堀切には武蔵園・吉野園・観花園・小高園・堀切園などの菖蒲園があった。

昭和34年に堀切園を東京都が購入、東京都立堀切菖蒲園として公開。昭和50年、葛飾区に移管され、現在に至る。

「江戸名所百景」に描かれた菖蒲園

現在の堀切菖蒲園

建設省地理調査所発行「1/10000地形図」

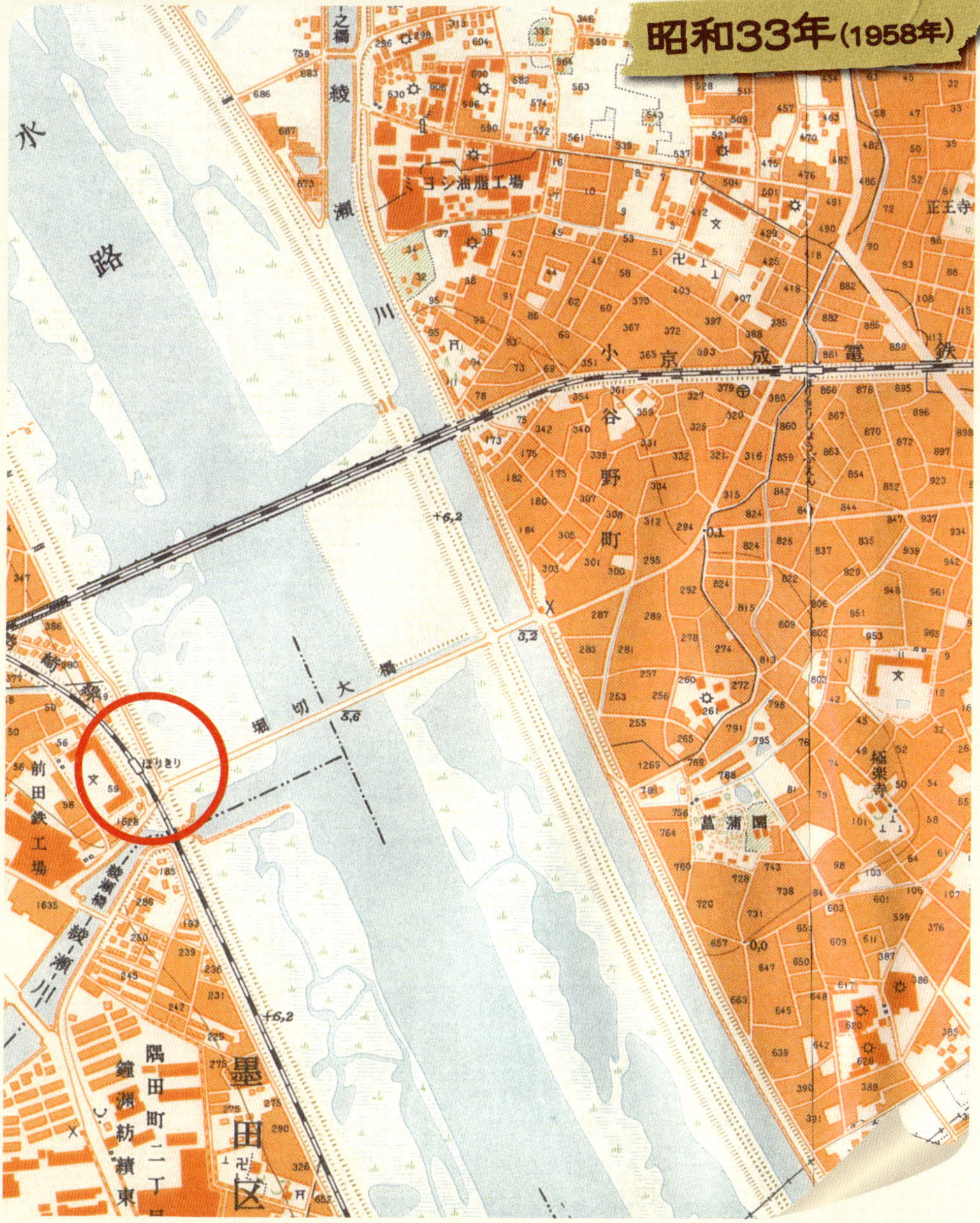

荒川放水路で隅田川に流れ込んでいた綾瀬川も大きく変わった。放水路開削に伴い、支川の中川や綾瀬川は河川が分断されたため、新たに設けられた水路が流路となった。綾瀬川は、地図で見るように放水路との交差部から荒川放水路左岸に平行して木下川地先に導かれ、中川に合流することになった。綾瀬川がかつては隅田川に流れ込んでいたことを教えるのは、地図左下の僅かな水路だけである。

ことも出来る。自動車で妓（おんな）を連れてきている人などもある。聞くところによると、頼めば連れ込みを泊めてくれるということである。――

現在の上り線側の堀切駅改札を出ると、目の前は荒川土手への石段

田山花袋が大正8年刊の『一日の行楽』で描写した、堀切の菖蒲園だ。現在と違い、100年前は粋なところもあったようだ。

往時は南葛飾郡堀切村が所在地だった堀切駅は、そもそも6千株の花菖蒲が評判だった菖蒲園の花見客の便を図るため、明治35年に北千住～吾妻橋間の開業と同時に開設された。しかし、堀切駅と地続きであった菖蒲園も〈鐘ヶ淵〉の項で取り上げた荒川放水路で分断され、川向うとなってしまった。いま、堀切から菖蒲園に行こうとすれば、駅の北側の川の手通りで荒川を渡る大回りとなる。最寄り駅となる京成の堀切菖蒲園からも20分はかかる。

堀切駅は今は東京未来大学の最寄り駅となっている。しかし、上り線ホームから大学側に行くには駅外の歩道橋を渡らなければならない。同大学は「こども心理学部」というユニークな学部を持つ、開学10年ほどの私立大学である。

陸軍参謀本部陸地測量部発行「1/10000地形図」

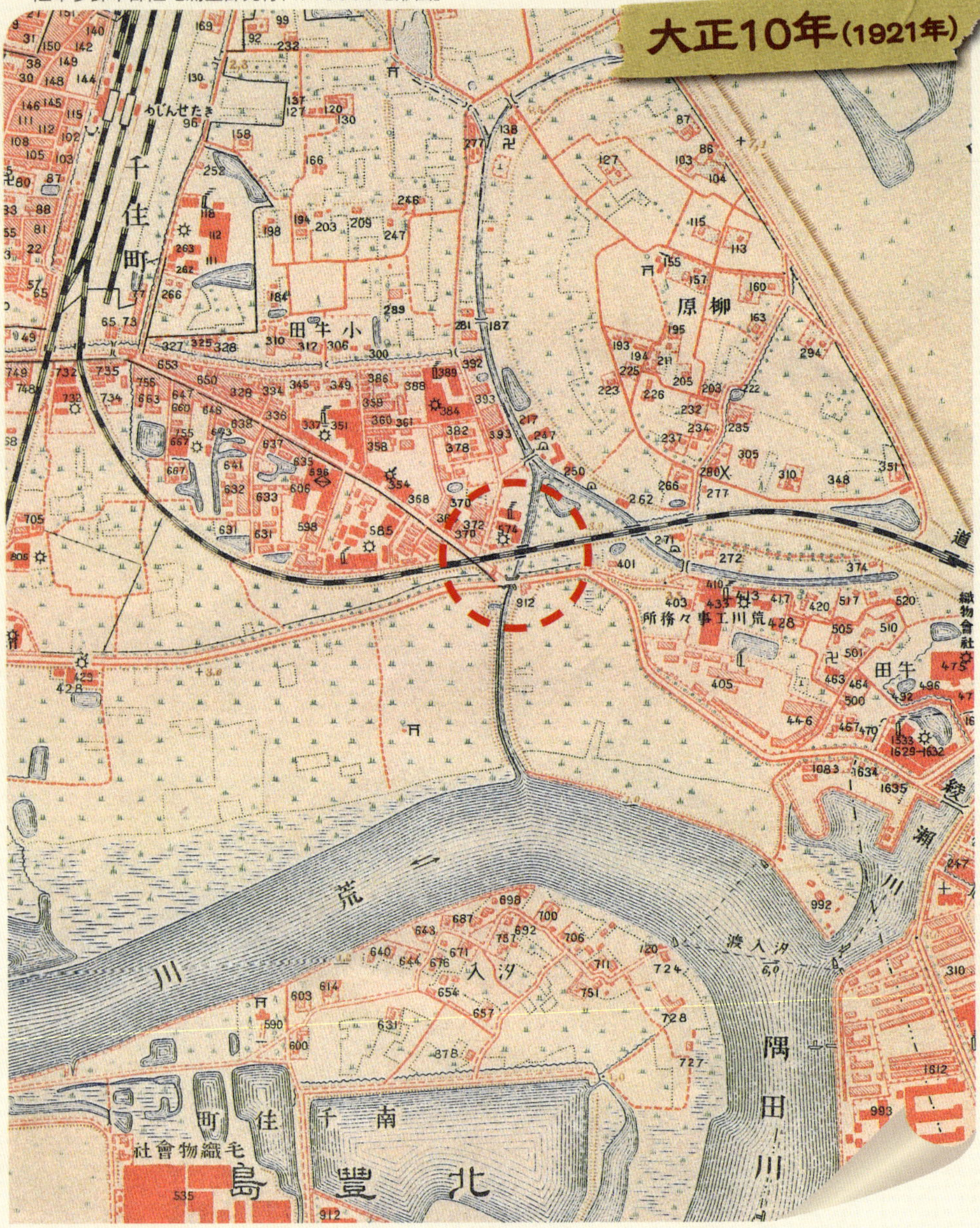

伊勢崎線

牛田

景勝地「関屋の里」の競合駅

東武伊勢崎線牛田駅も京成電鉄も走る前の地図だが、「牛田」の駅名由来になった農業用水「牛田圦(うしだいり)」が描かれている。地図中央で水路が二股に分かれているが、分岐点で隅田川に流れ込んでいるのが「牛田圦」と思われる。牛田駅は分岐点の南側に設けられるから(左ページ地図参照)あるいは分岐点から東に向かう水路もあわせて「牛田圦」と呼んでいたものか。地図は南千住に大きな池沼があったことも教えてくれる。

開業年	昭和7(1932)年9月1日
所在地	東京都足立区千住曙町1-1
駅構造	2面2線(地上駅)
キロ程	6.0㎞(浅草起点)
乗降客	22,679人

北斎、広重も絵筆をとった

往時、隅田川沿岸と対岸の千住河原までの一円の地をさして関屋の里と呼んだ。安藤広重は『名所江戸百景』で「真崎より水神の森内川関屋の里」を描いた。真崎(千住河原)の料亭の窓から関屋の里~隅田川そして隅田川神社周辺の水神の森(〈鐘ケ淵〉の項参照)を遠景に配した一幅だ(写真参照)。

葛飾北斎もまた『富嶽三十六景』で「隅田川関屋の里」を描いた。江戸表の藩屋敷に急を知らせるかの如く牛田堤を早駆けする馬上の武士3人を近景に、雄大な富士を遠景に持ってきた構図になっている。

名所江戸百景「関屋の里」

牛田駅は牛田圦(うしだいり)と呼ばれた農業用水路が近くにあったことから付けられた駅名という。今では駅名だけが北斎が描いた牛田堤のあった往時の名残をとどめている。

東武伊勢崎線牛田駅と京成本線の京成関屋駅は目と鼻の先。乗換連絡駅なっているが、当時を振り返ると東武鉄道が北千住から吾妻橋(現在のとうきょうスカイツリー駅)まで延伸したのは明治37(1904)年だが、北千住の次駅は堀切だった。沿線人口が増えだした大正

隅田川水景散歩

往時の関屋の里はもはや見るべくもないが、隅田川の水景は今でも楽しめる。牛田駅前の墨堤通りを南下、川の手通りを隅田川方面に行くと、千住市汐入大橋の手前に千住大川端公園（足立区千住曙町41-10）がある。
ツツジで知られるところで、4月中旬から下旬にかけて赤・薄桃・白のツツジが鮮やかに斜面を覆う。
隅田川の流れを見やりながら千住汐入大橋を渡れば汐入公園（荒川区南千住8-13-1）だ。

再開発事業で整備され、平成18年に開園した都立公園で、園内は広大。隅田川よりのエリアに2箇所、展望広場がある。隅田川沿いのテラスとつながっている。そのまま隅田川散歩を楽しむのもよし、園内から水神大橋を渡って隅田川べりを南下するのも一興。
千住大川端公園そばには東京水辺ラインの千住発着場がある。水上バスのコースは様々。定期・不定期航路船舶のほか、貸切便、イベント便、宴便などもある。

建設省地理調査所発行「1/10000地形図」

昭和33年（1958年）

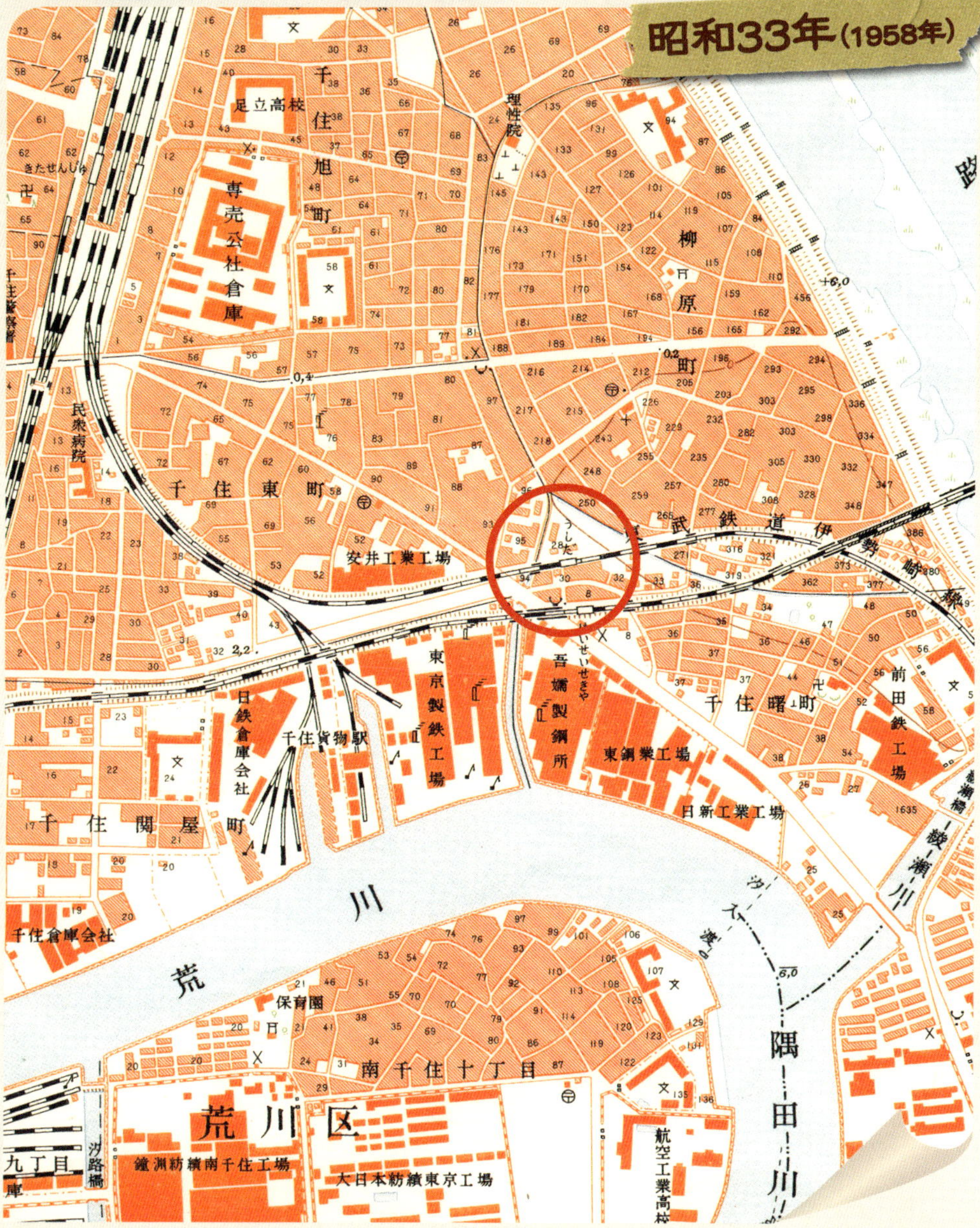

隅田川はもともとは荒川の下流域であったことを教えてくれる地図だ。荒川放水路は明治43（1910）年の荒川大洪水を契機に計画が立てられ、赤羽の岩淵水門で荒川は分流された。昭和40（1965）年の政令で荒川放水路が荒川の本流となり、分岐点である岩淵水門より下流の以前からの河道は「隅田川」に改称された。荒川沿岸の「千住貨物駅」は東武鉄道の貨物駅。この頃はまだ舟運が廃れていなかったこと。

13（1924）年、北千住駅の混雑を緩和するため、北千住駅の南側に千住駅を開業。沿線住民の利便性を図った。千住駅は昭和5年に中千住駅と改称したが、翌年に浅草駅が誕生すると、中千住止まりの電車が何本かあり、利用客は次の電車を待って北千住に行くよりは中千住から北千住まで歩く人も多かった。それほど、北千住とは至近の距離に開業した駅だった。

ところが、浅草駅を開業した昭和6年12月、京成電鉄が現在地に京成関屋駅を開業した。東武鉄道にとって記念すべき年に、北千住～堀切間の沿線に霹靂が落ちたようなものだった。

駅周辺はマンションが林立

東武鉄道は京成関屋駅の眼の前、徒歩1分の牛田駅を開業した。駅舎用地の手当から駅舎建設、そして開業は昭和7年9月という早業であった。利用客の利便性を図った乗換連絡駅を設けたという見方もあれば、東武鉄道の庭にズカズカと入り込んできた京成電鉄に断固たる対抗策を取ったとも推測できる。真偽はいずれにしろ、当時は拓けていない土地に二つの私鉄駅が誕生したことから沿線人口も増え始めて現在に至るが、両駅を挟んだ商店街はおかげでまことに賑やかである。なお、千住駅は昭和28年に廃止されている。

明治42年(1909年)

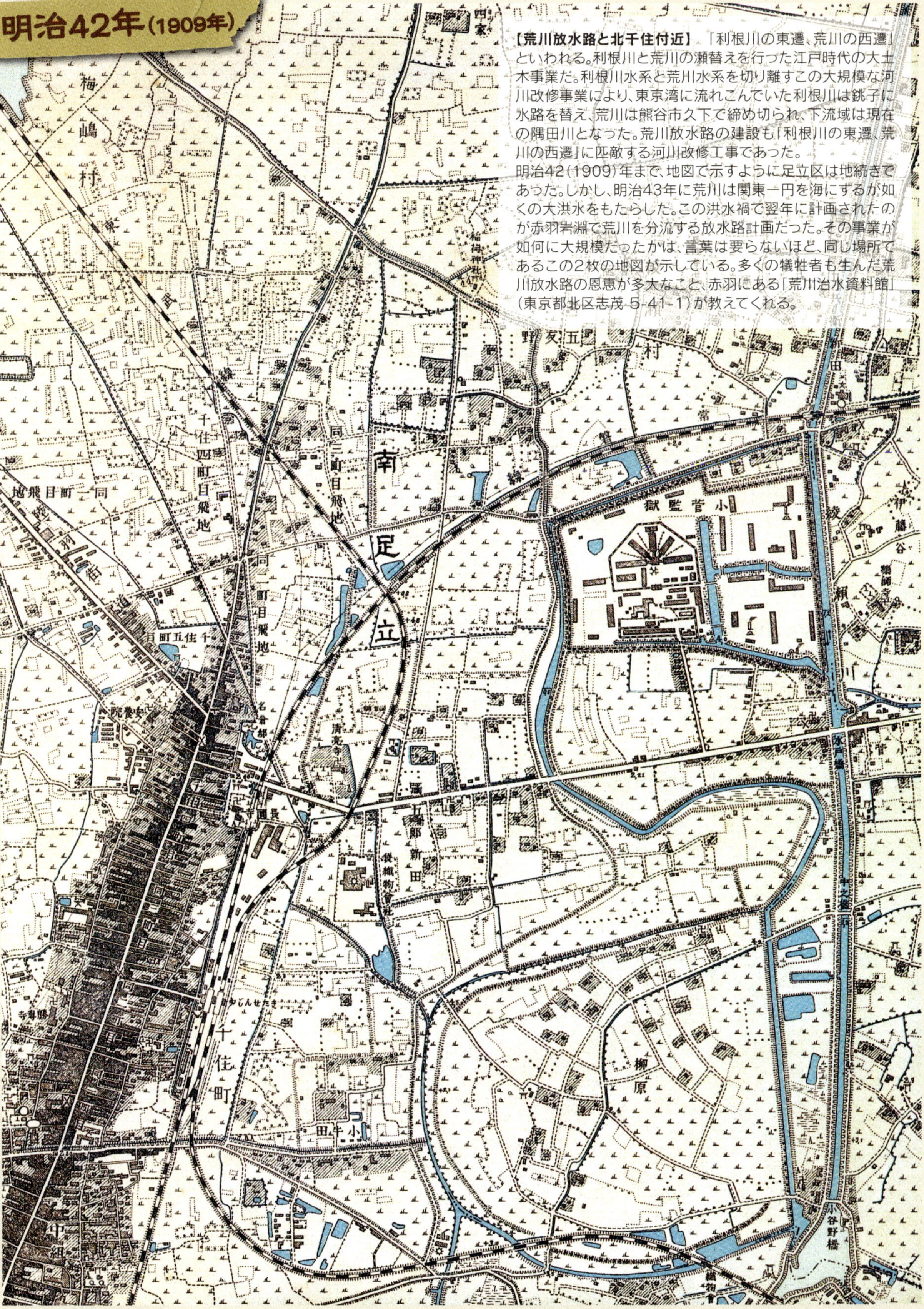

【荒川放水路と北千住付近】 「利根川の東遷、荒川の西遷」といわれる。利根川と荒川の瀬替えを行った江戸時代の大土木事業だ。利根川水系と荒川水系を切り離すこの大規模な河川改修事業により、東京湾に流れこんでいた利根川は銚子に水路を替え、荒川は熊谷市久下で締め切られ、下流域は現在の隅田川となった。荒川放水路の建設も「利根川の東遷、荒川の西遷」に匹敵する河川改修工事であった。
明治42(1909)年まで、地図で示すように足立区は地続きであった。しかし、明治43年に荒川は関東一円を海にするが如くの大洪水をもたらした。この洪水禍で翌年に計画されたのが赤羽岩淵で荒川を分流する放水路計画だった。その事業が如何に大規模だったかは、言葉は要らないほど、同じ場所であるこの2枚の地図が示している。多くの犠牲者も生んだ荒川放水路の恩恵が多大なこと、赤羽にある「荒川治水資料館」(東京都北区志茂 5-41-1)が教えてくれる。

昭和33年（1958年）

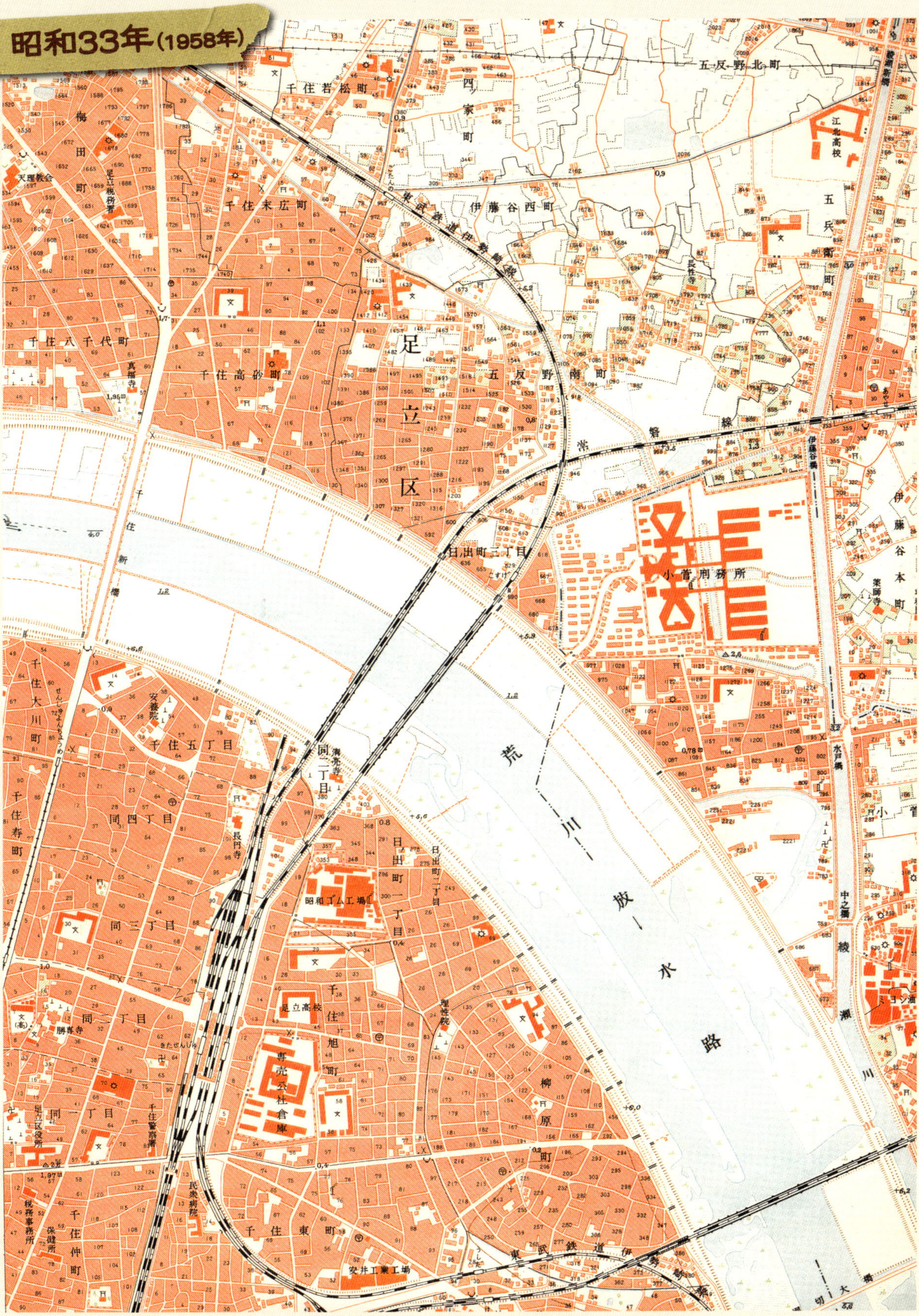

千住若松町
四家町
五反野北町
江北高校
梅田町
天理教会
足立税務署
千住末広町
伊藤谷西町
東武鉄道伊勢崎線
五兵衛町
長性寺
千住八千代町
千住高砂町
足立区
五反野南町
常磐線
伊藤谷橋
千住新橋
日ノ出町二丁目
小菅刑務所
伊藤谷本町
薬師寺
千住大川町
安養院
千住五丁目
同二丁目
清亮寺
荒川放水路
水戸橋
千住寿町
同四丁目
長円寺
日ノ出町一丁目
昭和ゴム工場
中之橋
綾瀬川
同三丁目
足立高校
千住旭町
聖徳院
同二丁目
勝専寺
専売公社倉庫
柳原町
同一丁目
千住警察署
足立区役所
税務事務所
保健所
千住仲町
民衆病院
千住東町
東武鉄道伊勢崎線
安井工業工場

陸軍参謀本部陸地測量部発行「1/10000地形図」

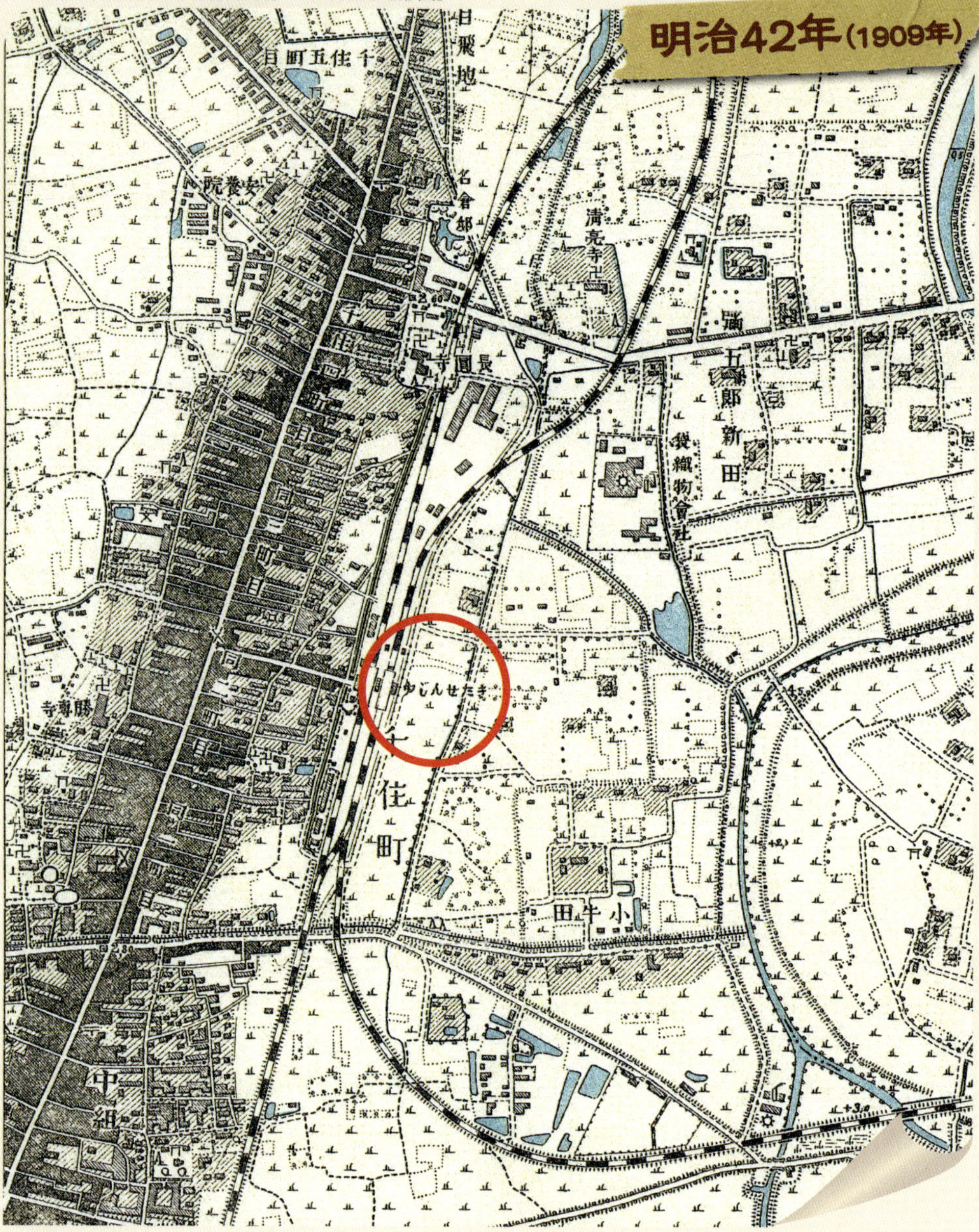

地図右下から湾曲しながら北千住駅に向かっているのが東武鉄道であり、南北に伸びているのが国鉄東北線である。鉄道の東側は一面に田畑が広がっているが、西側で南北に長い集積地を形成しているのが、江戸時代は宿場町だった一帯だ。江戸四宿の一つに上げられた千住宿の賑わい寂れることなく、明治から大正に移ろうしている時代にあってもその繁華が見て取れる地図である。

伊勢崎線

北千住

東武鉄道創業以来の悲願が叶った昭和37年

開業年	明治32（1899）年8月27日
所在地	東京都足立区千住旭町42-1
駅構造	2面4線（地上駅） 2面3線（高架駅／日比谷線直通）
キロ程	7·1㎞（浅草起点）
乗降客	454,781人

劇的だった日比谷線効果

北千住。明治32（1899）年、東武鉄道が産声を上げた起点だ。しかし、東武鉄道にとっては開業から70年近く経った昭和37（1969）年5月、営団地下鉄（当時）日比谷線との相互乗り入れが実現したことも、社史の中では創業に匹敵する大きな出来事だったろう。

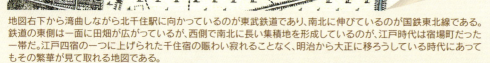

東武鉄道は創業時から都心乗り入れの思いを強く抱き続けた。創業時に越中島への延伸を図った時も（〈曳舟〉の項参照）、明治37年に亀戸から総武鉄道（現JR総武線）に乗り入れて両国橋を始発駅にした時も（「亀戸線」参照）、さらに昭和6（1931）年、隅田川を渡って浅草に進出した時も、その先には都心乗り入れがあった。東武鉄道にとって都心乗り入れ——山手線の内側に入ることは創業以来の夢であり、悲願だった。

北千住駅前の繁華

その夢が実現したのが、日比谷線との相互直通運転だった。

当初、伊勢崎線から日比谷線の沿線に向かう乗客は、東急沿線からの乗客に比べて圧倒的に少ないと見られていたが、いざスタートしてみると伊勢崎

陸軍参謀本部陸地測量部発行「1/10000地形図」

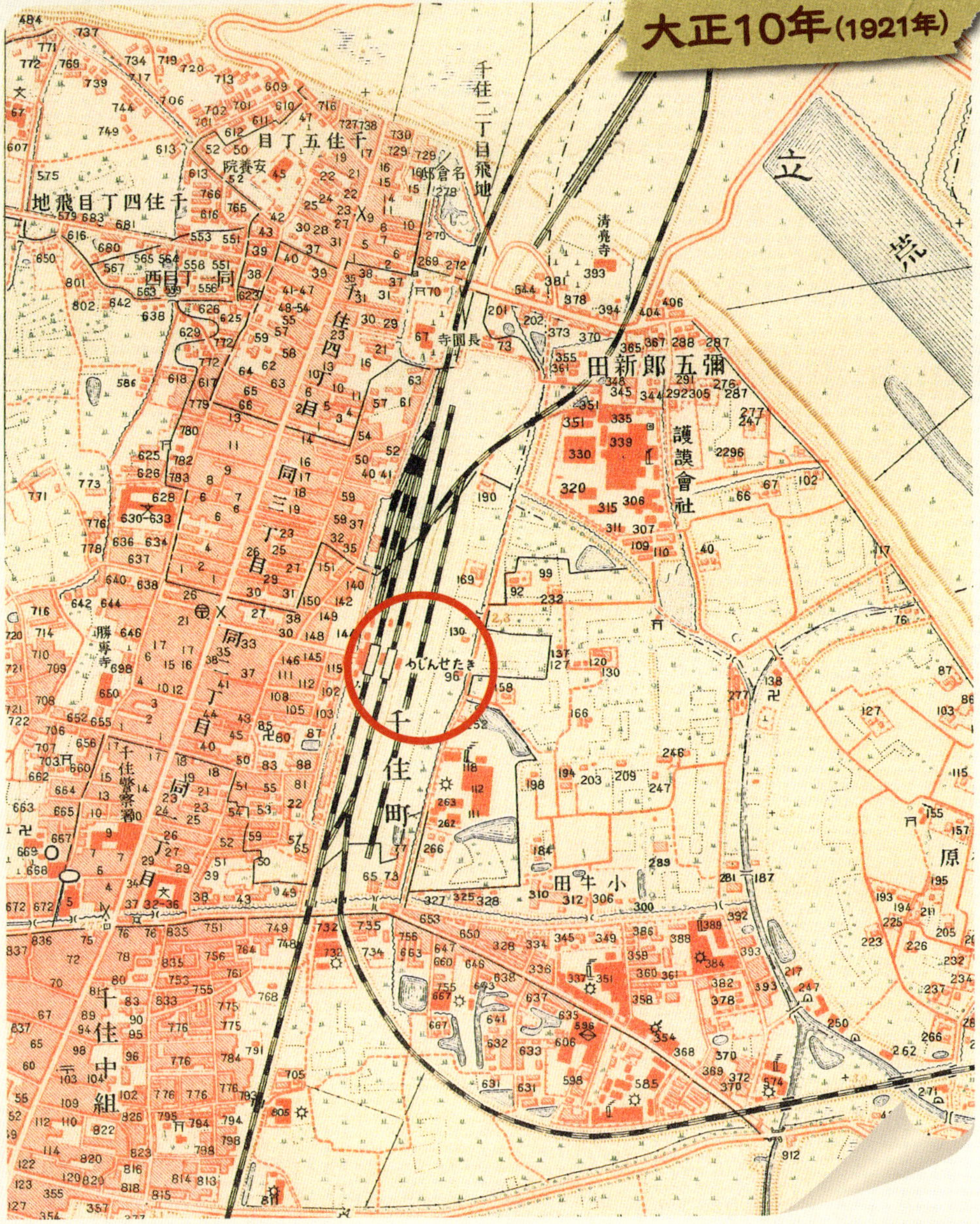

この地図は荒川放水路が如何に大規模な工事だったことを教えてくれる。明治43（1910）年の関東大洪水を契機に立てられた荒川放水路計画。右頁地図と見比べると住宅地や田畑だったところを開削していったことが、この地図から見て取れる。地図右コーナーをいきなり切り取ったような具合だ。地図中央上部に「名倉」が見える。別項で採り上げている「骨接ぎ名倉」である。

東武鉄道の地下鉄新線計画

「都心乗り入れ」という創業以来果たせぬ夢を実現するため、東武鉄道は昭和30年、北千住～新橋間の地下鉄新線計画を運輸省に出願している。他社路線への乗り入れではなく、単独で地下鉄を建設しようとしたのである。

申請した路線は東武伊勢崎線北千住を発してから地下に潜り、足立区千住橋戸町、荒川区南千住、三ノ輪町、千束町、台東区寿町、蔵前、浅草橋、中央区人形町、茅場町、西八丁堀、銀座4丁目、銀座8丁目などを経由して新橋駅に至るルートだった。

設置する駅は三ノ輪、浅草、田原町、浅草橋、人形町、茅場町、築地を予定していた。

東武鉄道が単独で申請したこの地下鉄新線計画はその後二転三転。紆余曲折しながら最終的に帝都高速度交通営団（現・東京メトロ）の地下鉄日比谷線との相互乗り入れ計画となって結実すると『東武鉄道百年史』は綴っている。

電大がある東武鉄道側の東口、学園通りの賑わい

線からの乗り換え客が多かったと『東武鉄道百年史』は伝えている。

日比谷線との相互直通運転は北越谷～人形町間から始まり、日比谷線の延伸が進むに連れ、乗り入れ区間も長くなっていった。東武鉄道にとって日比谷線効果は実に大きかった。沿線開発が飛躍的に進んだのだ。

東武伊勢崎線沿線で当時、市街化されていたのは都心から15キロ圏内の西新井までと、草加、越谷、春日部、杉戸（現東武動物公園）、久喜の各駅周辺に過ぎなかった。西新井以遠は、これらの駅を除くとその沿線は小集落の散在する田園風景が続いていたのだ。

直通運転がスタートした昭和37年当時、北千住～杉戸間の沿線人口は59万人だったが、45年には95万人、55年には125万人。特に越谷市と春日部市の人口は20年間に4倍にも急増したと『東武鉄道百年史』は綴っている。

北千住出世双六

足立区は隅田川と荒川に挟まれた地区と、面積の大半を占める荒川以北の地区とに分かれているが、荒川以南のエリアに属する北千住駅周辺は足立区随一の繁華を極めている。

北千住駅は明治29（1896）年、日本鉄道土浦線（明治39年、幹線鉄道の国有化で常磐線と改称）の駅として開業したのが、その起こりとなっている。3年後の明治32年東武鉄道が開業。乗換駅となった。その頃の北千住駅周辺を明治37年刊の『東武鉄道線路案内記』はこう伝えている。

建設省地理調査所発行「1/10000地形図」

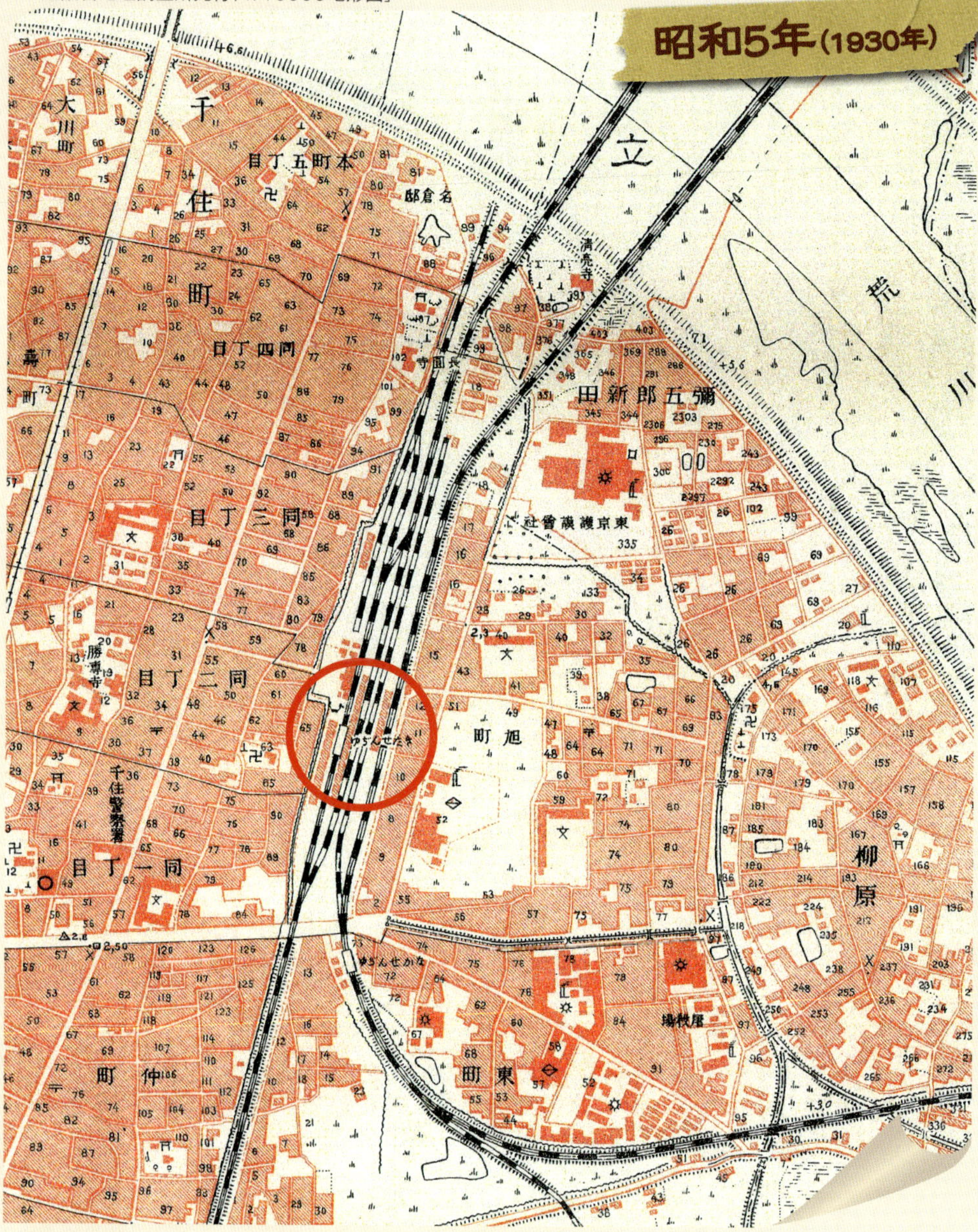

大正時代は田畑が広がっていた鉄道東側も、関東大震災後には都心部を離れて郊外に住宅を求める人で急速に宅地化した。地図中央下方に見える「中千住駅」は、北千住駅の混雑解消のために大正13(1924)年に、北千住駅の目と鼻の先に開業した千住駅をこの年に改称したものだ。昭和28(1953)年に廃止されるまで北千住駅の補完駅として存在していた。駅として廃止された後、伊勢崎線の貨物支線である千住線の分岐点として昭和62(1987)年まで営業した。

骨接ぎ名倉

千住宿は日光道中の首駅として品川・新宿・板橋と共に江戸四宿の一つとして繁盛したが、宿場町通りを荒川土手方面に行ったところに「名倉医院」(千住5-22-1)がある。
「骨接ぎといえば名倉」と江戸時代から評判だった名倉本家である。
「骨接ぎ名倉」は江戸時代中期の明和年間に開かれた。写真でご覧のように入口の長屋門が往時を偲ばせる。

「夜が明けると戸板や荷車で運ばれた患者が旧道に並んでいた」という古老の話が残されており、駕籠や大八車で運ばれる骨折患者が後を絶たなかった。入院設備のない当時は宿泊して治療できるようにと周辺には5軒の宿屋があり、名倉の弟子が治療を兼ねて常駐していたとも。
最盛期の大正時代には1日の患者が300人から500人。夜が明けると旧道は骨折や脱臼の患者が戸板や駕籠の行列で埋まったと言われる。
整形外科医院として今も続いている。

〈物産は川魚、野菜、鮒のすずめ焼き、鰻等にして就中鰻は此の地の名産たり。都人特に来たりて賞するもの多し〉云々。

北千住の大きな転換期となったのが、日比谷線の北千住駅開業だった。上野や浅草ではなく、都心中枢部に直結するターミナル駅となったのだ。

昭和44年には営団地下鉄千代田線の駅も開業。北千住駅は4路線が乗り入れる大駅となった。ラッシュ時は乗換客で溢れかえり、ホームもまた混乱の極みに達して乗換客や始発を待つ列で身動きが取れないほどであった。大規模な改良工事が実施されるのは平成に入ってからだ。

密集した市街地の都市機能の更新を図る駅前再開発はまず、江戸時代に千住宿を形成していた西口から始まった。昭和62年には西口の市街地再開発事業が都市計画決定され、北千住のランドマークである千住ミルディスが開業したのが平成16年。西口駅前交通広場にはペデストリアンデッキが設置された。

首都圏新都市鉄道つくばエクスプレス線の駅が開業したのは平成17年。かくて北千住の駅は5路線が乗り入れることになり、都心部のターミナル駅に匹

宿場町当時の賑わいが今も…北千住宿場町商店街

国土交通省国土地理院発行「1/10000地形図」

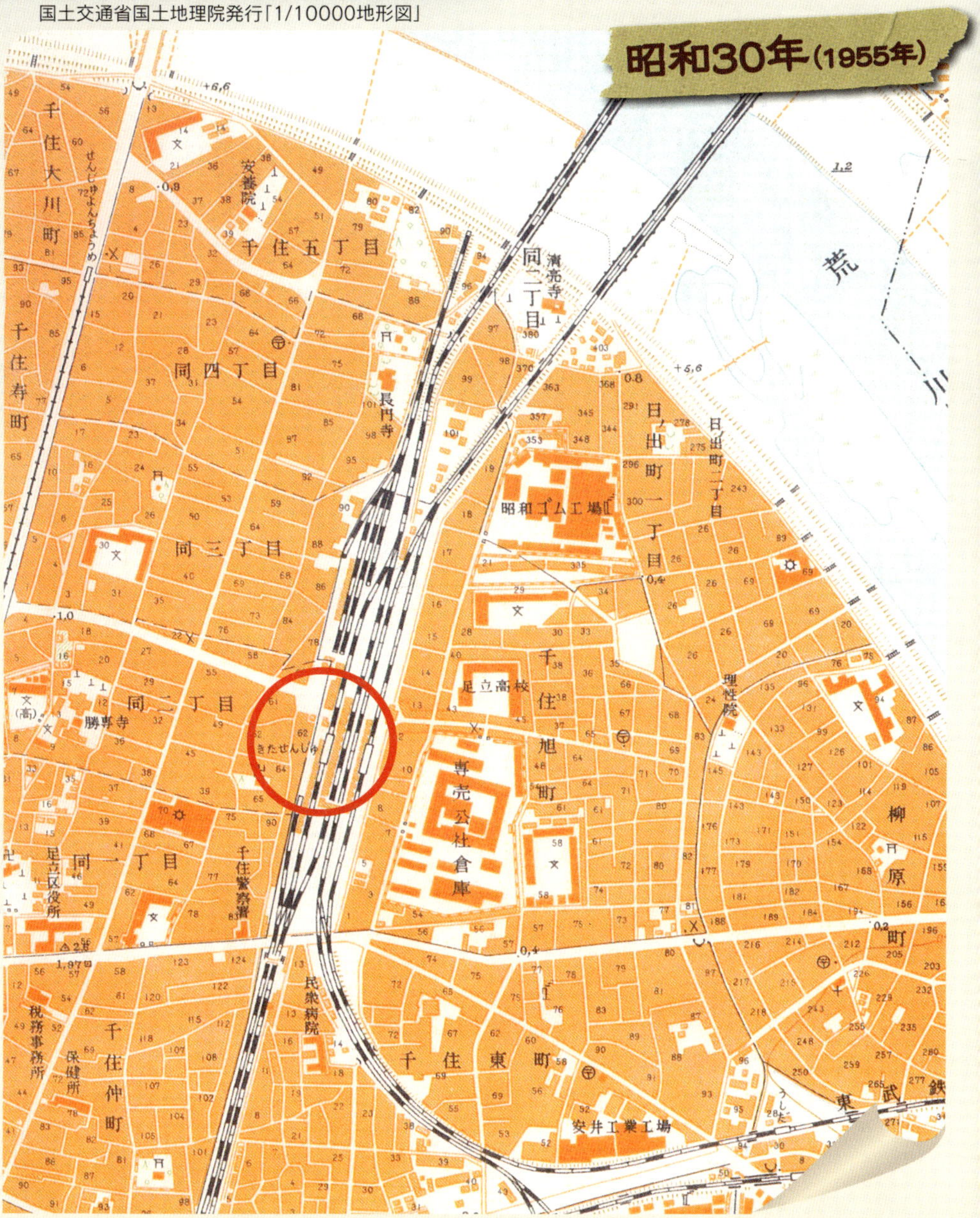

北千住駅東口に見える「日本専売公社倉庫」は後にJT（日本たばこ産業）の社宅になった。しかし、喫煙人口の減少も影響し、社宅を閉鎖。足立区は地権者のJT等と跡地の再開発計画を協議。大学の誘致に方針を決定し、平成24（2012）年に跡地に進出したのが、東京電気大学だ。国鉄と東武鉄道が分岐する間に見える「民衆病院」は綾瀬民衆病院のことで、現在は愛里病院となっている。

芭蕉「矢立初め」と千住

千住大橋公園（千住橋戸町31）に「奥の細道」の「矢立初めの地」とした一画がある（写真）。

元禄2年（1689）3月、松尾芭蕉は弟子の曽良を伴って江戸・深川から舟に乗って北上。千住で舟を下りて「奥の細道」へと旅立つにあたり「千住といふところで船をあがれば、前途三千里のおもひ胸にふさがりて、幻のちまたに離別の泪をそそぐ。〈行く春や鳥啼魚の目は泪〉是を矢立の初めとして、行く道なおすすまず。人々は途中に立ちならびて、後かげみゆるまではと、見送なるべし」と記されていることから、足立区が奥の細道旅立ちの地として、矢立初めの句碑を建立している。

ただ、舟を下りたのが隅田川の北（足立区）か南（荒川区）かは記録がないことから、足立説と荒川説が両立している。
江戸時代、荒川区の南千住も「千住」であった。足立区と荒川区は隅田川の中央が区境となっているのが、足立説と荒川説の両論、いまだ定まらずのようである。

敵する存在となった。

駅前開発に取り残されていた東口は平成25年に駅前交通広場が完成している。前年には東京電機大学東京千住キャンパスが開校している。

宿場町通りの賑わい

北千住駅西口を出て、駅前通りを少し行くと、宿場町通りに出る。往時の千住宿のメインストリートだ。宿場町から続く商店街として中山道の板橋宿商店街と肩を並べるほど、東京でも有数の賑わい商店街となっている。

宿場町通りを北に行けば荒川に出、南側に歩を取れば隅田川に架かる千住大橋に出る。

千客万来、千住街の駅

駅から来てこの宿場町通りを右手に行ったところに「千住街の駅」がある。まちあるきガイドスポットだ。大正時代には建てられていたという元魚屋を転用した「千住街の駅」には、往時の業務用冷蔵庫が千住マップ等各種パンフレット倉庫にされているなど、外観同様に内部もかなりレトロである。

駅前のマルイ10階には往時の千住宿再現模型が展示されている。

伊勢崎線

小菅

銀座煉瓦街の煉瓦はこの地で製造された

開業年	大正13(1924)年 10月1日 昭和25(1950)年 11月15日再開
所在地	東京都足立区足立 2-46-11
駅構造	1面2線(高架駅)
キロ程	8・2㎞ (浅草起点)
乗降客	5,830人

陸軍参謀本部陸地測量部発行「1/10000地形図」

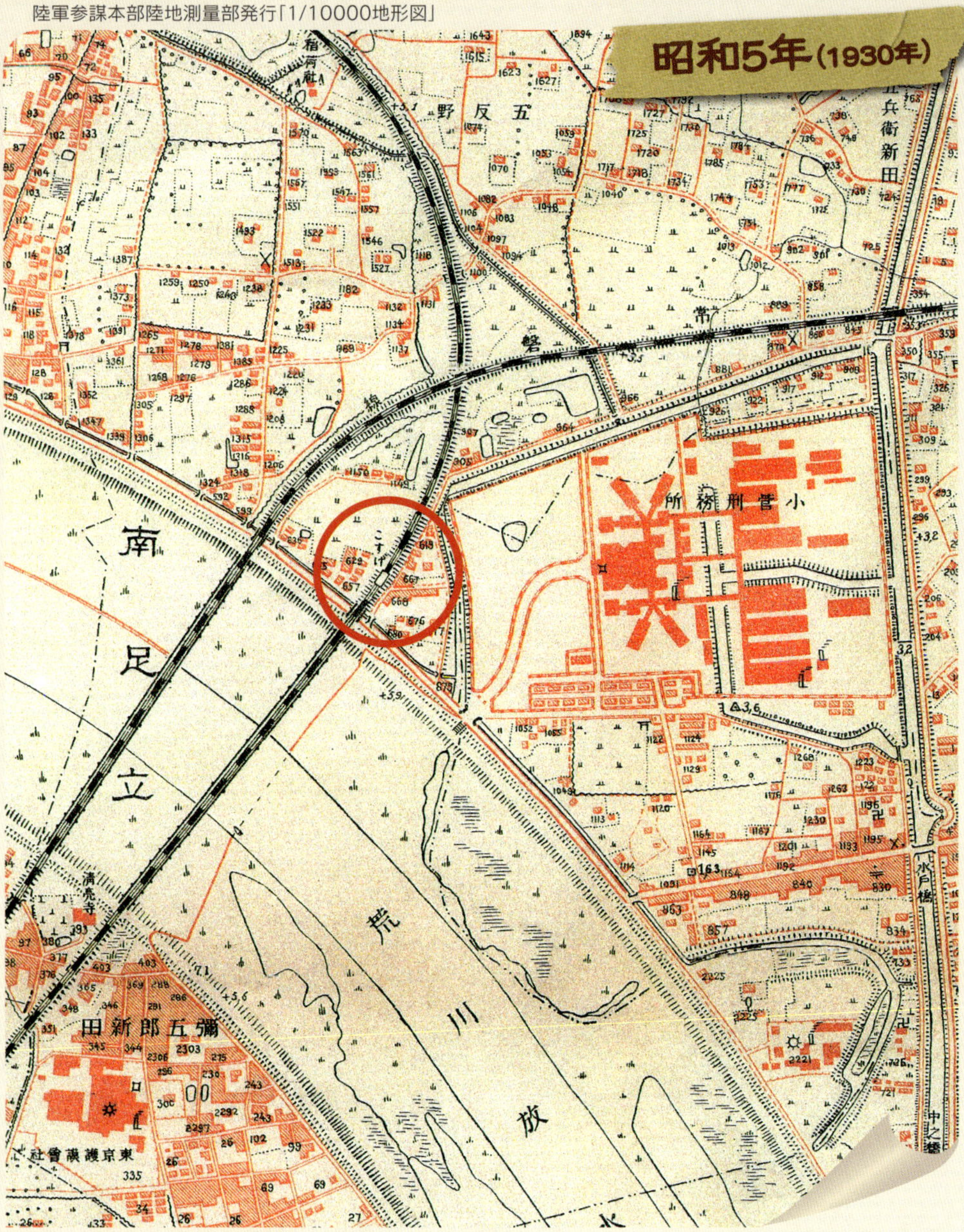

煉瓦工場の跡に東京集治監が設置(別項参照)されたのは明治12(1879)年。この東京集治監が小菅=刑務所のイメージとなる起こりとなっている。明治36(1903)年に小菅監獄と改称。大正11(1922)年に小菅刑務所と改称された。敗戦で巣鴨の東京拘置所が占領軍の接収を受けたことから、一時期は小菅刑務所内に東京拘置所が置かれた。ちなみに拘置所は未決囚や死刑囚の他に一般受刑者も収容されている。

煉瓦製造工場跡地に小菅監獄

小菅というと東京拘置所を反射的に連想するが、小菅は日本の煉瓦産業の基礎を築いた地であり、銀座煉瓦街の煉瓦や洋館の煉瓦も、小菅で製造された煉瓦であった。

ホームから東京拘置所を臨む

煉瓦製造は幕末より各地で行われていた。瓦職人が従来の焼成技術を利用したものだが、洋風建築に耐える煉瓦のレベルには達していない上に大量生産など及ぶべくもない。富岡製糸場の赤煉瓦は仏人技術者が埼玉県深谷の瓦職人に作り方を教えて出来上がっているが、煉瓦街建築に要する煉瓦の量は、富岡製糸場の比ではない。東京府が煉瓦街建設にあたって先ず突きつけられた難問が、京橋から新橋まで数町に渡る煉瓦街に要する膨大な量の煉瓦をどうするかということだった。

『都史紀要三　銀座煉瓦街の建設』によると、当初は上海からの輸入が考えられた。ところが見本を送らせると煉

小菅県があった時代

小菅駅は沿線人口が増えだした大正末期の13年10月1日、中千住駅（〈牛田〉の項、参照）と同時に開業している。付近一帯は菅や葦などの野草が繁り、他の土地のものよりも背丈が低いところから「小菅」と呼ばれていたのが駅名の来由となっているが、明治時代の一時期には「県庁所在地」でもあった。

維新政府は明治2（1869）年、天皇制による中央集権を図るために、版籍奉還を行う。諸大名から領地（版図）と領民（戸籍）を天皇へ返還する形をとったのが版籍奉還だが、各大名は知藩事（または藩知事）として引き続き藩（旧大名領）の統治に当たるとした。

旧天領や旗本支配地等は政府直轄地として府と県が置かれ中央政府から知事（知府事・知県事）が派遣された。これを「府藩県三治制」という。

東京・京都・大阪は「府」と定められたが、全国は藩と県が混在することになった。東京は江戸時代の代官支配地を基準として東京府と品川県、小菅県の1府2県制となった。

小菅県が誕生した所以であり、県庁所在地は小菅の代官屋敷に置かれた。この代官屋敷跡地に煉瓦工場が建てられ、後に小菅監獄が設けられた。

版籍奉還は幕藩体制の廃止の一歩となったものの現状はほとんど江戸時代と同様だったことから断行したのが明治4年の廃藩置県で、小菅県はわずか2年ほどで消えた。

建設省地理調査所発行「1/10000地形図」

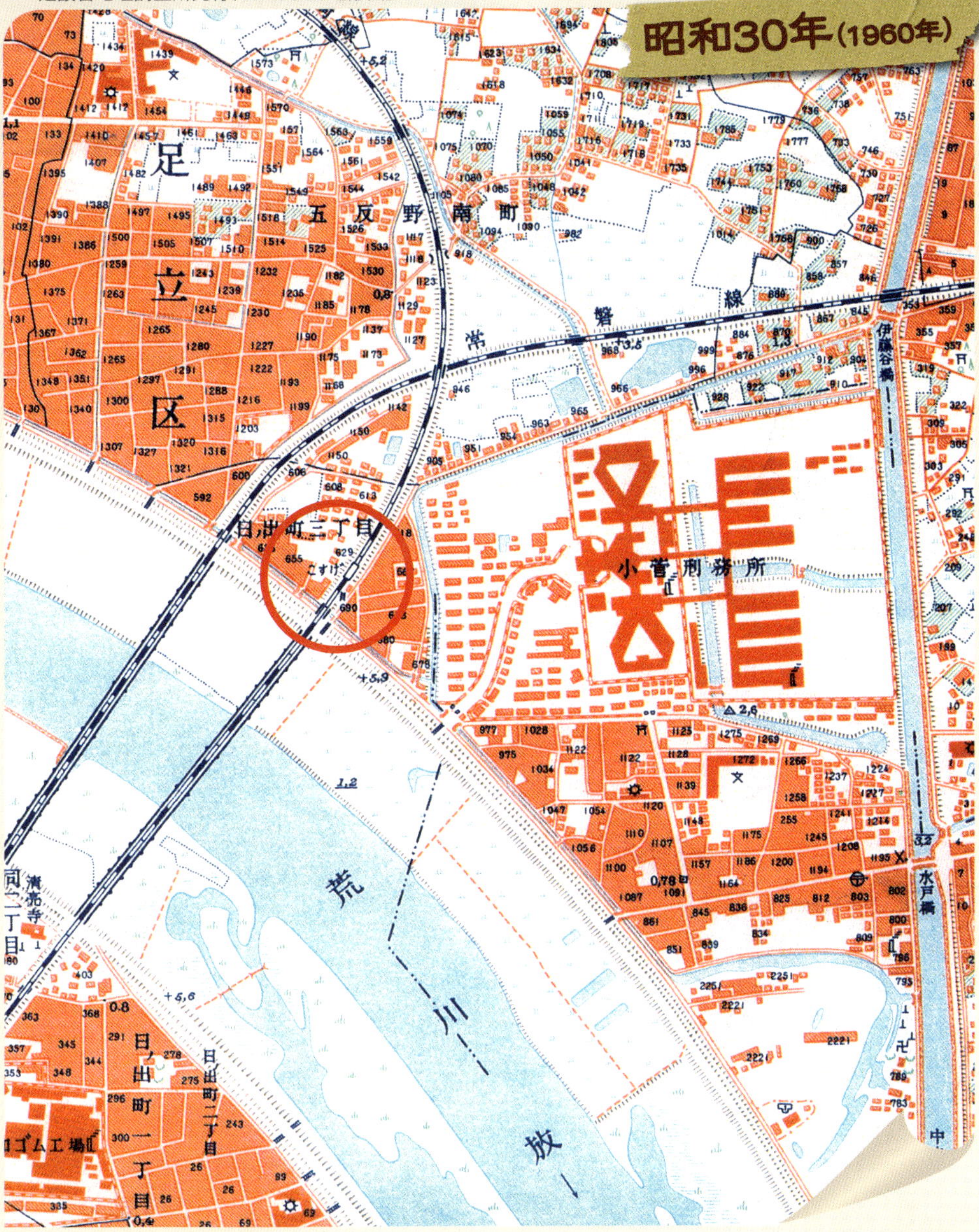

小菅刑務所が東京拘置所となったのは昭和46（1971）年。小菅刑務所が栃木県那須郡黒羽町（現在の大田原市）に移転したことによる。東京拘置所では年に1回、東京拘置所矯正展が開催される。丁寧な仕事で定評のある受刑者の各種作業製品を購入したり、通常立ち入ることの出来ない拘置所内で、買い物や各種催し物を楽しむことができる一般開放イベントとなっている。

瓦の寸法や品質がまちまちで使用に耐えるものではなかった。

煉瓦街建築施工の布達後、本所・深川方面の瓦製造業者たちが煉瓦街建設を当て込んで煉瓦製造に転換。その数、100を越えるほどだったがいずれも小規模な上に、煉瓦製造技術の上達見られぬままに終わっている。

紆余曲折があって、煉瓦街の煉瓦製造を成し遂げたのは、川崎八右衛門なる人物。煉瓦製造を請け負うも失敗に終わった先願者が東京府の支援を受けて開いた小菅の煉瓦製造所に英人技術者を招き、煉瓦製造の指導を受けたのが成功につながった。使用人員、生産高などは不明だが「小菅の煉瓦が銀座煉瓦街の建設に殆ど使用されたことは疑いのないところである」と前出の『都市紀要』は記述している。

銀座煉瓦街（東京名所図会）

銀座煉瓦街の煉瓦製造から、日本の煉瓦産業は発展。赤煉瓦の洋館も流行した。小菅の煉瓦製造所のあった場所に建ったのが、小菅拘置所の前身となる小菅監獄である。

陸軍参謀本部陸地測量部発行「1/10000地形図」

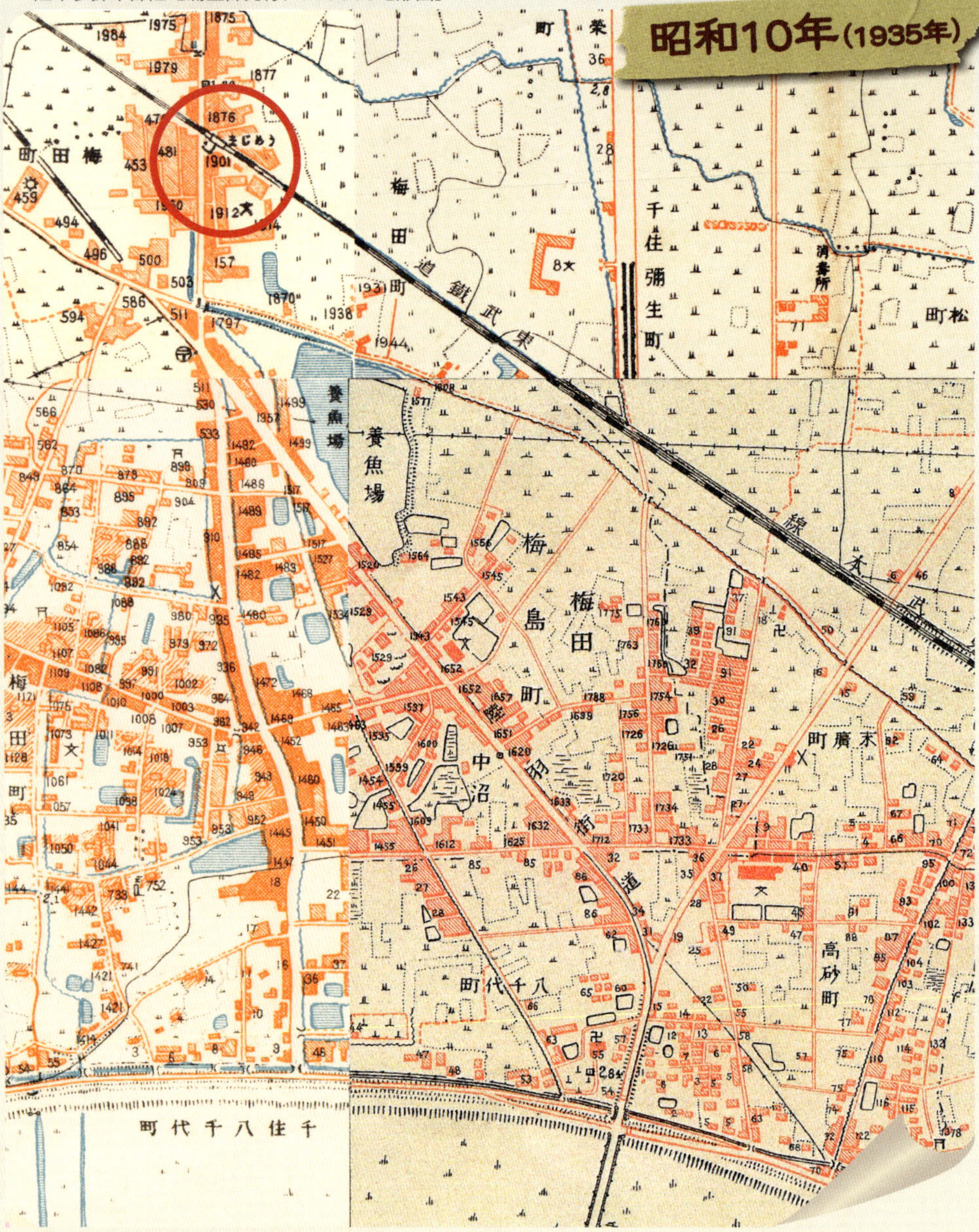

地図下の流れは荒川放水路だが、関連工事が完成するまで17年という歳月を要した荒川府水路は浚渫工事など関連作業が完了したのは昭和5(1930)年。その治水効果は昭和22年のカサリン台風で示した。以降、荒川沿岸及び隅田川沿岸の開発が進み、住宅や工場などが集積していく。左ページの五反野駅、梅島駅南側の集積はその一例だ。荒川放水路が完成してから東京は洪水に見舞われることはなくなった。

伊勢崎線

五反野、梅島

足立区の中枢にあり

五反野駅

開業年	大正13(1924)年10月1日
所在地	東京都足立区足立3-34-6
駅構造	1面2線(高架駅)
キロ程	9·3km（浅草起点）
乗降客	36,439人

梅島駅

開業年	大正13(1924)年10月1日
所在地	東京都足立区梅田7-37-1
駅構造	1面2線(高架駅)
キロ程	10·5km（浅草起点）
乗降客	34,093人

地元の有名人は北野武

「足立区役所の最寄り駅は？」と問われても、足立区民でないと即答できる人は少数派だろう。区内随一の繁華を極める北千住ではなく、五反野あるいは梅島がその最寄駅だ。一般には余り馴染みのない駅名だが、地元の人によれば「足立区の中枢」ともいう。

平成30年5月にできたばかりの五反野駅前交通広場

足立区のホームページを覗くと五反野駅から徒歩約15分、梅島駅から同12分と示している。梅島駅の方が若干近いが、まあ、両駅が最寄り駅といっても問題はないだろう。

足立区は区域のほぼ中央を南北に日光街道が走り、東西に環七が通っている。足立区役所は両幹線道路が交差した南側、日光街道沿いにある。

足立区は区域を南北に走る鉄道は東

梅島小学校

駅そばの足立区立梅島小学校は明治15（1882）年開校と、140年近い歴史を持つ。明治22年に「梅島尋常小学校」と改称。同校はこの年を創立年としている。

同校には「梅島小学校」と書かれた古い扁額が保存されているが、勝海舟の書と伝わる。

現在地に新校舎を開校した明治25年10月。当時の梅島村の村長から寄贈されたものだという。昭和62年に足立区登録有形文化財に指定されている。

創立130年を迎えた梅島小学校

下妻街道

橋上駅である五反野駅の下を南北に走っているのは、下妻街道。

荒川放水路で千住宿とは分断されてしまったが、往時は千住宿から茨城県の下妻方面に向かう幹線道だった。

江戸時代に水戸街道が整備されるまでは、下総と常陸の国を江戸につなぐ主要路だった。

建設省地理調査所発行「1/10000地形図」

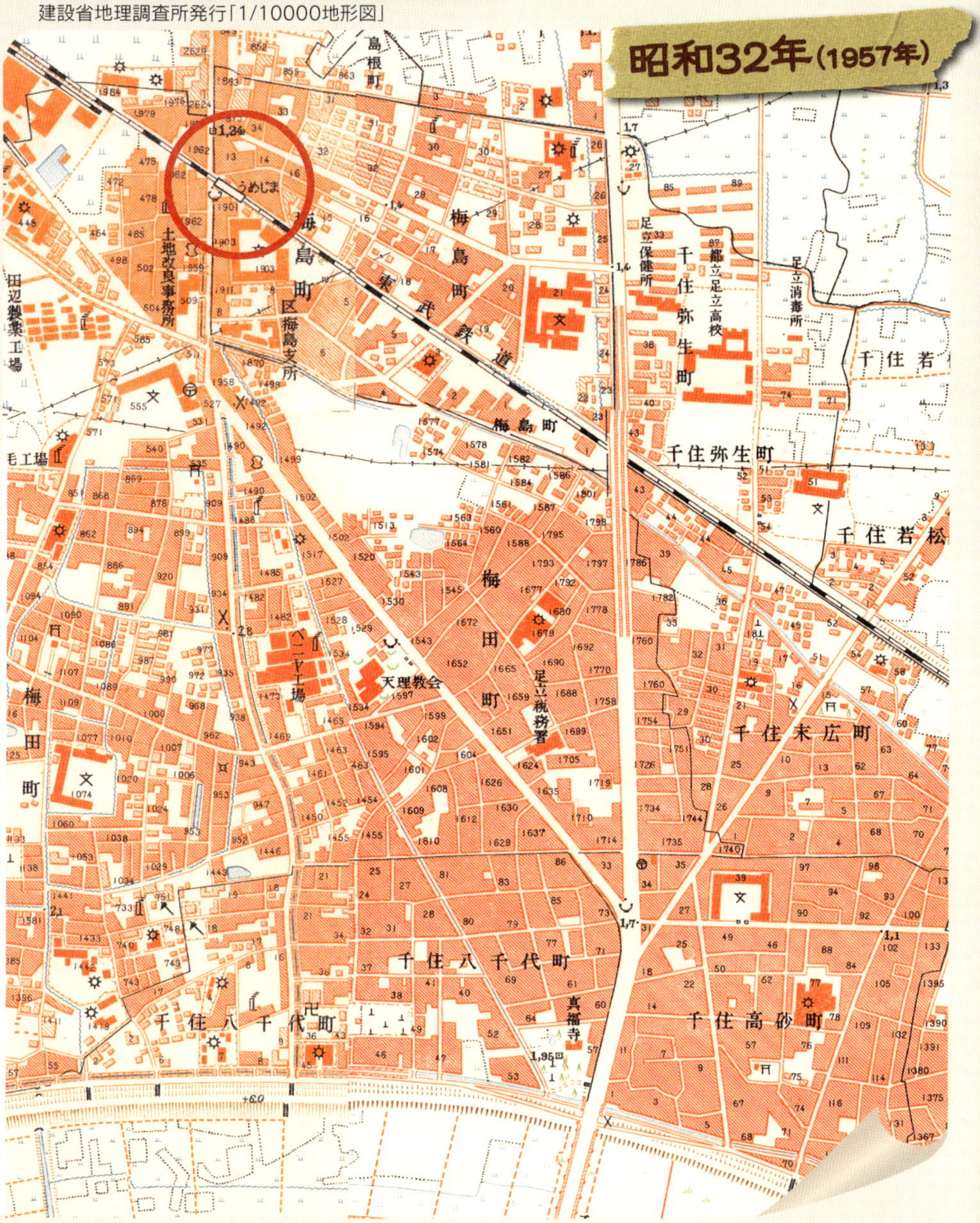

五反野駅左側で南北に通っている細い道が下妻街道。五反野駅が高架化されるのは昭和43（1968）年。地図中央の南北幹線軸が日光街道で、梅島駅左の南北道は旧日光街道。昭和30年代（1955～1964年）は伊勢崎線の北側、日光街道の東側にはまだ田圃が広がっており、伊勢崎線には踏切がいたるところにあった時代だった。梅島駅右側の「文」が別項で採り上げた梅島小学校。

武伊勢崎線と日暮里・舎人ライナーの2本あるが、東西を貫く鉄道はない。行政を司る役所は利便性の不公平感を薄めるため地域のほぼ中央で交通も便利なところに設置するのが一般的である。2本の鉄道はいずれも日光街道の西側にあることから、日光街道沿いという現在地に区役所を置いたのだろう。

駅のそばに小学校がある梅島駅前商店街

五反野駅もまた梅島駅も開業したのは大正13（1924）年10月1日。両者いずれも江戸時代に新田が開発されてから農村として歩み始め、鉄道が走り始めたのも同時期と、街の歴史は似通っている。また、1日平均乗降客は五反野が3万6千人、梅島が3万4千人とほぼ同様。相撲で言えば平幕格の街といったところだろうか。

蛇足だが、足立区出身の有名人である「世界の北野」のことビートたけしは梅島の小学校で学んだと仄聞する。

建設省地理調査所発行「1/10000地形図」

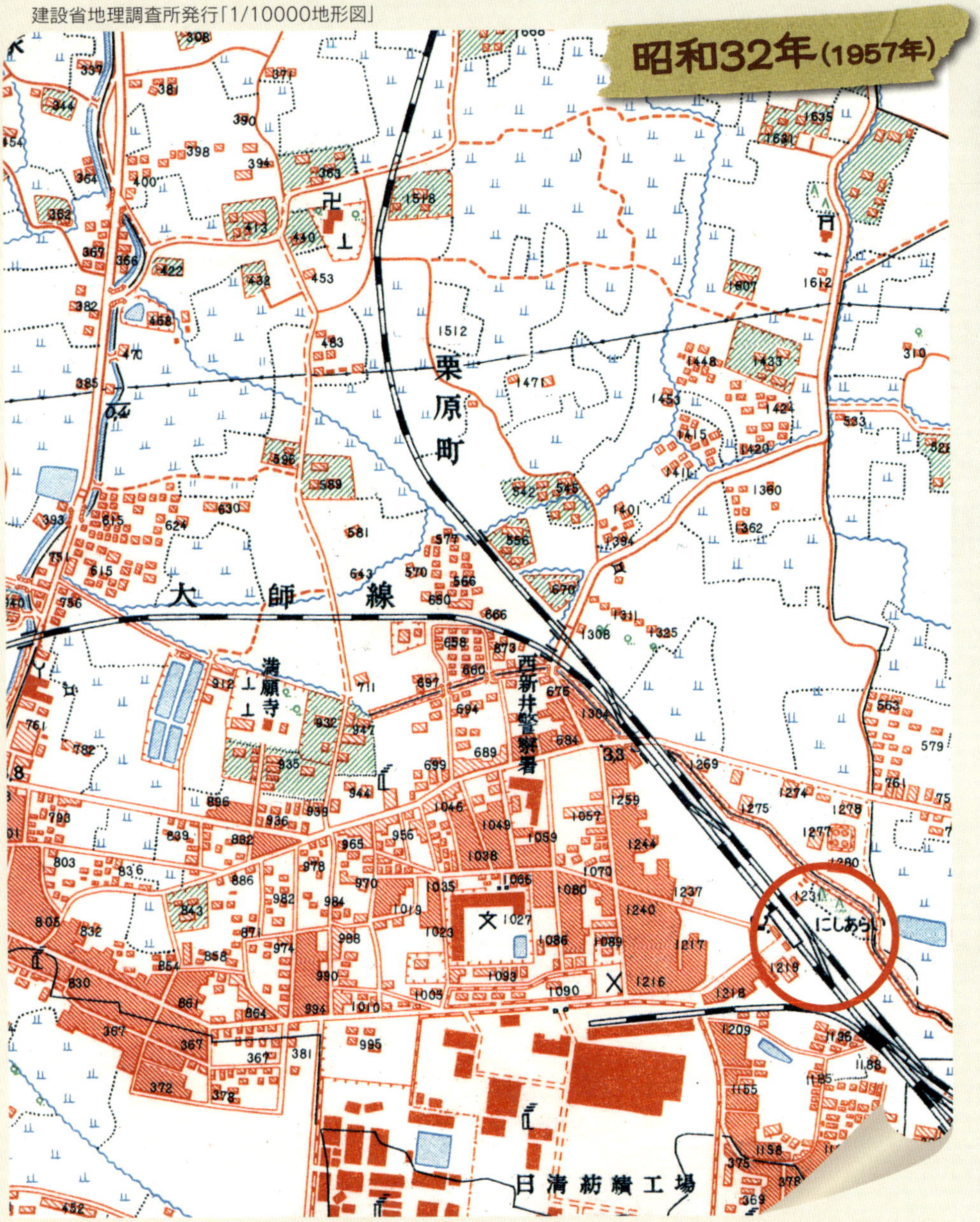

『東武鉄道百年史』には昭和30年代で伊勢崎線沿線が賑やかだったのは「西新井まで。以遠は草加や越谷。春日部などのほかは田圃が広がっていた」との行があるが、そのことを如実に示している。地図に見える「日清紡績工場」は関東大震災翌年の大正13(1924)年からの操業。日清紡績(現・日清紡ホールディングス)は明治40(1907)年の創業後、東武鉄道と同じく根津財閥のグループ会社となり、大正～昭和初期の繊維産業時代に発展した。

伊勢崎線

西新井

足立区北部の拠点都市として変貌中

開業年	明治32(1899)年8月27日
所在地	東京都足立区西新井栄町2-1-1
駅構造	3面6線(地上駅)
キロ程	11.3km(浅草起点)
乗降客	66,865人

西新井大師の玄関口として

西新井駅が明治32（1899）年に開業する前は、田山花袋の『一日の行楽』（大正7年刊）には〈ここから一里に少し遠いくらいのものである〉と北千住から行っていたものだと記している。

かつては大師様の玄関口も…駅西口

——しかし、今では東武線の汽車が出来たので、東京からの賽客は大抵それに乗って行く。縁日には特別列車を出すほど雑踏する。駅から田圃を横切って五町とはないくらいだ。田圃の中の道を通り過ぎると、例によって門前町のその奥に大きな伽藍がぬっと立っている。境内の前と後ろに池があり、藤棚があり、梅の林などがある。東方の池の畔には桜が一杯に植えてあって、花時は頗る見事である。

（中略）

花時分には賽客は大抵荒川堤の方へと出て行く。荒川堤の五色桜のあるところまで十二三町で、途中、田圃の中の路がまた趣に富んでいるからである。

五色桜から、堤を十二三町上がって、荒川の小台の渡しを渡って田端へと出て

国土交通省国土地理院発行「1/10000地形図」

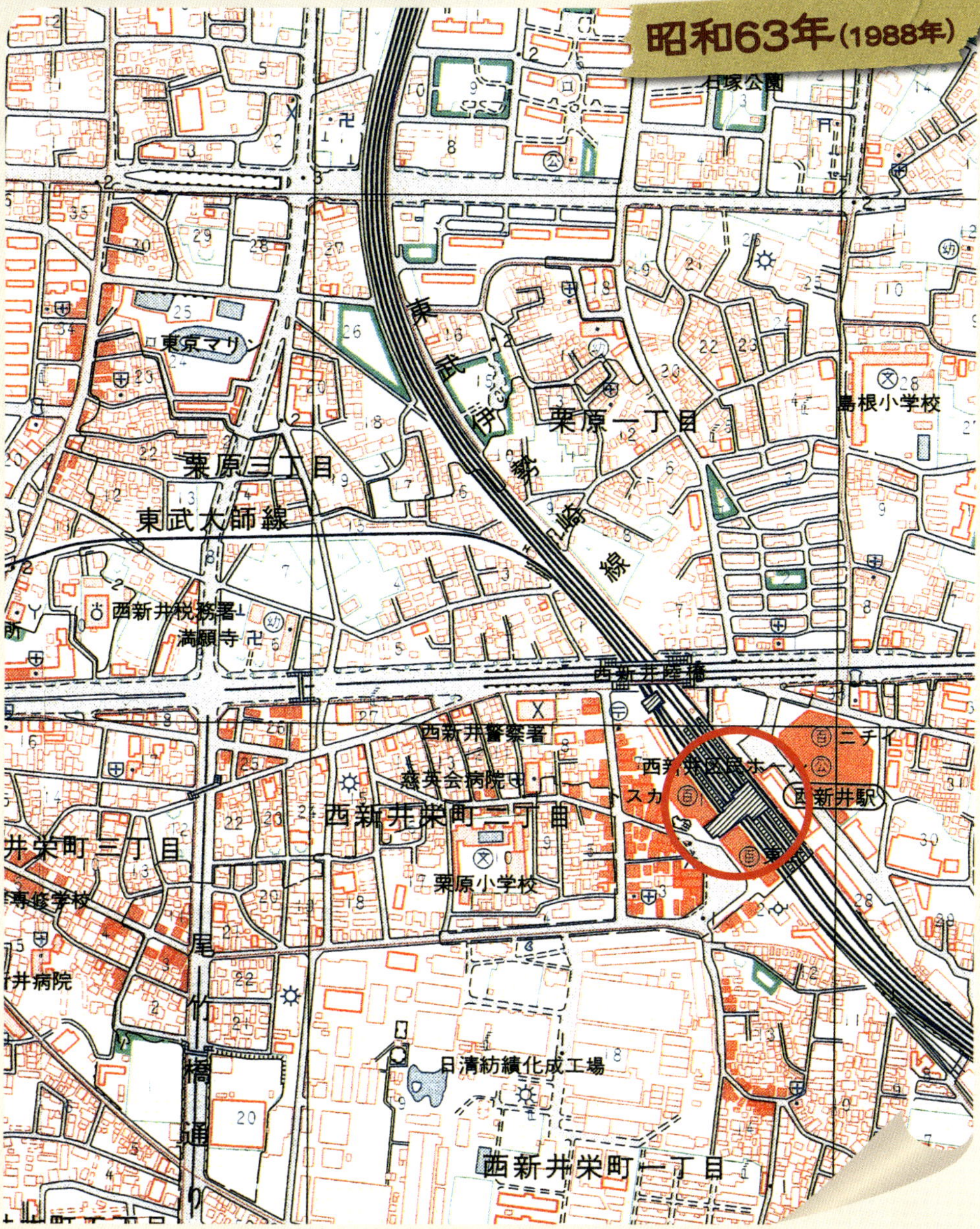

日清紡績工場がウレタンなどを生産する日清紡績化成工場と変わったのは昭和37（1962）年。右ページの地図から数年後のことだ。平成18（2007）に化成工場は閉鎖。跡地の再開発が始まった。現在、跡地一帯は大型マンションや広い芝生広場等を有する「西新井ヌーヴェル」と呼ばれるエリアに生まれ変わった。失礼ながら、従来の足立区のイメージを一新するネーミングだ。

幻に終わった西板線計画

東武伊勢崎線と東上線が連絡していれば池袋～浅草間の行き来は便利なのにと、思うこともある。

東武鉄道に勿論、両路線を連絡する新線計画はあった。西板線敷設計画だ。

東武鉄道と東上鉄道が合併したのは、大正9（1920）年だ。根津嘉一郎が両方の社長を務めていたから、経営の合理化、沿線開発等を考えれば合併は当然の成り行きでもあった。

東武鉄道は東上鉄道と合併すると、西新井～上板橋を結ぶ新線計画を申請する。ルートは西新井から西へ、鹿浜～王子神谷～板橋と、ほぼ現在の環七通り沿いに上板橋に至るものであった。しかし、申請した翌年に関東大震災が起き、計画は一時中断。国の荒川放水路建設などもあって、敷設予定地の環境も、また昭和恐慌など経済環境も激変。とりあえず西新井～大師前を開業したのが昭和6年だった。しかし、大師前以遠は予定地の急速な市街化が進み、用地買収も困難になったことなどから、西板線計画は日の目を見ることはなく、西新井～大師前間が大師線として残ることになった。

大師線

くるのも、そうたいして遠くない。――
その頃の西新井大師の名物は軽焼。糯米をかき餅のように焼いたものだが、明治37年刊の『東武鉄道線路案内記』でも、大師の名物は門前に店を構える「武蔵屋」の軽焼と記しているから、明治大正年間は軽焼が名物だった時代のようだ。
花袋風に言えば賽客（神社仏閣を参詣する人の意）で賑わった西新井大師への玄関口だった西新井の駅も昭和6年に大師線が開業すると、大師前駅にその役割を譲り、その他大勢的な私鉄沿線の街として歩み始める。

東口も西口に負けず劣らず

西新井駅前は現在、足立区中部の拠点都市として再開発が進んでいる。
駅西口周辺地区にあった日清紡東京工場跡地や東武鉄道西新井車両工場跡地を種地に2000年代から複合都市開発事業がスタート。狭い道路が多く、公園等の少ない密集市街地が機能的な市街地へと変貌。駅西口は大型スーパーや大規模マンションが建ち並ぶ。また東口を結ぶ東西自由通路も出来、東口駅前にはイオンの大型店舗が進出している。
西新井駅に降り立つと「十年一昔」といった言葉が浮かんでくる。

大師線

大師前

花祭りで賑わう関東三大師

昭和32年(1957年)

建設省地理調査所発行「1/10000地形図」

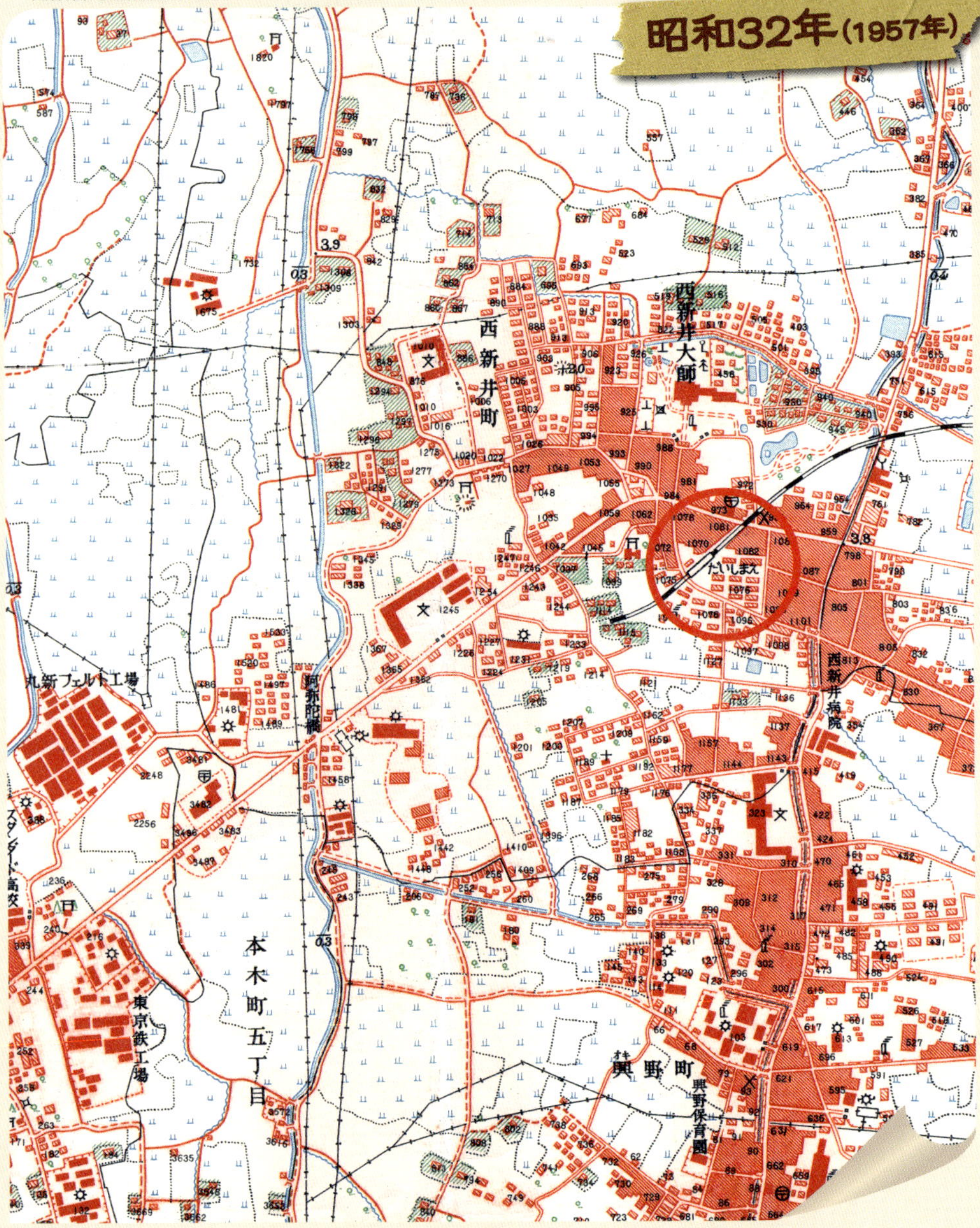

昭和39(1964)年の東京オリンピック開催で建設されることになった環状7号線が通る前であるから、現在とは道路図は大きく違っている。西新井大師周辺の集積がその人気を示しているが、大師線廃止騒動が起きるのはこの後のことである。大師線もまた環7に敷地を譲って短くなる。駅から伸びている線路が、〈西新井〉の項で取り上げた西板線計画を物語っている。

開業年	昭和6(1931)年12月20日
所在地	東京都足立区西新井1-3-1
駅構造	1面1線(高架駅)
キロ程	1·0km(浅草起点)
乗降客	14,170人

江戸期の山門健在

春先の桜から始まり、牡丹、藤、芍薬、菖蒲、紫陽花と3月下旬から7月初旬までの約半年、「花祭り」で人を集めているのが「関東三大師」の一つ、西新井大師だ。東武鉄道大師前駅から山門まで参道沿いに長い門前商店街が軒を連ねている。

藤の甘い匂いに花酔いしそう藤まつり

西新井大師には、藤まつりの時期に足を運んだことがある。

藤の花言葉は「至福の時」というが、西新井大師の藤は枝垂れもたっぷり。藤棚の下は甘い匂いが充満していた。

藤は、蔓が右巻きのものは「野田藤」、左巻きは「山藤」と呼ぶそうだが、藤は古来から愛でられてきた。木綿が普及するまでは藤の皮の繊維で織った藤布が、麻とともに広く用いられた歴史もある。

大師線廃止の危機もあった

大師前駅は昭和6年の暮れも押し詰まった12月20日から開業したが、駅の開業には地元の熱意もあった。地元商店主や地域住民の中には参詣者の便益と地元発展のためとして資財や用地などの提供を申し出る者もあったと、東武鉄道百年史は記している。

昭和20年5月、戦災で営業を休止。戦後の昭和22年5月から営業を再開したが、大師線廃止が論議されたこともある。

昭和39年、都市計画道路の環七通りと大師線との交差箇所が問題化。鉄道の高架化、道路の高架化または地下化、鉄道線路の廃止などが論議された。

東武鉄道は路線の廃止に傾き、東京都も同調する動きを見せた。

当時、大師の縁日には2万人の参詣客を迎えていた地元商店街は「大師線廃止反対期成同盟」を組織し、1万5千名の反対署名で東京都に陳情するまでになった。

東武鉄道は昭和43年、環七通りの拡幅の際に線路用地の一部を提供。大師線の営業キロはこの結果、100m短縮された。平成3（1991）年には西新井駅近辺を除き高架化。大師線から踏切はなくなった。

西新井大師修復中の山門

国土交通省国土地理院発行「1/10000地形図」

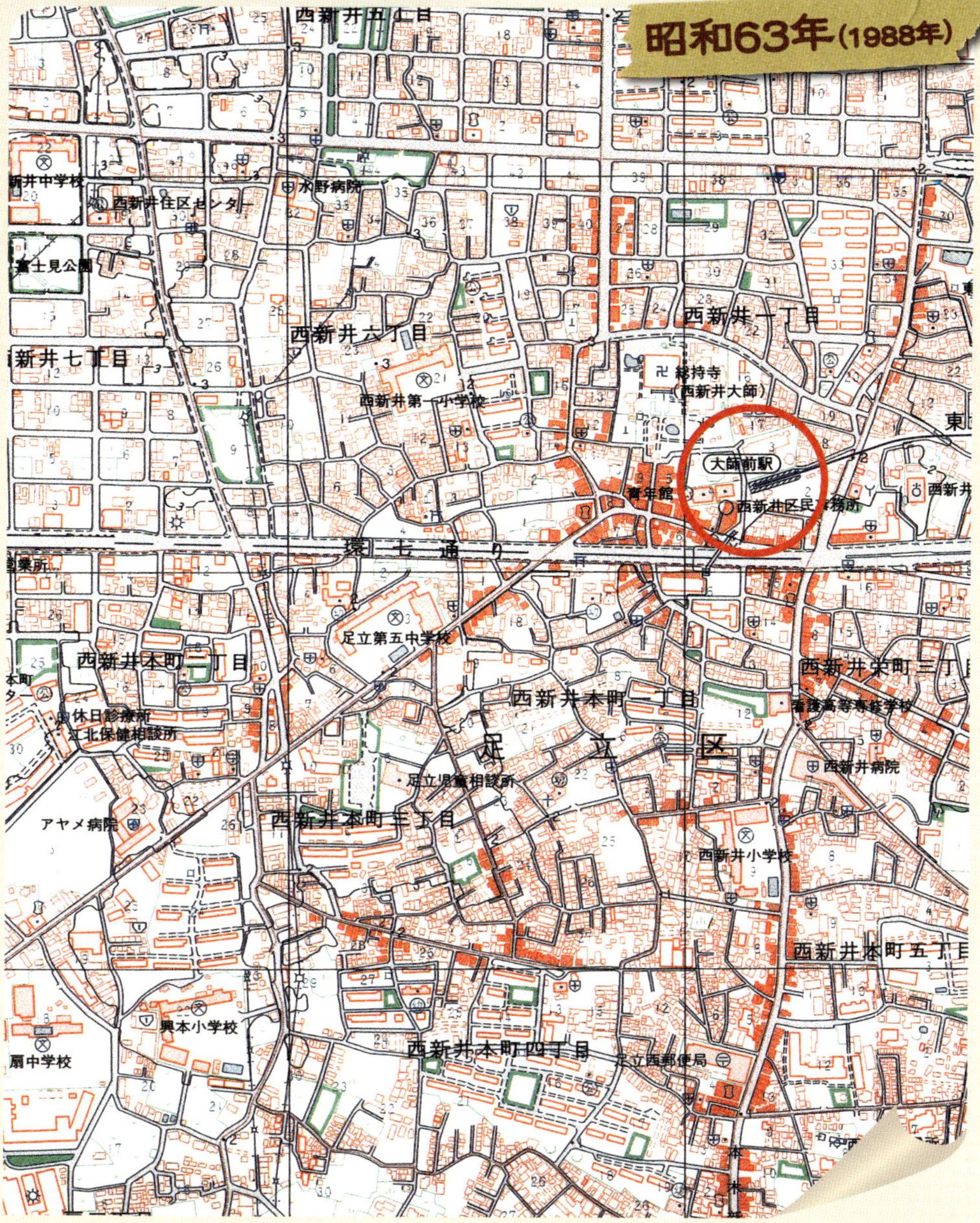

環状七号線が大師前駅の南を通り、地図の東西を貫いている。大師線も駅先に伸びていた線路がなくなった。実現することなかった西板線は環状7号線沿いに板橋で東上線と接続し伊勢崎線とネットワークを形成する計画だった。実現していれば浅草と池袋が一本の鉄道で結ばれている。その利便性と沿線にもたらすメリットは計り知れないものがある。かつては田んぼが広がっていた西新井大師周辺も30年で急速に市街地化されている。

往時を偲ばせる山門だが、現在は保存修復中で通り抜けは出来ない（写真は平成27年撮）

西新井大師こと真言宗豊山派五智山遍照院總持寺は「関東の高野山」とも呼ばれるが、社伝によれば平安時代の天長3年（826）創建となっている。弘法大師が関東巡錫の途中、当地に立ち寄ったところ、悪疫流行になやむ村人たちを救わんと、自ら十一面観音像と自身の像を彫り、観音像を本尊に、自身の像を涸れ井戸に安置して21日間にわたって護摩祈願。すると涸れ井戸に清らかな水が湧き、悪疫の流行も治まったという。その井戸がお堂の西側にあったことから「西洗い」転じて「西新井」の地名ができた云々。

壮大な本堂は昭和47年再建の鉄筋コンクリート造りだが、山門は江戸時代後期に建立された木造である。広い境内で店を張るB級屋台も多種多様。鐘楼など1200年の歴史を物語る建造物も多く残されている。

西新井大師本堂

陸軍参謀本部陸地測量部発行「1/10000地形図」

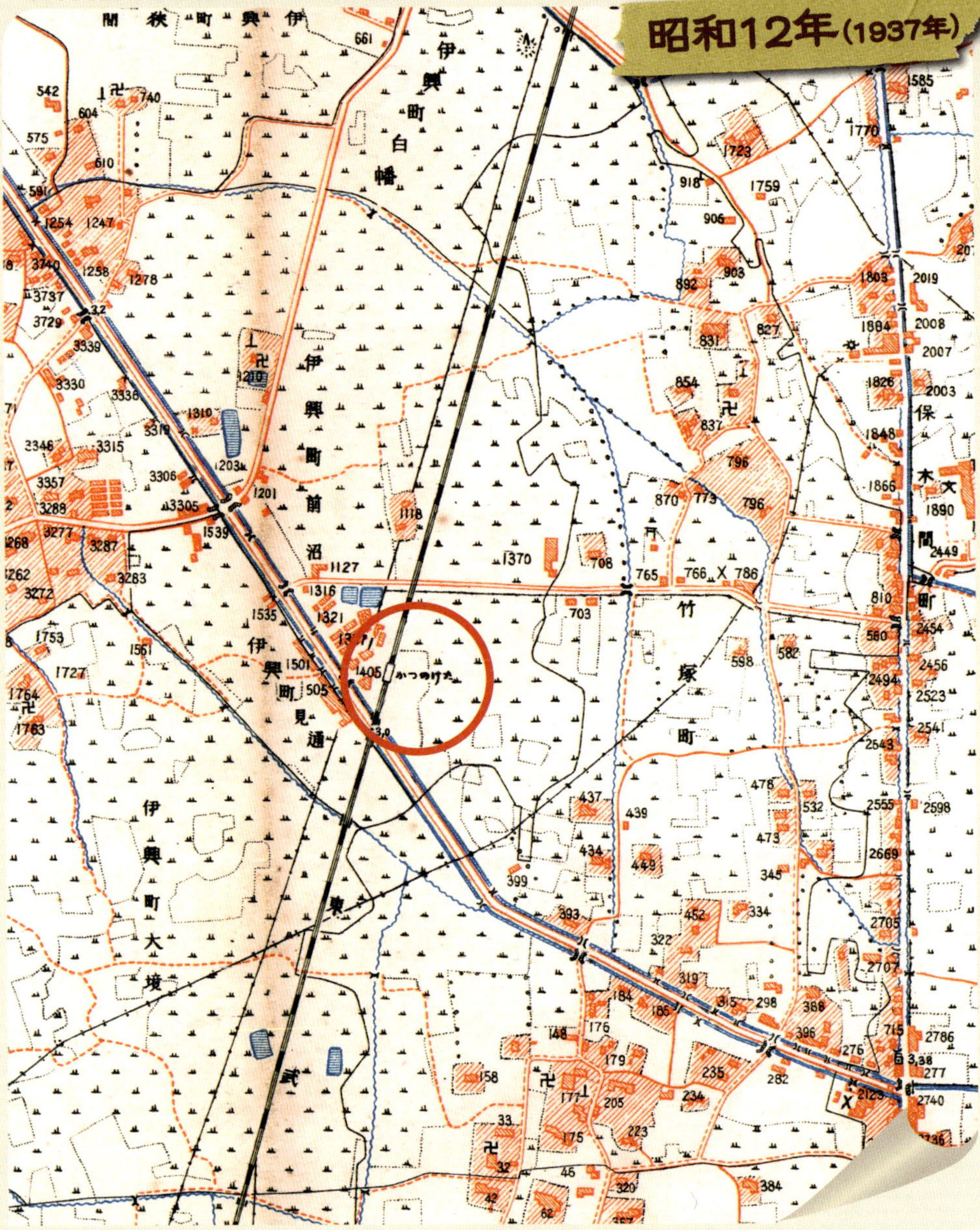

地図右側、南北に伸びているのは日光街道で、この街道沿いと駅西側に集積地が見られる他は田園風景が広がっていたのが戦前から昭和30年代（1955～1964年）の竹ノ塚だった。駅南側に「伊興町見通」とあるのは、通りの名称ではなく、地名。「いこうちょうみとおし」と読む。平成に入ってもこの町名はあり、現在は「西竹ノ塚」となる。「伊興町見通」の右側の通りは、現在の中央通り。地図から見ると往時は両側に用水が流れていたようだ。

伊勢崎線

竹ノ塚

日比谷線直通効果で市街化が急進

開業年	明治33（1900）年3月21日
所在地	東京都足立区竹の塚6-6-1
駅構造	1面2線（地上駅）
キロ程	13.4㎞（浅草起点）
乗降客	73,186人

大師参詣客用に開業

竹ノ塚駅ではいま、駅を中心にして南北に延びる1・7キロに渡って連続立体交差事業が進んでいる。事業は2022年度完成予定だが、駅周辺の踏切をなくす事業が完成すれば駅の東西が一体となる回遊性の高い駅前が誕生することになる。

竹ノ塚の1日平均利用客は伊勢崎線の駅で第6位。足立区の北の玄関口に相応しい賑わいを見せている。しかし、120年近く前に遡る駅の開業は、おまけみたいなものだった。

〈西新井、草加間の小駅にして竹の塚村の田園中にあり。左方は一面の水田に人家点々散在しつつ草加駅に着す〉竹ノ塚駅が明治33（1900）年に開業してから4年後に出版された『東武鉄道線路案内記』が紹介している「竹の塚停車場」の行だが、田圃の中に駅が生まれたのは西新井大師の御利益だった。

東武鉄道は明治32年に開業すると、開業初日から5日間、乗車賃金を5割引きとするなど宣伝を兼ねて利用客の増加を図った。9月20日から26日までの彼岸中も西新井～久喜間の乗車賃も5割引とし、翌年の春彼岸では参詣客のさらなる増加を図って路線内は3割引きとした。大師参詣客が多くなることは前年の秋彼岸で経験済みだ。そこで、利用者の利便性と混雑緩和に西新井の隣に駅を新設しようということで誕生したのが竹ノ塚駅であった。

竹ノ塚駅の東西には開業当時の村名だった「伊興」「竹の塚」がそのまま

伊興遺跡公園

駅から20分ほど、足立の歴史を垣間見ることができる伊興遺跡公園（東伊興4-9-1）には縄文人の竪穴式住居が復元・展示されている。

かつての伊興付近は毛長川流域の湿地帯で、水辺にムラがあったという。人々は水田での稲作、川での漁と半農半漁の生活をしていたことが、各種の出土品で判明している。
発掘調査では、縄文時代終わり頃（約4000年前）の土器や古墳時代初期（約1600年前）の出土品が発見され、多く出土したのは古墳時代（約1500年前）のもので、水辺に神に祈るときに使われた飾りや土器だった。
遺跡調査によるこうした出土品は併設されている資料館（入館無料）に展示されている。
公園内に復元・展示されている竪穴式住居では、夫婦と2人の子どもの4人家族の古代の生活を再現。竈に芋、キノコ、木の実などの往時の食生活も表現されている。

建設省地理調査所発行「1/10000地形図」

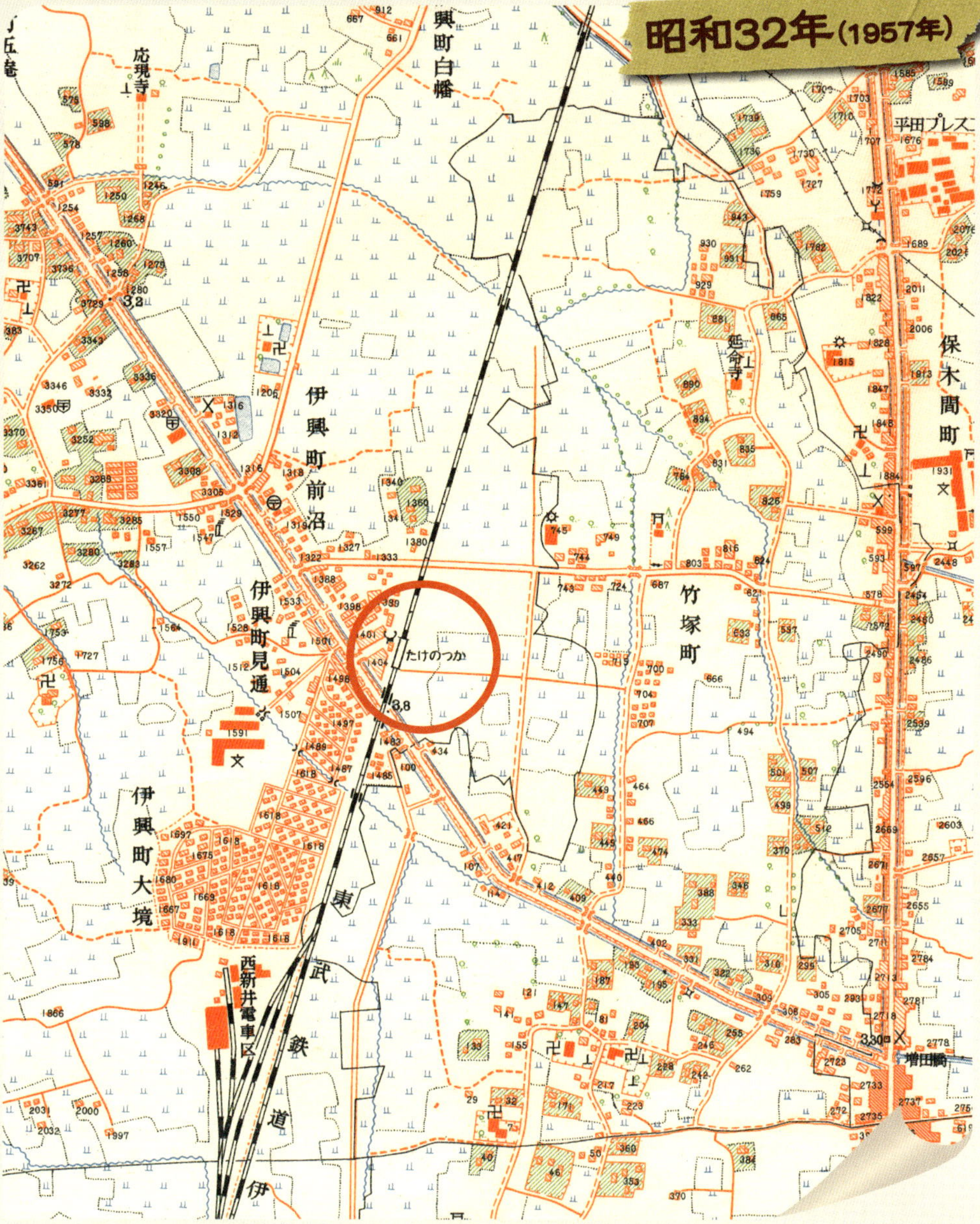

右ページの戦前の地図と大きくは代わらない。駅西側に市街地が見られる他は農地が広がっていたのが、昭和30年代（1955～1964年）までの竹ノ塚であった。ここには東武鉄道の西新井電車区が置かれていたものの、昭和41（1966）年に営団地下鉄に譲渡。西新井電車区は営団地下鉄（現・東京メトロ）竹ノ塚検車区となった。その後、この検車区も廃止され、跡地では再開発が進み、再開発マンションを中心とした街並みが形成されている。

町名になって残っているが、大正7（1918）年刊の『東武線案内』でも竹ノ塚駅は斯くの如し。曰く〈付近は農家が点在するのみ。僅かに旅の客の乗降を扱う。旅館料理店皆無にして駅勢其他に就き記すべき事無し〉云々。

同じ足立区内にありながら西新井から一駅遠かっただけで昭和30年代まで田園風景が続いていた竹ノ塚が変貌するのは〈北千住〉の項で触れたが、昭和37年の地下鉄日比谷線との相互直通運転開始後だ。

昭和40年11月から5年近く続いたいざなぎ景気は日本を経済大国に押し上げた。そうした時代の風も受けながら、竹ノ塚は急速に市街化。駅付近には日本住宅公団の団地が建つなど、竹ノ塚駅の乗降客数は昭和41年度下期には1日平均4万4千人近くに急増。37年度下期の3・4倍にもなっていた（東武鉄道百年史）。

そして昭和43年にはショッピング街とマンションを併設した10階建てステーションビルが誕生するまでになった。竹ノ塚ステーションビルは東武鉄道の駅ビル開発の先駆けともなったのだった。それから半世紀。竹ノ塚駅は地上駅から高架駅へと変わる。

駅のそばに大型マンションの竹ノ塚東口

陸軍参謀本部陸地測量部発行「1/10000地形図」

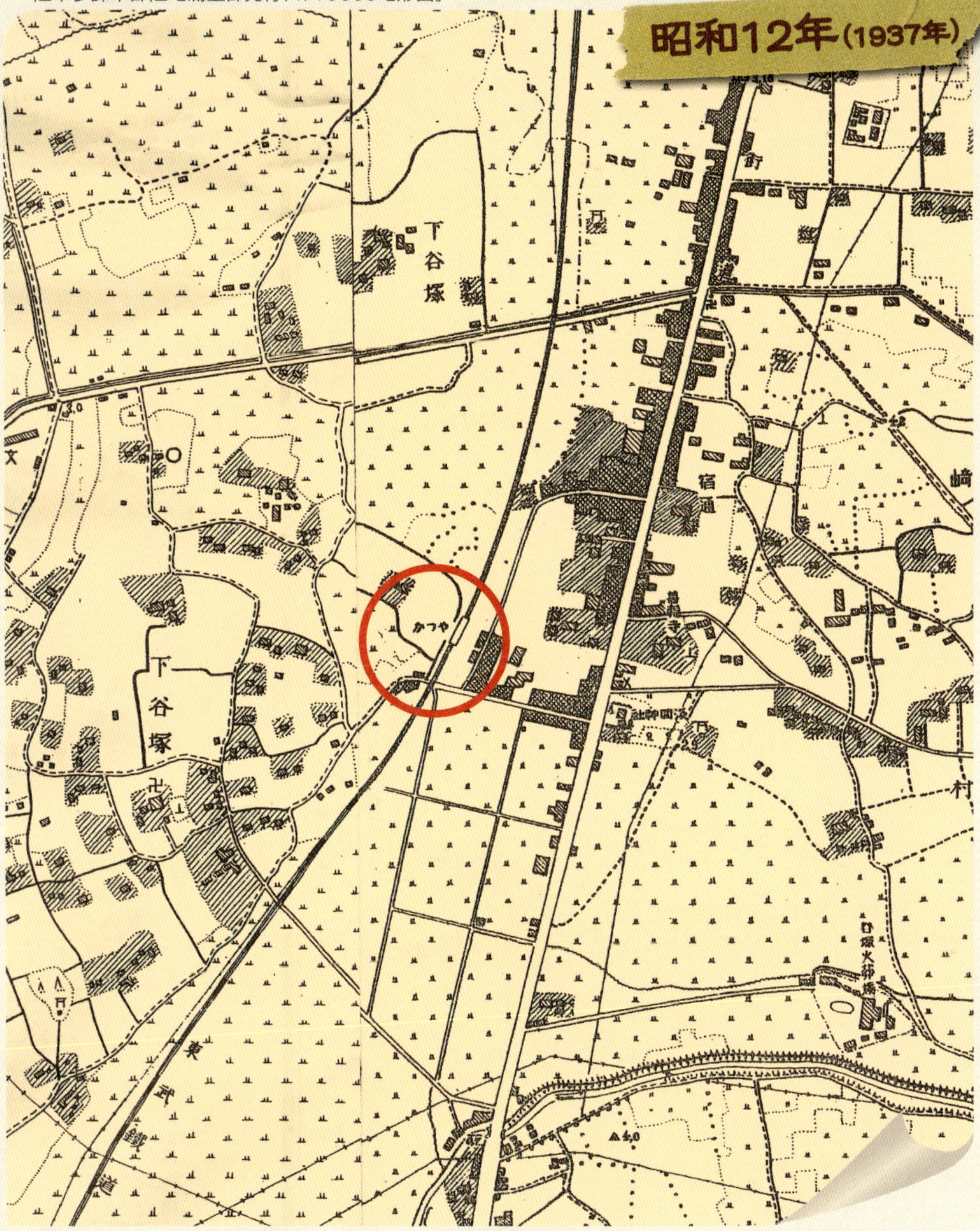

東武鉄道に沿うように南北に伸びているのは日光街道だが、目立った集積地が見られるのは街道沿いの一画だけ。戦前とはいえ、駅開業から十数年経っても拓けていない。しかし、左頁の地図と比較すると、ほとんど同じ状況であることのほうが驚かされる。谷塚駅周辺の時計の針が動きだすのは、東武伊勢崎線と地下鉄日比谷線との相互直通運転が始まってからだ。

伊勢崎線

谷塚

草加市で初めてのタワービルが建つ

開業年	大正14（1925）年10月1日
所在地	埼玉県草加市谷塚1-1-22
駅構造	1面2線（高架駅）
キロ程	15.9㎞（浅草起点）
乗降客	38,237人

草加市の南の玄関口

東武伊勢崎線も、竹ノ塚を過ぎると東京を離れて埼玉県草加市に入る。その最初の駅が谷塚だ。

「谷戸」「谷地」といった言葉があるように「谷」は丘陵地が浸食されて形成された谷状の地形を指すが、谷塚の地域もそうした地形に塚も多くあったことが地名の来由となっている。

草加市は、数多くの扇状地に火山灰が降り積もって出来ていった関東の平野部分でも低地帯にあたる。その草加市の南端にある谷塚駅の海抜は3・45m。草加市ばかりでなく埼玉県でも最も低いところに位置している。

街の顔もお洒落な谷塚駅西口

大正14（1925）年に開業した谷塚駅は桑畑が広がっていた村名に由来しているが、谷塚村は明治22（1889）年の町村制施行で近隣の村が合併して、埼玉県北足立郡（別項参照）に属する村として誕生した。その後、昭和15年に谷塚村は町制に移行。戦後の昭和30年に

埼玉県と北足立郡

現在の埼玉県の骨格が定まったのは、明治９年（1876）。統治体制が混乱していた維新初期の府・藩・県が混在していた「府藩県三治制」だった時期は浦和県・忍藩・岩槻藩から埼玉県へとなった。明治４年の廃藩置県後、この旧埼玉県と入間県（川越藩）が合体して、明治９年８月に改めて埼玉県と称するようになった。

明治12年の郡区町村編制法施行で、武蔵国時代からの足立郡を埼玉県側は北足立郡、東京府側を南足立郡に分離した。

南足立郡の郡域は現在の足立区と伊興町にあたっているが、北足立郡は広大だった。

さいたま市・川口市・行田市・鴻巣市・上尾市・草加市・越谷市・蕨市・戸田市・朝霞市・志木市・和光市・新座市・桶川市・北本市・富士見市の各市の全域あるいはほぼ全域が北足立郡だった。

また、東京都北区の浮間地区、西東京市の旧保谷市もかつては埼玉県北足立郡時代を経ている。

東京側の南足立郡は消滅したが、北足立郡は埼玉県中東部の伊奈町（人口4万4千人）が唯一残っている。

建設省地理調査所発行「1/10000地形図」

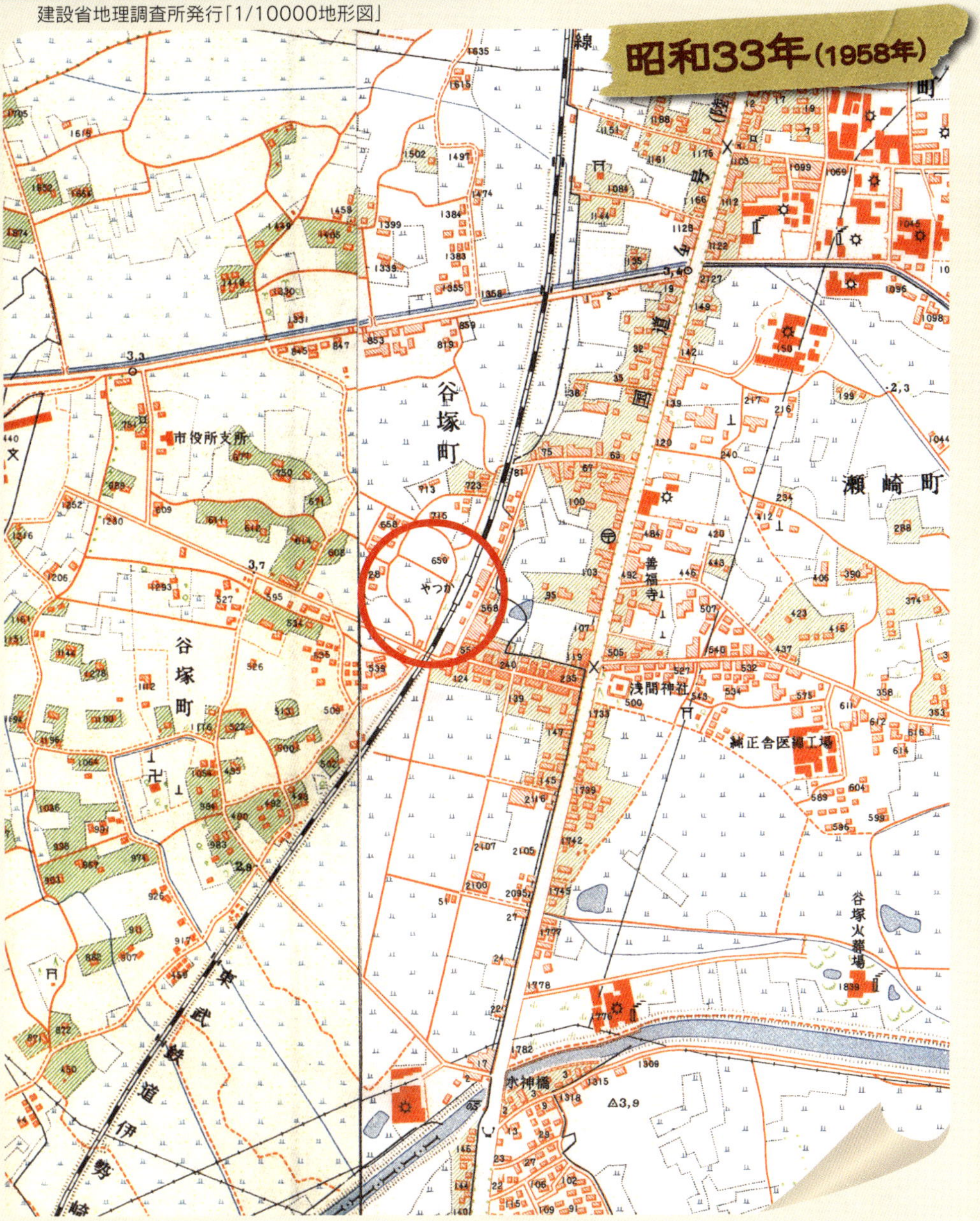

地図下で東西に流れているのは、次項〈草加〉で採り上げている毛長川。川口市東部から始まる毛長川は市内を南へ、草加市と足立区の境を東へ流れ、足立区花畑地区で綾瀬川に合流する。この頃は戦後まもない頃から始まった改修工事の最中で昭和40（1965）年頃に改修拡張が成った。途中、戦争を挟んでいるはいえ、右ページ地図とは20年近い隔たりがある。その間、駅東側と日光街道との間でほんの少し、人口集積が進んだ程度となっている。

草加町、新田村と合併し、草加町の一部となる。このときに谷塚町は消滅し、上谷塚、中谷塚、下谷塚と3つの大字に分かれた。

「谷塚町」が復活するのは昭和33年。草加町が草加市となると、谷塚の大字は町に昇格。谷塚町となったのは下谷塚で、上谷塚は谷塚上町、中谷塚は谷塚仲町となって現在に至っている。

谷塚駅は草加市の南の玄関口として乗降客数も増え、現在は1位日平均3万8千人を超える。昭和40年代から急速に市街化が進み、平成に入ると駅周辺の再開発事業が進んだ。地域のランドマーク「谷塚コリーナ」は平成5年の東口再開発事業で誕生した25階建てのタワービル。草加市で初めての超高層ビルであった。

富士塚あり瀬崎浅間神社

駅から歩いて5分ほどの瀬崎浅間神社（瀬崎3-3-24）はかつての瀬崎村の村社。創建年代等は不詳だが江戸時代初期と見られる。浅間神社の名にふさわしく境内には富士塚があり、毎年行われる浅間祭は神輿も出て地域がヒートアップ。平成30年の浅間祭（6月30日～7月1日）には来場者は6万5千人を数えている。社地は広いが、普段は無人社で、祭りには草加神社が神職が出張、御朱印を受け付ける。種々の屋台が数多く出る8月の盆踊りも地域の楽しみとなっている。

陸軍参謀本部陸地測量部発行「1/10000地形図」

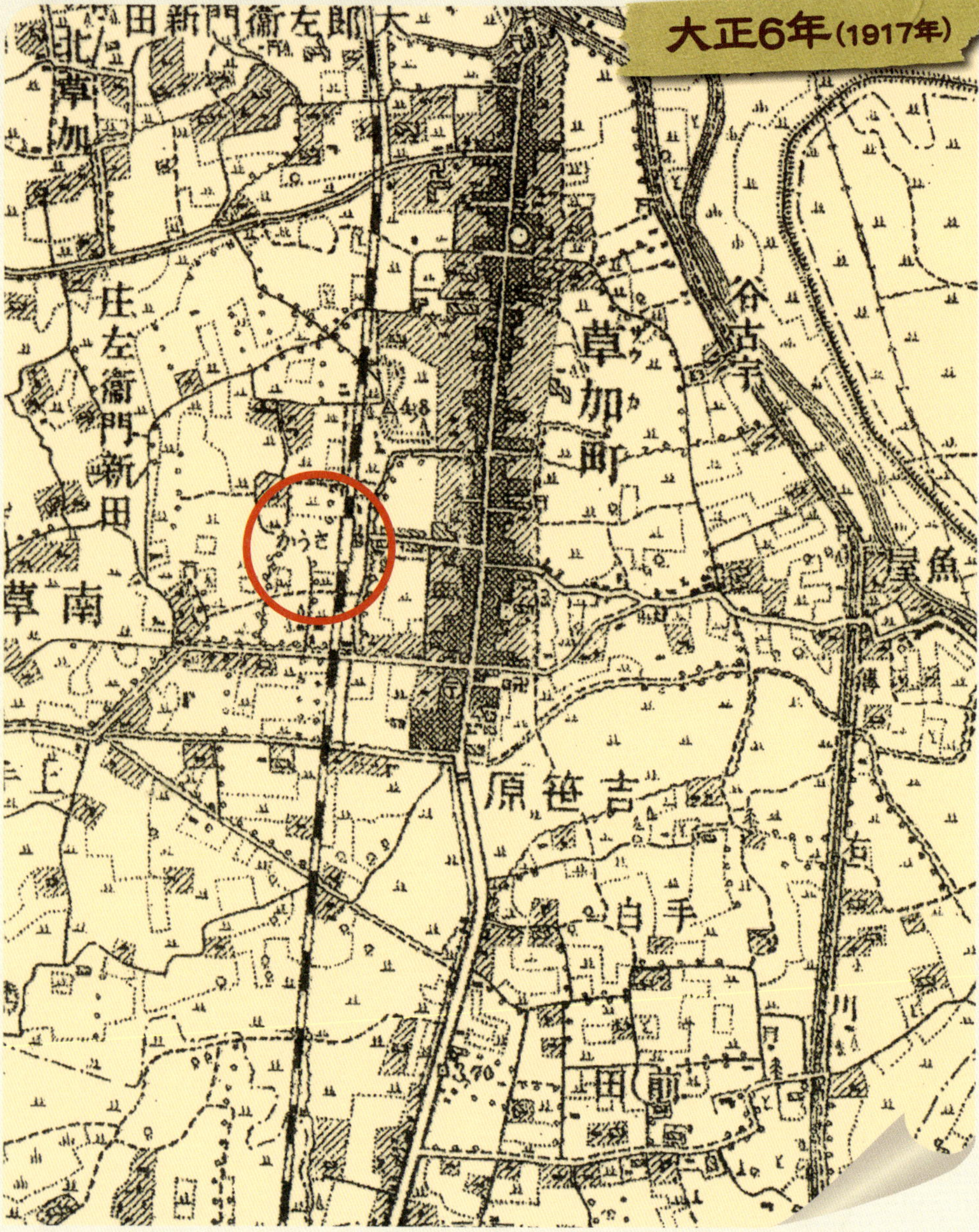

伊勢崎線

草加

埼玉都民のベッドタウンとして

草加町は明治22（1889）年に誕生している。この年2月、大日本帝国憲法が公布された（施行は翌年11月）ことに伴い、憲法下における地方自治の基本法として同年4月に市町村制が施行され、草加は南草加村・北草加村・谷古宇村・宿篠葉村・吉笹原村・東立野村・原島村・与左衛門新田・弥惣右衛門新田・庄左衛門新田・太郎左衛門新田が合併し、北足立郡草加町が誕生した。地図にはそのうち太郎左衛門新田、庄左衛門新田が見える。

開業年	明治32（1899）年8月27日
所在地	埼玉県草加市高砂2-5-25
駅構造	2面6線（うち通過線2線）（高架駅）
キロ程	17·5㎞（浅草起点）
乗降客	87,341人

草加市と綾瀬川

〈陸羽街道の一駅にして綾瀬川の疎通するあり。地勢平坦にして水利の便、最もよろしく、沃田多し。戸数凡そ八百余、人口五千余。古来農業に富み、就中米穀は多量の産出と品質の佳良なるとに名高し〉――明治32年草加駅開業後まもなくの明治37年刊行された『東武鉄道線路案内記』による草加案内の一節である。

陸羽街道は奥州街道一部区間の併称だが、草加市を流れる川は文中の綾瀬川の他にも中川や毛長川、伝右川（別項参照）等々大小14河川を数える。中でも綾瀬川は農村時代の草加に恵みをもたらすと同時に近年まで水害という悩みのタネでもあった。

市制60週年草加の表玄関、草加駅東口

市域の中央部を南北に流れる草加市の代表河川である綾瀬川は、埼玉県中央部の桶川市の源流付近では川幅1メートルに満たないが、伊奈～蓮田～岩槻～川口～越谷をゆっくり蛇行しながら

陸軍参謀本部陸地測量部発行「1/10000地形図」

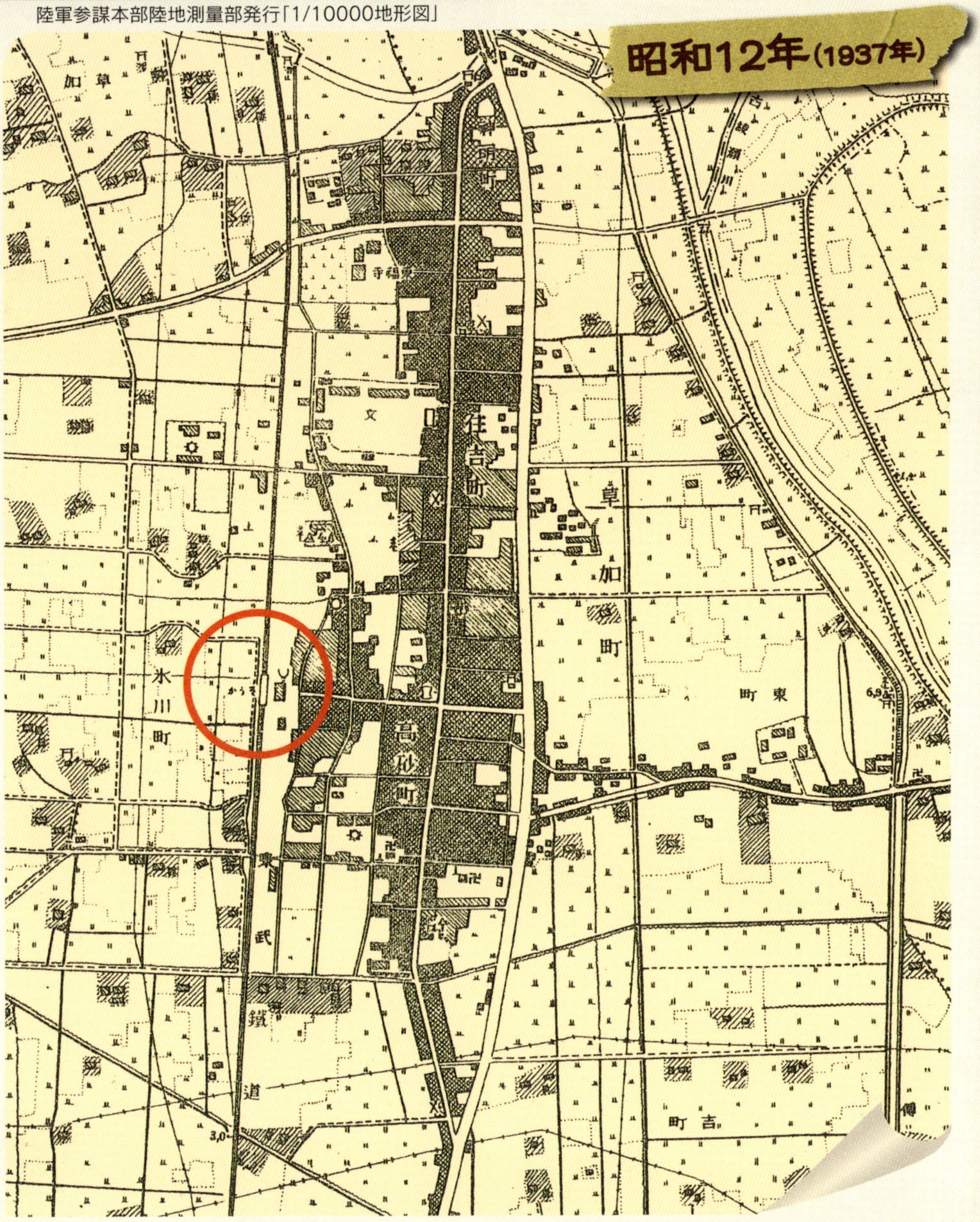

地図中央で南北を縦断しているのが日光街道で、その左側、集積地を南北に走っているのが旧日光街道である。宿場町として栄えた草加は明治32年（1899）年に東武鉄道が開通すると、草加は次第に停車場（現在の駅）を中心とした街として、新たな発展を遂げていくのだが、草加せんべいや浴衣、皮革業などの地場産業に加え、化学・製紙関連業なども相次いで進出し、県下有数の工業都市へと変貌していくのがこの地図の時代である。

「草加宿の総鎮守」神明宮

神明宮（草加市神明1-6）は徳川七代家継治世の正徳3（1713）年に、草加宿の総鎮守として現在の位置に建てられたと伝わる。社殿は弘化4（1847）年に再建されたもの。毎年9月に草加宿時代から伝わる大祭が行われる。

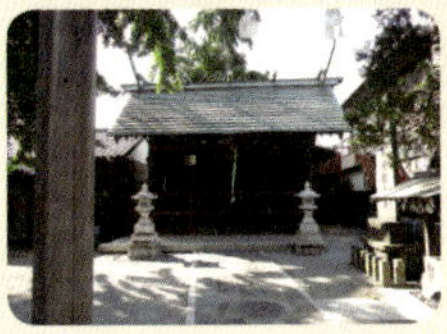

中川

江戸時代初期の中川は、利根川や荒川の本流であり、運河のように入りくんで連結し、隅田川を経て江戸湾に通じていた。
現在の中川は近代の河川改修によって、江戸川と荒川によって囲まれた地域の農業用水路として誕生した。その後、新中川の開削、荒川放水路建設に伴う付け替え工事等により現在の流路になった。

毛長川

埼玉県草加市、川口市と東京都足立区を流れて綾瀬川に合流する一級河川。川の名前は、女性の髪の毛を御神体とする毛長神社（草加市新里町342）に由来する。

伝右川

江戸時代の寛永年間（1624～44）に、新田開発を目的として開削された。
埼玉県及び東京都を流れる利根川水系綾瀬川支流の一級河川。

川口・越谷の境界付近では川幅が60メートルにもなる。綾瀬川はさらに八潮市～足立区を流れ葛飾区で中川に合流するが、大雨や台風の度に氾濫していたのはそんな昔に遡らない。埼玉県でも低地帯にある草加はただでさえ水ハケが悪いが、昭和40年代以降の急激な人口増、水田の宅地化による保水力の低下等々、近年までたびたび洪水や床上・床下浸水などに悩まされていた。

綾瀬川が落ち着いてくれるのは90年代に南北2本の綾瀬川放水路が完成してからだ。

急速な市街化はまた、綾瀬川の水質汚染をもたらした。昭和30年頃まではホタルも生息していたきれいな川だったが、都市化の進展と共に水質汚濁が深刻化していたのだ。現在は種々の水質改善策が功を奏しつつあるが、昭和55（1980）年から平成6（1994）年までの15年間、河川汚濁のワースト1という不名誉な時期もあった。

地場産業「草加せんべい」

草加の街のメインは東口だ。90年代初頭に再開発された東口駅前はマルイやイトーヨーカドーの大型商業施設が左右にドンと構えている。また、市役所

建設省地理調査所発行「1/10000地形図」

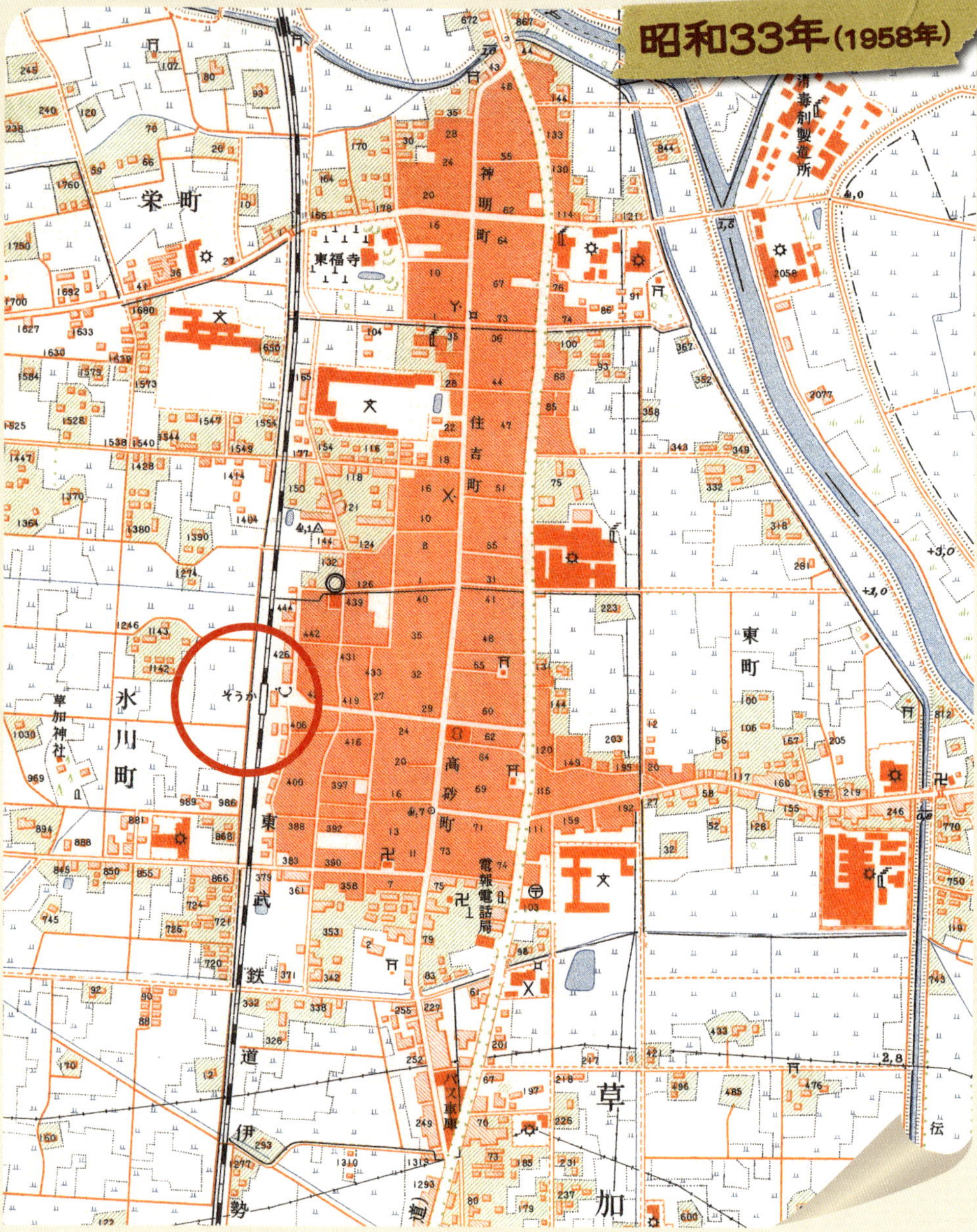

地図左、中央やや下に見える「草加神社」は、草加地域の総鎮守。天正年間（1573〜92年）の頃に小さな祠を祀ったのが起こりと伝わる古社だ。地図上部、東武鉄道の東側の「東福寺」は、下段テキストで採り上げている「源兵衛せんべい」そばの真言宗智山派のお寺さん。本堂・山門・鐘楼は江戸時代後期の建物で、本堂内外陣境の彫刻欄間や、山門、鐘楼は市の指定文化財に指定されている。

日光街道草加宿

草加宿が置かれた徳川八代吉宗治世の享保年間（1716〜36）は、戸数84戸、伝馬役25人、駅馬25頭。本陣の他は旅籠屋5〜6軒。店も豆腐屋や塩屋、油屋、団子屋、餅屋、髪結床、湯屋など数軒。あとはすべて農家だったという。埼玉県内に置かれた宿場は草加の他、越ヶ谷、粕壁（現春日部）、杉戸（現東武動物公園）の4宿あるが、幕末期の草加宿は戸数723、旅籠67軒と県下4宿で一番の賑わいを見せるまでに発展している。

旧草加小学校の校舎を利用した歴史民俗資料館

草加馬車鉄道

草加駅開業当時、駅前から千住行と大沢町（越ヶ谷）行の草加馬車鉄道が走っていた。明治31年の開業で、東武鉄道の工事関係者が多く利用していた。明治32（1899）年の東武鉄道北千住〜久喜間開業翌年、草加馬車鉄道は解散した。

も駅東側の高砂2丁目にある。市役所前の通りが往時は草加宿の旅籠が軒を並べていた旧日光街道となる。

草加のせんべいをブランド化したという源兵衛せんべい

市役所そばの地蔵堂から駅北側の神明宮（別項参照）に至る1500メートルほどの間がかつての草加宿で、宿場で売られるようになった草加せんべいは当初は醤油味ではなく、生地に塩を練り込んだものだった。

市内には70軒ほどのせんべい店があると仄聞するが、地場産業でもある草加せんべいの始まりは団子状にした米を乾かした保存食だった。冒頭の『東武鉄道線路案内記』にあるように、草加は米どころだったことから、米団子のような保存食が出来たのだが、それをせんべいにして農家が副業がてらに宿場の茶屋や露店で売り始めたのが草加せんべいの事始めと伝わる。

文化文政年間（1804〜30）に醤油が一般に普及し始めると、焼いた煎餅に醤油が塗られるようになって、現在お馴染みの草加せんべいとなった。しかし、

国土交通省国土地理院発行「1/10000地形図」

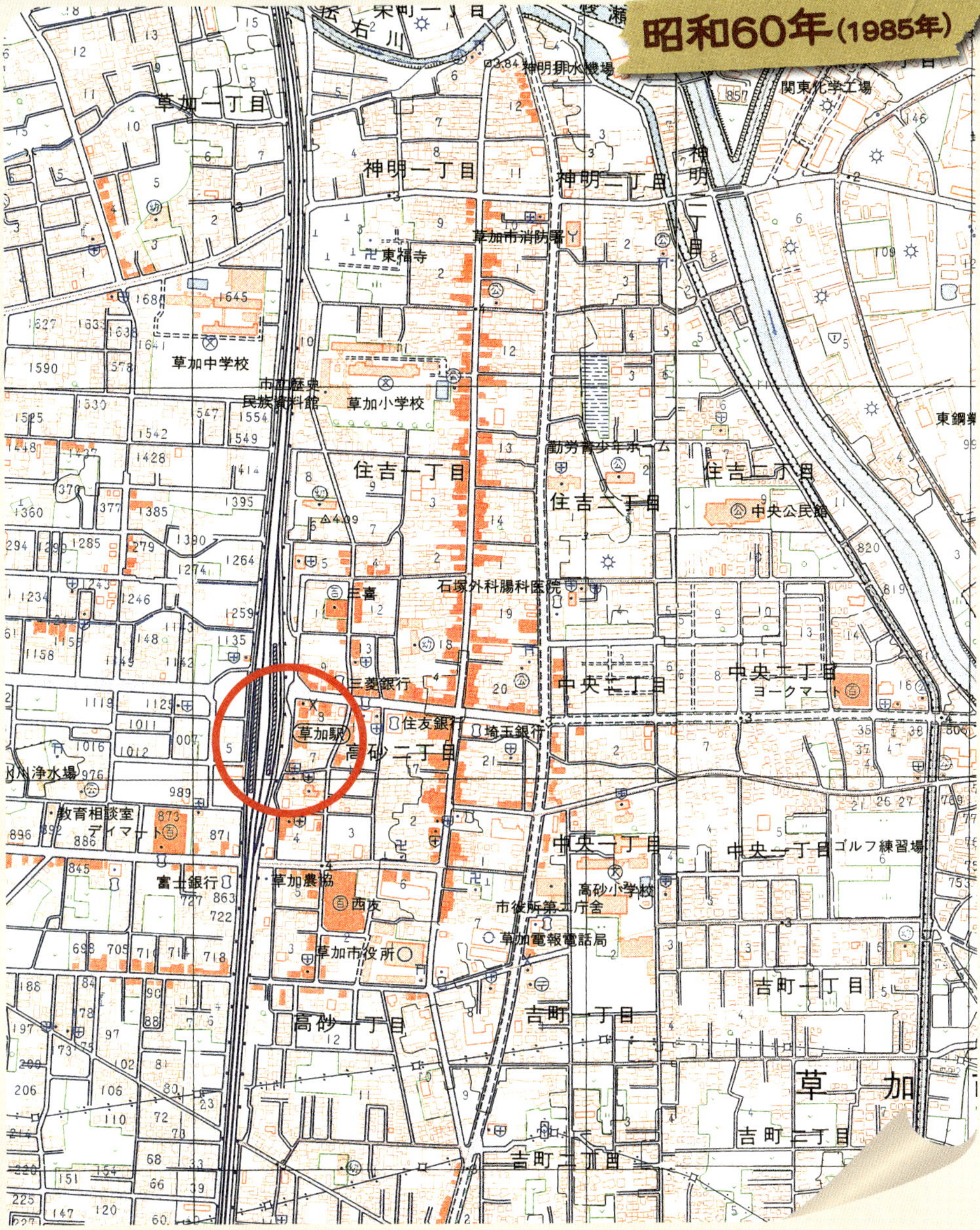

草加市は1970年代に人口が急増している。昭和45（1970）年には12万3千人台だったが昭和55年に18万6千人台と1970年代の10年間で6万人以上、人口が増えている。地図はその人口急増期のものだ。20年前はかつての宿場街周辺にしか見られなかった集積地が鉄道西側にも形成され、田畑はどんどん宅地化されている。草加市がベッドタウン化している姿を地図は写している。

草加の皮革と浴衣

草加の地場産業には皮革製品もある。

皮革製品は製造工程で大量の水を使用するため、地下水が豊富であった草加に昭和10年、皮革会社が工場を開設して以来、東京の三河島方面から続々とまとまって移転・進出。地場産業となっていった。

現在では草加の皮革産業は素材から最終作品まで幅広く生産する、全国有数の産地となっている。

草加の皮革産業は牛、豚、羊のほか爬虫類やシャーク（鮫）など、多種多様な素材を使用しているのが特徴。製品は靴やかばん、衣料品、ランドセル、運動具など多種多様。

草加の浴衣は江戸時代の後期、江戸神田の染織業者が大火で焼き出され、水の豊富だった草加に移住して事業を再開したのが始まりと伝えられている。

草加の浴衣は、高度成長期を迎える昭和30年代後半に最盛期を迎えた。その後は年代の如何を問わずファッションの洋装化も加速。加えて安価なプリント浴衣の増加などに押されて、草加の浴衣生産は減少の一途を辿った。

現在は1社が受注生産をするのみとなっている。

明治時代までは、ご当地で知られている程度で、草加せんべいの名が広がっていくのは大正時代に入ってからだ。

大正元年（1912）年11月、川越で陸軍特別大演習が行われた。年に一度行われた陸軍特別大演習には天皇が統監として臨むことになっていた。川越での特別大演習では「煎餅」が埼玉の名産品として大正天皇に献上された。大正天皇初の特別大演習とあって常以上に注目されていたことからせんべいの献上は世上の話題を呼んだ。埼玉の名産品としての草加せんべいの知名度も上がり、草加せんべいが地場産業として発達していく契機となった。

市制施行60周年

草加市は平成30年11月1日、市制60周年の節目を迎えた。市制に移行した昭和33（1958）年の人口は3万5千人に満たなかった。都心部から15キロ圏内にありながら、そのころは駅周辺を離れると田畑が広がっていた。

人口が4万人ほどになったのは昭和37年だ。この年、東武伊勢崎線と地下鉄日比谷線の相互乗り入れがスタートした。翌年には、当時マンモス団地といわれた松原団地が誕生した。人口はあっという間に5万人を突破。その5年後の昭和43年には特急並のスピードで県下8番目の10万都市となった。

東京近郊という立地条件の良さも相まって、昭和50年代後半から人口の増加はさらに加速。「埼玉都民」のベッドタウンとして現在では人口25万人に迫り、埼玉県下6位の都市となった。

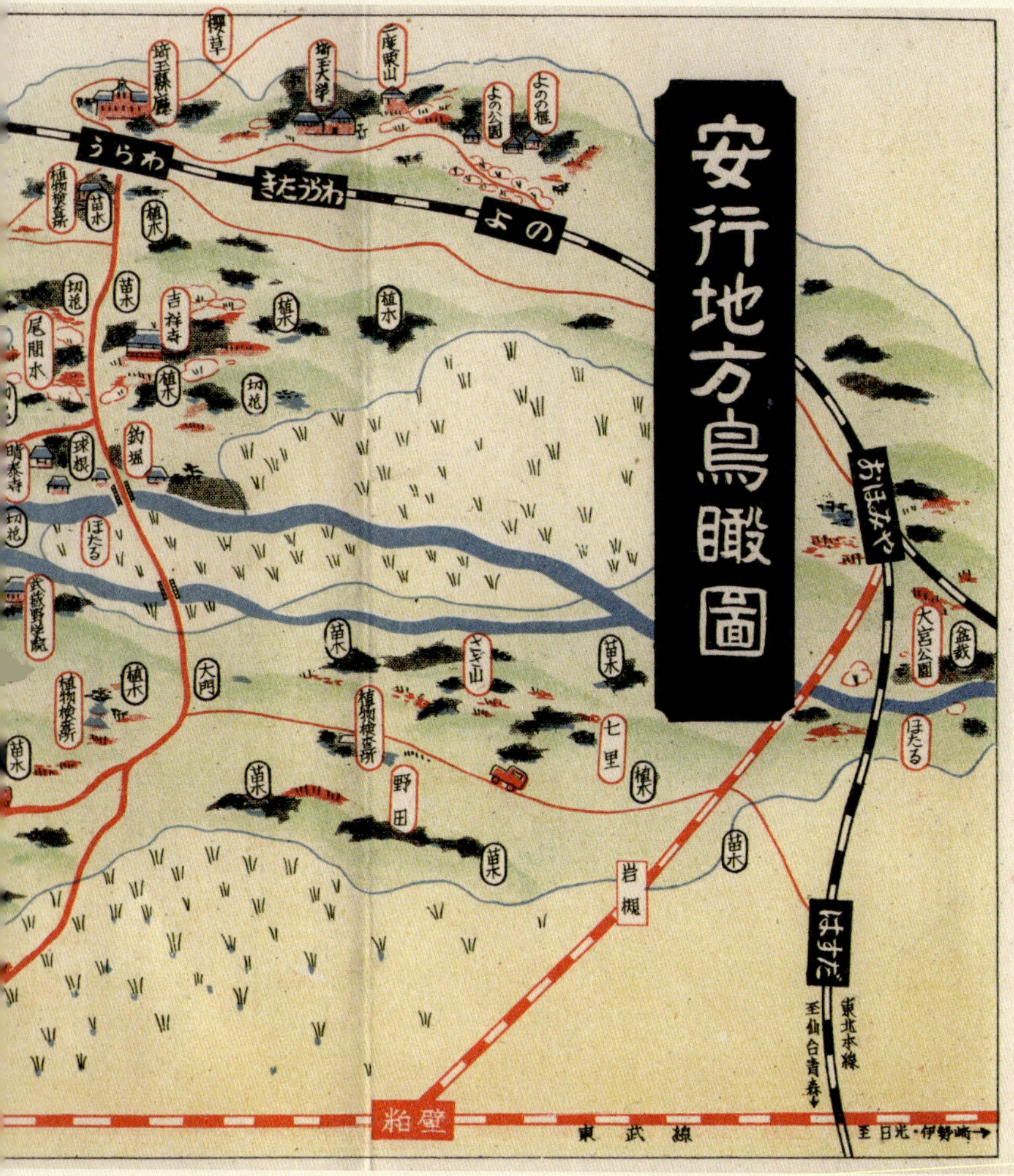

◎**安行地方鳥瞰図**　埼玉県が発行した「安行地方鳥瞰図」で、表紙には「植木　苗木の安行」「東都郊外の自然楽園　隠れたる関東一の大遊園地」と書かれている（1952年発行）。地図の上部を東北本線（黒線）、下部には東武伊勢崎線（赤線）、野田線が走っている。国鉄の川口、蕨、浦和駅、東武鉄道の西新井、竹ノ塚、草加、越ケ谷駅から続く道路が見え、安行へ向かうバスの姿も描かれている。安行付近には桜並木や植木、苗木の文字が見え、「花や緑の楽園」であることを示している。

◎**久伊豆神社**　大国主命を主祭神とする「久伊豆神社」は越谷の総鎮守。創建は不詳で、関東の武士団である武蔵七党のひとつ、私市党（騎西党）などが崇敬してきた。現在は、戦前にパラオ島にあった「南洋神社」の存在を残す「旧官幣大社南洋神社鎮座跡地　遥拝殿」が建てられている。これは参道入口の一の鳥居である。

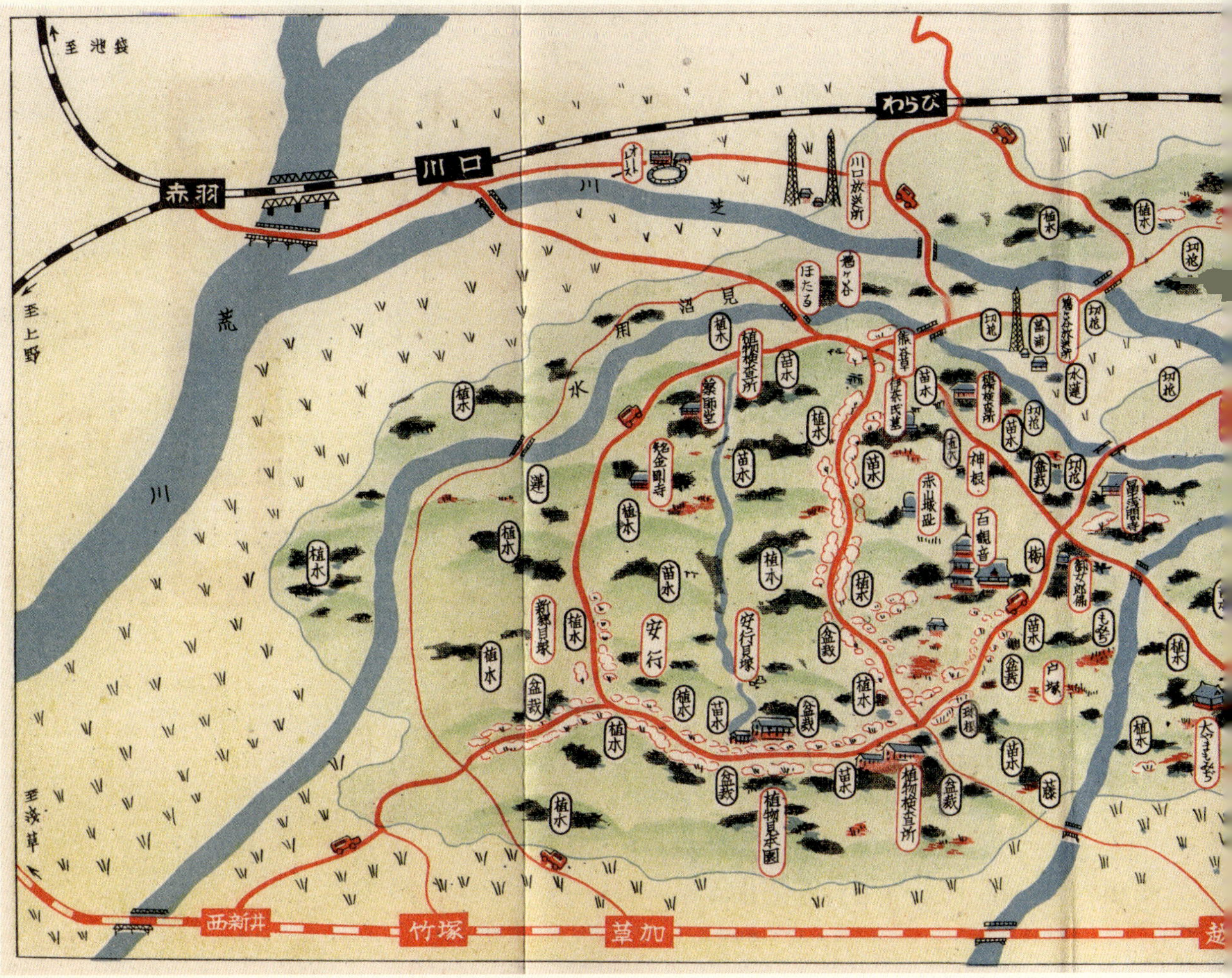

◎越ケ谷駅(現・北越谷駅)　現在の「北越谷駅」は1899(明治32)年の開業以来、「越ケ谷駅」を名乗っていた。これは1919(大正8)年に「武州大沢駅」に改称される前、現在とは異なる小さな地上駅舎の姿である。この時期の越谷は梅、桃の花が売り物の景勝地で、多くの文人が散策などに訪れていた。

◎春日部・藤花園　春日部の東郊、牛島にある「藤花園」は、国の天然記念物に指定されている。樹齢1200年を超すといわれる藤の巨木は、江戸時代以前から有名で、多くの観光客を集めていた。もともとは真言宗の寺院、連花院の境内であったが、江戸時代に廃寺となり、民間が管理する花の名所となった。これは明治後期の園内の風景。

伊勢崎線

獨協大学前〈草加松原〉

駅名改称は新時代へのアドバルーン

陸軍参謀本部陸地測量部発行「1/10000地形図」

昭和3年（1928年）

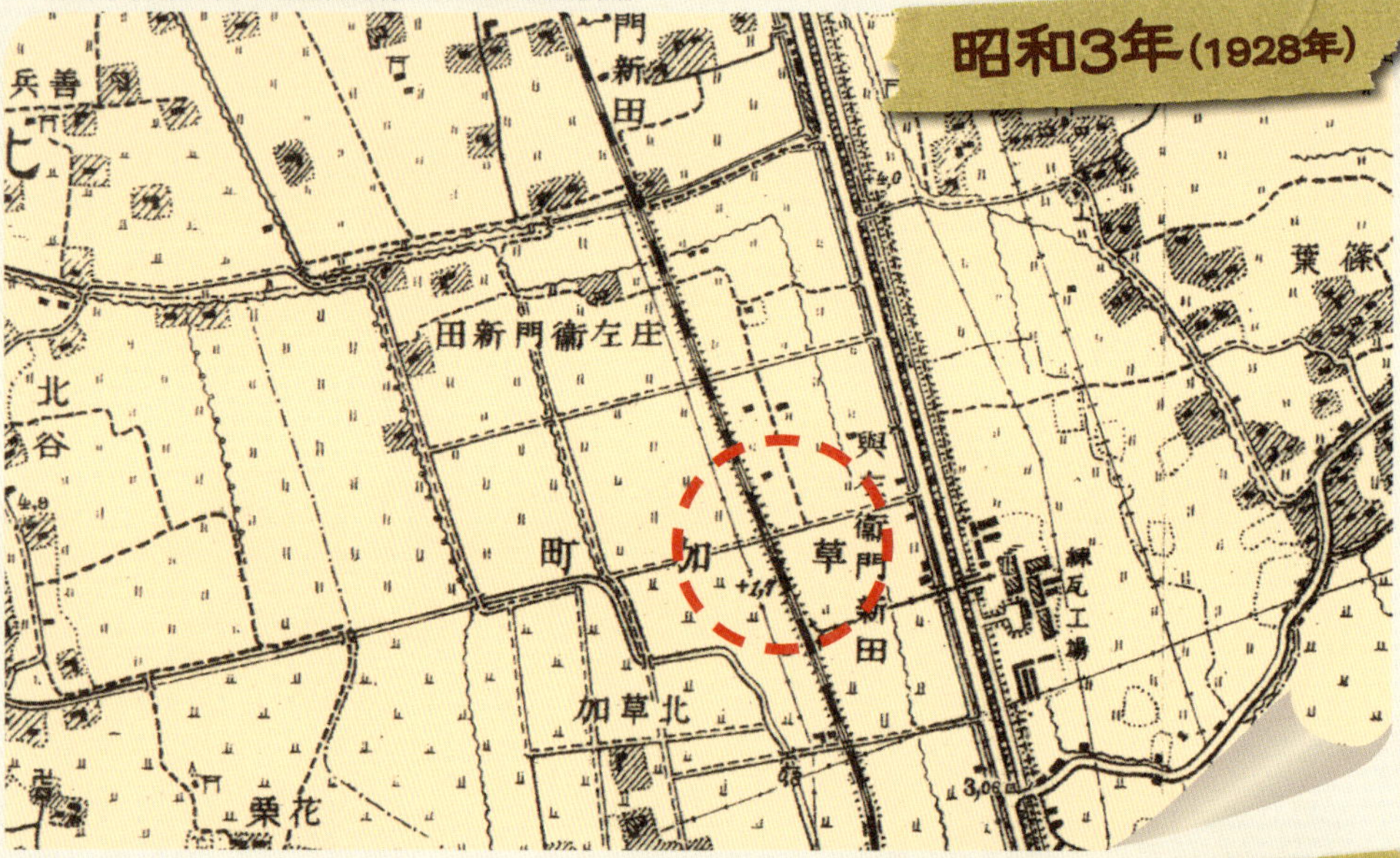

建設省地理調査所発行「1/10000地形図」

昭和24年（1949年）

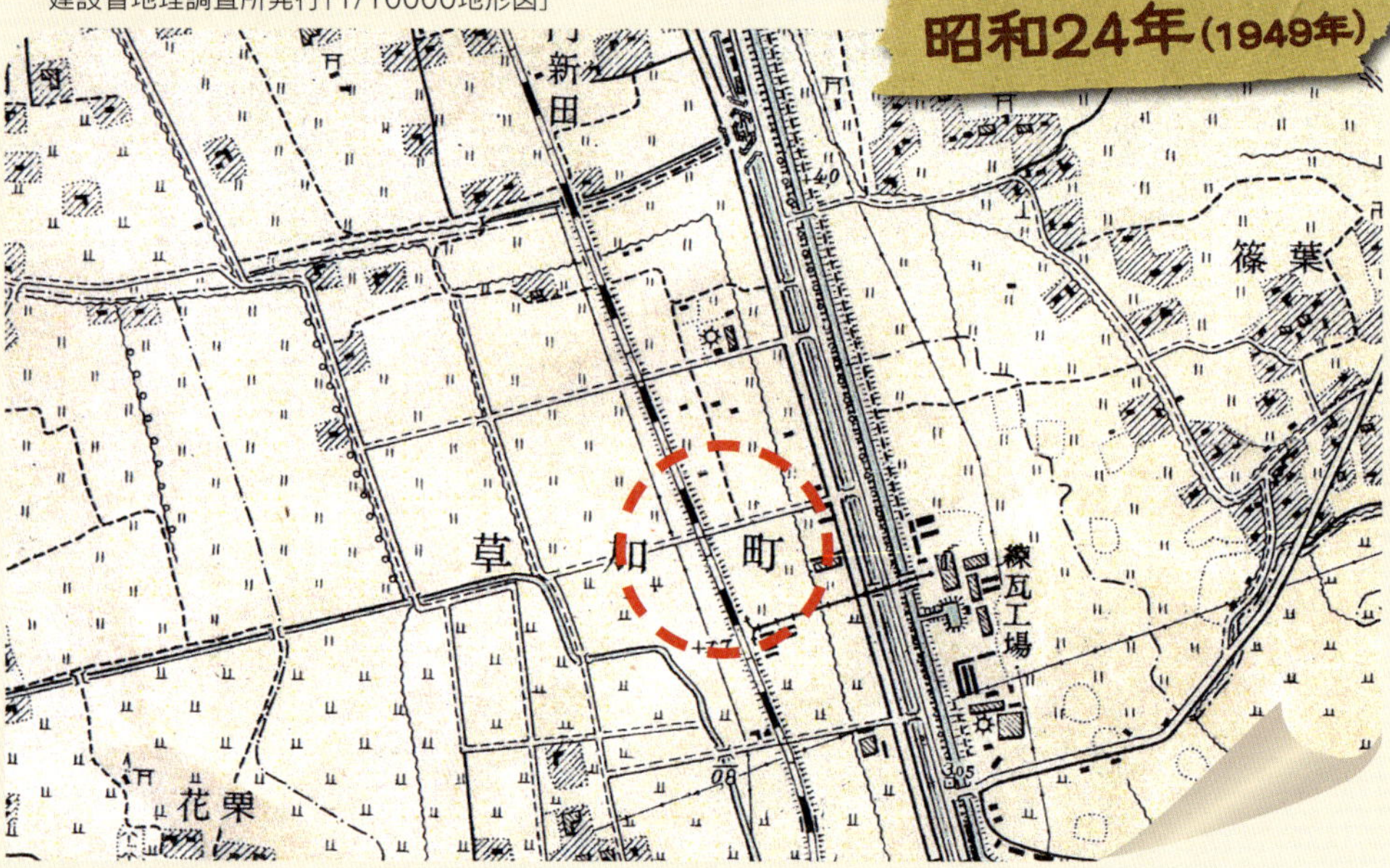

昭和初期と戦後間もない頃の地図だが、駅もまだできていないし、地図相はほとんど変わっていない。地図右側を南北に流れているのは、綾瀬川。その川岸に「煉瓦工場」が見える。戦前の草加は工場の街という顔も有していたが、地場産業である皮革産業や浴衣など染め物には大量の水が必要。かくて、綾瀬川や市内を流れる河川沿いに草加の工場エリアは形成されていった。

開業年	昭和37（1962）年12月1日
所在地	埼玉県草加市松原1-1-1
駅構造	1面2線（高架駅）
キロ程	19・2㎞（浅草起点）
乗降客	59,221人

東洋一のマンモス団地

松原団地駅が、「草加松原」の副駅名を付けて「獨協大学前」に改称されたのは平成29年4月1日。つい昨日のことだが、開業時からの駅名となった松原団地は草加市発展の先鞭をつけた大規模団地であった。日本住宅公団（現UR賃貸住宅）が造成した松原団地の総戸数は約6千戸。当時は東洋一のマンモス団地と評判を呼んだ。

団地の街はガラリと変わった駅西口

入居が始まった昭和37（1962）年に東武鉄道が開業した新駅が松原団地駅だった。昭和37年は東武伊勢崎線と地下鉄日比谷線の相互直通運転もスタートしている。松原団地はそれまで近郊農業型だった草加市が東京のベッドタウンとして変貌していくことを告げるアドバルーンを上げたようなものでもあった。

松原団地駅開業から半世紀余。駅西側にあった松原団地は姿を消し、エリアは「コンフォール松原」と称されて近代

「草加松原」の景観

「ことし元禄二（ふた）とせにや、奥羽長途の行脚、只かりそめに思ひたちて（中略）其日やうやう草加と云ふ宿にたどり着きにけり」と『おくのほそ道』に記した松尾芭蕉。
国指定の名勝となった「草加松原」は、かつての草加宿の北側にあたる。
駅東口下車、徒歩5分。綾瀬川沿いの旧日光街道の松並木をいう。
芭蕉が旅をした頃の草加松原は、「千本松原」と呼ばれた日光街道の名勝であった。昭和初期まで鬱蒼と繋っていたこの並木も、排気ガスや工場からの排煙、道路舗装による根の切断などにより、枯死するマツが続出。昭和40年代には著しく本数を減らした。その後、松並木保存会などの市民団体の保護・補植活動もあり少しずつ蘇えった。幹周り2メートルにも及ぶ老樹を含め、今なお「おくのほそ道」の時代の雰囲気をを伝える風致景観であることが評価され、国も名勝に指定されるに至った。

建設省国土地理院発行「1/10000地形図」

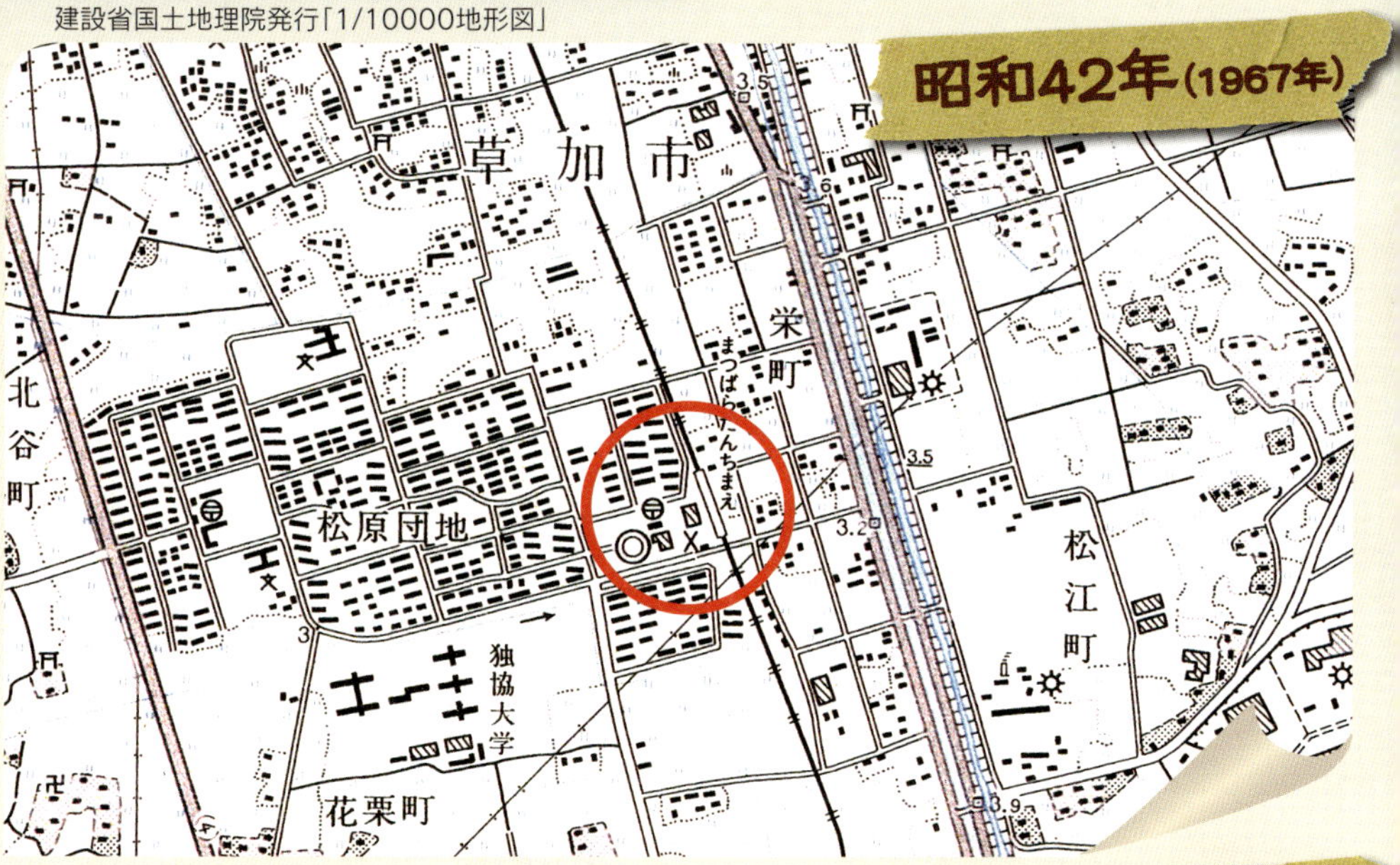

国土交通省国土地理院発行「1/25000地形図」

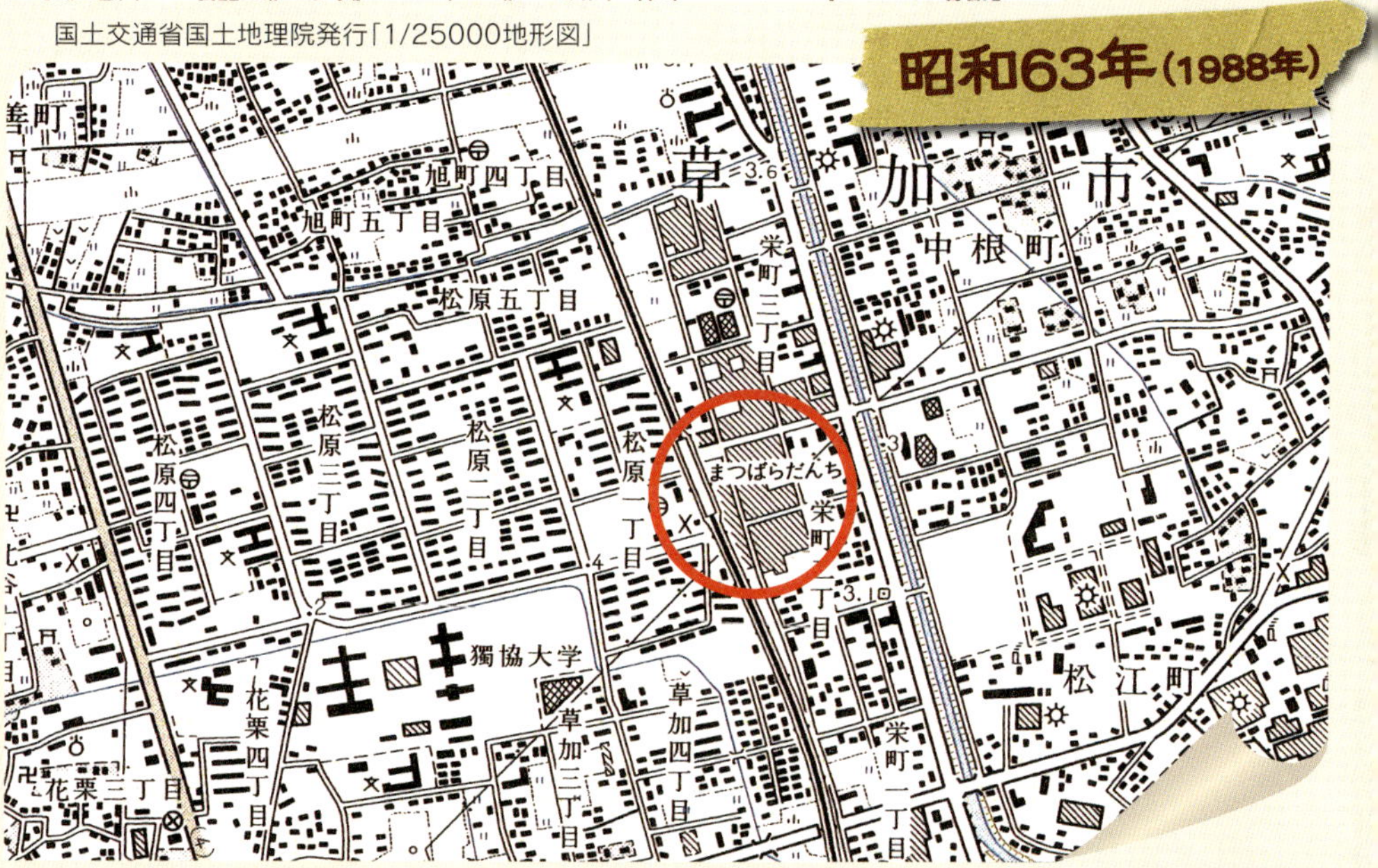

地図に漸く「松原団地前駅」が見え、周辺も大きく変わり始めている。松原団地の南側に接して獨協大学が見える。明治16（1883）年に西周、品川弥二郎らによって設置された獨逸學協會學校を起源としており、語学を通して人間形成を図ろうと草加の地で大学設立したのは昭和39（1964）年。松原団地誕生の2年後のことだ。第2次吉田内閣で文部大臣を務めた天野貞祐が初代学長となっている。

「綾瀬川の舟運」札場河岸公園

綾瀬川の舟運に使われていた河岸の雰囲気を再現した札場河岸公園（草加市神明2丁目）は綾瀬川沿いに沿って草加松原遊歩道の南端に整備されている。園内には五角形の望楼、休憩所、東屋などがある。草加に関わる文芸や歴史に関する像や碑が設置されており、奥の細道にちなんだ松尾芭蕉像、草加を読み込んだ正岡子規の句碑などもある。

的な集合住宅が建ち並び、駅西口前には30階建てタワーマンションも聳え立つ。松原団地が老朽化したことから都市再生機構が2000年代初頭から順次建て替えていったものだ。

団地の高層化集約によってオープンスペースも生まれた。公園もできるなど、駅西口はゆったりとした空間を持つ街に変貌した。

松原団地が消えれば、駅名改称の声も上がってくる。

平成26年、地域の歴史遺産だった「草加松原」（別項参照）が国指定の名勝に指定された。獨協大学は昭和39年以来、この地にある。かくて50年以上も着た古い背広を脱ぎ捨てるが如く、市が提案した新駅名に東武鉄道も同意。駅名改称は団地の街が新しい時代へ踏み出したことを周知するアドバルーンでもあった。

伊勢崎線

新田

駅前再開発はこれからの村育ちの街

陸軍参謀本部陸地測量部発行「1/25000地形図」

昭和3年（1928年）

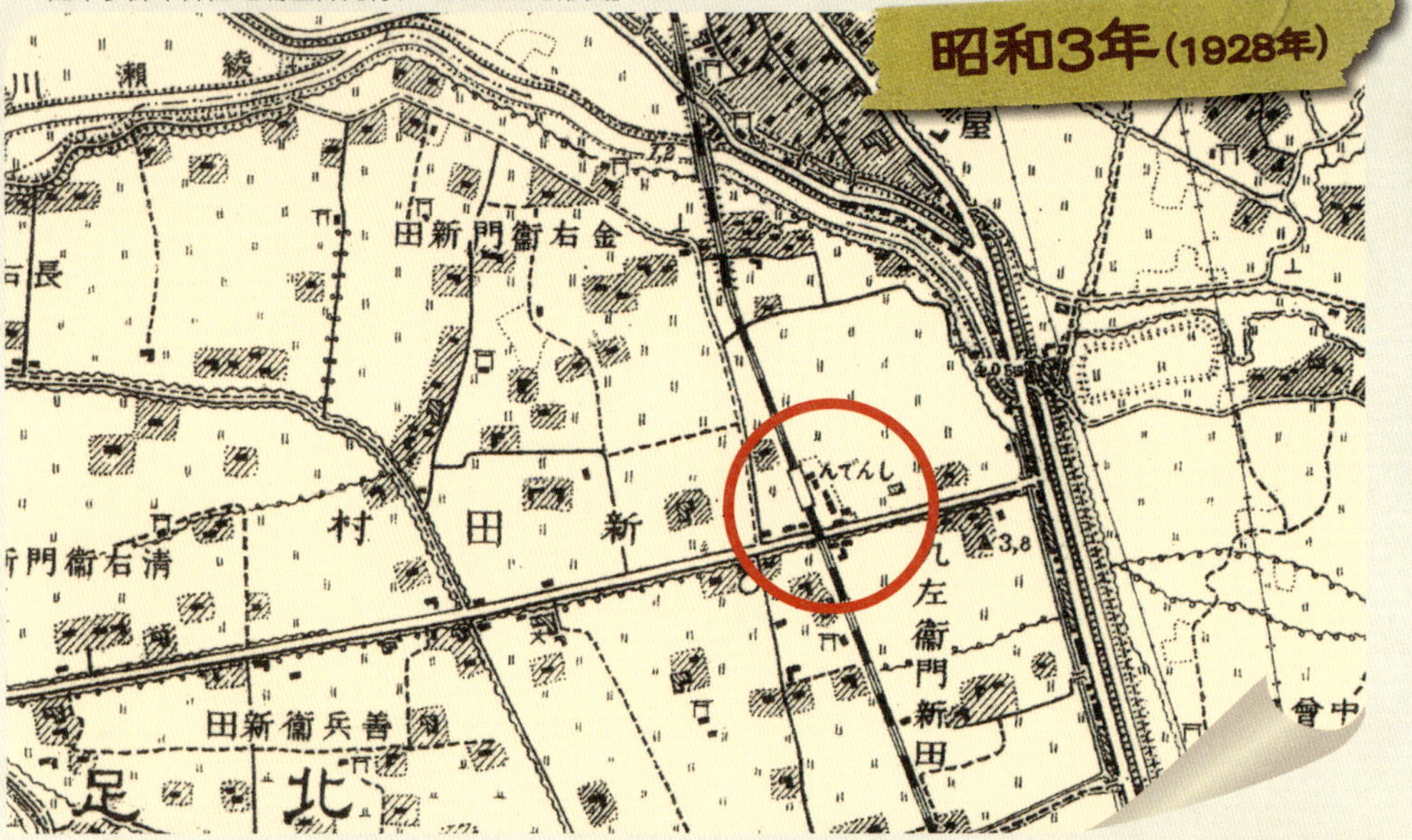

建設省地理調査所発行「1/25000地形図」

昭和24年（1949年）

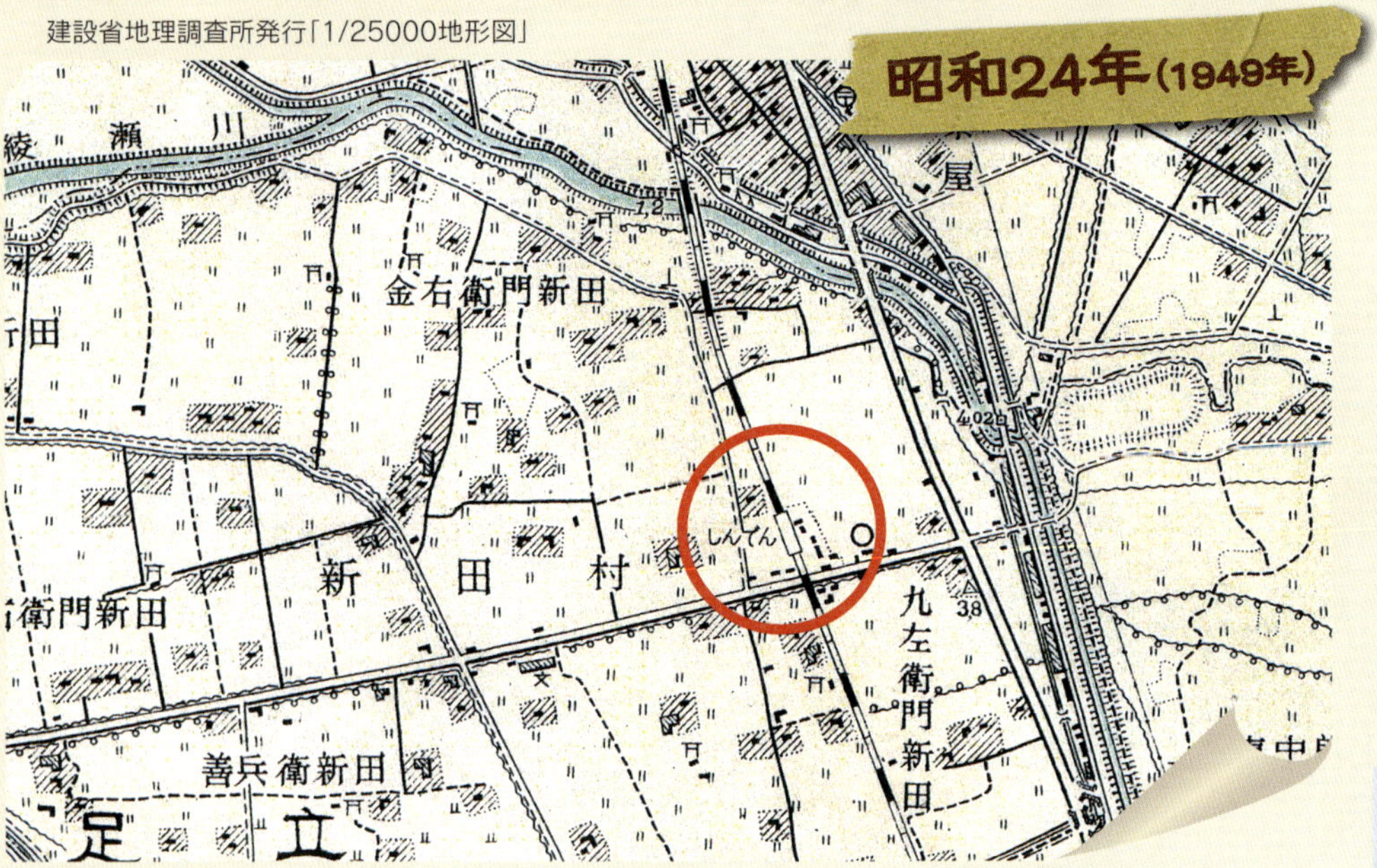

昭和初期と戦後戦後まもない頃の地図。違いといえば、現在の日光街道となるバイパスが整備されているくらいだ。駅周辺に九左衛門新田、金右衛門新田といった地名が見える。こうした新田は、下段本文で触れたように後に町となっていく。新田駅の北東、国道4号と綾瀬川が交差するところに集積地が見られる。綾瀬川は舟運の水路であり、国道4号は奥州街道として物流の幹線軸だった。往時の集落の成り立ちがうかがえる。

開業年	明治32（1899）年12月20日
所在地	埼玉県草加市金明町道下263-2
駅構造	1面2線（高架駅）
キロ程	20.5㎞（浅草起点）
乗降客	31,697人

新田開拓で生まれた街

新田駅周辺の金明町、旭町、長栄町、新栄町、清門町等々の町名は、かつての新田が町になった。金明町は金右衛門新田、旭町は九左衛門新田、長栄町は長右衛門新田、新栄町は新兵衛新田、清門町は清右衛門新田と、新田を拓いた人物の名が町名に一文字に入っているのも多々見られるのが、新田の街だ。

江戸時代、武蔵国では400近い新田が開拓されたが、ことに徳川八代吉宗は新田開墾を奨励。草加市域だけでも「新田」と呼ばれた村は100ヶ村を超える。明治になって9ヶ村を合併して誕生した村のうち、6ヶ村までが吉宗治世の享保年間以降に開拓された新田だったことが、駅名の来由になっている。

これから変わる新田駅前西口

新田駅は東武鉄道が明治32年8月の北千住～久喜間開業から少し遅れてその年の12月に設置された由緒ある駅だが、どうも影が薄かったらしい。明治37年刊の『東武鉄道線路案内記』、同44年刊の『東武線案内』でも、お隣の蒲生駅

新田開発と幕府財政

幕府の御金蔵に黄信号が灯り始めたのは五代綱吉の元禄年間からで、吉宗が将軍の座についたころには、旗本や御家人の給与遅配というギリギリのところにまで追い込まれていた。吉宗が取った財政再建策の一つが、新田開発だった。

幕府は江戸時代初期の大開墾時代が終わると、すでに開発している田畑を十分に念を入れて耕すようにという「本田畑中心主義」に政策を変更、資本力のある町人に拠る「町人請負新田」を原則禁止とした。

吉宗はこうした従来の方針を撤回、江戸日本橋に新田開発を奨める高札を出す。あわせて町人地主の受け取る小作料を投下資本の1割5分相当まで正当と認め、農民の身代限り（破産）処置に訴えてでも年貢の取り立てを保証する方針を打ち出した。

吉宗が打ち出した「享保の新田開発」で開墾されたのが、埼玉県では見沼新田1335町歩が一例に挙げられる。

吉宗の財政再建策には、当然のことながら増税もあった。

江戸時代には3千件ほどの農民一揆があるが、多発期が四つある。享保期（1716～36）宝暦・天明期（1751～89）天保期（1830～44）そして最後が幕末期だ。

吉宗時代の「享保の一揆」はそれまでには見られなかった天領で目立ったのが特徴となっている。

建設省国土地理院発行「1/25000地形図」

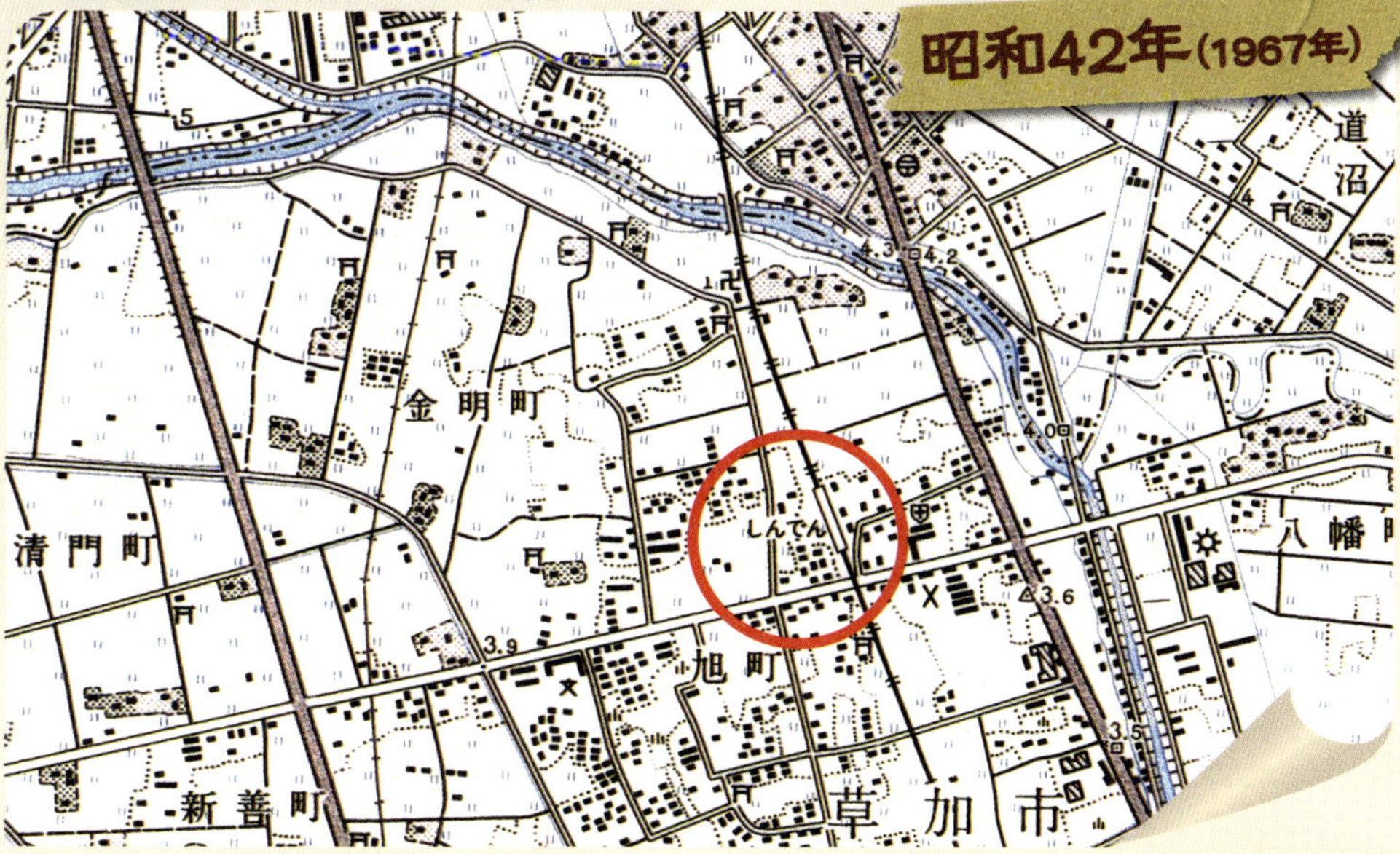

国土交通省国土地理院発行「1/25000地形図」

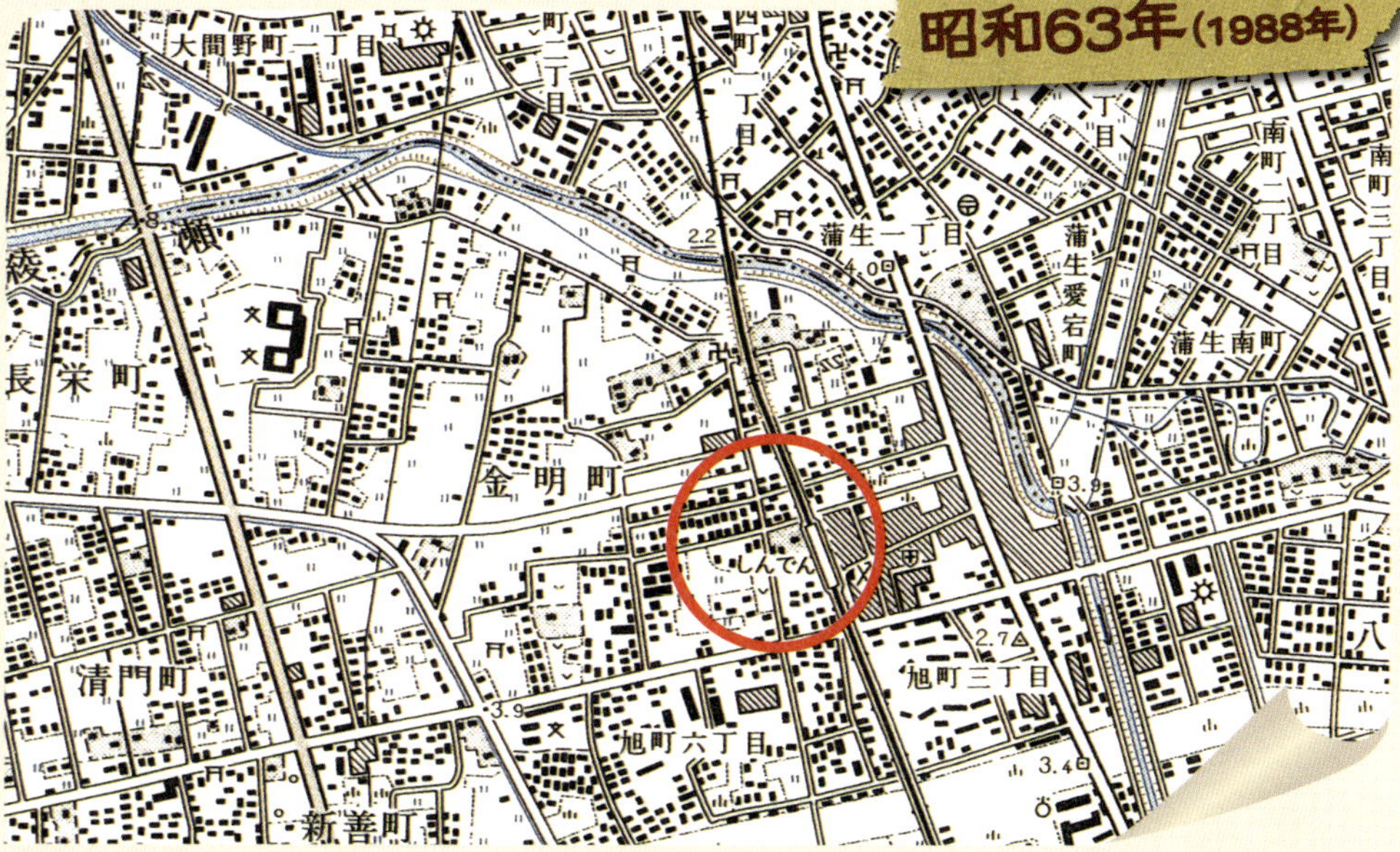

地図左側で斜めに南北を走っているのは国道4号。建設された当時は旧来の国道4号だった日光街道に対比して新国道4号などと呼ばれていた。昭和40年代（1965～1974年）初頭は東武伊勢崎線沿線が激変してく時期だが、東洋一と謳われたマンモス団地の出現は沿線各地に大きな刺激を与えた。新田駅周辺もしかり。しっかりした区画整理のないままに、宅地化が進んでいっている。

「新田村の鎮守」旭神社

新田駅の北側、綾瀬川近くにある旭神社（草加市金明町1332）のルーツは江戸時代初期に開墾された金右衛門新田の鎮守だった氷川社。明治6（1873）年に村社となった。明治22年に近隣9か村が合併して新田村が成立。明治40年に新田村の旧村ごとの村社7社、無格社18社、各境内社11社の計36社を当社に合祀、社号を旭神社と称した。こうした出自から、地元では旭氷川神社と呼ばれることも。

は採り上げられているものの、近傍にこれといった名所旧跡神社仏閣もなかった新田駅はスルーされている。

草加市内に東武伊勢崎線の駅は4駅あるが、駅前再開発を終えていないのは新田駅だけだ。1日平均乗降客数は3万人を超えるのに新田駅周辺は道が狭く、バスが駅前に乗りれることができない。狭い路地に商店街が並んでいるといった具合で、歩行者の安全も気にかかる。

東口及び西口の駅前の区画整理事業の概要がまとまったのはつい最近のことで、事業期間は10年以上に渡っている。新田駅前が変わるのはこれからのようである。

陸軍参謀本部陸地測量部発行「1/25000地形図」

建設省地理調査所発行「1/25000地形図」

「広々とした田圃の中に蒲生という小さな手停車場がある」との評(下段本文参照)そのままの情景を伝えている地図である。件の評は大正年間だったが、戦後になっても往時そのものの情景である。大相模不動尊は越谷駅の東、綾瀬川沿いにある。越谷駅開業前、不動尊の最寄り駅だった蒲生駅を降りた参拝客は、日光街道を人力車あるいは乗合自動車で向かったのだろう。

伊勢崎線

蒲生

田圃の中の小さな停車場だった

開業年	明治32(1899)年12月20日
所在地	埼玉県越谷市蒲生寿町16-17
駅構造	1面2線(高架駅)
キロ程	21.9㎞(浅草起点)
乗降客	17,571人

安行の植木搬出駅だった

――東武鉄道で越ヶ谷へ行く途中、草加の次に、広々とした田圃の間に蒲生という小さな停車場がある。少し植木か盆栽でもいじくる人であったら、その小さな駅の名を知っている。其処の構内には何時だって菰包にした苗木や植木の類が、幾つともなく積み上げたり、転がっていたりする。一村五百余戸、挙げて苗木植木の栽培を以て生業としている安行は、この停車場から西三十町ばかりのところにある・・・。

今や堂々たる顔の蒲生駅

大正11(1922)年に出版された『東京近郊写真の一日』の一節だ。田山花袋の『東京の近郊/一日二日の旅』にも〈新田、蒲生の二つの停車場では折々大きな植木を菰包にして発送しているのを常に見かけた〉云々の行がある。川口市安行の植木は今も有名であるが、蒲生も新田もその発送地にもなっていたのだろう。明治32年12月の同じ日に開業した両駅は同じような歩みを重ねていたようでもある。

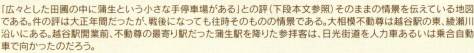

大相模不動尊

真言宗豊山派寺院の真大山大聖寺（越谷市相模町6-442）通称大相模不動尊は、天平勝宝2（750）年の開基と伝わる越谷市内最古の古刹。

通称は大相模村にあったことに由来しており、往時は成田山新勝寺（成田不動）、高幡山金剛寺（高幡不動）と合わせて関東三大不動の一つとして人気の参詣地だった。

〈弁天池ありて鯉亀なぞ遊泳せり。鶯の名所にして夏時には蛍、群れをなせり。越ヶ谷停車場より二十余丁、乗合馬車の便あり。蒲生停車場より十丁余にして近頃、道路を修繕し、腕俥（人力車の異称）自在に往復す。

境内には柳屋、鎌倉屋、開花亭、新柳屋、植木屋、柏屋の散亭ありて名物は団子、饅頭なぞとす。門前には草加屋という料理店もありければ参拝者は不自由なし〉云々と「明治の新聞で見る越谷市」（Web版）のうち明治37年2月の東武新報は報じている。

大聖寺の山門は文化元年（1804）建立のもので、かつては瓦葺であったが、嘉永元年（1848）に銅板葺に葺き替えた。

建設省国土地理院発行「1/25000地形図」

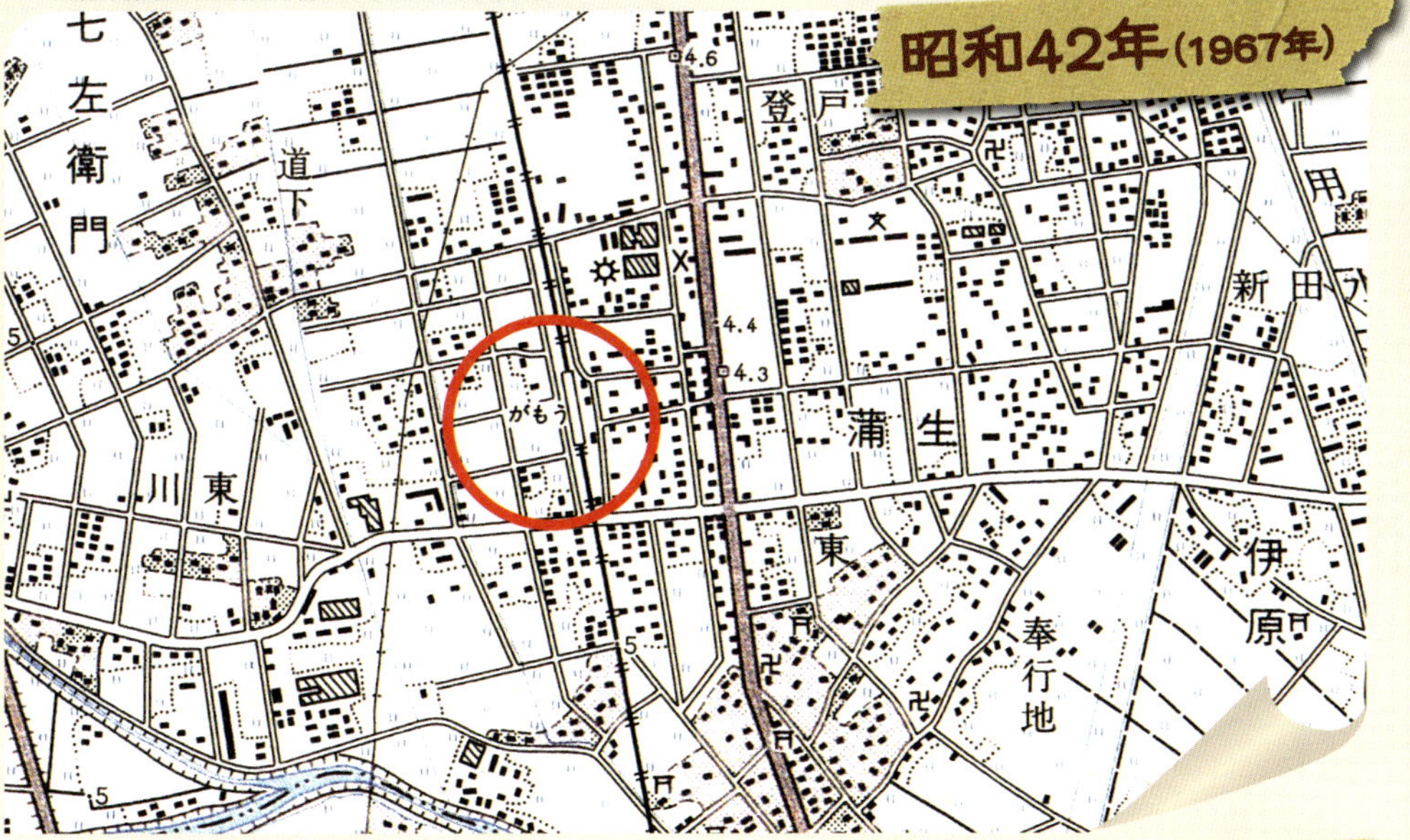

国土交通省国土地理院発行「1/25000地形図」

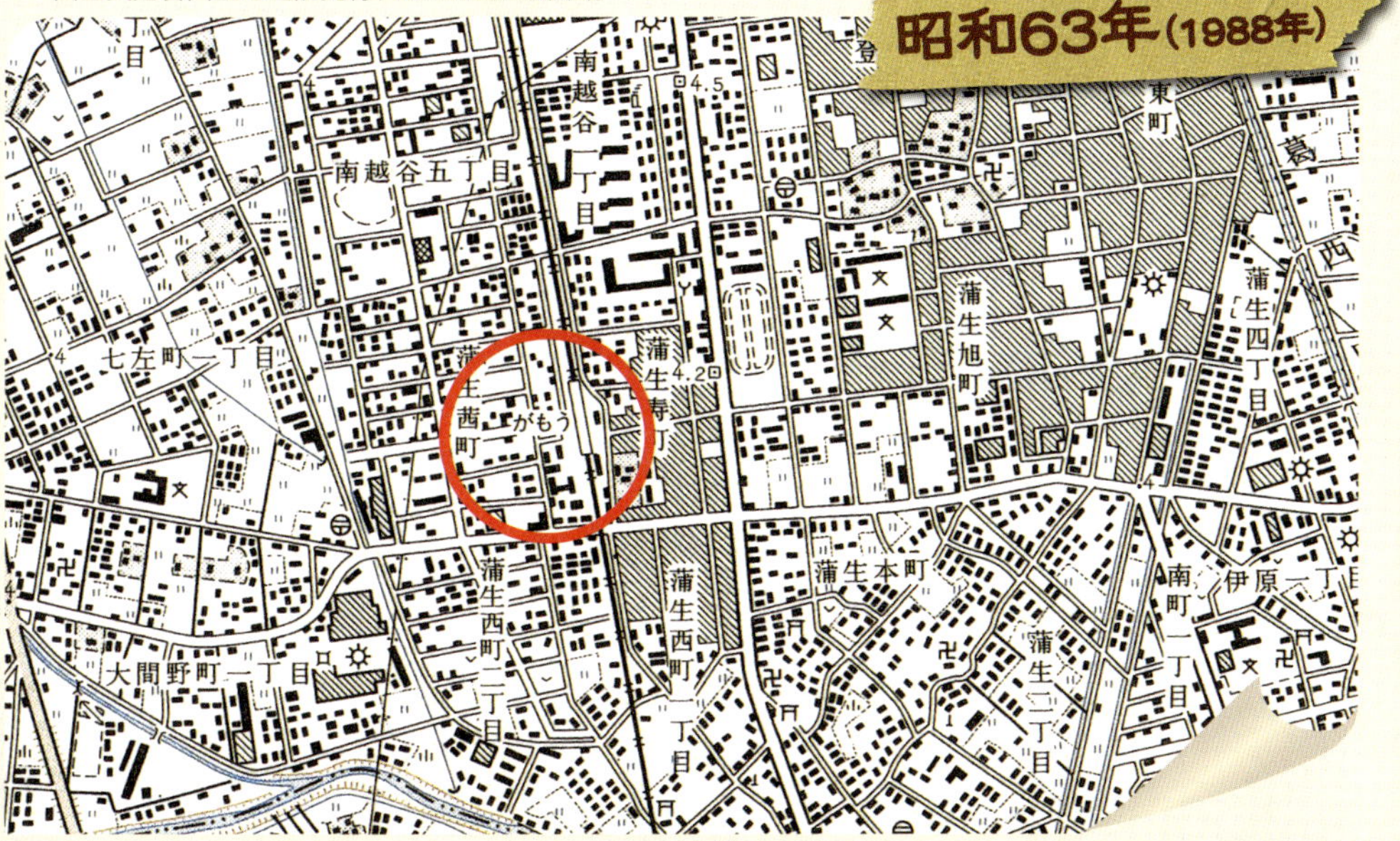

上段の地図は昭和40年代、田圃だったところに住宅が建ち始めた頃の蒲生駅周辺を写したものだ。日光街道に正対している東口から蒲生の市街地は形成されていくのだが、駅前整備は遅かった。蒲生駅東口の都市計画道路蒲生駅東口線、通称駅前道路が完成したのは今からほんの10年前だ。平成10年に蒲生駅が現在の駅舎になってから10年後のことだ。その昔、田圃の中の小さな停車場はいま、越谷市の南の玄関口となった。

往時の蒲生駅は駅前に僅かに2〜3軒の小さな店があるだけで、付近には旅館や料理店もない寂しい駅だったが、蒲生駅には人気の参詣地だった大相模不動尊（別項参照）の最寄り駅だった時代がある。

蒲生駅は現在の越谷駅が大正9年に開業するまで〈此の駅よりかの有名なる大相模不動尊に詣るには東武線中最も近距離なり〉（明治37年刊『東武鉄道線路案内記』）とあるように大相模不動尊参詣の下車駅だった。

大相模不動尊の秋の御会式の日には東武鉄道は割引乗車券や臨時列車も運行していたこと、往時の「東武新報」が伝えている。

蒲生駅西口の街並み

そうした街の歴史を持つ蒲生駅の乗降客がポンと跳ね上がるのは、昭和40年代。昭和35年は2800人ほどだったのが昭和40年には1万3千人近くまで増加。平成初頭に2万五千人台を数えた。その後、1万6千人台まで減少したが、ここ数年は増加傾向にあり、平成29年は1万7500人ほどとなっている。

建設省地理調査所発行「1/25000地形図」

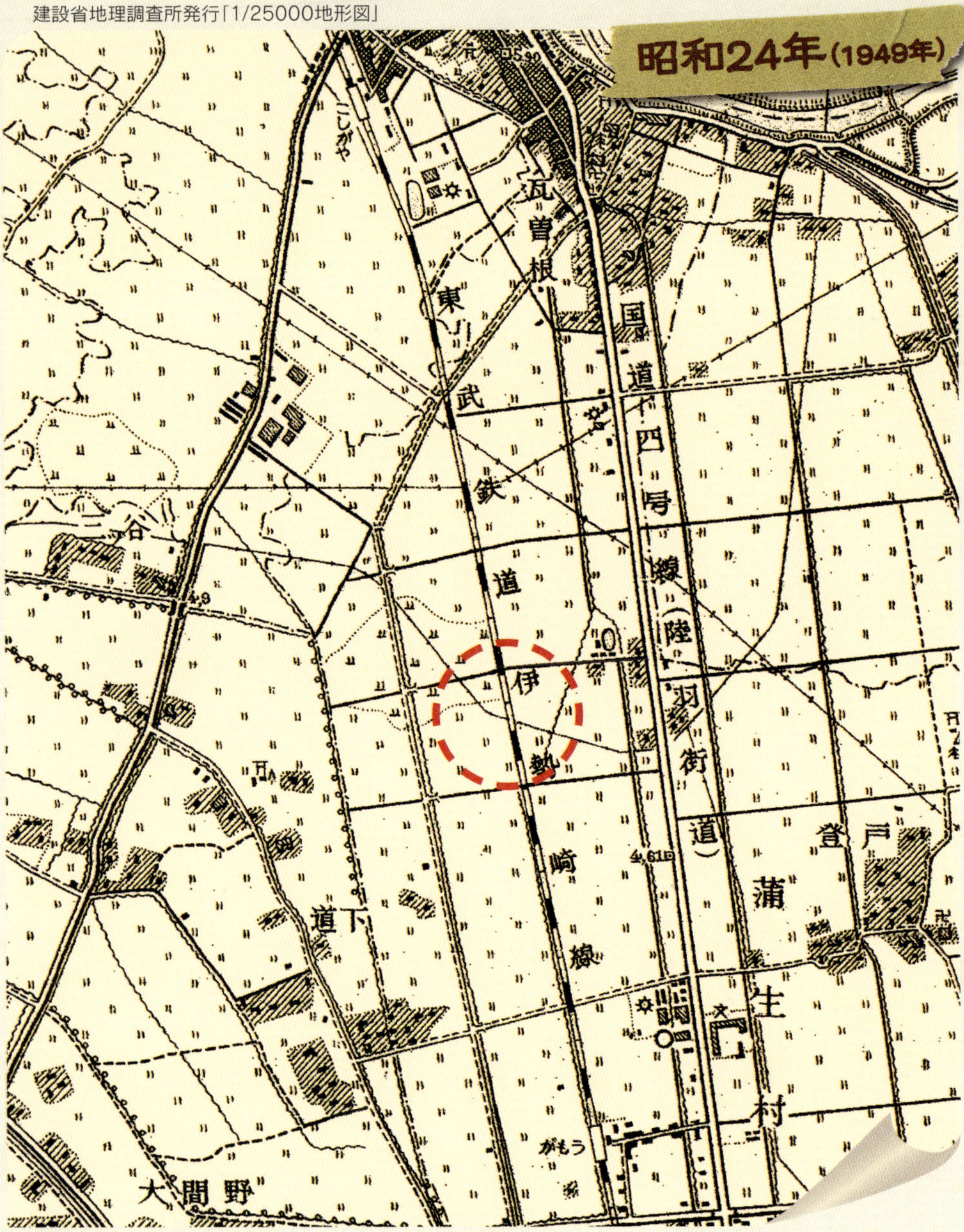

地図上に越谷、下に蒲生の両駅が見られるが、その間は田んぼが広がっていた時代である。ここから20年足らずで、当時の農民は誰一人脳裏に思い浮かべなかったであろう市街地となっていく。「国道四号線(陸羽街道)」とあるのは、地元では日光街道と呼んでいる幹線道。「国道四号」の慢性的な交通混雑を解消するため新国道4号線が計画され、昭和43(1968)年から事業着手、全通するのは平成4(1992)年。

伊勢崎線

新越谷

越谷3駅で随一の賑わい

開業年	昭和49(1974)年7月23日
所在地	埼玉県越谷市南越谷1-11-4
駅構造	2面4線(高架駅)
キロ程	22・9km(浅草起点)
乗降客	152,540人

人口急増を吸収した農村地帯

新越谷駅から越谷、北越谷と「越谷」の付く駅が3つ続く。この3駅のうち最も開業の早かったのは北越谷の明治32(1899)年。東武鉄道開業時の駅だ。次いで越谷駅が大正9(1920)年で、新越谷駅はそれから半世紀以上も後の昭和49(1974)年だ。

各駅の1日あたり平均乗降客数は北越谷、越谷の両駅が5万人台であるのに対して新越谷駅は実に15万人超を数える。駅開業翌年には2万2千人に迫り、以降同駅利用の乗降人員はほぼ右肩上がりで推移し、現在に至っている。

新越谷駅の繁華は、平成27年に埼玉県では川越市に次ぐ県下2番めの中核市(別項参照)となり、平成30年11月3日に市制60週年を迎えた越谷市の発展と二重写しでもある。

この日は駅前で体験学習の子馬が「こんにちわ」

「もはや戦後ではない」と経済白書が高らかに謳った2年後の昭和33年、越谷の市制施行時の人口が4万8千人余。越谷駅の北側には元荒川が流れ、近郊農村都市だった越谷が変貌するのは草加市と同様、昭和37年の東武伊勢崎線

建設省国土地理院発行「1/25000地形図」

昭和51年(1976年)

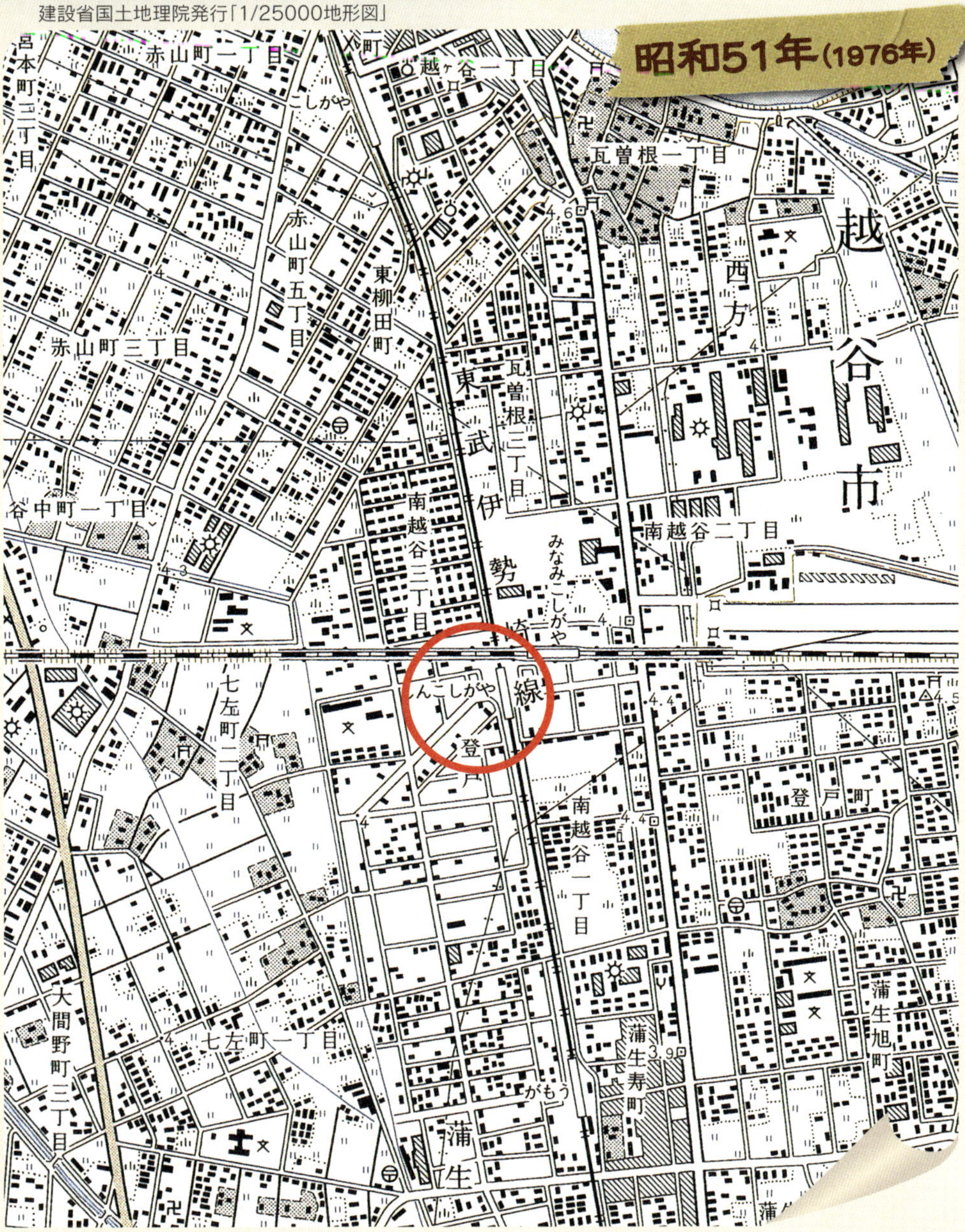

JR武蔵野線が開通し、南越谷駅が開業するのは昭和48(1973)年、伊勢崎線の新越谷駅開業はその翌年だ。新越谷駅の北側、「南越谷三丁目」にある住宅団地は、越谷駅の南に広がる田園地帯にいち早く登場した越谷団地である。昭和40年代(1965〜1974年)初頭までは広がっていた田園地帯も、武蔵野線南越谷駅、伊勢崎線新越谷駅が開業すると急速に市街地化していく。

中核市

中核市とは地方自治法に定められた制度で、地域の実情にあった、まちづくりを市独自で行える。
越谷市は中核市になったことで、それまで県が行っていた福祉・保健衛生・環境分野などの事務権限等およそ2千項目を超える事務権限が移譲された。埼玉県では平成30年4月に川口市が県下3番目の中核市になっている。

昭和49年という年

新越谷駅が開業した昭和49(1974)年は首相田中角栄が金脈問題で退陣した年となっている。
天井知らずの物価暴騰――狂乱物価で始まったこの年、インフレが加速した景気の沈静化に日銀は公定歩合を1年間に5度も引き上げ、12月22日には公定歩合を2%引き上げ、9%にしている。
昭和40年代は列島が「昭和元禄」と浮かれた高度成長期だったが、GNP(国民総生産)比で戦後初のマイナス成長を記録。日本の高度成長が終わりを告げた年となった。
11月に首相を退陣した田中角栄に変わって総理官邸の椅子に座ったのは三木武夫であった。

と地下鉄日比谷線の相互直通運転開始後だ。首都圏のベッドタウンとして農地の宅地化が始まった。ことに越谷駅から市境の南端にあたる綾瀬川辺までは農地が広がっており、格好の宅地化用地ともなった。昭和42年には越谷市の人口は10万人を突破した。

越谷駅と蒲生駅の間は2・5キロ近く離れている。空白を埋めるように昭和48年、国鉄武蔵野線が新興住宅街を横断するように開通。東武伊勢崎線の東側そばに南越谷駅を設置。呼応して東武鉄道側も翌年、武蔵野線との連絡駅になる立地で、新越谷駅の開業となった。

JR武蔵野線乗換口

蒲生駅は明治42年1月に現在地に移転しており、駅開業時は現在地より1キロ超北側、新越谷駅にほぼ近いところにあった。新越谷駅は元の蒲生駅が蘇ったともいえる。

平成8年には人口が30万人を突破し、平成9年には東武鉄道伊勢崎線が越谷駅以南で高架複々線となった。平成15年には東京メトロ（当時は営団地下鉄）半蔵門線直通列車が走り始め、都心近郊都市として利便性は一層向上。越谷市の人口は平成30年9月現在で34万2千人余を数える。

伊勢崎線

越谷

今や昔の桃林の名所

陸軍参謀本部陸地測量部発行「1/50000地形図」

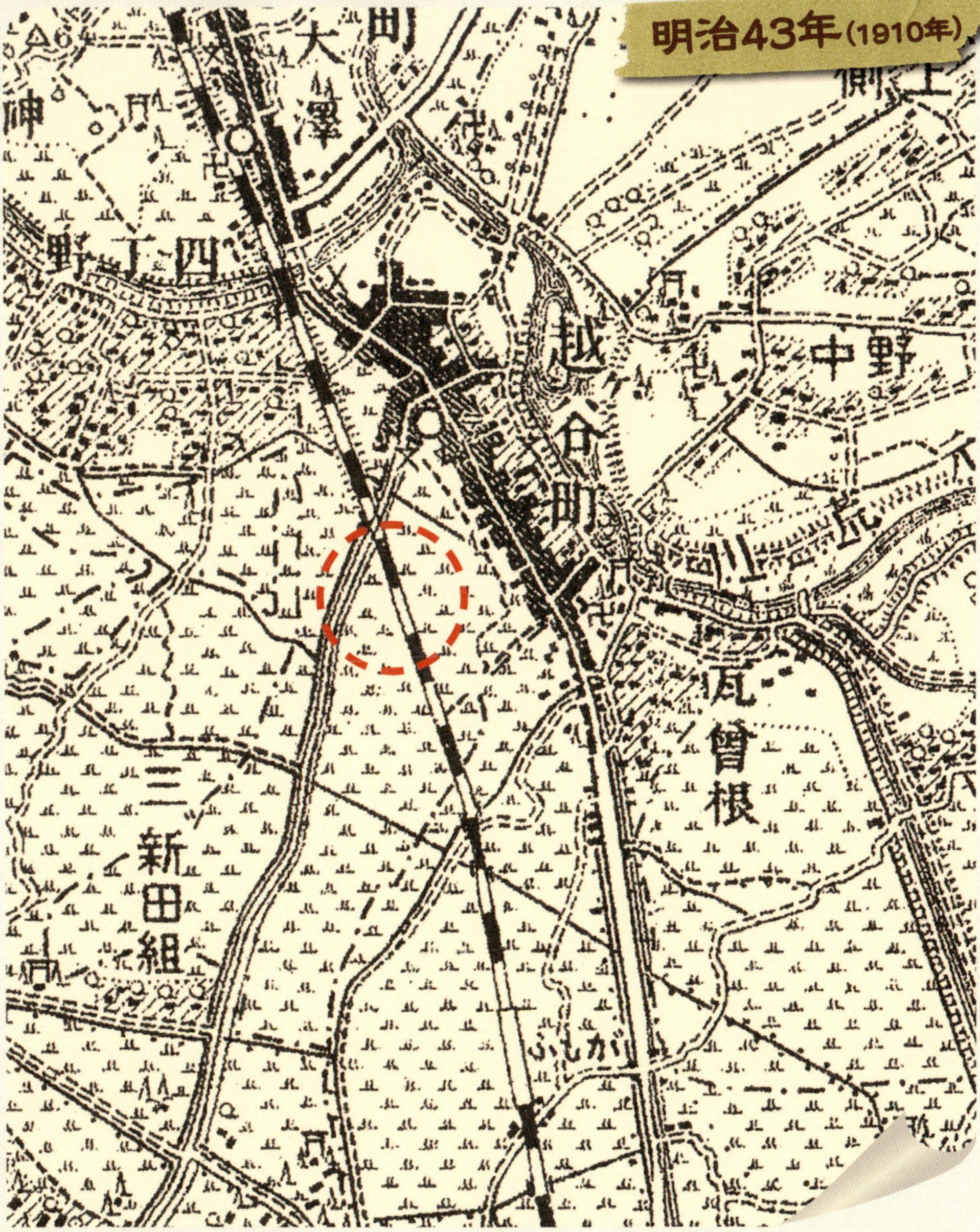

地図の「こしがや駅」は現在の北越谷駅で、越谷駅はまだ開業していない明治末期。このころ都の人士に喧伝された「越谷の桃林」は、北越谷周辺となる。「大沢」「大房」などは季節ともなれば田舎道に桃の古木が花をつけ、甘い匂いを漂わせていた。厳密に言えば「北越谷の桃林」は、沿線の開発が進み始める昭和30年代（1955～1964年）半ば頃まで残っていたと仄聞する。

開業年	大正9（1920）年4月17日
所在地	埼玉県越谷市弥生町4-11
駅構造	2面6線（うち通過線2線）（高架駅）
キロ程	24･4㎞（浅草起点）
乗降客	50,477人

越谷駅開業運動

――「桃は越ケ谷」と、関東では古くから聞こえた桃の名所である。町の西側、元荒川の右岸一帯の地、悉くその桃林である。而も此処は古木の多いので雅致ありとされていたが、今は古木は漸次若木と取り替えられて、水蜜桃が増えた。元荒川の清流を挟んで向こうに梅林がある。畑の中の梅林で頗る野趣に富んでいる。矢張り越ケ谷の梅林と呼んでいるけれど、正確に言えば川向うは凡て大沢町に属している。――

越ケ谷駅が開業して2年後の大正11（1922）年に出版された『東京近郊写真の一日』の一節だ。浅草駅から50分、乗車賃は41銭とある。また〈越ケ谷駅は「武州大沢」と改称せられ、新たに越ケ谷町に「越ケ谷駅」が置かれた〉と、越ケ谷駅開業の告知もしている。

かつては桃の里の街だった越谷のメインストリート

大正5年に刊行された『越ケ谷案内』は〈越ケ谷では橋際の元吉楼と加賀屋は第一流の料理店で、天芳の天ぷら、鰮

越谷の雛人形と甲冑

越谷の宿場祭りは、旧日光街道沿いのショーウインドーなどに飾られた雛飾りや甲冑を鑑賞しながら、まち歩きを楽しむのが趣旨となっている。

越谷の雛人形は昭和58年に、甲冑は平成8年に埼玉県の伝統工芸品として指定されている。

越谷の雛人形は気品にあふれた優雅な顔立ちが特徴になっている。

かつては胴、顔、頭、手足などの人形の各部位が他の地域に依存することなく越谷で製作されていたが、近年は高齢化や後継者不足などにより廃業する事業所もあるなど、技術の継承が課題となっている。

雛人形の起こりは平安時代と言われるが、越谷雛人形の起源は、安永年間（1772〜81）と伝わる。その後、越谷では雛人形づくりが盛んになり、江戸の日本橋室町の十軒店、埼玉の鴻巣、越谷で開かれる雛市は「関東三大雛市」と呼ばれていた。

越谷甲冑は、金工、漆工、皮革工芸、組紐など、さまざまな技法を駆使して作られている。近年では真田幸村や徳川家康、上杉謙信、伊達政宗などの有名な戦国武将たちが用いた甲冑をモデルにした製品が人気となっているという。

越谷ひな人形組合は現在、越谷甲冑の事業所も含めて20社ほど。


陸軍参謀本部陸地測量部発行「1/25000地形図」

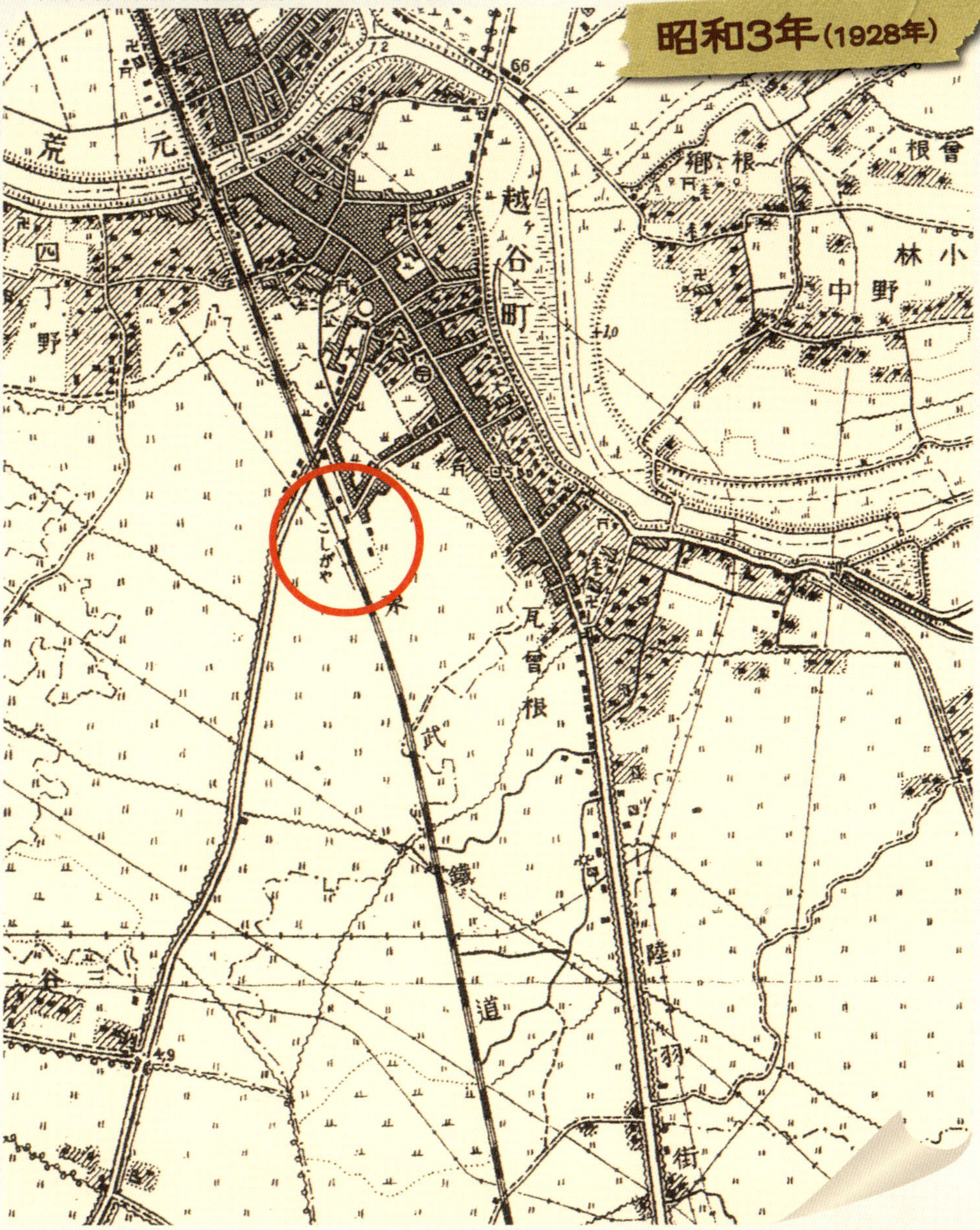

現在の越谷駅が誕生してから十年足らずの昭和初期、鉄道東側の越谷宿場街の密集地を縫うように通っているのが旧日光街道。地図では「陸羽街道」となっていることから、往時は日光街道は地元での呼称で、一般的には奥州街道を意味する「陸羽街道」と通称されていたようだ。越谷駅南に広がる田圃は、「江戸の米蔵」と呼ばれた時代を彷彿させる。現在でも、越谷市の農地面積の7割を水田が占めているという。

飩屋の鰻の馬鹿焼きは有名である。加賀屋の三層楼は風雅の客を呼び、川魚料理は主人の得意とするところである…〉などと記述している。「橋際」とは元荒川に架かる大沢橋のことだ。饂飩屋とは鰻屋の商号で、数年前に閉店したと仄聞する。蒲焼ならぬ「馬鹿焼き」はどのようなものであったのだろう。

東武鉄道が明治32年に開業してから沿線ガイド的な本も種々出された。しかし、元荒川対岸の大沢町、現在の北越谷駅に「越ヶ谷駅」があったから少々ややこしいところがあるが、明治43（1910）年8月の埼玉新報は、大沢町に停車場が設けられた事情に触れている。

〈越ヶ谷停車場は、元荒川を隔てたる大沢町の西北端に在りて、越谷町より十丁余を隔たり居れば、越ヶ谷町にとりては甚だ不便なるを免れず。これは同鉄道敷設当時、大沢町民が非常なる運動費を以て停車場を大沢町に設けたるものにして、会社内にも異議ありたるに拘わらず、ついに大沢町の勝ちとなりたり〉（要約）。

この記事は、町の発展とともに越ヶ谷町にも停車場の必要ありと、停車場移転を町を挙げて東武鉄道に交渉中であることも報じている。当然、大沢町は移転に反発する。結局、移転ではなく新駅設置で「越谷駅」が誕生したのは大正9（1920）年。移転運動が結実するまで10年かかったことになる。

越谷宿と大沢町

駅前再開発事業で5年前に誕生したツインシティのある東口側に旧日光街

建設省地理調査所発行「1/25000地形図」

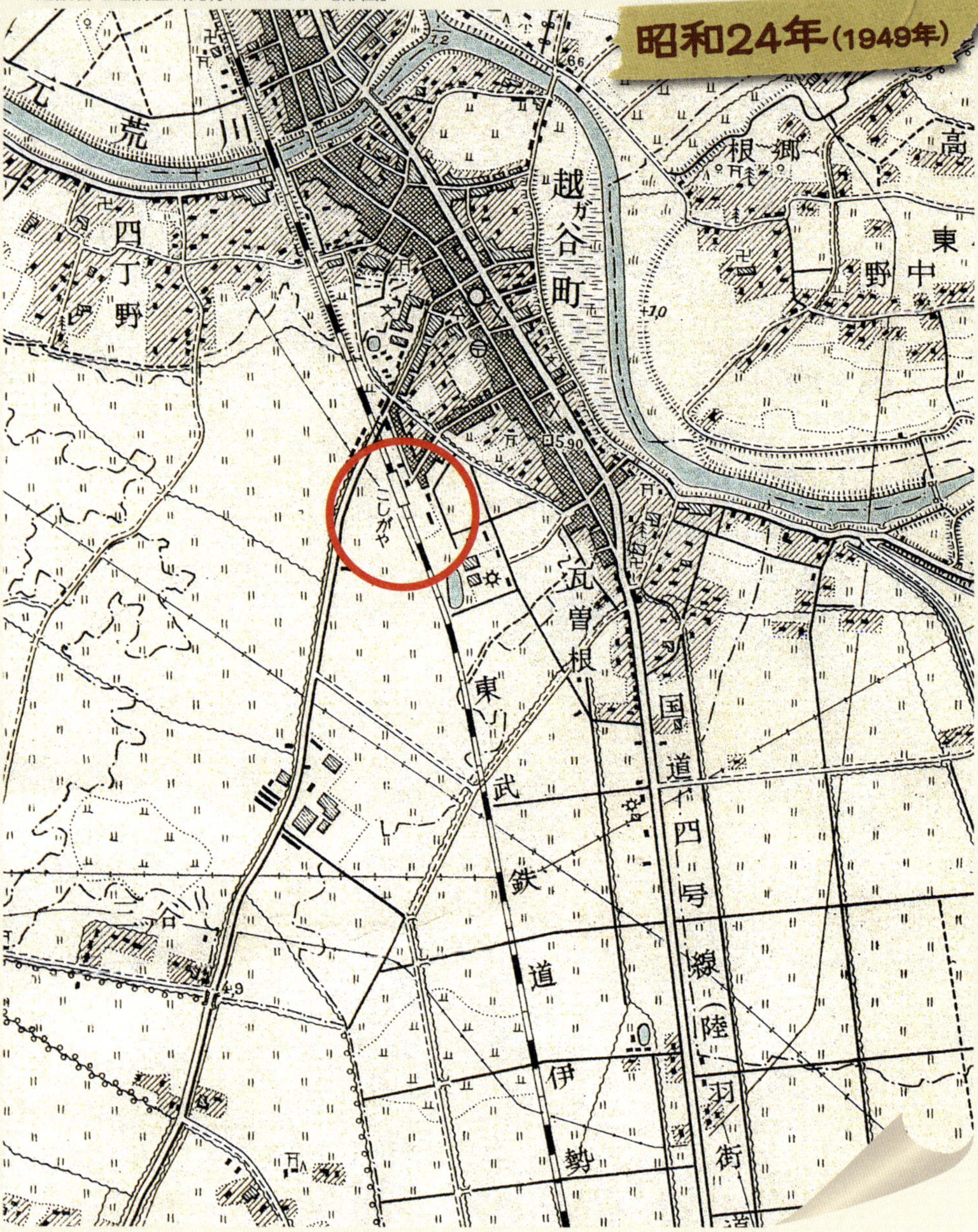

まだ「越ヶ谷町」の時代だ。昭和29（1954）年11月3日、越ヶ谷町・大沢町・新方村・桜井村・大袋村・荻島村・出羽村・蒲生村・大相模村・増林村の2町8村が合併し、越谷町となったとき、合併前の越ヶ谷町と区別するため越谷町となった。人口は4万5000人ほどであった。市制施行は昭和33（1958）年だが、人口は4万8千人台。1950年代はまだまだ農村都市だったことが、人口からもうかがえる。

越谷だるま

越谷はだるまの産地である。

越谷のだるまづくりは江戸中期に始まったとも言われる。現在、越谷だるまの生産量は年間40万個。川崎大師や柴又帝釈天など関東一円をはじめに、北海道から九州まで広く出荷されている。

昭和59年には「越谷張子だるま」として、埼玉県の伝統的手工芸品に指定された。

越谷だるまは、他の産地のだるまに比べて、色が白く、鼻がやや高い顔立ちが特徴。生産地である越谷近辺が、主な出荷先であった江戸からの距離が近く、輸送の際に鼻を高くしても破損することがなかったからだろうと推測されている。

越谷の特徴はもう一つ、赤ばかりでなくカラフルであることだ。越谷五色だるまと呼ばれる色とりどりのだるまは縁起物として、一般的な赤いだるまをはじめ、紅白だるまや五色だるま（紫、白、赤、黄、緑）などが作られている。

江戸時代の幕末から明治期にかけて、青・黄・赤・白・黒（のちに紫）の塗料を使った小さな豆だるま五体を一組として生産しはじめたのが「五色だるま」の起こりという。現在では、これら五色に加えて、いろいろな色のだるまが製作されている。

道がある。日光街道の一本手前の道だ。越谷宿は舟運を利用する農産物の集散地であり、参勤交代と日光社参の宿場でもあったから、越谷宿は繁盛した。

越谷市は毎年、旧日光街道を表舞台に宿場祭りが催されている。3月の雛めぐり、5月の甲冑めぐり、11月の早かごレースなど季節ごとにその年の宿場祭りが行われるのが越谷の特徴となっている。雛人形や甲冑は越谷の伝統的工芸品（別項参照）で、早かごレースは市民が参加してタイムを競うイベントとなっている。

宿場祭りは概ね旧日光街道の越谷2丁目交叉点付近から元荒川に架かる大沢橋手前までがメインとなるが、越ヶ谷宿は大沢橋を渡った大沢町も宿場を構成していた

〈越ヶ谷は奥羽街道に沿うて南北に二十町も伸びた細長い町で、停車場は町の北端にある〉云々は、越谷駅開業前の大正8年に出版されたガイドブック『日がへりの旅・郊外探勝』だが、文中の停車場は往時の越ケ谷駅で、現在の北越谷駅だ。

越ヶ谷宿は江戸幕府の街道整備で奥州街道（宇都宮日光街道と重複）の宿場となったが、宿場機能が整ったのは四代家綱治世の承応年間（1652〜55）と伝わる。三代家光の時代に大沢村が下総国から武蔵国に編入されていたことから、大沢村は越ヶ谷宿を構成する助郷村となった。

明治時代に入って東武鉄道が開業するとき、駅の誘致に成功した大沢村が、知名度のある「越ヶ谷」にこだわり、駅

越谷の桐箪笥と桐箱

越谷市は、江戸箪笥の産地として江戸時代初期から知られたところ。

越谷市を含む埼玉県東部地区（越谷市、さいたま市岩槻区、春日部市）産の江戸箪笥は、新潟県の加茂桐箪笥に次いで全国2位の生産量があり、品質は全国一との評価も受けた。

近年では、生活様式の洋風化などに伴って桐箪笥離れが進み、市内の職人は減少したが、今もなお職人技術で木の選別、木取りから仕上げまでを一貫生産する個別生産方式で越谷の桐箪笥は作られている。

桐箪笥では「春日部桐箪笥」が国の伝統的工芸品の指定を受けているが、その産地の一つに越谷市が含まれている。

桐箪笥同様に、江戸時代から続いているのが越谷桐箱。

桐箱は蓋がスーッと収まっていくのに気密性に優れていることから、愛用者も多い。

優雅にして防湿性に富み、そして軽量という大きな特徴を持つ桐箱は、陶磁器・掛け軸用の箱をはじめ、茶筒や菓子皿等の小物など、桐材の特性や手作りの良さなどを生かした製品が作られている。

建設省国土地理院発行「1/25000地形図」

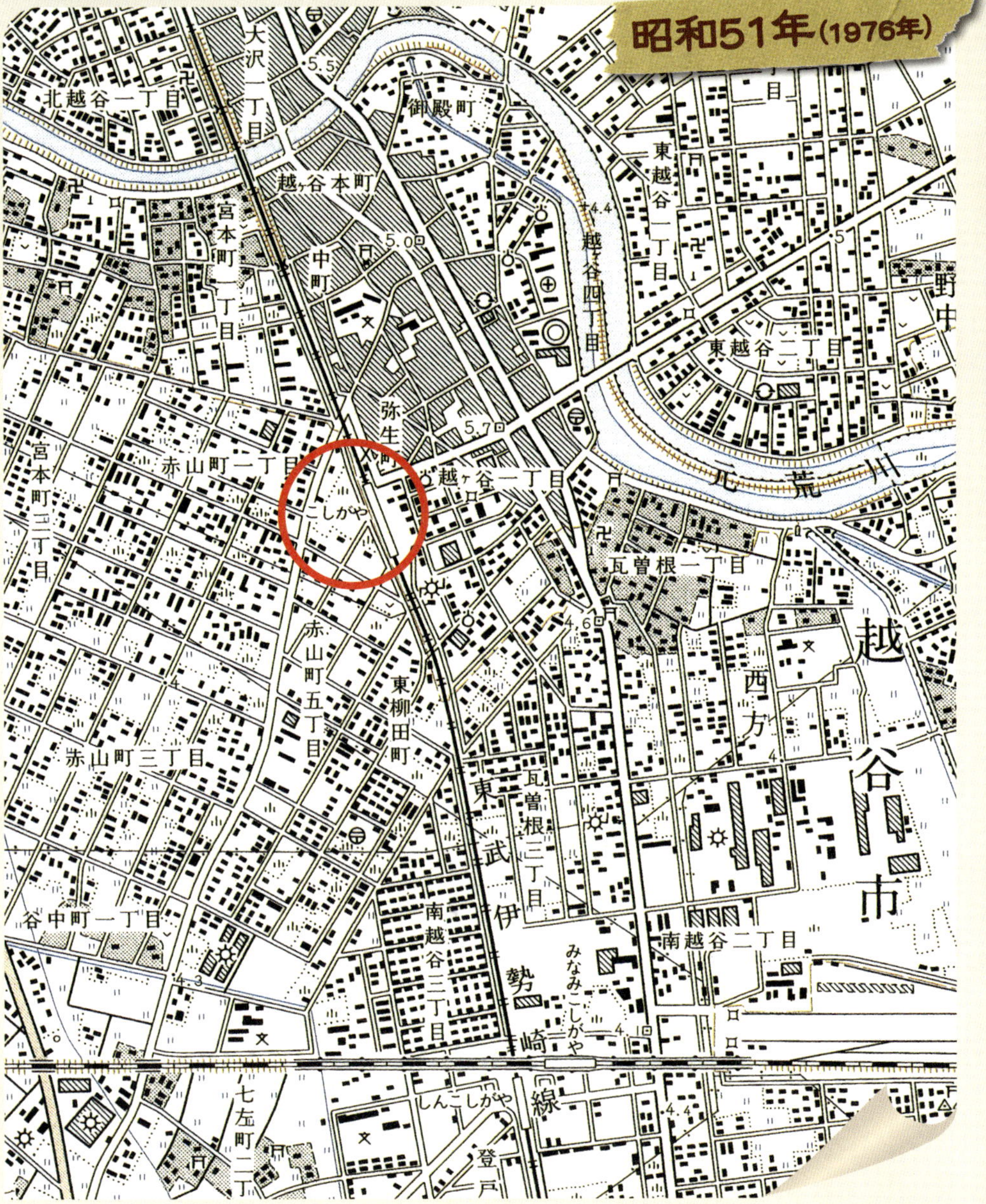

地図左隅を斜めにかすめているのは新国道4号（〈新越谷〉参照）。昭和30年代半ば頃から始まった車社会の到来で建設された新国道4号の開通で、越谷宿を貫いていた日光街道は旧日光街道と呼称されるようになる。越谷駅の北東、元荒川沿いに見える「御殿町」は家康や秀忠が鷹狩の際などに使った「越谷御殿」があったことから付けられた町名。御殿の建物に関する詳細は不明だが、その広さはおよそ現在の御殿町全域と推定されている。

名にすることを要求したのも十分に頷ける話なのである。

久伊豆神社の藤まつり

越谷は江戸時代から知られた藤の名所でもあった。

〈久伊豆神社境内の藤は実に数百年を経たる稀代の老樹にて千余坪の池辺に紫雲の如くして頗る美観なり〉云々と明治37年5月の東京朝日新聞が報じている久伊豆神社（越ヶ谷1700）では毎年、季節になると藤まつりが行われる。記事中にある池は今もある「神池」のことで、池畔には樹齢250年と推測される藤の巨木があり、満開時季には「五尺藤」と呼ばれる花すだれが1メートルにも及ぶ花房が藤棚一面に垂れ下がり、見事な景観を見せる。

久伊豆神社

久伊豆神社平安時代末の創建と伝わる古社。武蔵七党の時代から武家の崇敬を受けて栄え、徳川歴代将軍の保護も篤かった。

松やケヤキが茂る300メートルほどの石畳の参道が続き、入母屋造りの拝殿や流造の本殿が建つ。

陸軍参謀本部陸地測量部発行「1/25000地形図」

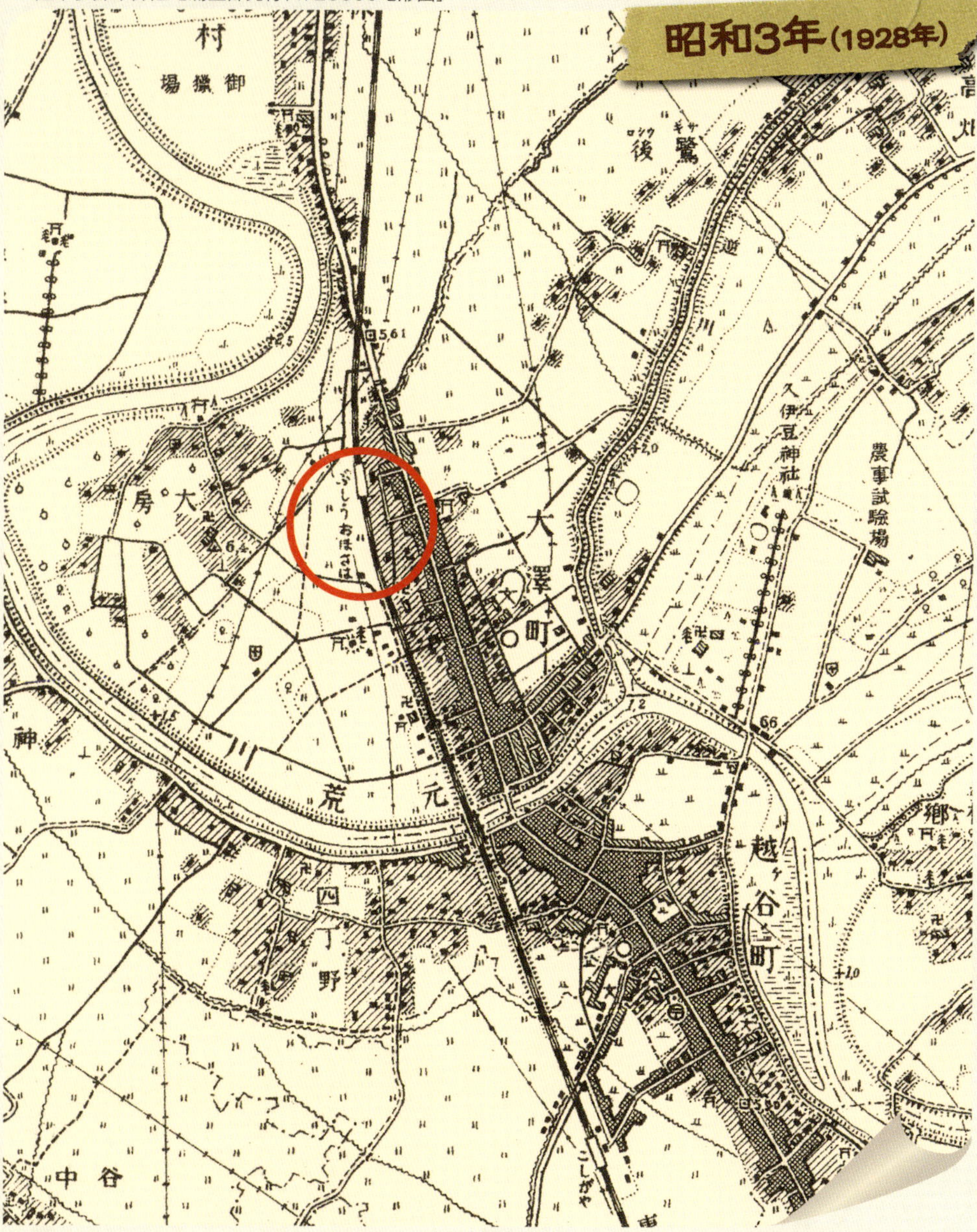

開業時の「越ケ谷駅」が武州大沢駅となって迎えた昭和の時代。地図上方に見える「御猟場」は現在の宮内庁埼玉鴨場。江戸時代、越谷には鷹場があったが、御猟場は明治41（1908）年に開設されている。越ケ谷駅が開業されており、鉄道によるアクセスもあったことなども大袋村に設けられた一因だった。御猟場の最寄り駅となった越ヶ谷駅には皇室来訪用の貴賓室が設けられていた時期があった。

伊勢崎線

北越谷

鮮やかに変貌した大沢町の百年

開業年	明治32（1899）年8月27日
所在地	埼玉県越谷市大沢3-4-23
駅構造	2面4線（高架駅）
キロ程	26.0km（浅草起点）
乗降客	53,828人

街を彩った三味の音

――大沢町は元荒川を隔てて越ヶ谷町に相接す。故に駅を越ヶ谷と称す。東武線の要駅にして旅客の乗降繁く、駅舎広壮にして構内広し。当駅にては手荷物一時預かり、大小貨物の配達を扱う。駅付近は農、商業殷盛にして貨物の集散多く、晩春の季節は有名なる桃藤の花に誘われて遠く曳杖の士を呑吐す。物産は米穀、白木綿。雛人形。野菜、果実、筵にして就中越ヶ谷米の名は人口に膾炙す――

明治44年刊『東武線案内』に於ける往時の越ケ谷駅、現在の北越谷駅があった大沢町の紹介だ。文中の「曳杖」は「足が向く」といった意味だ。

駅前からは吉川や松伏町（埼玉県北葛飾郡）方面への6人乗り乗合馬車や人力車も客を待ち構えていた。人力車の行く先には浦和や鳩ヶ谷、草加、大相模村などといった地名も見える。「桃林」への人力車賃は10銭だった。

北越谷のメインストリート、西口駅前

大沢町の東武劇場

大正14年元旦、元荒川に架かる大沢橋先の大沢1丁目に「越ヶ谷唯一の娯楽の殿堂」との触れ込みで東武劇場が開業。元旦の朝からちんどん屋が宣伝に街を練り歩いたとも。
市史によると東武劇場の株主に大沢町役場の演劇好き兵事掛がいたのも、劇場開館の要因らしい。
それから32年後の昭和32年8月、上映中の出火で全焼したことから閉館に至った。
東武劇場の規模は2階建て500人ほどの収容規模。開業当時は入口に下足番。通路を挟んで殿方席と婦人席に分かれていた。
戦前のことだから、花道の隣には警官が常駐。時局柄よろしくない出し物が出ると「おい、こら!」。当初は旅回りの一座に拠る芝居が売り物だった。
昭和7年には大沢の芸妓連が「越ヶ谷音頭」など踊りのショーもあったが、昭和12年から映画を上映するようになり、椅子席に変わった。

建設省地理調査所発行「1/25000地形図」

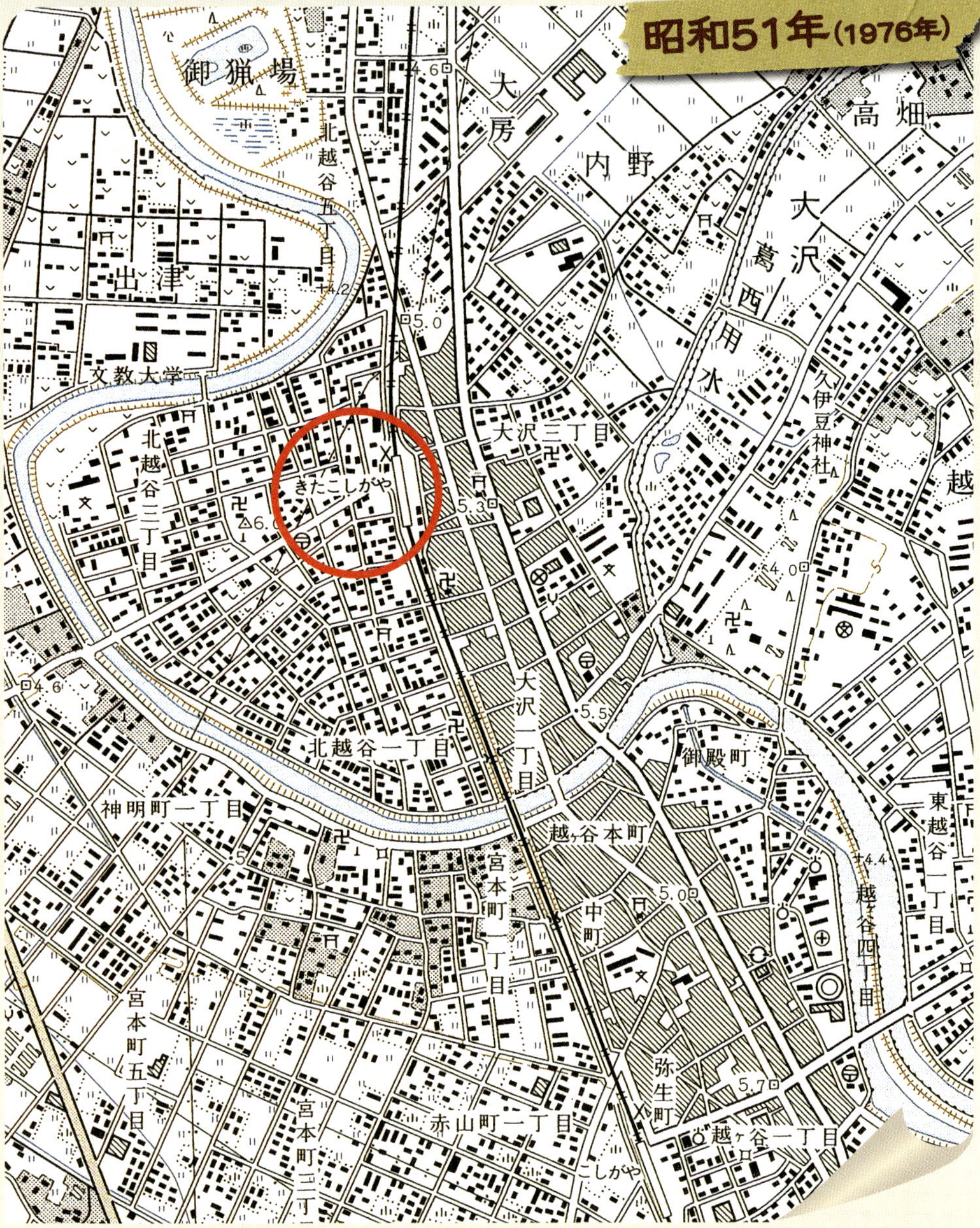

北越谷駅西口から出ている直線道路が、北越谷のメインストリート（下段写真参照）。途中に見える寺院記号は真言宗の古刹浄光寺。大正期から古梅園を運営していたと伝わる。境内では今も梅の古木が残る。昭和前期、高浜虚子が訪れた時に詠んだという「寒けれど　あのひとむれも　梅見客」という句碑が残っている。「文教大学」は昭和41（1966）年に立正女子大学として開学、昭和51年に文教大学と改称。翌年に男女共学化している。

「梅の名所の伝統」梅林公園

「武州越ヶ谷の梅林は古梅の名所として知らるるが本年も丁度見頃となりたれば浅草駅より汽車賃半減」云々と大正2年3月5日読売新聞も報じた歴史をつないでいるのが元荒川沿岸の越谷梅林公園（越谷市大林203-1）。白加賀、梅郷、紅梅、晩白加賀（おくしろかが）など40種300本の梅が植樹されている。毎年3月上旬には梅まつりが開催される。

大沢町には越ケ谷町にはなかった待合もあり、芸妓もいた。

明治43年6月の埼玉新報は「今度大沢町出羽家の御神灯の下から今晩はと現れたる新妓は、年は十八才、戸籍面には昔の二本差しの三女とあって本名は…」云々と大沢花柳界通信も載せている。

〈越谷〉の項で引用した『越ケ谷案内』は〈芸妓屋は大沢町にあり現在は三桝屋、分三桝、出羽家、宝来屋、新宝家、新叶の六軒あるが、芸妓の数は昨秋来大いに減じてわずか八人である〉云々。

越ケ谷駅が武州大沢（大正8年）、北越谷（昭和31年）と名称が代わっていくと、大沢の街も変わっていった。

陸軍参謀本部陸地測量部発行「1/25000地形図」

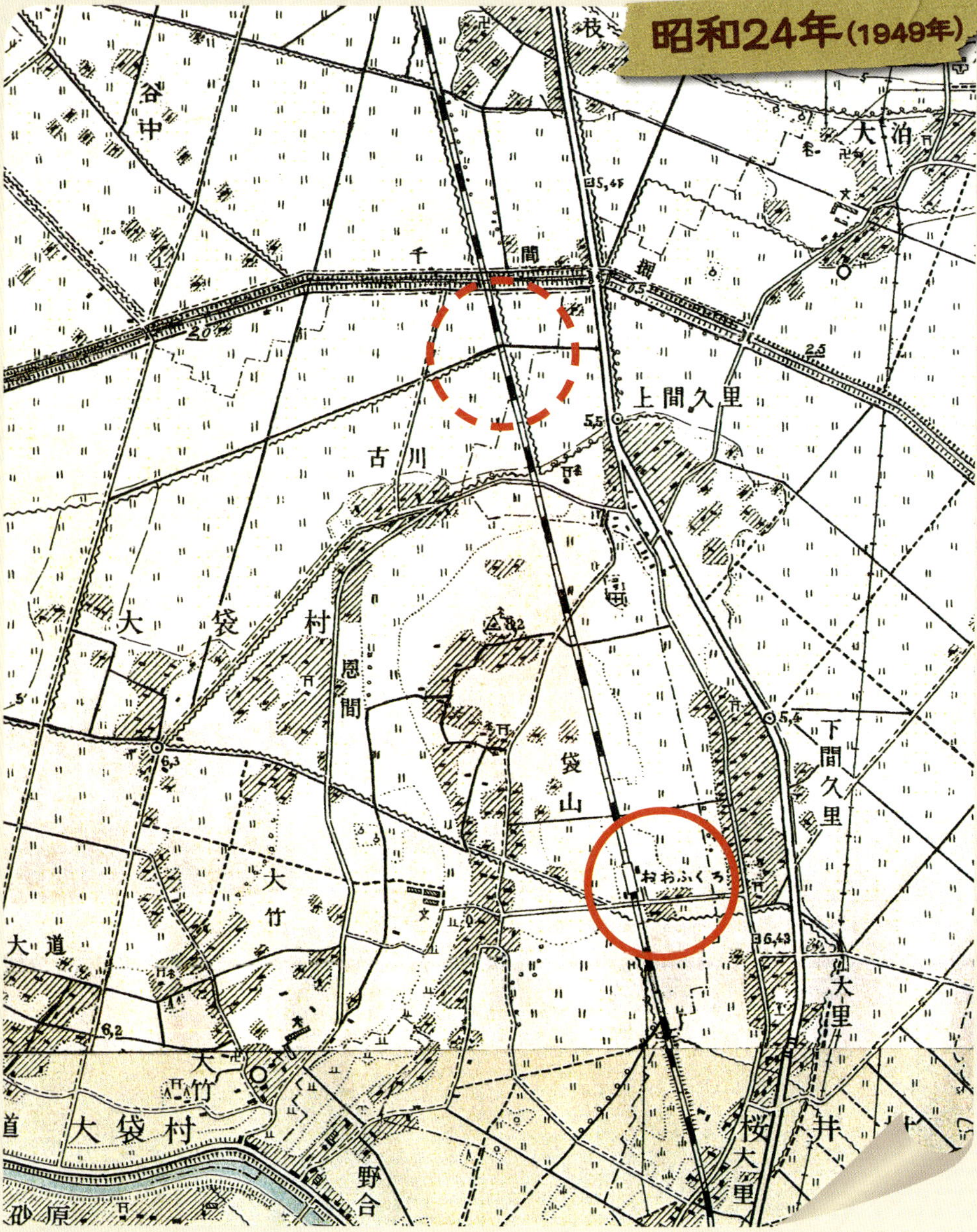

大袋の駅は開業が大正時代と古いだけあって、昭和50年代（1975～84年）に入ると駅周辺は宅地化が進んでいる（左ページ地図参照）。駅西口から地割がすんだ田園地帯にまで伸びている通りが下段テキストで触れているバス通りで、地図では田圃となっているところが西大袋団地地区など、平成に入ると住宅開発エリアとなる。駅南側で伊勢崎線と交差している幹線道路は国道4号線。

伊勢崎線

大袋、せんげん台

越谷市北部の拠点都市へ

大袋駅

開業年	大正15（1926）年10月1日
所在地	埼玉県越谷市袋山1200
駅構造	2面2線（地上駅）
キロ程	28.5㎞（浅草起点）
乗降客	18,424人

せんげん台駅

開業年	昭和42（1967）年4月15日
所在地	埼玉県越谷市千間台東1-62-1
駅構造	2面4線（地上駅）
キロ程	29・8㎞（浅草起点）
乗降客	59,513人

新たな街づくりが進行中

一方の大袋駅の開業は大正15（1926）年と古い。現在の所在地は越谷市大字袋山であるが、開業時は南埼玉郡大袋村だった。

越谷市は新旧両駅周辺を市北部の拠点都市とするべく、数年前から区画整理～都市基盤整備事業を進めており、すでに新しい住民も増えている。

大袋駅西口前からバス通りが西に向かって真っすぐ伸びている。このバス通りの先は元荒川であるが、大袋駅から1キロほど、せんげん台駅から1・5キロほどになるバス通り周辺の大竹、大道といった一帯が「西大袋団地地区」と称される住宅開発地になっている。団地とはいっても集合住宅ではなく、低層住宅地が形成されている。

大袋駅西口の街並み

せんげん台駅から1キロほど西の千間台西地区でも都市基盤整備事業が進められている。敷地の細分化の防止、建築物の用途や高さなどの制限を行い、緑化を推進し緑豊かでゆとりのあるまちづくりが現在進行形だ。

せんげん台駅の開業は、古い歴史を

大正15年は同潤会アパート元年

大袋駅が開業した大正15年は日本の集合住宅時代の先駆けとなった同潤会アパートが東京、横浜に登場した年となっている。

関東大震災後に設立された財団法人同潤会による同潤会アパートは、鉄筋コンクリートの本格的集合住宅としての、日本での初の試みであった。

同潤会アパートは鉄筋コンクリート造というだけでなく、当時の建築技術の粋を集めており外観、内部のデザインにも格別な注意が払われていた。

出入り口には防火扉を設ける一方、文化的生活を営むために各戸ごとに水洗トイレが設けられた。台所には流し台、ダストシュートが取り付けられ、押入れ、鏡付き洗面台、表札なども完備。

屋上には洗濯場と干し物用ロープが取り付けられており、入居者のコミュニケーションを図る工夫もされていた。

女性専用の同潤会アパートもあった。

同潤会の活動は昭和5年度に終了したが、代官山アドレスタワーや表参道ヒルズは同潤会アパート跡地に建ったものである。

建設省地理調査所発行「1/25000地形図」

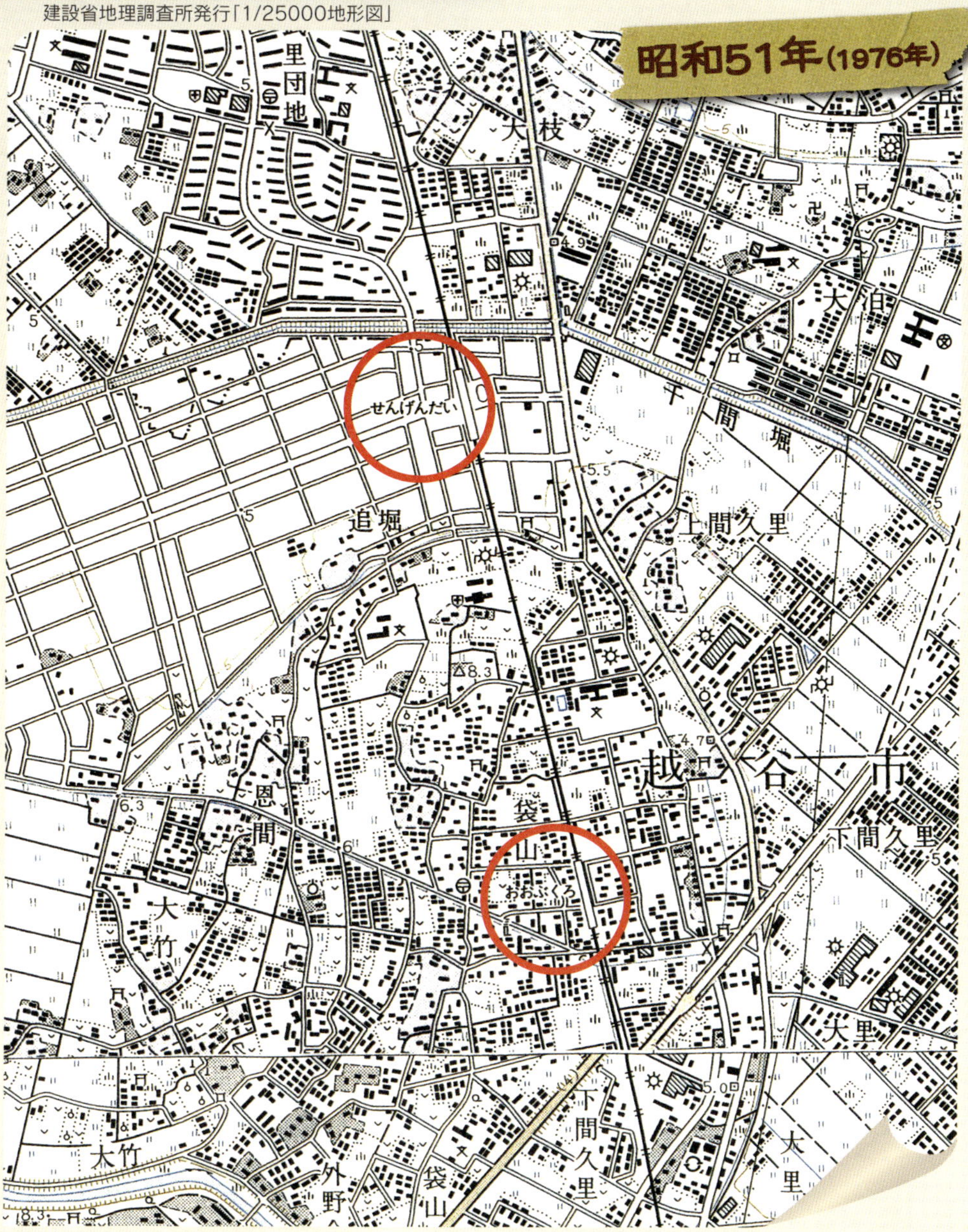

せんげん台駅は武里団地南エリアの利便性を図って昭和42（1967）年に開業された。もともと駅はなかったことから駅は地図でご覧のように田圃の中に設けられた。しかし、駅開業から10年近く経つと農地は区画整理され、宅地化を待つばかりとなっている。駅の北側に流れているのは新方川（にいがたがわ）。利根川水系中川支流の一級河川。もともと千間堀と呼ばれており、駅名もそこに因んでいる（右ページ地図参照）。

しらこばと水上公園

元荒川の対岸になる県営しらこばと水上公園（越谷市小曽川985）は、越谷市と岩槻市にまたがる平たんな田園地帯の中にある。付近に生息する県民の鳥「シラコバト」にちなんで命名された。開園は昭和54年。夏には「流水プール、スライダープール、もぐりプール、さざなみプール」など9つのプールが大人気だが、夏のプールのほかにも、ます釣り場、自転車広場、ミニチュアゴルフ、バッテリーカー等々、四季を通して、子供から大人まで楽しめる総合的なレクリエーション施設となっている。大袋駅西口からバスあり。

せんげん台駅前

持つ東武伊勢崎線では新しい方の部類に入る。昭和42年だ。高度成長期の真っ只中であったが、駅の周囲は田圃だらけだった。しかし、都心のベッドタウン化が進行していくと昭和61年には駅ビルが誕生した。駅と一体化した複合ビルで。2階と3階との中間に駅コンコースを設け、ビルの1階と3階には銀行とともに飲食、物販の店舗が入居。それぞれがゾーンを形成し、4階には音楽教室、美容室、医院などが入り、5階には学習塾が入った——この駅ビルの後身が現在の「トスカ」である。勿論、テナントは変わっているが。

陸軍参謀本部陸地測量部発行「1/25000地形図」

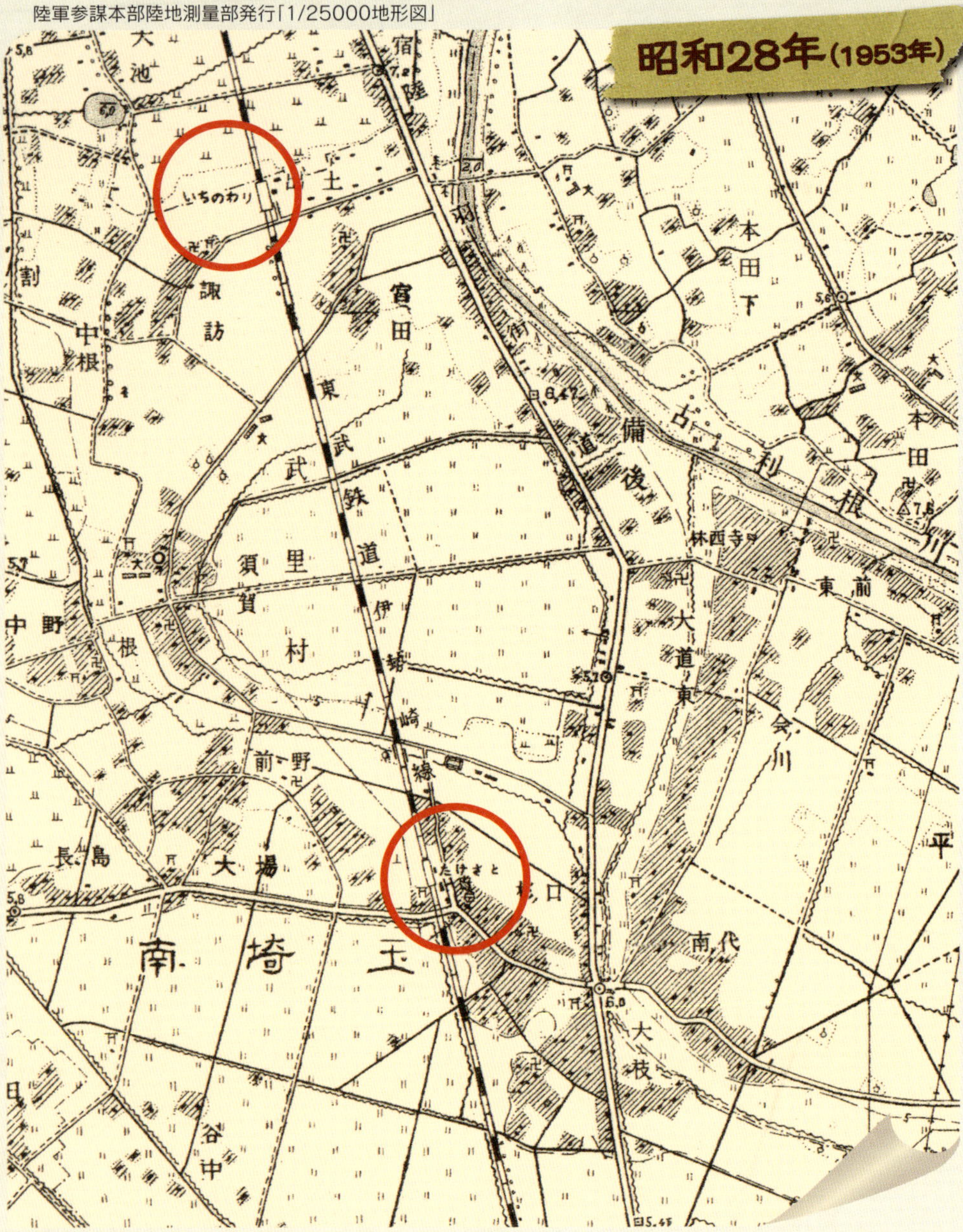

地図上から流れているのは古利根川、その西側で南北に縦断している幹線道路は日光街道。旧国道4号線である。武里、一ノ割両駅周辺は田畑が広がっているが高度成長期前は、このような沿線風景はこの両駅に限ったことではなく、〈北千住〉の項で触れているように、昭和37(1962)年に東武伊勢崎線と地下鉄日比谷線の相互直通運転が始まるまでは、越谷～春日部間の車窓はこのような風景であった。

伊勢崎線

武里、一ノ割

若く輝いた時代は過ぎ去りて…

武里駅

開業年	明治32(1899)年12月20日
所在地	埼玉県春日部市大場450
駅構造	2面2線(地上駅)
キロ程	31.1㎞(浅草起点)
乗降客	16,209人

一ノ割駅

開業年	大正15(1926)年10月1日
所在地	埼玉県春日部市一ノ割1-1-1
駅構造	2面2線(地上駅)
キロ程	33.0㎞(浅草起点)
乗降客	18,469人

マンモス団地の50年

東武伊勢崎線も、武里駅に入ると春日部市になる。春日部市には東武線の駅は4つあるが、乗降客数が突出しているのは春日部の7万3千人弱で、2位は一ノ割の1万8500人、3位武里1万6200人、4位の北春日部は1万人ちょっとだ。春日部駅の一極集中が目立つが、春日部市の人口も微減傾向が続いている(別項参照)。

武里駅前、雨模様の日の昼下がり

武里駅の西側に、草加の松原団地を凌ぐとも言われたマンモス団地が造成されたのは昭和38(1963)年。東京オリンピックの前年だった。以降、春日部市は高度経済成長を背景にした都市への人口集中現象の波を受け、昭和40年代から50年代前半には毎年1万人前後の人口が増え続けた時代は今や昔。人口の減少傾向と高齢化という春日部市が抱えている問題の象徴が、武里団地でもある。

武里駅周辺は現在でも市内有数の人

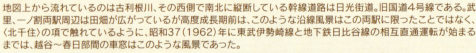

建設省地理調査所発行「1/25000地形図」

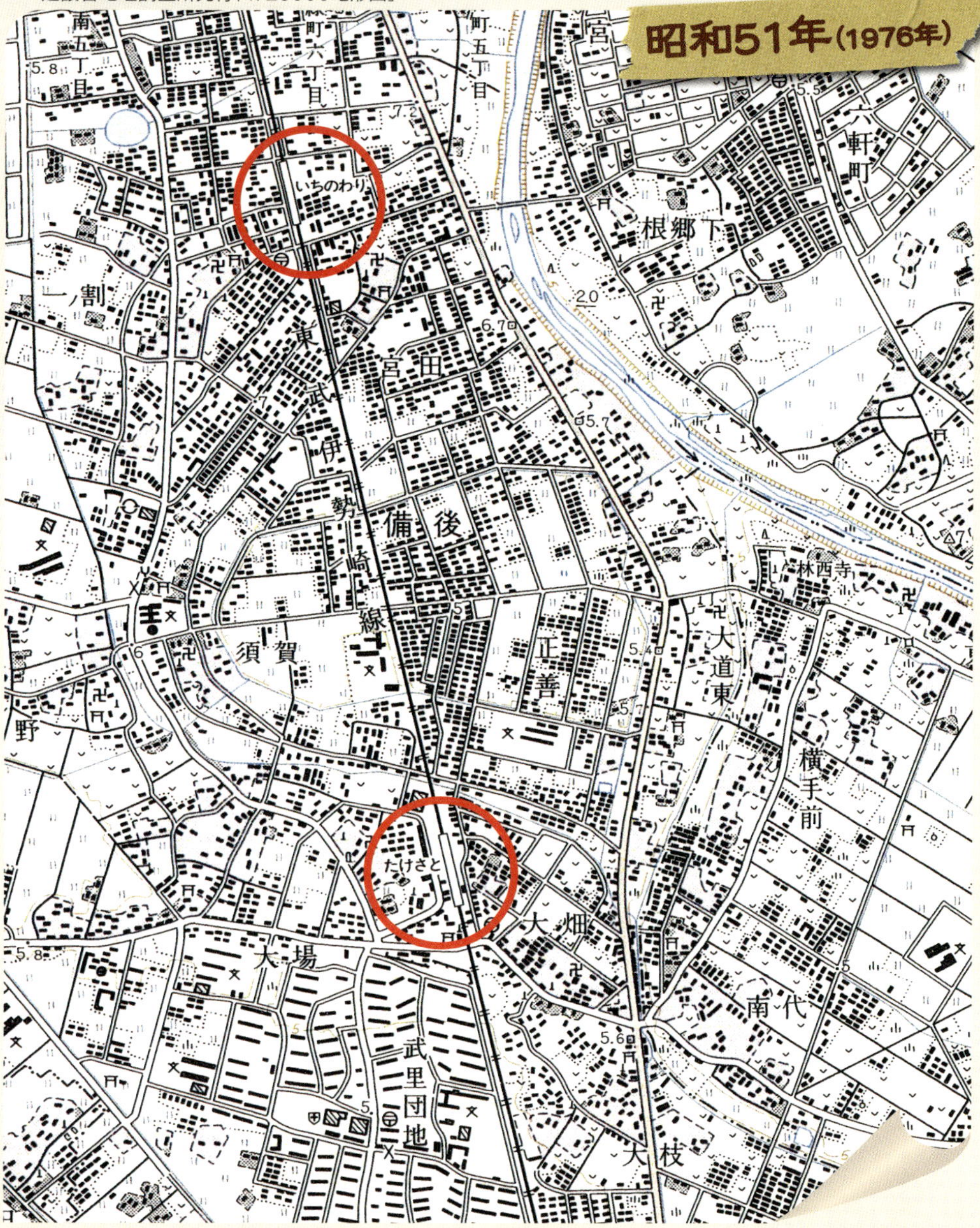

田園だったところに武里団地が誕生している（下段テキスト参照）。伊勢崎線の沿線風景も昭和40年代（1965～74年）に入ると急速に変わっていき、昭和50年代に入ると沿線の田畑一帯は見事なまでに宅地化している。二つの地図を見比べると日比谷線との直通運転――都心へ直接乗り入れるようなったことが東武伊勢崎線にとっていかに大きかったことが窺える。

春日部市の人口推移

春日部市の人口は平成30年4月1日現在で23万5372人。埼玉県下の都市人口ランキングでは草加市に次ぐ7位。

昭和29年の市制施行当時は5万人弱だったが、高度経済成長期の昭和40年から昭和50年代半ばにかけて急速に都市化が進展し、昭和50年代後半には20万人を超えた。平成12年には24万人台に乗ったが、平成17年に始めて前年比で人口減少を記録した。その後は前年比微減傾向となった。

藤塚香取神社

大落古利根川に架かる藤塚橋東側の藤塚香取神社（春日部市藤塚429）は天正年間（1573～62）に、下総国（千葉県）の香取神社総本社からこの地に勧請されたと伝わる。

参道には樹木が生い茂り、本殿は寛政年間（1789～1800）の造営と伝わる。

一ノ割駅のある地域は古くは下総国に属し、市野割村と呼ばれていた。一ノ割の駅名のルーツを物語っている。

口集積地となっている一方、武里団地は入居開始（昭和41年）から50年を経過。団地設備や住棟の老朽化、入居者の高齢化等を背景に、近年は人口減少が進展。総戸数6千戸のうち、現在の管理戸数は5300戸。高齢化率も4割を超える状況となっている。

越谷市は今後、UR都市機構が進めているリニューアルを促進し、若いファミリー層の入居を促し、人口バランスの良い活力のある団地を目指している。

高齢化社会が進行すると駅前の再整備も課題となる、春日部市は西口駅前広場のレイアウトを車中心から歩行者中心に見直すとともに、駅から武里団地の歩行者動線を強化し、武里駅周辺一帯の交流促進を図ることを目標にしている。

一ノ割駅前

一ノ割駅は、春日部駅に次いで駅利用者が多いであるものの、駅周辺の道路基盤が脆弱で、交通結節機能もないため、バス、タクシーの乗り入れや、送迎のためのスペースの確保が今後の課題となっている。

春日部市が抱えてる現実は、高齢化が進む日本の象徴でもあろう。

陸軍参謀本部陸地測量部発行「1/50000地形図」

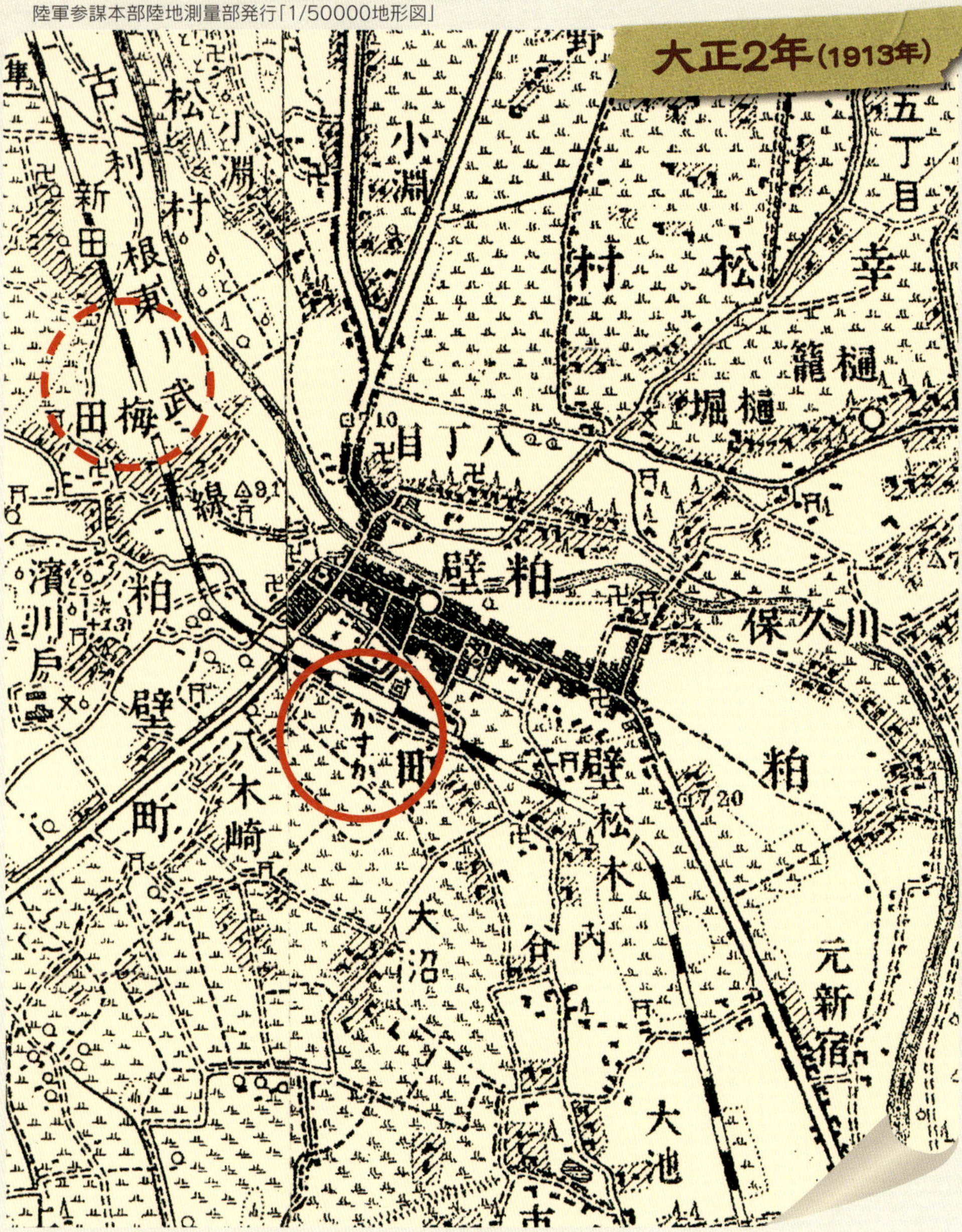

明治・大正から昭和前期の春日部は、明治22（1889）年に成立した粕壁町及び鉄道西側の内牧村・豊春村・武里村・豊野村、鉄道東側の幸松村の1町5村から成っていた。地形的にいえば元荒川と古利根川に囲まれた町村で、湿田等の土地改良も含めた耕地整理に立ち上がり、賛否対立する中でその事業に着手したのは明治42（1909）年であった（下段本文参照）

伊勢崎線

春日部、北春日部

発展の土台だった鉄道が街を分断

春日部駅

開業年	明治32（1899）年8月27日
所在地	埼玉県春日部市粕壁1-10-1
駅構造	3面5線（地上駅）
キロ程	35・3㎞（浅草起点）
乗降客	72,856人

北春日部駅

開業年	昭和41（1966）年9月1日
所在地	埼玉県春日部市梅田本町1-13-1
駅構造	1面5線（うち通過線2線）（地上駅）
キロ程	36.8㎞（浅草起点）
乗降客	10,461人

分断解消へ立ち上がる

「向こうの地下道か、あっちの踏切を渡るか、どっちかしかないんだよ」

そのどっちかの距離が目算で500メートル以上あるのだ。

春日部駅西口を降り、駅前を見やってから東口に行こうとしたら、駅付近で向こう側に行く道が見当たらない。地元の人らしき男性に尋ねたら苦笑いしながら教えてくれたのが、あっちとこっちであった。鉄道が街を分断してしまっているのだ。

東西一体化を訴える駅西口の横断幕

春日部駅付近には、東武伊勢崎線と東武野田線を合わせて10カ所の踏切がある。そのうち3箇所が「開かずの踏切」であり、そのうち車椅子やベビーカーが通行可能なのは、地元の人が「大踏切」と呼ぶ伊勢崎線第124号踏切だけだ。「開かずの踏切」の定義は最長踏切遮断時間が1時間当たり40分以上の踏切をいうが、124号踏切はピーク時には1時間あたり約56分も遮断器が降りたままの県内最長の開かずの踏切なのだ。

陸軍参謀本部陸地測量部発行「1/50000地形図」

粕壁宿

日本橋より9里2町（約36キロ）、江戸からほぼ一日の距離にあった粕壁宿は駅東側、現在の春日部大通りにあたる。宿場の入口は、現在の八坂神社（粕壁東4-1-18）あたりで、宿場街の終わりは現在の新町橋交叉点付近という。

農産物の市が開かれ、商業と交通の要衝で幕末期には45軒の旅籠があった。

八坂神社は粕壁の市神だが、平成22年に放火され社殿が焼失。翌年再建されている。

北春日部と梅田牛蒡

春日部の急発展に伴い、昭和41年に開業。駅郊外には春日部と名の付く地名は見当たらず、いかにもという駅名になっている。

駅が所在する梅田地区は牛蒡で知られたところ。

「梅田牛蒡」は、太いものでは直径10センチ、通常5～6センチという太い品種。芯が無く、煮炊きしても形が崩れず、硬くなくて味が良く浸みこみ軟らかに仕上がる高級品種だった。

今では幻の牛蒡となっている由。

北春日部駅西口には区画整理完成記念碑が…

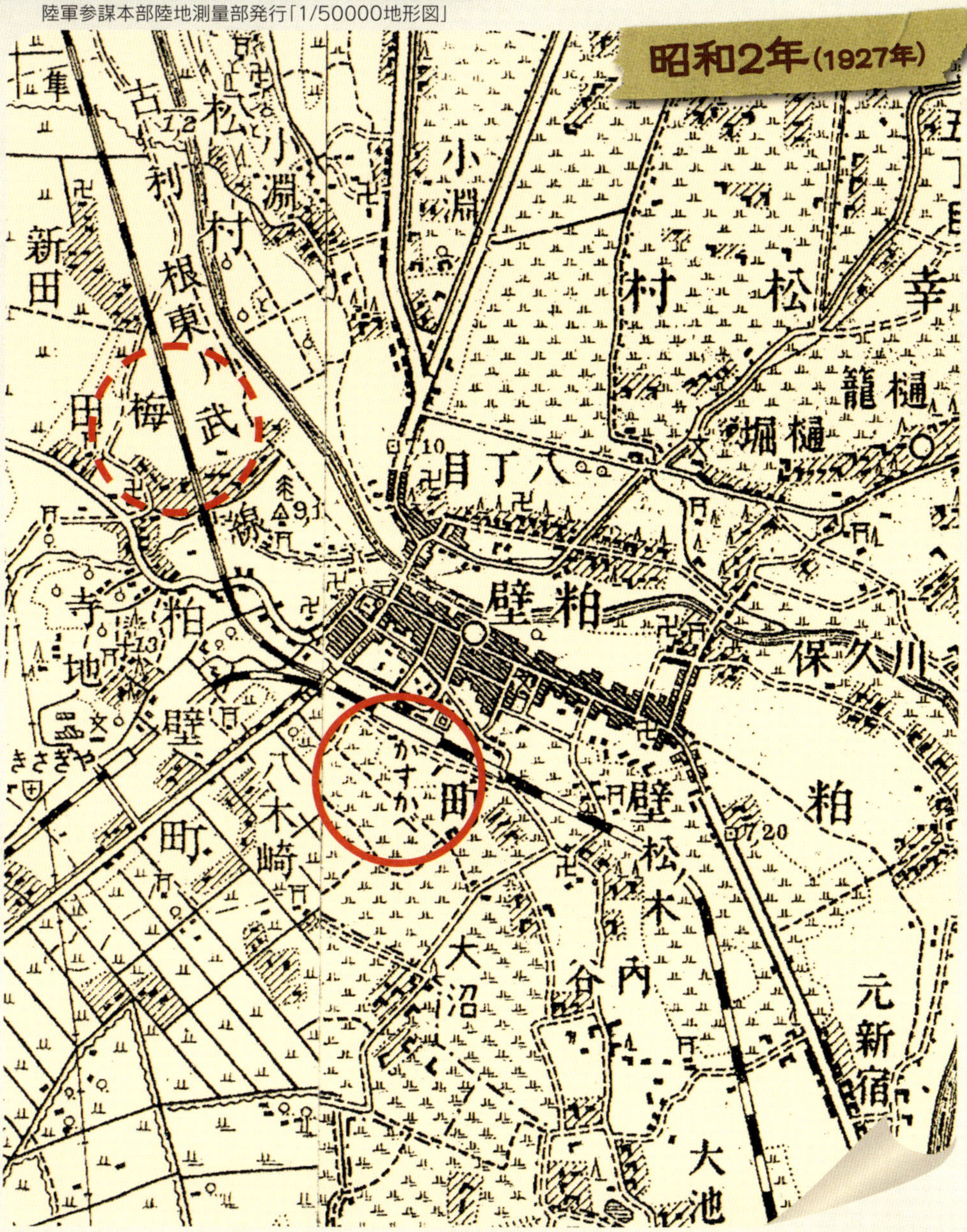

地図左から春日部駅に入っている鉄道は、粕壁～大宮間の乗合自動車（大正5年開業）を前進とする北総鉄道（現在の北総鉄道とは無関係）。昭和4（1929）の開業であった。この後、北総鉄道は総武鉄道（総武本線を開業させた明治22年設立の総武鉄道とは無関係）と改称し、千葉方面にも延伸。昭和19（1944）年、東武鉄道と合併して東武野田線となり、現在は東武アーバンパークラインの愛称がつけられている。

駅の橋上化では東西分断は解消できない。春日部市は現在、東武鉄道と鉄道高架化への方策を協議しているところだ。

国の特別記念物に

――越ヶ谷から二つ目が粕壁である。古利根の南岸に沿い、人口も一万以上を有する一寸した町である。牛島の藤へは駅から十六七町ある。町の東端から左へ折れて古利根を渡って、また右へ行けばよいので、兎に角わかりやすい道であった。

神社でも寺でもなく、それは此の村の旧家らしい農家の庭にあるのだが、珍しい老大木である。凡そ大きいと云って、一本の幹から出て伸びて展がった蔓が五十余坪の庭に一杯になっているのだから、一驚を喫せざるを得ないわけである。

房の長さも三尺から五尺に及ぶ。全く偉観だ。これだけは名所の評判倒れとは違う。

クレヨンしんちゃんの駅東口には横断幕は見当たらない

牛島から真っ直ぐな道を南へ十町ばかりで、藤塚の桃林に出る。此処の桃林は花ばかりでなく水蜜桃の本場として

建設省地理調査所発行「1/25000地形図」

昭和28年(1953年)

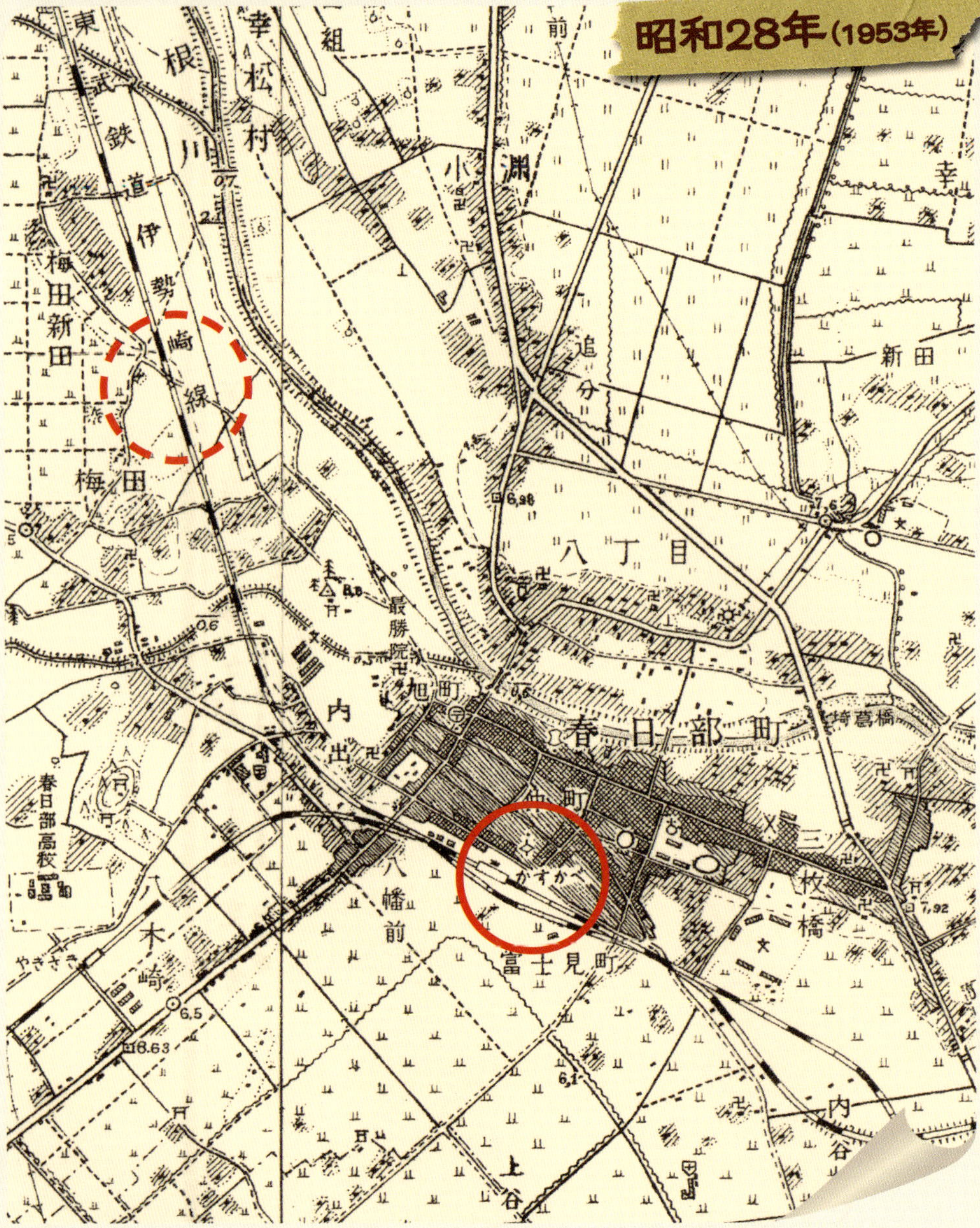

「粕壁町」から「春日部町」と表記が変わるのは昭和19(1944)年、内牧村と合併して春日部町としたときからである。その春日部町が市制に移行したのは昭和29年。地図はその頃の春日部市である。南埼玉郡春日部町と同郡豊春村、武里村、北葛飾郡幸松村と豊野村の1町4村が合併して春日部市となった。埼玉県内13番目、埼玉県東南部では初の市制施行だった。市制移行当時の人口は5万人弱だった。

春日部箪笥と参勤交代

「春日部の桐箪笥」は、日光東照宮の造営に関わった工匠たちが三代家光時代の寛永年間に粕壁宿に住み着き、参勤交代の供侍が持つ長持(衣装入れ)の注文を受け始めたことから、次第に発展。春日部の特産物となり、伝統産業になったという。

春日部の桐箪笥を広く世に知らしめたのは、大正10(1921)年、欧州大戦が終わった記念として上野で開催された平和博覧会で最優秀賞を受賞したのが契機となった。

春日部箪笥は総桐であるのが特徴。桐箪笥には、前桐(前面だけ)、三方桐(前面と側面)、四方桐(前後と側面)と総桐があるが、。総桐箪笥は最高級品となる。

押絵羽子板

羽二重の布を綿で膨らませ、それを配色よく統合して一つの作品にまとめた押絵羽子板は江戸時代は歌舞伎役者の似顔絵などで、婦女子の間で大流行した。

春日部での押絵羽子板の歴史は新しく、戦争中、東京から押絵作家が桐材の産地であった粕壁へ疎開してきたのがその起こりになっている。

現在では、羽子板と共に開店祝い額の歌舞伎押絵なども生産され、生産額でも全国一となっている。

知られている。――

今から100年も前になる大正8(1919)年に出版された『日がへりの旅:郊外探勝』(松川二郎著)の一節だ。この頃は浅草から春日部まで1時間、乗車賃は51銭とある。「粕壁」は春日部の旧表記だ。

「牛島の藤」は、明治~大正期の沿線ガイドブックや名所案内には必ず所載され、「牛島の藤は日本一の称あり」といった表現も少なくない。

震災や戦災、戦後の野放図な都市開発等々の荒波でこうした名所は姿を消したものも少なくないが、春日部の「牛島の藤」は往時より更に艶かしく樹齢を重ねている。中でも樹齢1200年余りの藤の木は国の特別記念物に指定されている。

「牛島の藤」が残されているのは和風庭園「藤花園」(春日部市牛島786)。樹齢500年余の松もある春日部市の景勝地だ。現在、最寄り駅は東武野田線の「藤の牛島駅」になっているが、往時は粕壁駅前から人力車や乗合馬車があった。大正15年刊の『東京近郊電車案内』によれば、〈牛島の藤まで十五丁。人力車賃四十銭。馬車二十銭。自動車三十銭〉とある。

春日部市はまた、文中に出てきた「粕壁」「牛島」「藤塚」といった昔からの地区名が多く残されている街でもある。

粕壁の大規模耕地整理

春日部駅周辺には「粕壁」「牛島」「藤塚」の他にも「八丁目」「小渕」「椚」「金崎」「上柳」「下柳」等々の地名が見える。

粕壁町営電気事業

粕壁の街に電灯の明かりが灯ったのは大正4(1915)年だった。この時代の世界を鳥瞰すれば、欧州戦争の時代だ。

粕壁町が、町営で電灯会社をやろうと決議したのは大正元年。当時、電気事業を公営とした市町村は県内にはなかったことから、他県の電気事業経営の実情調査に動く。関東地方では、東京市と栃木県の足尾町、神奈川県の秦野町が公営だったが、町の規模も似通っている足尾町と秦野町を参考にした。

資材の購入も自ら東京深川の木場へ出張し、購入契約も一括購入によらなければ取引ができず、また配電線も同様一括購入方式等々のため、設立当初は苦労の連続。

電力は利根発電株式会社と受給契約を結び、町内の畑の中に変電所を設置した。

大正4年1月に配電設備工事が落成し、仮使用が逓信省より許可されて粕壁地内に初めての電灯が輝いた。

管理状況も良好で、役場、学校等の公共施設と保安灯はすべて無料。需要家の灯数設備の敷設等は無制限に応じた。

順調な成長を続けていた町営電気事業も、太平洋戦争が始まり、配電統制令が公布されると、昭和17年に関東配電株式会社(現在の東京電力の前身)に強制的に買収されることとなり、粕壁の町営電気事業も幕を閉じたのであった。

建設省国土地理院発行「1/25000地形図」

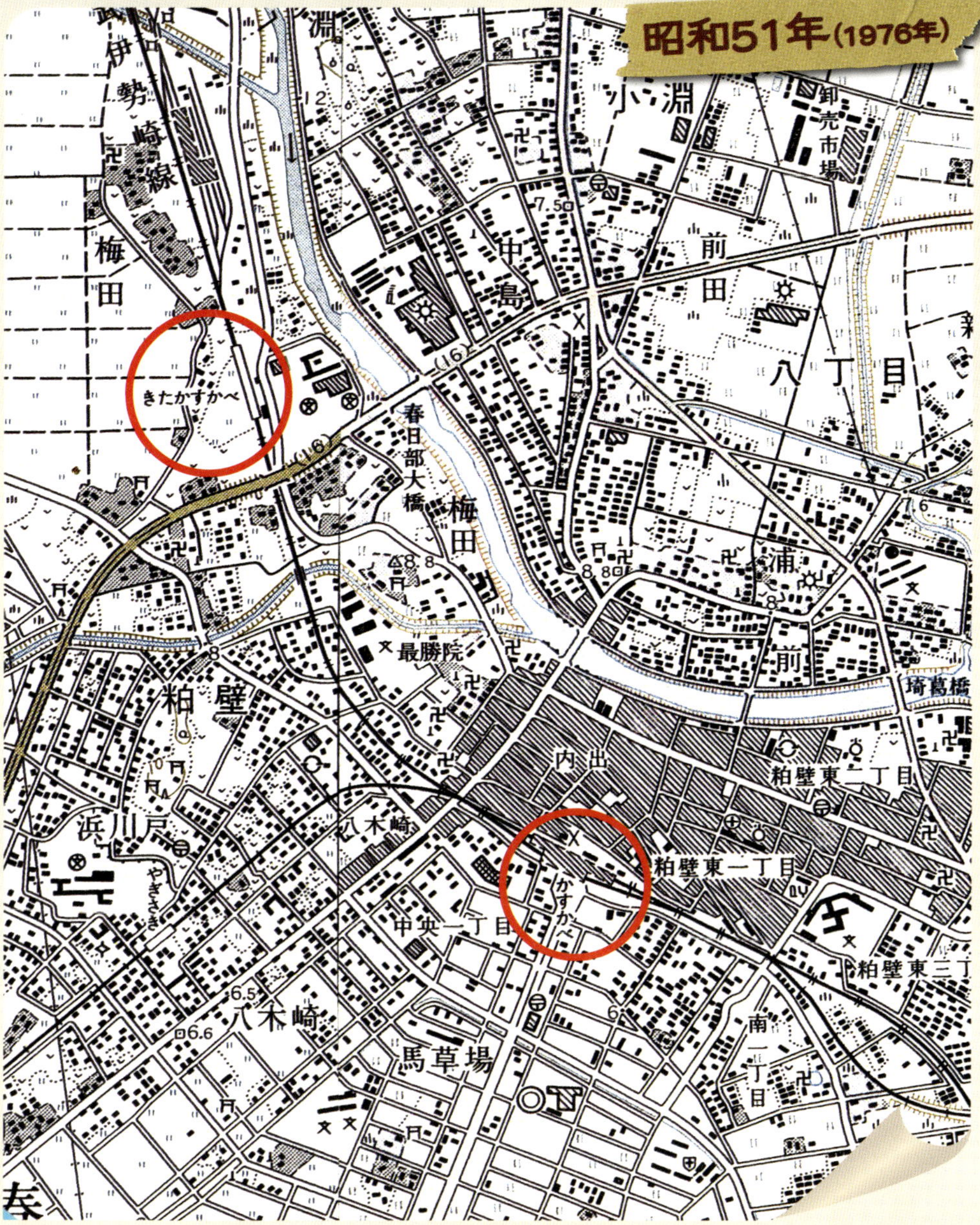

北春日部駅西側に「梅田」が見える。別項で採り上げている「梅田ごぼう」の産地だったところだ。春日部市は昭和29(1954)年の市制施行当時の人口は5万人弱だったが、高度経済成長期の昭和40年から昭和55年頃にかけての10年間に急速に発展。昭和50年代後半には20万人を超えた。かくて梅田のごぼう畑も宅地化されて、駅西口には「区画整理完成記念碑」が立つことになった。

これらは皆、村名だったものが今も地名として生きている。こうした旧地名を残しながら春日部市には、明治から大正にかけて新聞のニュースにもなった大規模な耕地整理事業を成し遂げた歴史もある。

「粕壁町を中心とせる二町六ヶ村の住民は其の土地の耕地整理に関して予て賛成、反対の二派に分かれて紛争を極め、反対派が農商務省に陳情」(要約)と明治42年4月、読売新聞にも報じられたのが「新方領耕地整理事業」と呼ばれるものだ。

この耕地整理事業騒動のそもそもは、粕壁町や新方村が耕地整理を計画して明治40年6月、県にその出願をしたのが契機となった。耕地整理を企図したエリアは一部越谷市や岩槻市にも及んでいた。耕地整理推進派は法人格を持つ整理組合を結成した。しかし、耕地整理には減歩が伴う。利害打算が錯綜する。反対派は上京して陳情行動を企図したが、途中で発覚、実力行動は失敗に終わっている。

整理組合は法的手続きを整えると明治42(1909)年10月から事業に着手。大規模な耕地整理事業が完成したのは大正5(1916)年だった。

耕地整理事業で湿田が解消され二毛作も可能となり、また田圃の畦道も区画道路なって整備されることとなった。

鉄道開通で明日を見ての区画整理は、その後の春日部の発展に大きかった。しかし、発展した後に、鉄道が街を分断し、さらなる発展へ障害となる日が来るとは誰一人思わなかった。

建設省地理調査所発行「1/25000地形図」

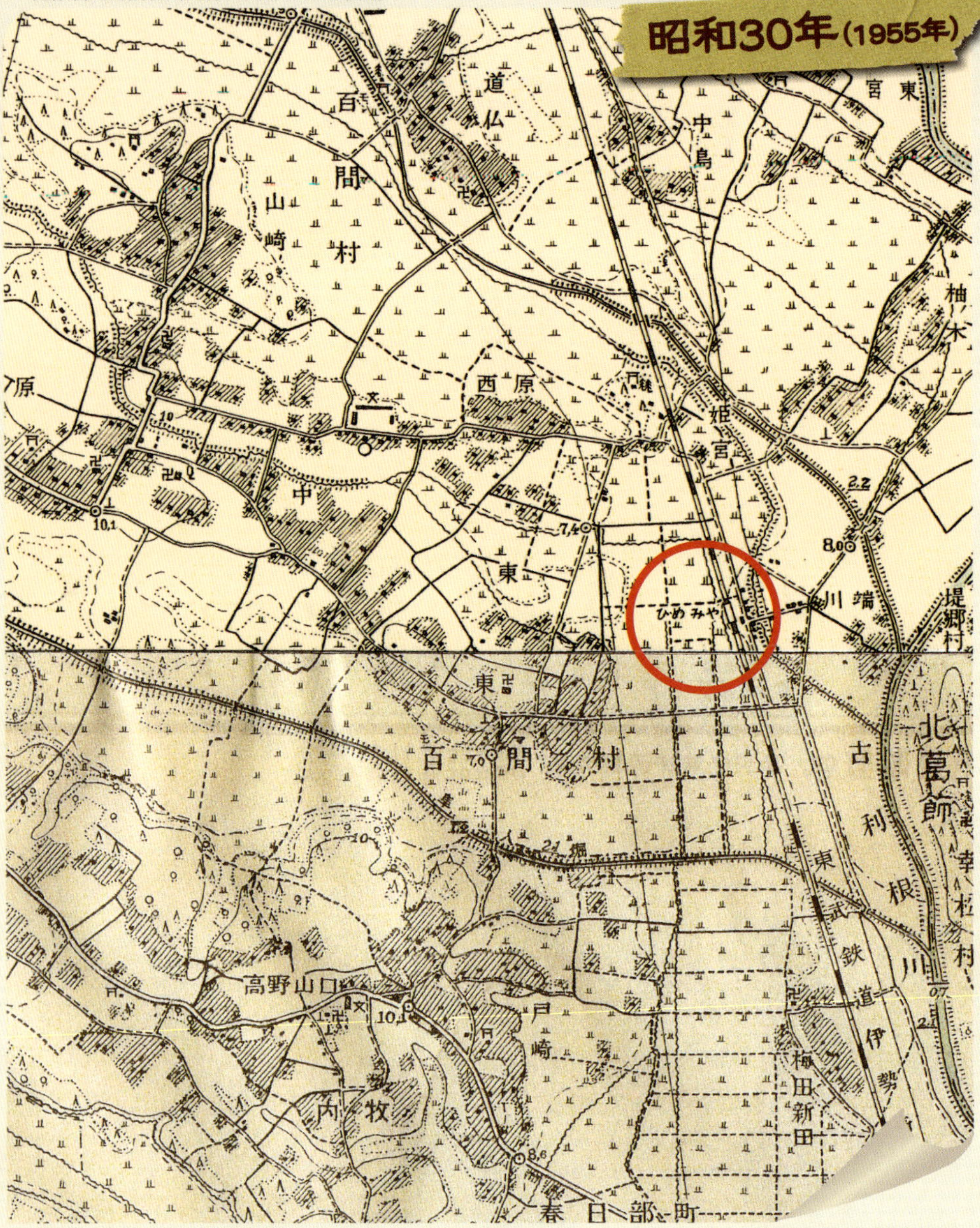

宮代町が沿線開発とは無縁の純農村地帯だった時代の地図だ。地図右側に見える「古利根川」は、かつては利根川本流だった。文禄3（1594）年の改修で分流となり、下流部は中川の流路となった。西側からこの古利根川に合流してくるのは隼人堀川。東北本線の駅がある起点の白岡町から古利根川に合流するまで、野通川、見沼代用水、下星川と3つもの河川を伏せ越して（川の下を横断すること）流れるちょっと変わった川である。

伊勢崎線

姫宮

「農」のあるまちづくりに歩む宮代町

開業年	昭和2（1927）年9月1日
所在地	埼玉県南埼玉郡宮代町川端1-1-1
駅構造	2面2線（地上駅）
キロ程	38.4km（浅草起点）
乗降客	5,467人

昭和50年代に都市化の洗礼

美しい駅名であり、駅もまた佳人を思わせるデザインである（写真参照）。その昔、桓武天皇の血を引く宮目姫が当地訪れた。紅葉の風雅を愛でているうち、秋の風に病をもらい、亡くなった云々の伝承がある。佳人薄命、若くして亡くなった美しき姫の菩提を回向するために天長5（828）年、祠が建てられた。その祠が昭和2年に開業した駅名の由来ともなった姫宮神社（別項参照）の起こりとなっている。

駅もまた佳人を思わせる佇まい

姫宮駅のある南埼玉郡宮代町の人口は平成30年4月現在で3万4千人となっている。江戸時代は旗本の知行地であった宮代の街は関東平野の純農村地帯として歩んできたが、急激な変化を起こすのは昭和50年代からだ。宮代台団地、学園台団地、姫宮北団地、同南団地等々の大規模な団地が造成されたこともあって、昭和50年代末には人口3万人を突破している。もっとも、団地

建設省国土地理院発行「1/25000地形図」

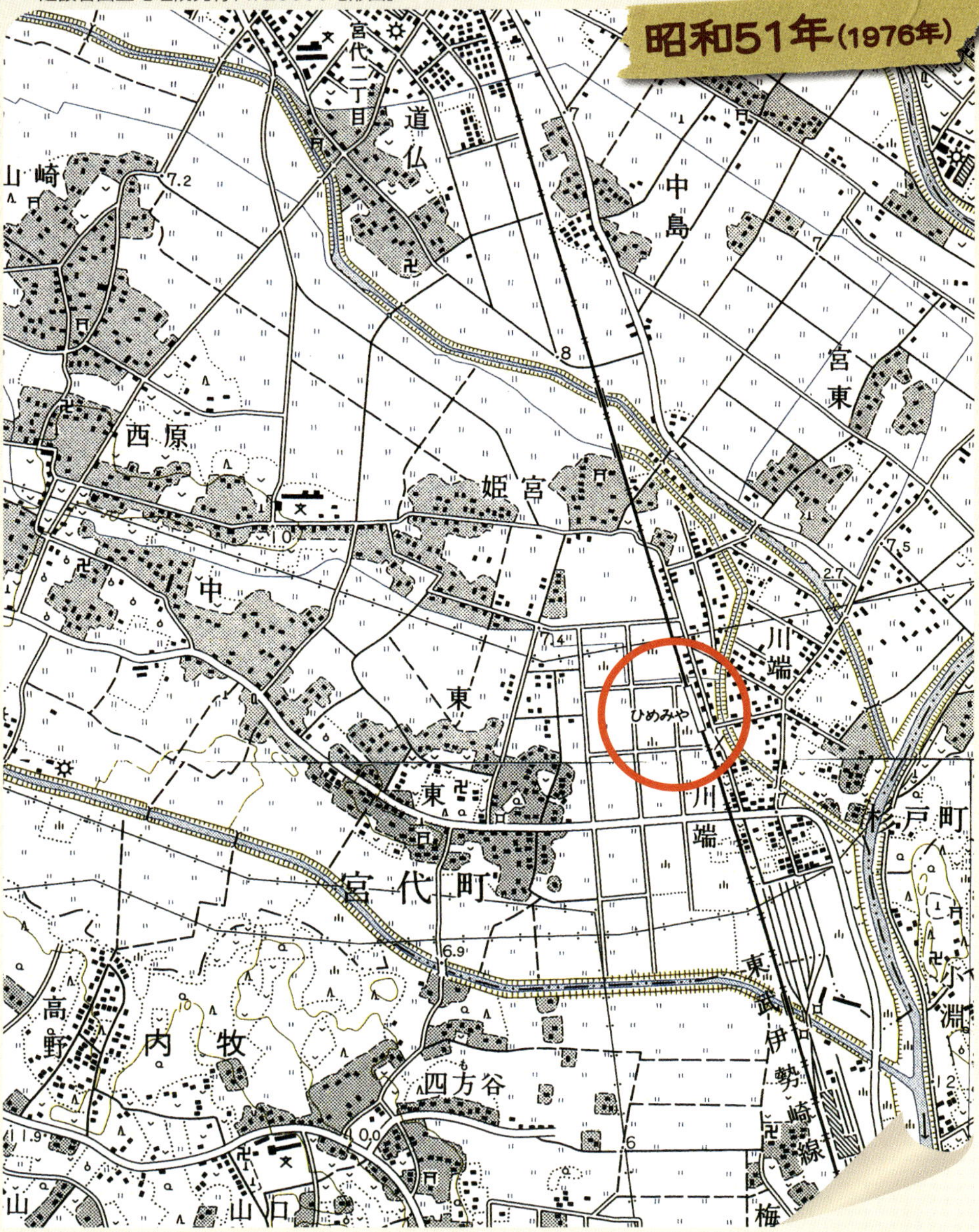

右ページから20年。市街地化が進んでいる。姫宮駅西口駅前から広がる農地は区画整理され、開発を待つばかりの状況だが、この一帯に姫宮住宅団地がまもなく誕生する。マンションタイプの住宅団地ではなく、戸建住宅を主体とした宅地開発だった。下段本文で触れているが、宮代町に大規模な住宅団地が生まれていくのはこの地図年以降のことだ。地図下部を東西に流れているのは隼人堀川で、春日部市との境界になっている。

五社神社と西光院

縄文時代から平安～鎌倉時代の足跡も見られる古い歴史を持つ宮代町には往時の建造物が残る古刹古社も少なくない。

姫宮駅から徒歩10分ほどの五社神社（宮代町東90）もその一つ（写真参照）。本殿は桃山期の文禄慶長年間（1592～1614）の建築と推定され、五間社流造。平野部での同建築は珍しく、埼玉県指定文化財にされている。五社神社の名前は、熊野三社（熊野坐神社、熊野速玉神社、熊野那智神社）、白山神社、山王神社の五社を祀ったことに由来する。

五社神社と道を挟んで相対している西光院（宮代町東410）は真言宗智山派の寺で、山号は百間山光福寺。過去の火災で詳細は不明だが、奈良時代の僧行基の草創であると伝えられている。

本尊である阿弥陀如来像は観音像及び勢至菩薩像の両脇侍からなる三尊像で、平安時代末の作とされる。阿弥陀如来像は国の重要文化財に指定されている。

中世には岩槻城主太田氏の祈願所だったと言われる。

江戸時代が残る姫宮神社

姫宮駅から歩いて10分ほどの姫宮神社（宮代町姫宮373）の本殿は江戸中期の正徳5（1715）年造営という。拝殿には文久3（1861）年の銘が記されていることから、本殿より後世に建てられたことが推測される。拝殿には伊勢参りなど江戸時代の絵馬が散見される。境内には正徳5年の力石2個、享保4（1719）年の手水、天保12（1841）年の狛犬等がある。

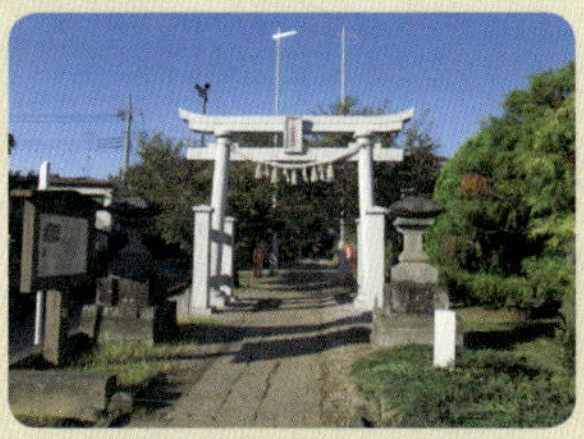

といっても戸建て住宅団地が主体だ。昭和30年に南埼玉郡百間村と須賀村が合併し、宮代町となった当時の約1万人と比べると、現在の人口は3・4倍になっている。

宮代町はしかし、近年はまちづくりの方針を転換。「農業」を宮代町の地域資源として捉え、環境、福祉、教育、産業など様々なまちづくりに生かしていこうという〈「農」のあるまちづくり〉を基本に置いている。

宮代町が第4次総合計画で推進している「明日の農業担い手支援事業」では新規就農者の育成事業も含まれており、2019年度までに「5人確保」の目標も達成できる見通しとなっている。

宮代町には豊かな里山も展がる。様々な生き物と人間が共生していた里山はかつて日本のどこでも見られたが、今は貴重な自然遺産でもある。

宮代町からは「温故知新」という言葉を思い浮かべるのである。

伊勢崎線

東武動物公園

宮代町と杉戸町の駅として

陸軍参謀本部陸地測量部発行「1/50000地形図」

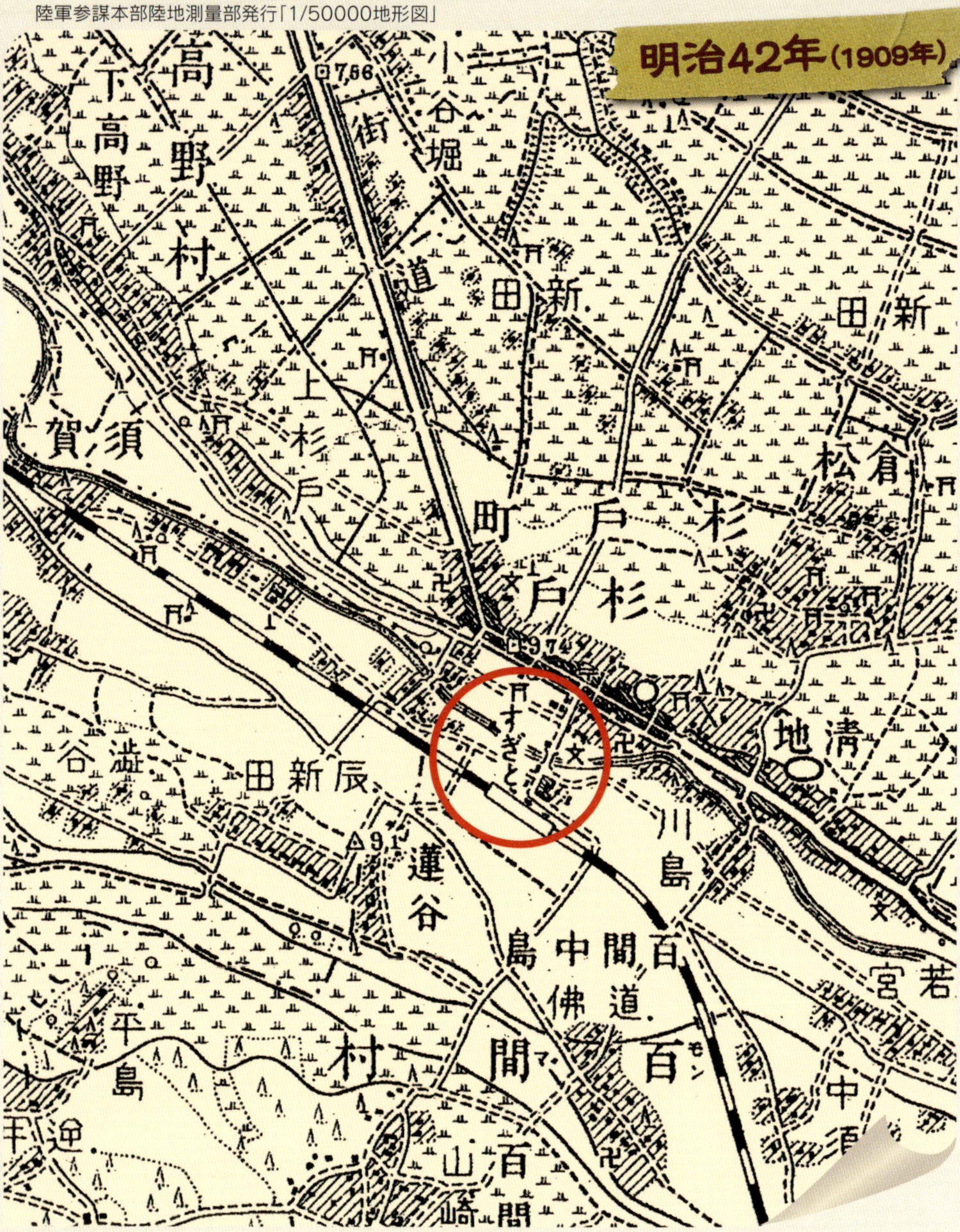

明治から昭和戦前は、漢字にルビが振ってあった時代だが、「百間村」には「モンマ」とある。明治時代は地図にも読みにくい漢字にはルビを振ってあった。杉戸駅（現・東武動物公園駅）の開業から10年ほど経った時代、このころはまだ地方には電灯の明かりは灯っておらず、ロウソクと灯油ランプの時代。杉戸宿の往来を始めに夜の帳が下りるときっと真っ暗だっただろう。

開業年	明治32（1899）年8月27日
所在地	埼玉県南埼玉郡宮代町百間2-3-24
駅構造	2面4線（地上駅）
キロ程	41・0㎞（浅草起点）
乗降客	32,463人

杉戸駅だった時代

〈東武鉄道は去る二十七日より開業せしが、初日は沿道の人々、待ちに待ちたる開業を喜びて各駅共人出多く、本日中乗車賃金半減の事なれば、一駅間を乗るには2銭或いは3銭にて乗り得らると、用なき人まで乗り試しをなして随分の雑踏をなし、千住、久喜とも乗降人員一千五六百人もありたり。一昨日は陰暦盆の廿三日にて杉戸駅より十丁余を距たる高野村永福寺（別項参照）の大施餓鬼会に相当し、今年は鉄道開通に際したれば参詣者例年に数倍し、杉戸駅に降車したる人員のみにても一万人以上に出たる有様なれば久喜、杉戸、粕壁、越ヶ谷等の各駅に備えある乗車切符はいずれも午前中に売り切れんとする有様なりければ、駅員は大いに狼狽し、急電を東京本社に発して切符を取り寄せ、辛うじて無事なるを得たり〉云々と、東武鉄道開業当初の沿線模様の一端を切り取って報じているのは明治32年8月30日東京日日新聞だ。

伊勢崎線と日光線の2路線が乗り入れている東武動物公園駅は昭和56年に杉戸駅から改称している。駅開業地が現在の宮代町になる百間村での駅開業を「杉戸」としたのは、隣接する杉戸が奥羽街道（日光街道）の宿場時代から地域の中心地であったからだ。また、東武日光線に昭和61年杉戸高野台駅が開業するまでは、この駅が杉戸町の中心的機能を果たしていた

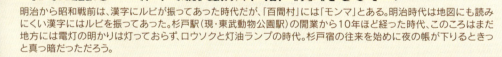

建設省地理調査所発行「1/25000地形図」

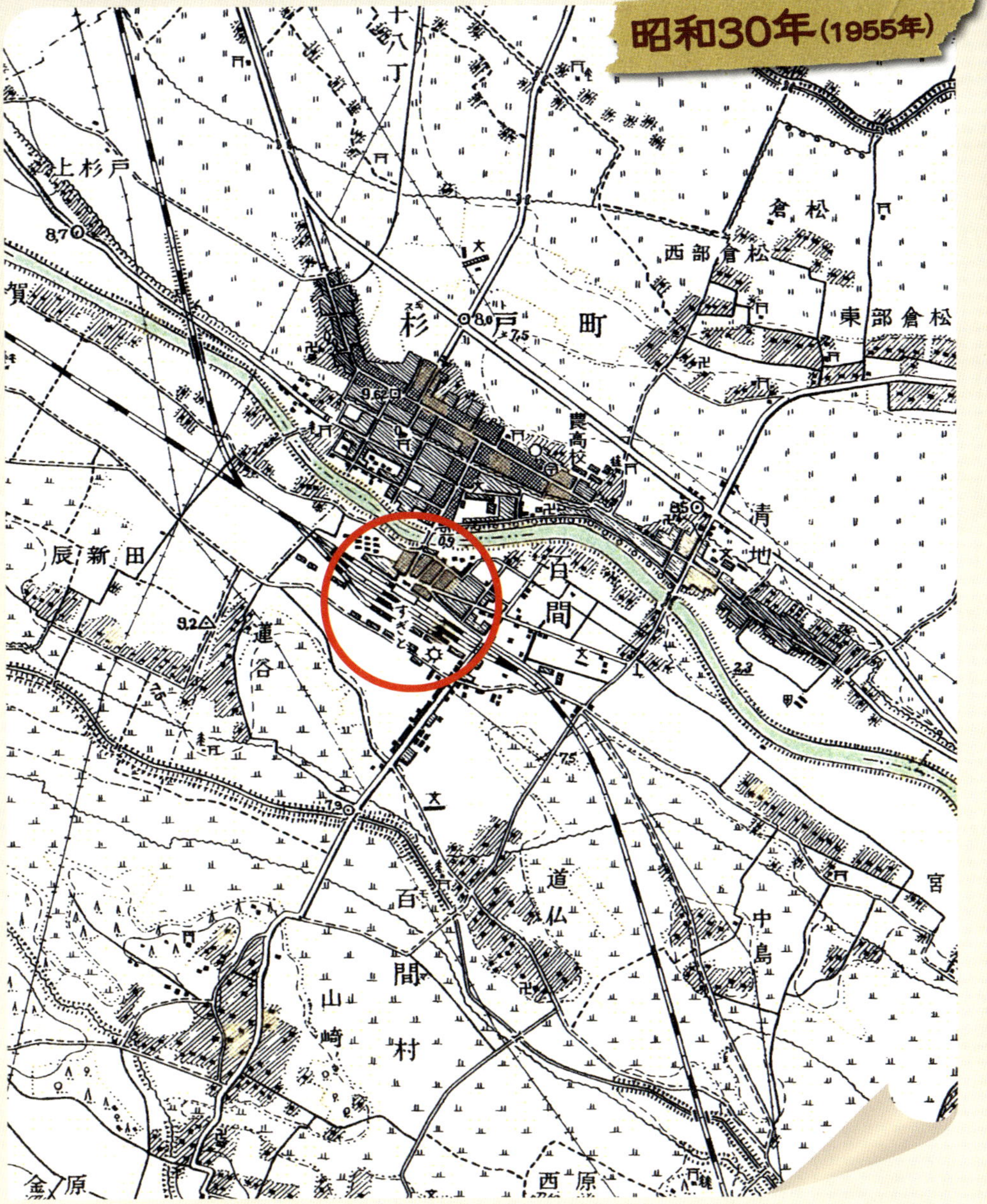

百間村と須賀村が合併して宮代町となったのは昭和30（1955）年。姫宮神社と身代（このしろ）神社の両社から一字ずつ頂いて町名にした。地図測量時には間に合わなかったようでまだ「百間村」となっている。戦後ともなるとさすがに市街地は広がっているが、明治22（1889）年に北葛飾郡杉戸宿・清地村・倉松村が合併して誕生した杉戸エリアから市街地が成長している。

杉戸宿

千住、草加、越谷、粕壁に続く奥羽街道（日光街道）5番目の宿場だった杉戸宿は、駅東口前の道をまっすぐ国道4号線に向かう。大落古利根川を渡って間もなく「本陣跡地前」の交差点に出る。この交叉点で南北に走る通りが、かつての旧日光街道の宿場街で、国道4号線の1本手前の道になる。

宿駅としての杉戸宿は、江戸に近い方から新町、下町、中町、上町、河原組、横町から構成され、更には南端に清地村、北端に九軒茶屋（茶屋組）があり、宿場と連続した町場を形成していた。

各街道の宿場では物産販売に定期市（六斎市）も開かれたりしていたが、杉戸宿では、月の5と10の付く日に市が開かれ、五十（ごとう）の市と呼ばれていた。

天保年間（1830～43）における宿場規模は、16町（1町は概ね109m）、道幅5間（9m）、家数365軒、宿場人口1663人、本陣1軒、脇本陣2軒、旅籠屋46軒という数字が残されている。

往時、古利根川を渡るのは渡し船で杉戸宿周辺では上流から「河原の渡し」「矢島の渡し」「紺屋の渡し」「ガッタの渡し」と4箇所の渡船場があった。

合併話が浮かんでは消えた

現在人口4万5千人の杉戸町は、東武鉄道開通当時はすでに町制を施行していた町であり、来年には町制施行130週年を迎える。

明治22（1899）年、町村制が施行されると日本全国で、近隣の村が合併して「町」となった。杉戸町もその一つで、北葛飾郡杉戸宿・清地村・倉松村が合併し、北葛飾郡杉戸町となった。日本各地には杉戸町のような「町の超老舗」が残っており、埼玉県でも他に越生町、小川町、寄居町、子鹿野町があるから、そう珍しい記録ではないのだが、杉戸町にはこれまでお隣の宮代町と春日部市との合併話がつい最近まで浮かんでは消えているのである。

合併話が最初に具体的になったのは平成15（2003）年だった。春日部市とその周辺の杉戸町、宮代町、庄和町の1市3町が合併し「県東部の中核市を目指そう」ということになった。しかし、住民投票で合併話は破談となった。平成16年に行われた住民投票で、杉戸町と春日部市、庄和町は「賛成」が「反対」を上回ったが、宮代町は「反対」が多数派となった。宮代町は「結果を尊重する」として、1市3町の合併協議会は解散、1市3町での合併は白紙となった。

杉戸時代を伺わせる駅前のアーチ

建設省国土地理院発行「1/25000地形図」

昭和51年(1976年)

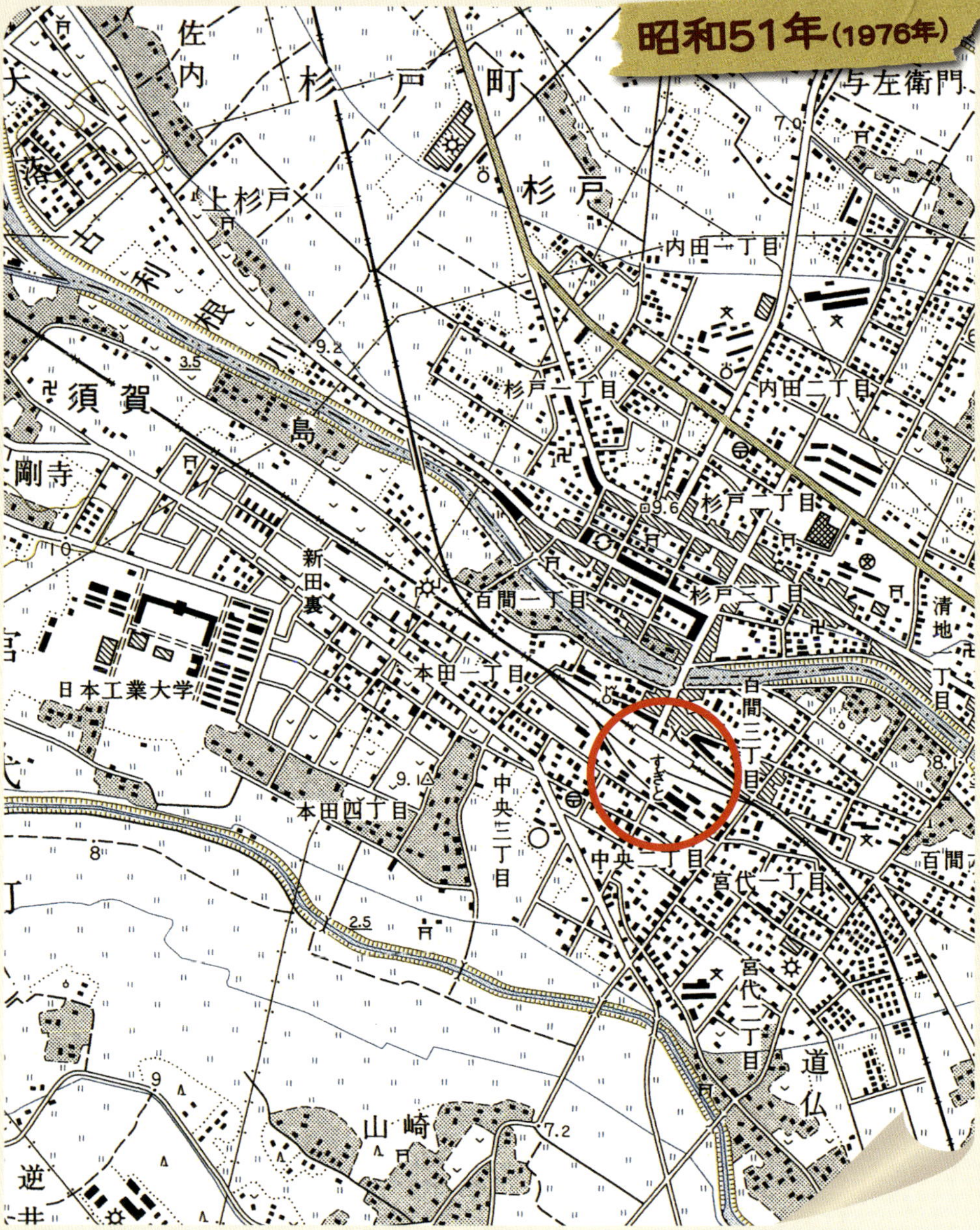

東武動物公園(地図左中央)が開園し、杉戸駅が東武動物公園駅と改称されるのはこの地図の後になる昭和56(1981)年。宮代町にも宅地開発の波が押し寄せている。日本工業大学は昭和42(1967)年の開学。明治40(1940)年設立の東京工科学校を前身とし、学園創立60周年を記念してこの地に本部を置いて開学した。東武動物公園駅ホーム線路脇に大きな看板が設置されている。

日光街道と日光道中

江戸時代、道中奉行が勘定奉行が兼務していたが、当時は街道と道中を区別していたと、三田村鳶魚の「江戸生活事典」(青蛙房刊)にある。街道の呼称は、東海道と中山道のみで、他街道との共用部分がある日光、奥州、甲州3街道は道中が正しいらしい。

日光御成道と将軍の社参

日光御成道は杉戸町内の下高野・下野地区を通っていた。秋葉原から王子、川口、鳩ヶ谷、岩槻を経て、幸手で日光御成道は日光道中と合流する。

将軍家自身の日光社参は徳川260年でわずかに19回だ。そのうち10回は三代家光だ。しかも安永5年(1776)に社参を行った十代家治の後に日光に社参したのは十二代家慶の天保14年(1843)で、この間実に70年近い間隔が空いている。そしてこの家慶の社参が最後の将軍社参となっている。

将軍の日光社参は、その権威を天下に知らしめる役割を担っていた。その大行列ぶりは〈宇都宮〉で触れているが、江戸城の御金蔵も年月が過ぎるうちに莫大な費用を要する社参に耐えれなくなる。かくて将軍家の墓参も間遠になり、代参ですますようになっていったようである。

春日部市と庄和町は平成17年に合併したことから、杉戸町では春日部市との合併機運が再び醸し出され、平成19年の杉戸町長選挙で合併推進候補が現職を破って当選した。しかし、町長就任後に春日部市との合併に関する住民投票で「反対」が上回り、合併協議は中止。町長は辞任している。

平成20年、宮代町は春日部市・杉戸町との1市2町での合併を賛成多数で可決し、三度合併に向けて再び動き始めた。平成22年3月31日までに2町は春日部市との編入合併云々まで協議は煮詰められていく。ところが、平成21年5月の行われた杉戸町での住民投票は「反対」。結局、三度目の縁談も白紙に戻り、その後2町を巡る合併話は凍結状態となっている。

東武動物公園

杉戸駅が東武動物公園駅となってから、宮代町と杉戸町を巡ってかようなドラマが演じられたのだが、東武動物公園は東武鉄道創立80周年記念事業として開園。初代園長に上野動物園の名物飼育係でカバの飼育で名を馳せた「カバ園長」こと西山登志雄を園長に迎えて話題を呼んだ。

東武動物公園の園内

田園都市づくり協議会

合併寸前までいったものの住民投票で実現しなかった宮代町と杉戸町だが、田園都市づくり協議会で、協力関係にある。
埼玉県には地域ごとにまちづくり協議会がある。
- 埼玉県南4市まちづくり協議会（川口市、草加市、蕨市、戸田市）
- 埼玉県央地域まちづくり協議会（鴻巣市、上尾市、桶川市、北本市、伊奈町）
- 埼玉県川越都市圏まちづくり協議会（川越市、坂戸市、鶴ヶ島市、日高市、川島町、毛呂山町、越生町）
- 埼玉県西部地域まちづくり協議会（所沢市、飯能市、狭山市、入間市）
- 北埼玉地域「彩の国づくり」連絡協議会（行田市、加須市、羽生市）
- 秩父地域まちづくり協議会（秩父市、横瀬町、皆野町、長瀞町、小鹿野町）

そして宮代町、杉戸町の他に久喜市・蓮田市・幸手市・白岡市がメンバーとなって構成されている田園都市づくり協議会だ。
主に公共施設の相互利用や災害時の相互応援を目的として運営されている

国土交通省国土地理院発行「1/25000地形図」

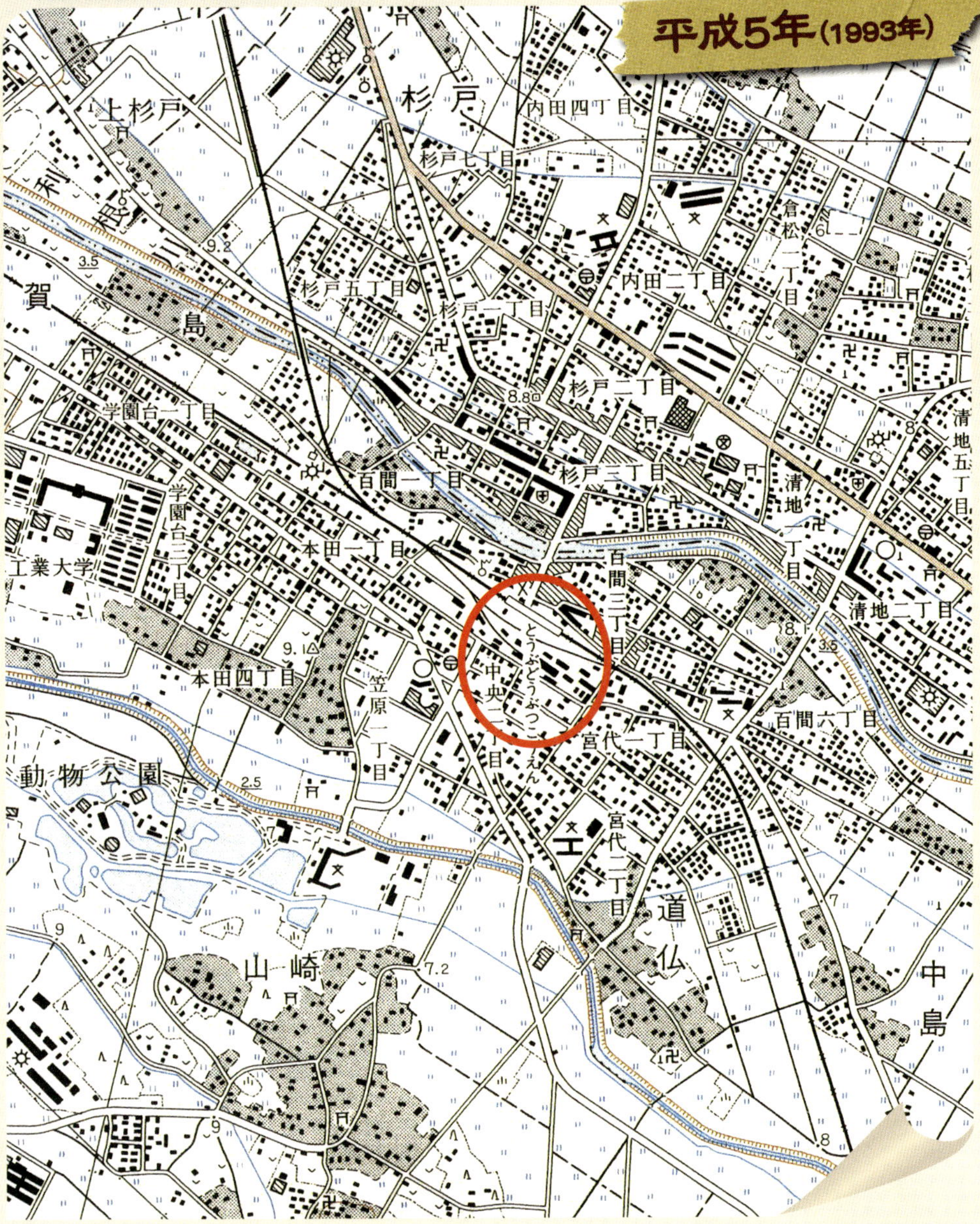

平成の時代に入ると、地図も賑やかになる。駅周辺は無論のこと、杉戸町の市街地拡大が目につく。東武日光線に杉戸高野台駅が開業するのは昭和61（1986）年だ。地図は杉戸駅が東武動物公園駅に改称されてから12年後。東武動物公園の東側エリアが地図に見えている。昭和の時代は田畑が広がっていた東武伊勢崎線の西側も人口集積地となり、道路も整備されている。

宮代町と白岡市に渡る広大な園内には姫宮落川が園内を横切り、大小多くの池が効果的に配され、景観の優れたレジャーランドであるのも特色となっている。これはこの地域一帯が湿田地帯だったことを逆に活かしたものだ。水上木製コースターは人気だ。ホワイトタイガー（白毛のベンガルトラ）は動物園のシンボル的存在でもある。

総合的なレジャーランド化していくのは昭和61年、動物園の東と西を結ぶ「スカイウェイ」が開通してからだろう。

永福寺のどじょう施餓鬼

本文冒頭部に出てくる「高野村永福寺」とは、真言宗豊山派の龍燈山永福寺（杉戸町下高野396）。ここの「どじょう施餓鬼」は秩父・四萬部寺の「川施餓鬼」、さいたま市・玉蔵院の「大施餓鬼」と共に関東三大施餓鬼の一つと言われる。「施餓鬼」とは地獄に落ちている者を救い上げる法会をいうが、永福寺の施餓鬼は、放生（生きものを放ってやる行事）として、どじょうを池に放つことから、俗に「どじょう施餓鬼」と呼ばれている。毎年8月の2日間、行われる。永福寺の開基は伝承によれば天平勝宝5（753）年。

昭和32年当時の東武鉄道各線の時刻表①

東武鉄道

32. 6.23 訂補　　浅草—伊勢崎—日光—鬼怒川—宇都宮(電)(連)（東武鉄道）

伊勢崎線

530		2040	2140	2205	粁	円	発浅草着	649	708	820	此間 浅草行	2334	2400
533	此間 急行 伊勢	2042	2143	2208	1.1	10	〃業平橋発	646	705	818	急行伊勢崎発	2331	2357
535	崎・葛生行1650	2045	2145	2210	2.4	10	〃曳舟〃	644	702	814	555. 656	2328	2355
544	中央前橋・伊勢	2054	2155	2219	7.1	20	〃北千住(国)〃	633	651	803	葛生発 611	2320	2344
550	崎行1810(快速)	2100	2200	2225	11.3	30	〃西新井〃	624	645	755	新大間々発 656	2314	2335
557	準急 新大間々・	2107	2207	2232	17.5	40	〃草加〃	616	638	748	(中央前橋始発	2308	2327
605	伊勢崎行	2114	2215	2239	24.4	60	〃越ヶ谷〃	607	630	739	616 快速)	2300	2318
617	645. 745. 845	2127	2226	2250	35.3	80	〃春日部〃	552	619	728	準急伊勢崎発	2249	2304
623	945.1045.1145	2135	2233	2257	41.0	90	〃杉戸〃	545	613	721	612. 703. 745	2243	2257
635	1245.1345.1445	2144	2242	2306	47.7	100	〃久喜(国)〃	537	604	712	846. 946.1046	2234	幸手発2250
650	1545.1610.1652	2159	2257	2321	58.5	130	〃加須〃	521	549	655	1146.1246.1346	2219	
700	1715.1815.1850	2208	2307	2330	66.2	140	〃羽生〃	512	540	645	1446.1546.1642	2209	
709	1910.1945	2217	2315	2339	72.4	150	〃茂林寺前〃	504	531	636	1712.1747.1815	2200	—
718	伊勢崎行1505	2224	2320	2342	74.6	160	〃館林〃	501	528	633	1846.1948	2157	2332
736	館林行 535.705	2242	2339	—	86.9	180	〃足利市〃	…	510	610	太田発 514.531	2131	2313
748	805. 905.1005	2302	2350	…	94.7	200	〃太田〃	…	500	553	館林発 621.700	2119	2303
759	1105.1205.1305	2310	—	…	101.2	210	〃木崎〃	…	…	541	738. 911.1012	2109	2251
806	1403.1603.2105	2317	…	…	106.3	220	〃境町〃	…	…	533	1112.1212.1312	2059	2244
815	他区間運転あり	2326	…	…	113.3	230	〃新伊勢崎〃	…	…	524	1412.1510.1618	2048	2235
818		2329	…	…	114.5	230	着伊勢崎(国)発	…	…	522	1710.1809	2046	2233

桐生線

550	644	此間 太田発	2301	粁	円	発太田着	549	此間 新大間々発 608	2258
602	657	749. 855. 957.1057.1157	2313	9.7	20	〃藪塚発	536	656(快速). 703.723(急行)	2245
610	713	1257.1357.1457.1557.1656	2321	14.6	30	〃新桐生〃	529	743. 841. 942.1042.1142	2238
615	717	1755.1828.1933.1958.2032	2326	16.9	40	〃相老(国)〃	525	1242.1342.1442.1542.1642	2232
621	723	2121.2136(急行).2218	2332	20.3	50	着新大間々発	520	1743.1837.1942.2041.2120	2227

佐野線

532	617	此間 館林発 725. 826	2227	粁	円	発館林着	544	此間 葛生発 530. 548	2252
552	634	927.1027.1127.1226.1327	2239	9.0	20	〃佐野市発	528	611.631.705.733.810. 911	2240
556	638	1427.1523.1625.1725.1755	2243	11.5	30	〃佐野(国)〃	524	1011.1112.1212.1312.1412	2234
607	649	1818.1858.1923.1933.1959	2256	17.7	40	〃田沼〃	514	1509.1611.1709.1809.1841	2223
620	657	2036.2130 佐野市行2321	2303	22.1	50	着葛生発	507	1904.2007.2119	2216

日光線

500	600	此間	1900	2000	2100	粁	円	発浅草着	656	748	835		2207	2348
513	614		1913	2014	2114	7.1	20	〃北千住(国)〃	643	733	820	此間	2156	2335
519	621	東武日光行	1920	2020	2120	11.3	30	〃西新井〃	634	724	810		レ	2329
526	627	720. 820. 920	1927	2027	2127	17.5	40	〃草加〃	625	レ	800	東武日光発	レ	2322
534	635	1020.1120.1320	1936	2035	2135	24.4	60	〃越ヶ谷〃	616	レ	752	600. 623	レ	2314
546	647	1520.1620	1947	2047	2147	35.3	80	〃春日部〃	604	652	740	712. 817	2127	2302
553	655	東武日光・	1955	2055	2155	41.0	90	〃杉戸〃	557	645	733	920.1020	2121	2255
559	702	東武宇都宮行	2001	2101	2201	46.8	110	〃幸手〃	550	637	726	1132.1225	レ	2247
609	712	1700.1752(快速)	2012	2112	2211	54.9	120	〃栗橋(国)〃	540	627	715	1323.1420	レ	2237
617	719	1800	2019	2119	2219	61.6	120	〃新古河〃	532	619	707	1520.1620	レ	2230
628	730		2030	2130	2229	70.5	150	〃藤岡〃	522	608	656	1723.1824	レ	2219
646	748	東武宇都宮行	2050	2150	2248	85.9	180	〃栃木(国)〃	504	550	638		2036	2200
652	754	700. 800. 900	2056	2157	2252	88.9	190	〃新栃木〃	500	546	634	新栃木発	2032	2157
704	806	1000.1100.1200	2108	2208	—	97.6	200	〃東武金崎〃	↱	531	620	522.2113	2020	2143
710	812	1300.1400.1500	2113	2214	↳宇都宮着2233	102.2	210	〃楡木〃	宇都宮発505	525	614		2015	2137
718	822	1600.1900	2121	2221		107.8	220	〃新鹿沼〃		518	607	他宇都宮発	2008	2130
749	854	新栃木行	2152	—		128.4	260	〃下今市〃		…	539	下表参照	1937	2056
800	904	1640.1721.1832	2202	…		135.5	270	着東武日光発	…	…	528		1929	2048

宇都宮線

524	此間栃木発 609. 653. 711	2158	粁	円	発新栃木着	536	此間 宇都宮発浅草行 531. 556	2238
536	805. 904.1004.1104.1203	2208	7.3	20	〃壬生発	527	628(快速). 652. 756. 854. 954	2228
552	1257.1403.1503.1545.1603	2223	18.3	40	〃西川田〃	514	1054.1153.1253.1353.1453.1553	2213
555	1701.1759.1837.1857.1932	2226	20.3	50	〃江曽島〃	511	1650.1747.1833.1856.1950.2113	2210
603	1958.2058	2233	24.4	60	着東武宇都宮発	505	新栃木行2036	2204

鬼怒川線

601	此間 下今市発 701. 806	2106	粁	円	発下今市着	632	此間 新藤原発 642. 750	2035	2151
617	856. 959.1103.1202.1303	2120	7.1	20	〃新高徳発	617	850. 953.1055.1158.1247	2019	2133
631	1406.1501.1612.1703.1801	2136	13.6	30	〃鬼怒川温泉〃	604	1351.1456.1555.1657.1756	2005	2121
638	1902.1954	2144	16.2	40	着新藤原発	557	1857	1958	2112

矢板線

…	…	5 40	7 25	11 25	15 50	19 25	粁	円	発新高徳着	7 00	10 22	15 02	18 48	21 01	…	…
…	…	5 57	7 43	11 43	16 08	19 43	7.8	20	〃船生発	6 42	10 04	14 44	18 30	20 43	…	…
…	…	6 16	8 05	12 05	16 31	20 04	14.0	30	〃玉生〃	6 22	9 41	14 21	18 07	20 20	…	…
…	…	—	8 29	12 29	16 55	—	23.5	60	着矢板(国)発	…	9 10	13 50	17 35	…	…	…

2章
伊勢崎線

鷲宮～花崎間を走る1800系の急行「りょうもう」。◎昭和56年8月14日　撮影：高橋義雄

建設省地理調査所発行「1/25000地形図」

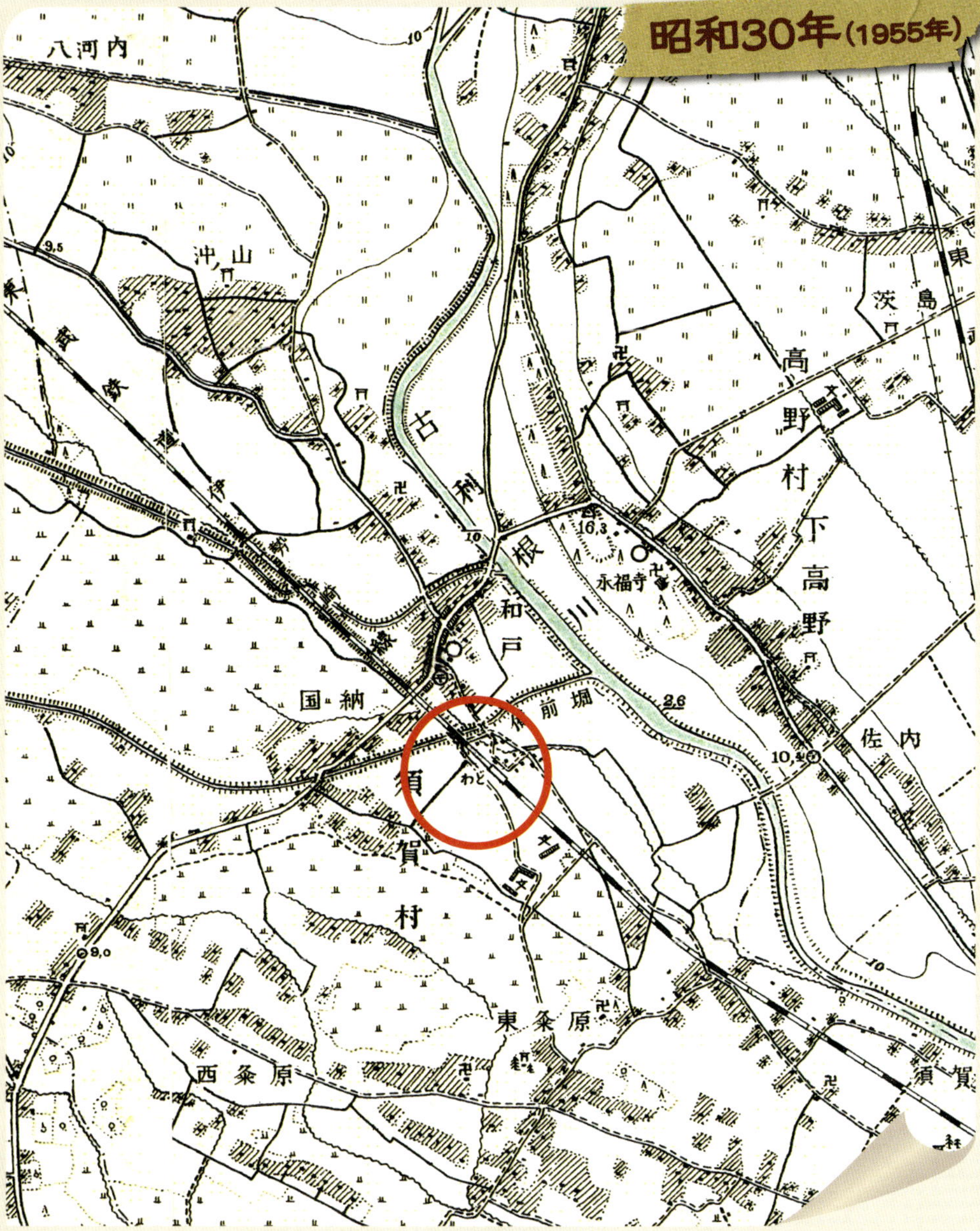

田山花袋が「畑と田と野の中に寂しい田舎町と寂しい停車場があるばかりであった」と著したのは大正9(1920)年である(下段本文参照)。その時代の地図と言っても通用しそうな昭和30(1955)年の地図相だ。前項の杉戸駅周辺の百間村とその北側になる和戸駅周辺の須賀村が合併し、宮代町が誕生したのは、この年の7月20日。

伊勢崎線

和戸

関東平野中央部の宮代町の北部住宅地

開業年	明治32(1899)年12月20日
所在地	埼玉県南埼玉郡宮代町和戸1-1-1
駅構造	1面2線(地上駅)
キロ程	43.9km(浅草起点)
乗降客	4,073人

次の10年に向けて

——この線路には実際見るところがなかった。畑と野と田がただ続いていた。そして其の畑と田と野の中に寂しい田舎町と寂しい停車場とがあるばかりであった。しかし、私はこの線路が好きだ。なぜかといえば、その平凡なのが実は関東平野の特色であるから・・・。

(中略)

杉戸、和戸などという小さな停車場があった。杉戸は奥羽街道の一駅なっていて、古の利根の横流した水路に当たっていた。今でも、権現堂の土手が切れる時には、此処は先ず最初に洪水に襲われなければならないところであった。——

今も「小さな停車場」の和戸駅周辺は、高層集合住宅は見当たらない静かな住宅地

田山花袋が大正9(1920)年に著した『一日二日の旅』の一節だ。田山花袋は館林で生まれ育ったことからか、東武鉄道沿線を舞台にした紀行文も多く、杉戸や和戸といった駅もひょいと首を覗かせる。

宮代町は関東平野のほぼ中央部にあ

建設省国土地理院発行「1/25000地形図」

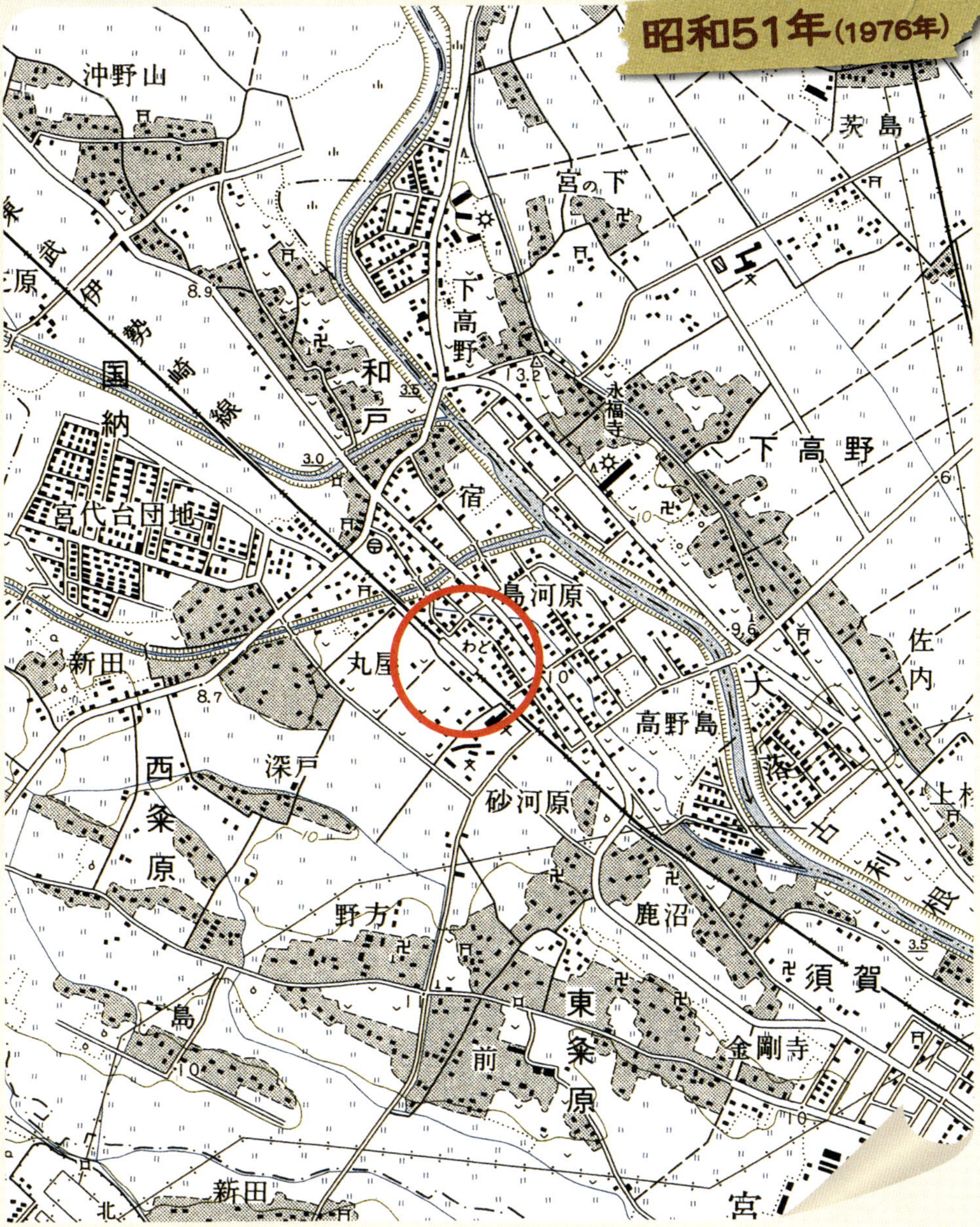

昭和30年代は田圃だった和戸駅周辺だったが、20年ほどの間に「街」が出来始め、宮代台団地も出来ている。和戸駅北側に3本の川が流れているが、北から斜めに南下しているのが古利根川。西から流れてきて古利根川に合流しているのは、北寄りが備前前堀川、その南側は備前堀川。八代吉宗治世の享保年間、新田開発に開削された水路。備前前堀川の水源は久喜市、備前堀川は加須市が水源。

宮代町のシンボル「進修館」

「街のなかに〈農〉を溶け込ませる」をコンセプトにして昭和55年に建築された進修館（宮代町笠原1-1-1）は、そのユニークな建築デザインと共に宮代町のシンボルでもあるコミュニティーセンター。

すり鉢状の空間に沿うように建てられた進修館は半円状に建物が並んでおり、広い芝生広場と一体化している。東武動物公園駅西口から徒歩数分。

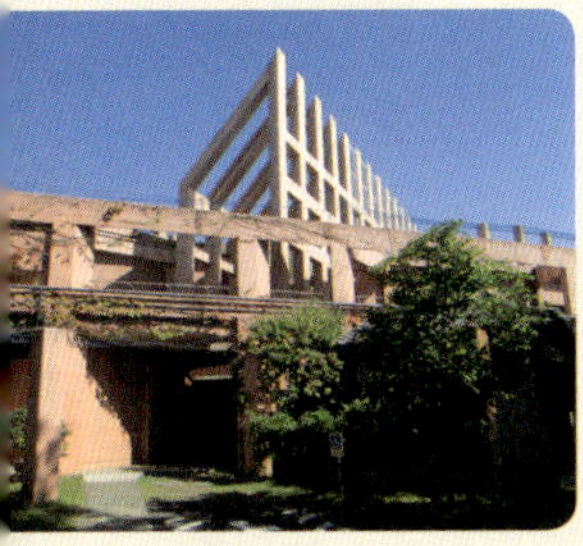

宮代巨峰わいん

昭和30年代初頭に和戸地区から始まった「巨峰」は、今では宮代町の特産品ともなっている。

宮代産巨峰を100%使ったご当地ワイン「宮代巨峰わいん」には白とロゼがある。

巨峰をまるまる一粒、ゼリーで包み込んだ「巨峰の里」も人気の一品となっている。その他に「巨峰まんじゅう」もある。

獅子舞の東粂原鷲宮神社

江戸時代の宮代町では新田開発が盛んに行われたが、利根川が氾濫し、作物はとれず疫病も流行した。これは新田開発により、当地の神々の怒りを招いたためと、獅子舞を奉納した云々の伝承が受け継がれているのが東粂原鷲宮神社（宮代町東粂原367）。延享年間（1744～48）の起こりとされる。和戸駅から15分ほど。毎年7月16日に近い日曜日の祭礼奉納されている。獅子舞は埼玉県内で200ケ所にも伝承されていて、非常に盛んな伝統行事の一つとなっている。東粂原鷲宮神社の獅子舞は町指定無形民俗文化財。


り、埼玉県の東部に位置する南北に細長い町だ。

町域の殆どは都心から40キロ圏内にあり、東武鉄道が町を縦断している。姫宮～東武動物公園～和戸の3駅を中心にして市街地がコンパクトに形成され、それを包み込むように郊外に里山が広がっている。また、日本工業大学もあり、東武動物公園駅の副駅名ともなっている。

屋敷林と水田の美しさが保たれた宮代町では第4次総合計画に続き、次の10年を見据えて第5次宮代町総合計画の策定に向かっている。

建設省地理調査所発行「1/25000地形図」

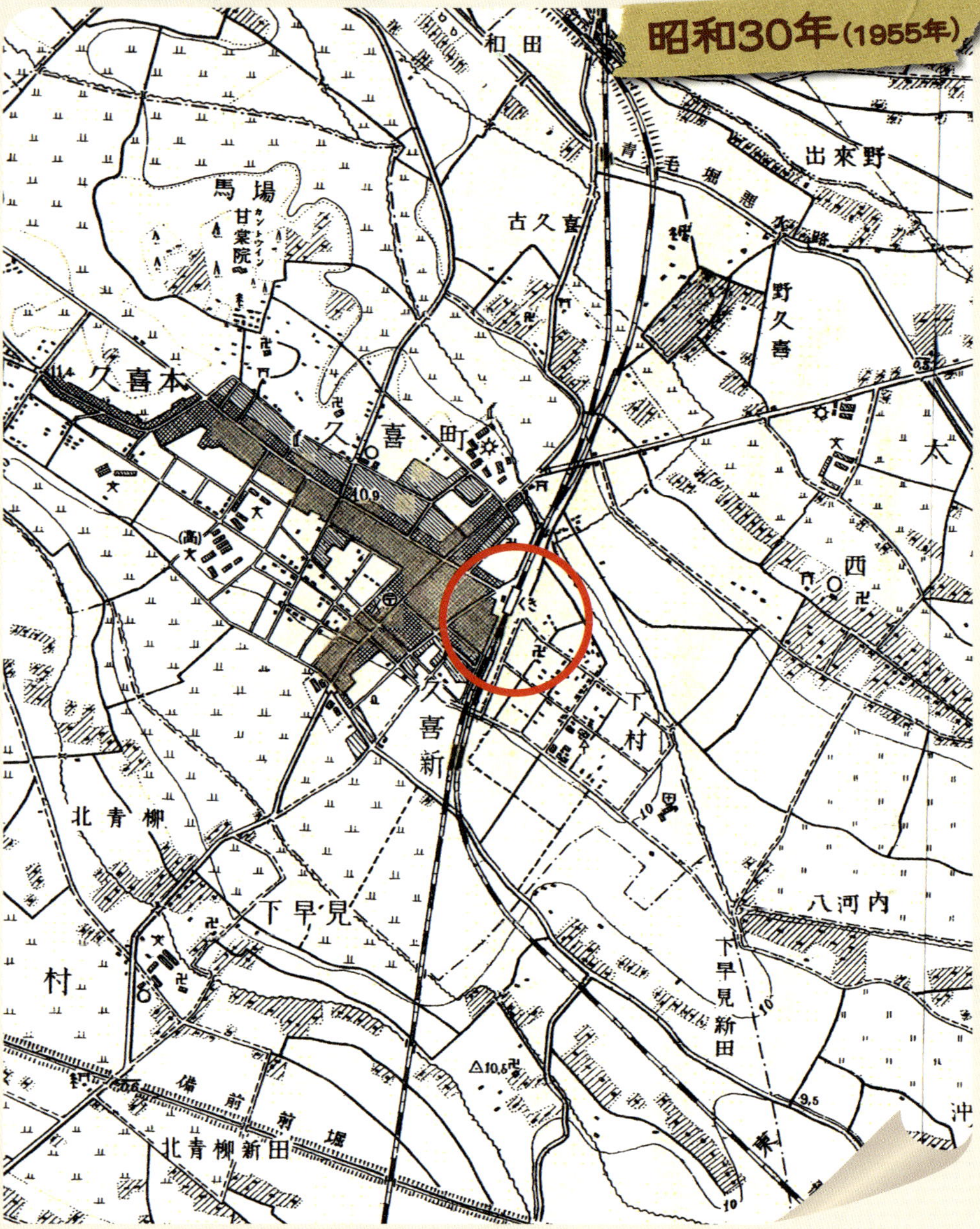

日本鉄道久喜駅の開業は明治18（1885）年。東武鉄道久喜駅開業は明治32（1899）年。それでも市街地化されたのは駅西側の一画だけである。地図は久喜町が誕生した翌年のものだが、こうした農村風景が変わり始めるのは昭和40年代（1965～1974年）に入ってからだ。初の工業団地となる久喜菖蒲工業団地計画も始まり、人口が3万人台に乗った昭和46（1971）年に市制へと移行している。

伊勢崎線

久喜

関東一とも称される提燈祭り

開業年	明治32（1899）年8月27日
所在地	埼玉県久喜市久喜中央2-1-1
駅構造	2面4線（地上駅）
キロ程	47･7㎞（浅草起点）
乗降客	52,454人

街はヒートアップ

久喜の夏を沸騰させるのが、提燈祭りだ。四面に500個の提灯を飾り付けた山車が計7台、久喜駅西口ロータリーから夜の帳が下りた市内に出陣。町内の若い衆が賑やかな笛や鉦・太鼓のお囃子に乗せ、関東一と称される山車を回転させながら練り歩く様は、「喧嘩祭り」の異称の如く、圧巻の一言。

伝統と歴史を紡ぐ提燈祭り

市内外から大勢の見物客を集める久喜の大イベントは、旧久喜町の鎮守である八雲神社（別項参照）の祭礼で、240年近い伝統と歴史を持つ。

天明3（1783）年の浅間山の大噴火は江戸時代を通しても大事件であった。「天明の浅間焼け」と称されたこの浅間山大噴火は旧暦4月から7月にかけて幾度となく小噴火大噴火を繰り返し、関東一円に噴石を飛ばし、火山灰を降らせ、作物を全滅させたことから、その後「天明の大飢饉」と呼ばれる災厄をもたらしている。

久喜の村々でも桑をはじめ夏の作物が全滅。恐れと不安の日々が続く中で、祭礼用の山車を曳き廻して作物の実り

八雲神社と神仏分離令

久喜駅西口より徒歩10分ほどの八雲神社（久喜市本町1丁目1224）は、曹洞宗の天王院の境内にある神社。もともとは天王院の別当神社で「天王宮」と称されていたが、明治初期の神仏分離令で明治6年に祭神は天王院より氏子へ移され、その際「天王宮」から「八雲神社」へと改称された。天王院の本堂は立派だが、八雲神社そのものは社殿拝殿があるわけではなく、ヒジョーに地味。天王院の創建年等は不明。

官設鉄道対民鉄

久喜駅は明治18（1885）年、日本鉄道の駅として開業している。その後、日本鉄道が国有化され、鉄道院の東北線の駅となった。
東武鉄道は明治32年の開業以来、久喜駅は東北線との接続駅であったが、日本鉄道が国有化された以降の不便さを田山花袋が記述している。
「久喜では、私はよく汽車を待ち合わせた。東武線と東北線とは官設私設の別で、わざと連絡を取っていないので、東北線で来て乗り換えようとすると、少なくとも一時乃至一時間半を待たなければならなかった」（『東京の近郊：一日二日の旅』大正7年）
停車場前の茶店や近所の料理屋で時間を潰した云々。

建設省国土地理院発行「1/25000地形図」

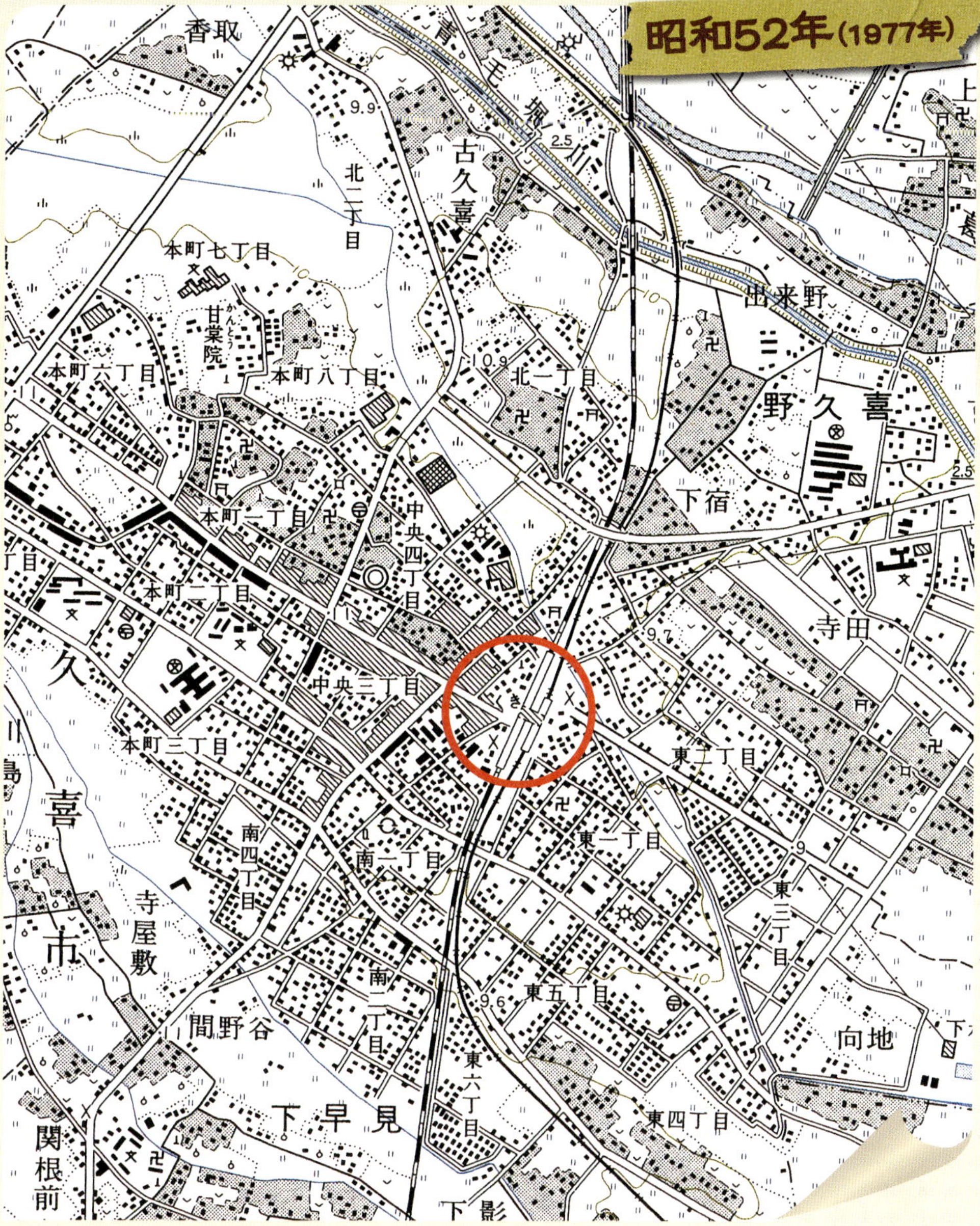

駅東側の田畑が宅地化されていくのは昭和30代末期。昭和50年代に入ると、四半世紀前は田圃だったところが宅地化され、市街地が駅の東西に拡大した。駅北西の「甘棠院」は関東管領上杉氏との勢力争いに敗れ、鎌倉公方の座を追われた足利成氏が「古河公方」となって築いた居館。成氏の子、氏政が居館を寺に改めた。甘棠院中門前面から東西に100m、南北に250mの空堀がめぐらされ、北側には築かれた土塁も残されている。

を祈願したのが、提燈祭りの始まりと伝承される。

祭礼期間は毎年7月12日から18日の1週間だが、山車が曳き廻されるのは12日と18日の2日間だけとなっている。各町内の人形山車が駅前20m道路に集結。八坂神社の神輿を先頭に隊列を組んで市内を巡行。神話などから題材をとった人形で飾り立てられた山車は灯りが映える夜になると人形を取り外し、鮮やかな提燈山車に早変わりする。

提燈祭りは、久喜の夏に無くてはならない風物詩となっている。

圏央道も開通

久喜市は平成22年3月に久喜市、菖蒲町、栗橋町、鷲宮町の合併で誕生し、人口は15万4千人（平成30年4月現在）となった。

JR宇都宮線と東武伊勢崎線が乗り入れる久喜駅、JR宇都宮線と東武日光線が乗り入れる栗橋駅、JR宇都宮線東鷲宮駅、東武伊勢崎線鷲宮駅及び東武日光線南栗橋駅と、鉄道の便に恵まれているのが目につく。

平成27年10月には埼玉県内の圏央道が全線開通した。圏央道効果で久喜市から都心を経由せずに関越道・中央道・東名高速にアクセスできるようになり、所要時間が大幅に短縮された。

久喜市には久喜菖蒲工業団地、清久工業団地、鷲宮産業団地等の工業団地のほか、菖蒲北部地区や菖蒲南部産業団地などの産業拠点があるが、圏央道の開通は、鉄道の利便性に加えて企業誘致に有利性をもたらしている。

建設省地理調査所発行「1/25000地形図」

昭和28年(1953年)

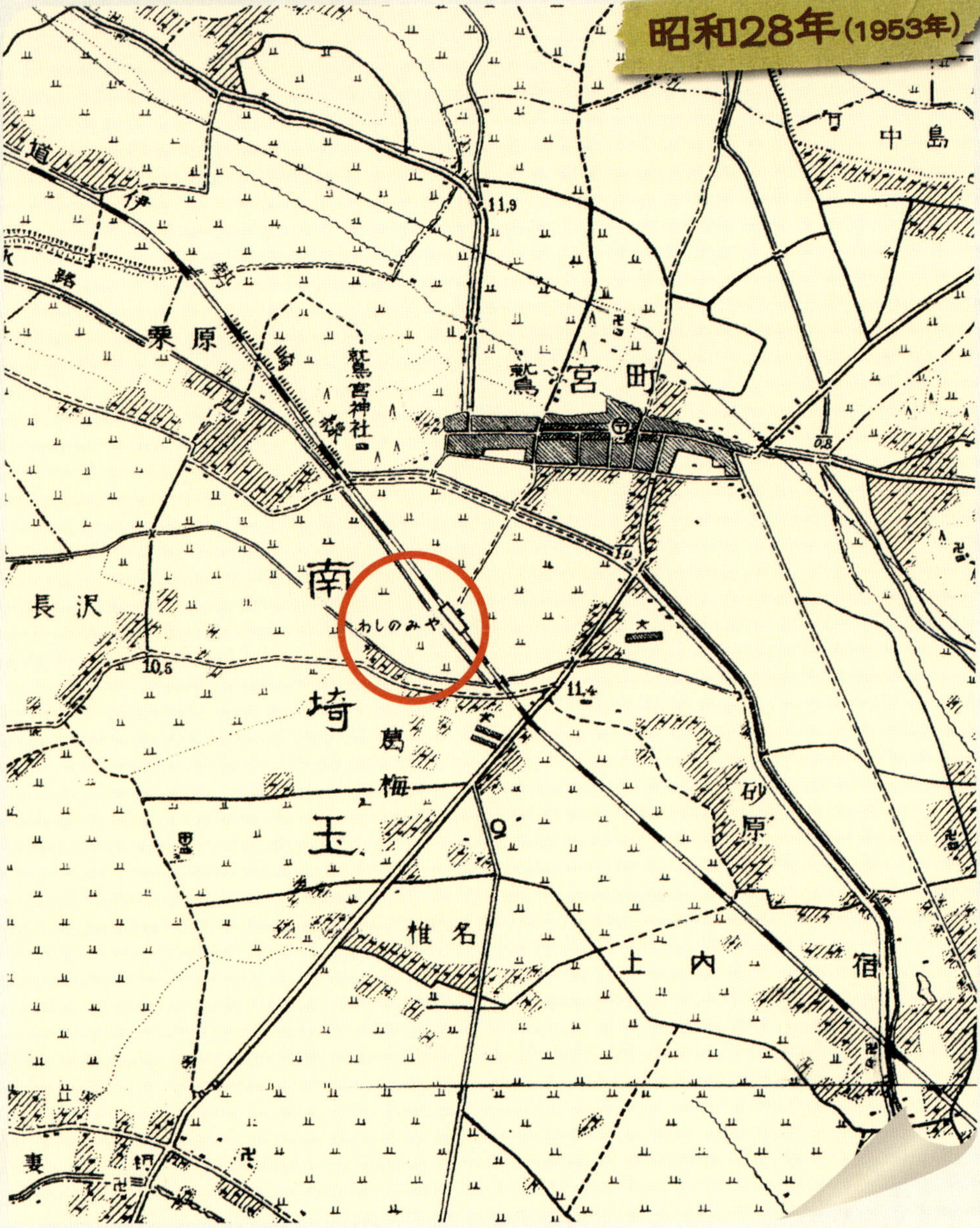

鷲宮村が「南埼玉郡鷲宮町」になったのは昭和8(1933)年。そして戦後の昭和30(1960)年に南埼玉郡鷲宮町・北葛飾郡桜田村が合併して「北葛飾郡鷲宮町」となるのは、この地図から2年後の昭和30(1955)年。地図はその頃の鷲宮町を写していることになるが、鷲宮神社近辺しか賑わいは見られない。鷲宮が変わっていくのはこれから20年後のことだ。平成22年、久喜市等との合併により「鷲宮町」の名は消えることになる。

伊勢崎線

鷲宮

「鷲宮神社の街」の変貌

開業年	明治35(1902)年9月6日
所在地	埼玉県久喜市鷲宮中央1-1-17
駅構造	2面2線(地上駅)
キロ程	52.1㎞(浅草起点)
乗降客	7,041人

門前市を成す

〈付近は田園に囲まれて駅前僅かに二三の商売を数えるのみ。然れども村は停車場より数丁に過ぎず、県社鷲宮神社の鎮座するによりて、商家軒を接し宿駅を為せり。駅勢に就いては記すべきもの無し。当駅に就いては和文公衆電報を取り扱う。当駅付近には旅館料理店無し〉

今から丁度100年前の大正7(1918)年、『東武線案内』が描写している鷲宮村だ。

駅の顔は立派です

関東最古とも、酉の市の本家とも言われる鷲宮神社(別項参照)を戴く鷲宮村は、永くその御利益を賜ってきた。江戸期には宿場街並みに六歳市が開かれ、門前通りには民家が軒を連ねて穀物や木綿などが売り買いし、賑わった。明治期後半には養蚕も盛んになった。駅は寂しいままだったが、鷲宮神社門前の賑わいは大正期に入っても続いていたことを『東武線沿線』は伝えている。

鷲宮神社

鷲宮駅から歩いて10分足らずの鷲宮神社（鷲宮1-6-1）は、社伝によれば出雲族の草創に係わり、中世以降には関東の総社また関東鎮護の神として、多くの武将の尊崇が厚かった。

由緒によれば『東武線沿線』に挙げられた以外にも武田信玄、織田信長、豊臣秀吉、徳川家康の名も。

社殿は安政6（1859）造営。向かいあって神楽殿が建つ。当社に伝承される土師一流催馬神楽は国の重要無形文化財。

葛西用水路

鷲宮駅西口の「緑の帯」。かつては豊かな水量で東京まで流れていた葛西用水路で、都区内の区間は亀有上水・曳舟川（〈曳舟〉の項、参照）と呼ばれた。埼玉～東京の見沼代用水、愛知県の明治用水と並んで、日本三大灌漑用水路の一つ。

しかし、今は写真でご覧のように用水路も必要がなくなり、覆い繁る夏草の底をチョロチョロ流れるに過ぎなくなった。

建設省国土地理院発行「1/25000地形図」

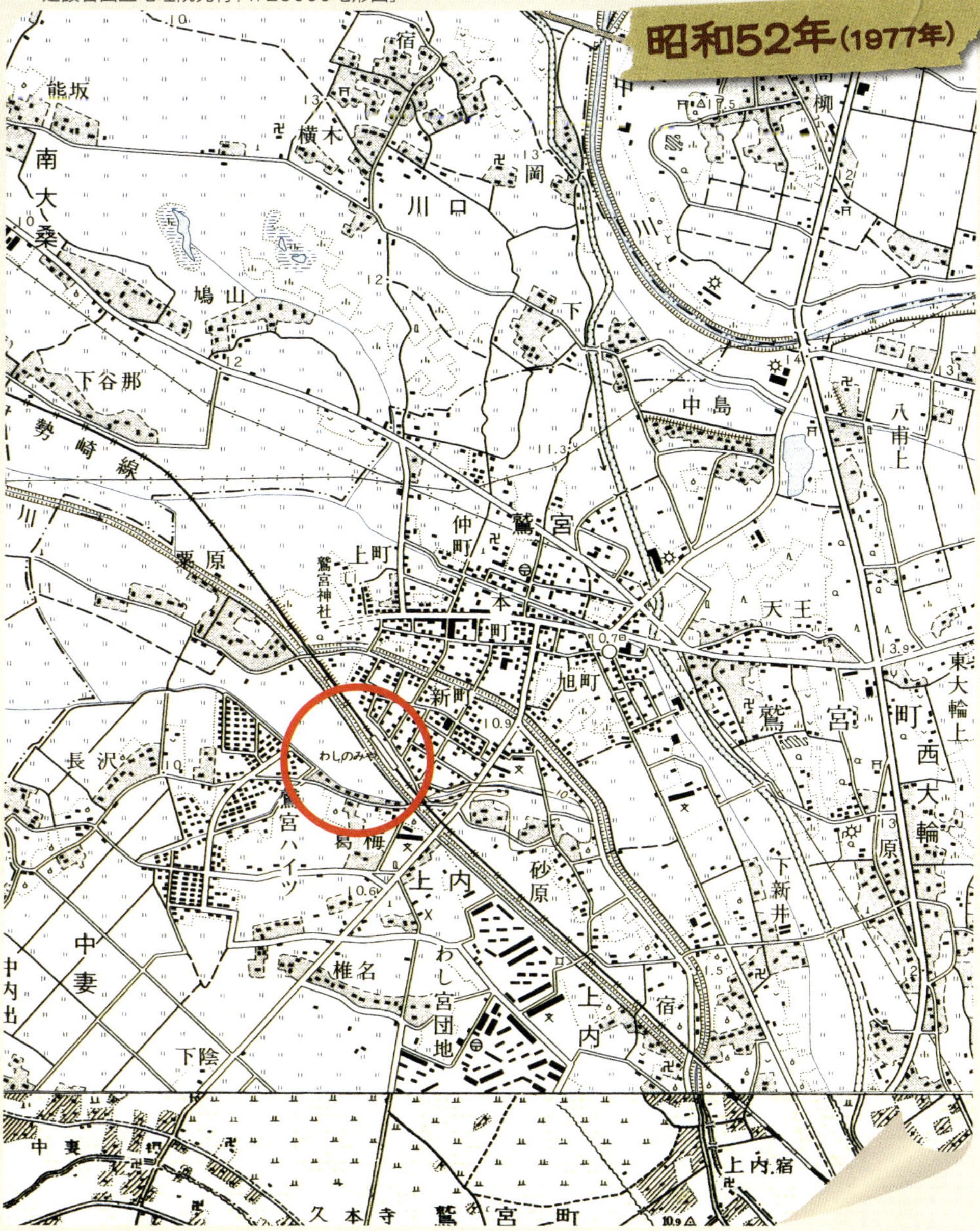

鷲宮駅西側そばを流れているのが、別項で採り上げた葛西用水路だ。かつては鷲宮神社のところしか集積地が見られなかった鷲宮駅周辺も昭和50年代（1975～1984年）に入ると、駅西側に広がっていた田畑も宅地化が始まっている。鷲宮駅周辺では昭和40年代（1965～1974年）から住宅団地の開発が始まっているが、駅西側に見える「わし宮団地」「鷲宮ハイツ」もその一例。「わし宮団地」は分譲住宅で、昭和46（1971）年から入居が始まっている。

「鷲宮神社」の初出は鎌倉時代の『吾妻鑑』であることから「関東最古」には疑義もあるようだが、大正期の一般的認識は『東武線沿線』が伝えている。

〈創建の年月遼遠にして詳らかならずも日本武尊東征際、社殿を造営し、また代々の天皇崇敬浅からず。下りて建久四年源頼朝、社殿を修営して神馬を奉り、源頼家、北条時頼、新田義貞、足利尊氏等の武将相尋ねて当社に神馬を奉り（中略）幕府の頃、社領四百石を受け、維新後は内務省より保存費として金二百円を下附せらる〉云々。

鷲宮神社

鷲宮村がお隣の桜田村と合併して人口9千人の町になったのは昭和30年。しかし、往古の昔から「鷲宮神社の街」だった鷲宮町が変貌していくのは昭和40年代後半からだ。日本住宅公団鷲宮団地の入居が始まり、人口は急増。昭和50年には2万人を超えた。その後、鷲宮産業団地の開発や昭和56年に東北本線東鷲宮駅が開業するなど、街の様相は一変。そして平成22年に久喜町や菖蒲町らと合併し、久喜市となった。

陸軍参謀本部陸地測量部発行「1/50000地形図」

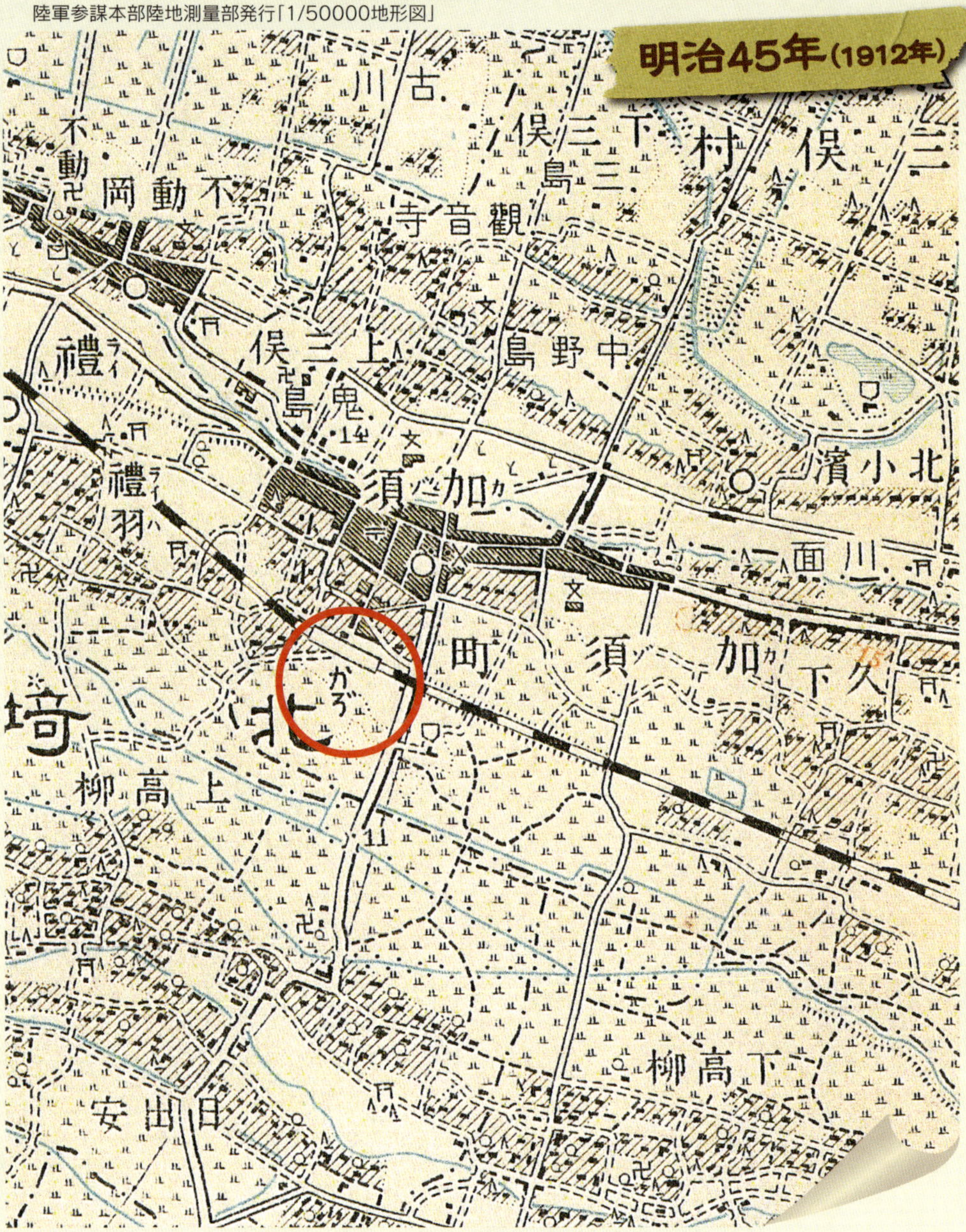

明治時代が終わるのは1912年7月30日。この地図は明治時代の最終年に発行された地図ということになる。加須駅の開業は明治35（1902）年だが、あたり一面田畑が広がる中に、東武鉄道が駅を設置したのは、ひとえに不動ヶ岡不動尊参拝客で利用客を増やそうとしていたことが、駅と不動尊以外の他は田圃や畑ばかりだったこの地図からうかがえるのである。

伊勢崎線

花崎、加須

多彩な顔を持つ田園都市

花崎駅

開業年	昭和2（1927）年4月1日
所在地	埼玉県加須市花崎字蓮田157
駅構造	2面2線（地上駅）
キロ程	54.8km（浅草起点）
乗降客	11,036人

加須駅

開業年	明治35（1902）年9月6日
所在地	埼玉県加須市中央1-1-15
駅構造	2面3線（地上駅）
キロ程	58・5km（浅草起点）
乗降客	13,789人

不動尊と加須うどん

関東平野を北上していく東武伊勢崎線も、花崎駅から加須市を縦断していく。

人口11万3400人（平成30年9月現在）の加須市は地勢的には関東平野のほぼ中央部を流れる利根川中流域にあり、利根川が運んだ土砂の堆積により形成されたという平坦地だ。利根川に育まれた肥沃な土と豊かな水を利用した純農村地帯だった加須は鷺宮と同じような歴史を持つ。鷺宮村の賑わいの拠点だったのは鷺宮神社だが、加須は関東三大不動尊の一つに数えられる「不動ヶ岡不動尊總願寺」（別項参照）が、加須のヘソだった。

不動ヶ岡不動尊

〈加須下車十一丁。人力車賃二十銭。境域広く、公園の設備を施し、四季参詣者絶えず。殊に学生の修学旅行には好適当である〉（大正15年刊『東京近郊電車案内』）などと評された。このころは汽車の窓から總願寺の大伽藍が見え、

加須の無花果

手打ちうどんばかりでなく、無花果も「加須ブランド」である。

北埼玉地域の無花果栽培は、昭和58年に水田の転作作物として加須市騎西地区で始まっている。その後、加須市のほぼ全域に広がり、行田市や羽生市にも波及している。

騎西地区は現在も栽培面積が拡大し続けており「いちじくの里」と呼ばれている。

加須の鯉のぼり

鯉のぼり生産量は日本有数の加須の鯉のぼりは「手書き」が特徴。

加須のこいのぼりは明治の初め、提灯や傘の職人が副業として始めた。季節の物を扱うという意味で「際物屋」と呼ばれた。

大正12年の関東大震災で東京近郊の際物屋が激減。浅草橋の問屋が加須の手書き鯉のぼりに目をつけてから、戦前には生産量日本一となった。

戦後は化学繊維のプリントモノが主流となったが、近年は手書きの良さが見直されている。

加須ではたい焼きならぬこいのぼり焼き

建設省地理調査所発行「1/25000地形図」

昭和31年（1965年）

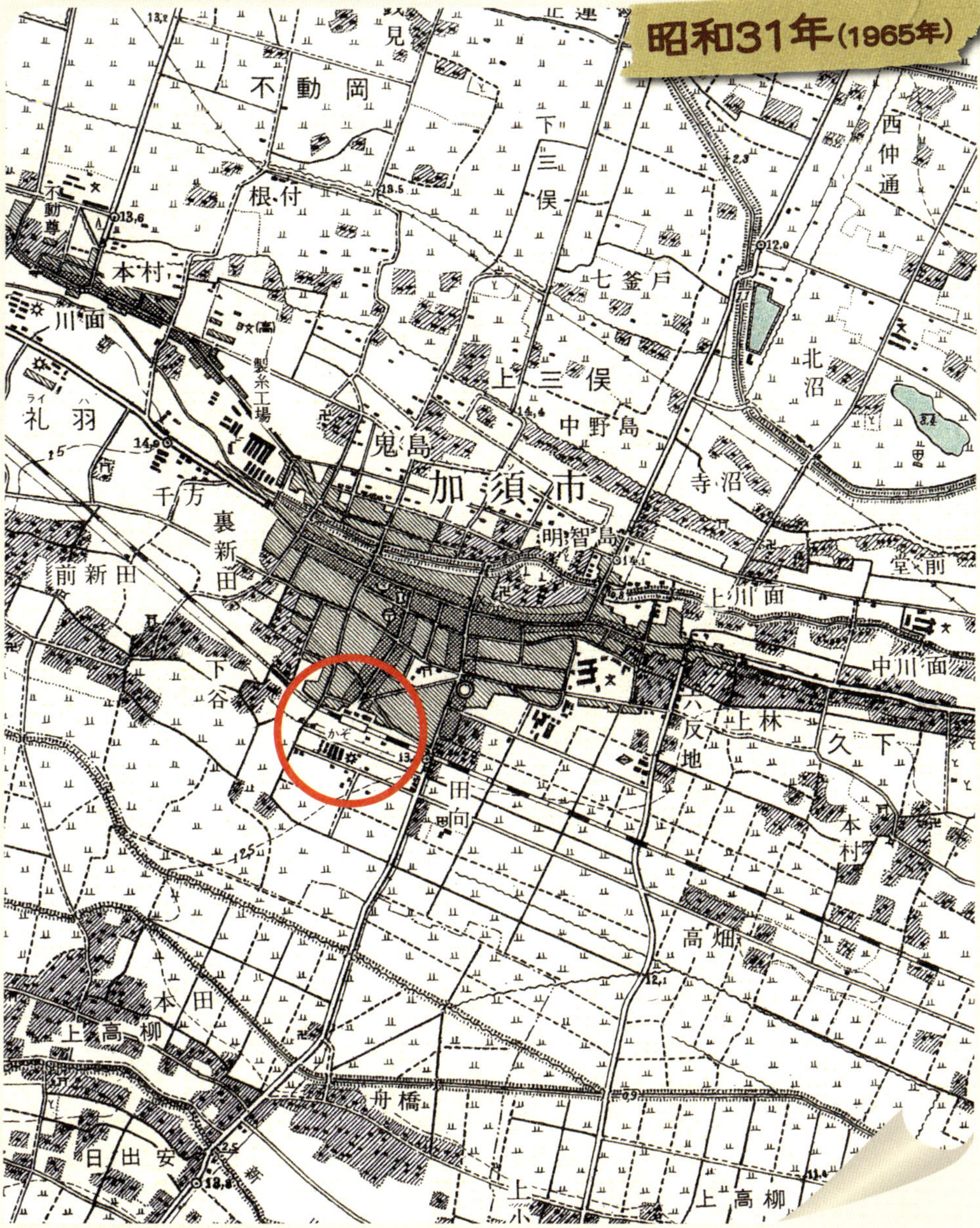

加須が市制に移行したのは昭和29（1954）年だから、この地図は加須市誕生直後を写し取っている。市街地を縫うように東西に流れているのは中川水系の会の川。昭和30年代（1955～1964）から40年代（1965～1974年）にかけては「市」が開かれ、賑わった。加須市の表玄関である加須駅北口。押し寄せる人口急増の波に飲まれ、道路整備もままならないまま、繁華の地となっていることが窺える。

乗客は指して見やったとも。

　不動ヶ岡不動は江戸の昔から霊験顕著で知られ、明治35（1902）年に加須駅が開業してからは東京から遊山がてらに出かける人士も多くなった。

　總願寺は駅の北東側にある。加須名物のうどんを食べようと駅前広場が整備された加須駅北口からぶらぶら歩いて行ったのだが、駅前の「うどんマップ」で当たりをつけていた中央食堂さんは、暖簾がしまわれていた。考えたら平日の午後2時過ぎである。営業中を思ったのは考え違いであった。

中央食堂さん店頭の一コマ

「加須のうどん」は今やブランドになっているが、そもそもは江戸期の半ば、利根川の渡舟場や總願寺の門前で参拝客をもてなしたのが、加須の手打うどんの始まりともいう。

　加須市周辺では江戸時代初期は畑地が多く、小麦が主な生産物だったことから元禄年間にはうどんを食べる習慣が広く定着したと見られている。

　花崎駅や加須駅から不動尊にかけて

建設省国土地理院発行「1/25000地形図」

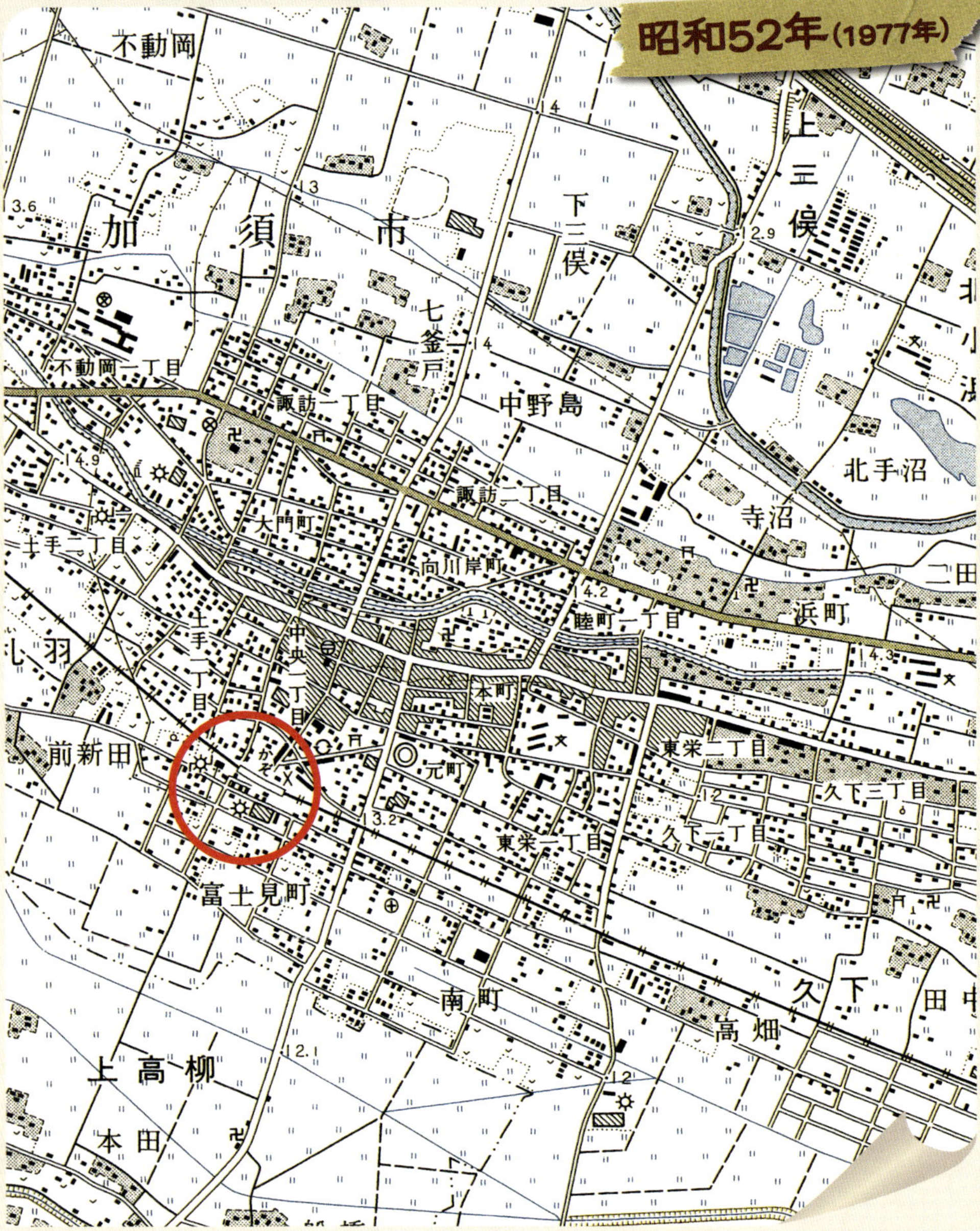

加須駅北口の駅前整備が始まるのは昭和50年代(1975～1984年)後半から。平成に入ってから整備された現在の駅前大通りはまだ地図に登場していないが、前頁の地図と比較すると道路整備が進んだことが見られる。市街地の外側で東西に走っているのは国道125号のバイパス道路として建設された加須バイパス。伊勢崎線の南側はまだ田園が広がっているが、昭和50年代に入ると急速に宅地化されていく。

伝統工芸品「青縞」

北埼玉で生まれた青縞は騎西→加須→羽生と主産地が変わっている。

青縞は天明年間(1781～88)に北埼玉で藍の栽培が開始されたことに伴い、農家の女たちが農閑期を利用して織り始めたのが発祥ともいう。

青縞は木綿糸の縦糸と横糸を紺色に染めて織った織物で、綿花から藍(糸を染める染料)の栽培まで一貫体制だった。

北埼玉地方では地味が綿花、藍の栽培に適していたため、かなり多くの農家で作付けが行われた。女たちが農閑期に綿糸を紡ぎ、近所の紺屋で糸を染めそれを原料として青縞を織っていた。

明治初期までは加須市の騎西地区が青縞の主産地であり、売り買いの市も開かれる集散地となった。その後、騎西地区が白木綿に移ると加須町が青縞の主産地となった。加須町における青縞の盛況は明治30年代まで続いたが、加須町もまた白木綿に移行。青縞の集散地はお隣の羽生へと移り、羽生から北埼玉の青縞が全国に送られるようになる。

やがて、外綿の輸入と綿糸、綿織物の企業化が加速していくと、一から十まで手作りだった北埼玉の青縞は衰退。いまは伝統工芸品となっている。

の一帯を中心に、加須には20軒近い手打ちうどんが、それぞれ独自の工夫を凝らして味を競っている。

米どころの工業団地

加須市は町村合併促進法が制定された翌年の昭和29年、加須町、不動岡町など2町6村が合併して誕生している。加須市の近代化を象徴した一例が昭和60(1985)年、街の顔でもある加須駅に完成した駅ビルだろう。鉄骨3階建ての商業ビル及び4階建ての駐車場ビルからなり、駅も橋上駅舎となった。

加須駅ビルは埼玉県北東部の代表的な田園都市だった加須市が、駅前広場計画と駅南口・北口の一体化、駅前通り整備事業にあわせて誕生。加須駅の表情を一変させた出来事になっている。

加須市には現在、加須工業団地、加須・大利根工業団地、加須川口工業団地、加須流通業務団地、加須下高柳工業団地等々、10を数える工業団地がある。工業団地の誘致は昭和40年代後半の加須工業団地から始まっているが、加須市はこうした工業団地などの産業・雇用で東京都市圏(東京通勤圏)でありながら周辺の羽生市や久喜市などからの労働人口流入もあり、加須都市圏を形成している。

加須市はしかし、埼玉県内でも有数の米どころでもあり、利根川沿岸になる北川辺地域は綺麗な水田が広がっている。また小麦も県内トップクラスの作付け面積だ。

平成24年にラムサール条約湿地に登録された「渡良瀬遊水地」もある。国土

国土交通省国土地理院発行「1/25000地形図」

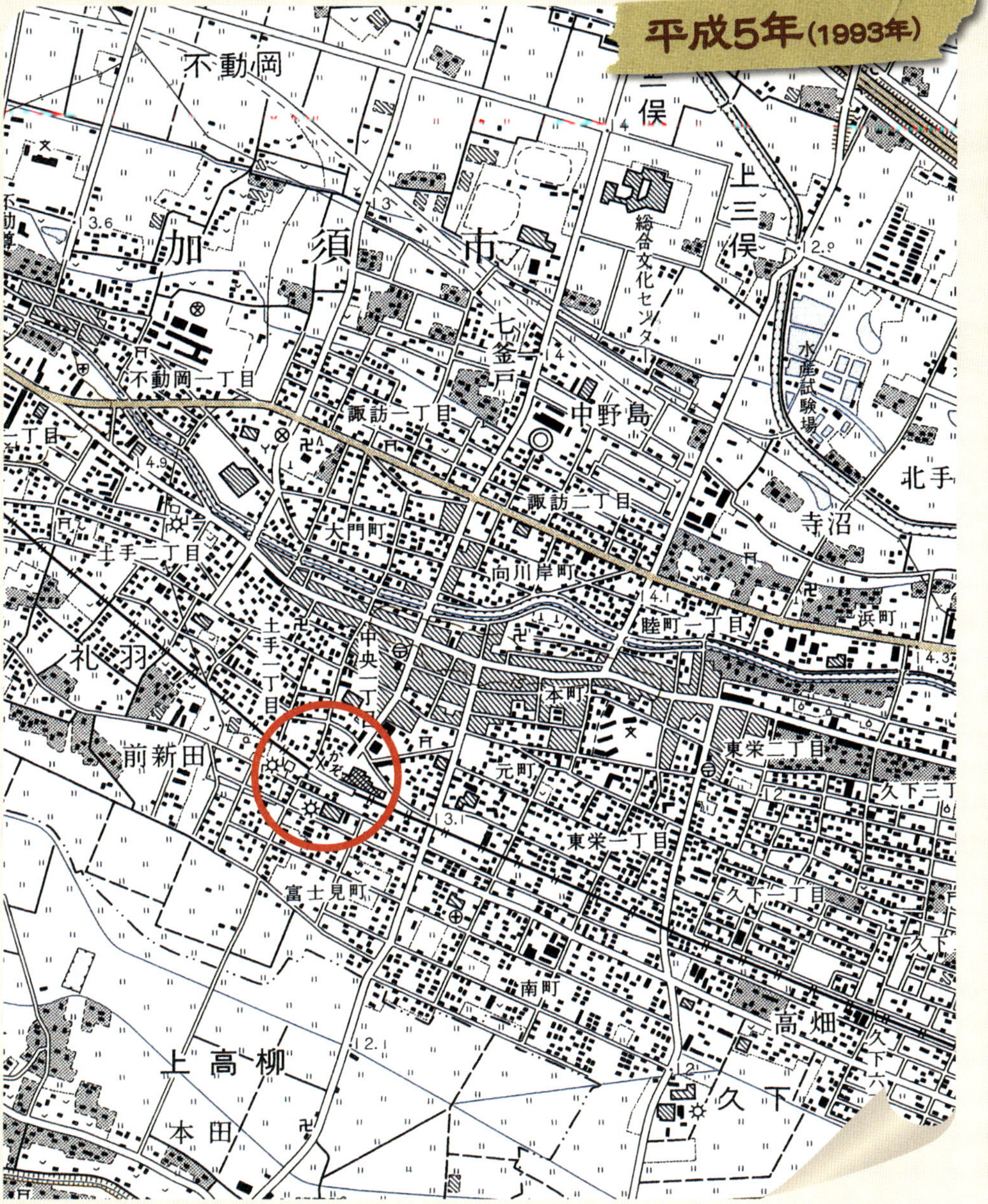

加須で初めての工業団地「加須工業団地」が花崎駅北の南篠崎にオープンしたのは昭和47（1972）年。以降、加須は農村都市からの脱皮を図っていくのだが、加須駅を中心とした市街地も年を追って拡大、駅の南北が一体化し、30年前は田畑だった伊勢崎線の南側一帯及び加須バイパスの北面にも市街地が形成されたのが、昭和から平成にかけての時期だった。地図右上で斜めに走っているのは昭和47（1972）年開通の東北自動車道。

乗合馬車

明治時代、鉄道と並び新しい交通手段として登場したのが乗合馬車。加須で乗合馬車がデビューしたのは明治31（1898）年。トテトテ、トテーとラッパを響かせて走り始めた。

当初は加須～騎西、騎西～鴻巣（加須の西側）間を運行。やがて営業距離も伸びて、北埼玉の東西の軸となり、欠かせない交通手段となった。

〈乗合馬車は日々数回の往復あり。車馬四通八達し、交通の便、甚だ自在なり〉云々と『東武線案内』はガイド。馬車賃は人力車より3割ほど安いともある。

乗合自動車

乗合馬車をやがて駆逐するのが、乗合自動車だ。大正時代になると、地方にも乗合自動車が普及。加須では大正9（1920）年に、騎西地区で自動車会社がお目見えしている。当初は自動車による一般運輸及び賃貸で始めたが翌年には鴻巣～騎西、騎西～加須、騎西～大越、騎西～羽生間でのバス運行を開始。大正12年には加須の馬車業者から乗合馬車営業権を買取り、馬の代わりにバスを走らせ始めた。

まもなく、乗合馬車は姿を消した。騎西の自動車会社は昭和10（1935）年、、東武バスが買収している。

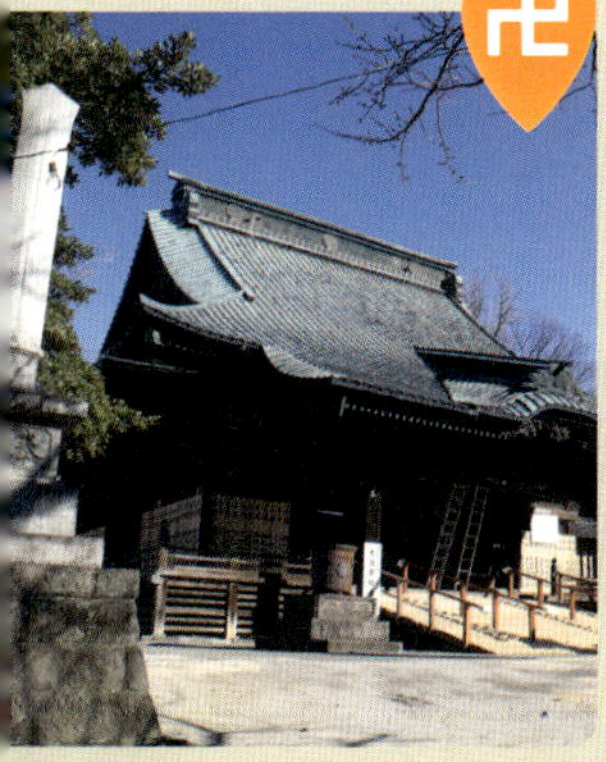

忍城の黒門が残る不動ヶ岡不動尊

加須駅から歩くと30分ほどの不動ヶ岡不動尊こと總願寺（動岡2-9-18）の「黒門」は明治6年、忍城解体の時に移設された「北谷門」で、現存する忍城の唯一の門となっている。幅3.2m、高さ5.5mの総欅造りで門扉は一枚板となっている。元和2（1616）年開基された開基された總願寺の本尊である不動明王は、平安時代の智証大師作と伝わる。


交通省の「全国水の郷百選」に選ばれた「浮野の里」（加須市北篠崎）は和船で水路を巡れる観光スポットともなっている。季節にはあやめ祭りも催される。

その一方で、市街地には「不動ヶ岡不動尊總願寺」のほか、国の重要無形文化財に指定されている玉敷神社の神楽、加須のわら細工など過去の歴史を今に伝える数々の有形、無形の文化財は少なくない。

東北自動車道と国道122号が南北方向に、国道125号と国道354号が東西方向に通っていて、市の東側は国道4号に近接している。鉄道も加須、花崎の両駅に、東武日光線の新古河駅と柳生駅がある。JR宇都宮線・東武日光線の栗橋駅に近接している。

農村地域と豊かな自然、そして都市機能の進展も予想される加須市は多彩な顔を持った街となっている。

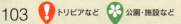

伊勢崎線

南羽生、羽生

東日本有数の衣料の街の企業誘致

建設省地理調査所発行「1/25000地形図」

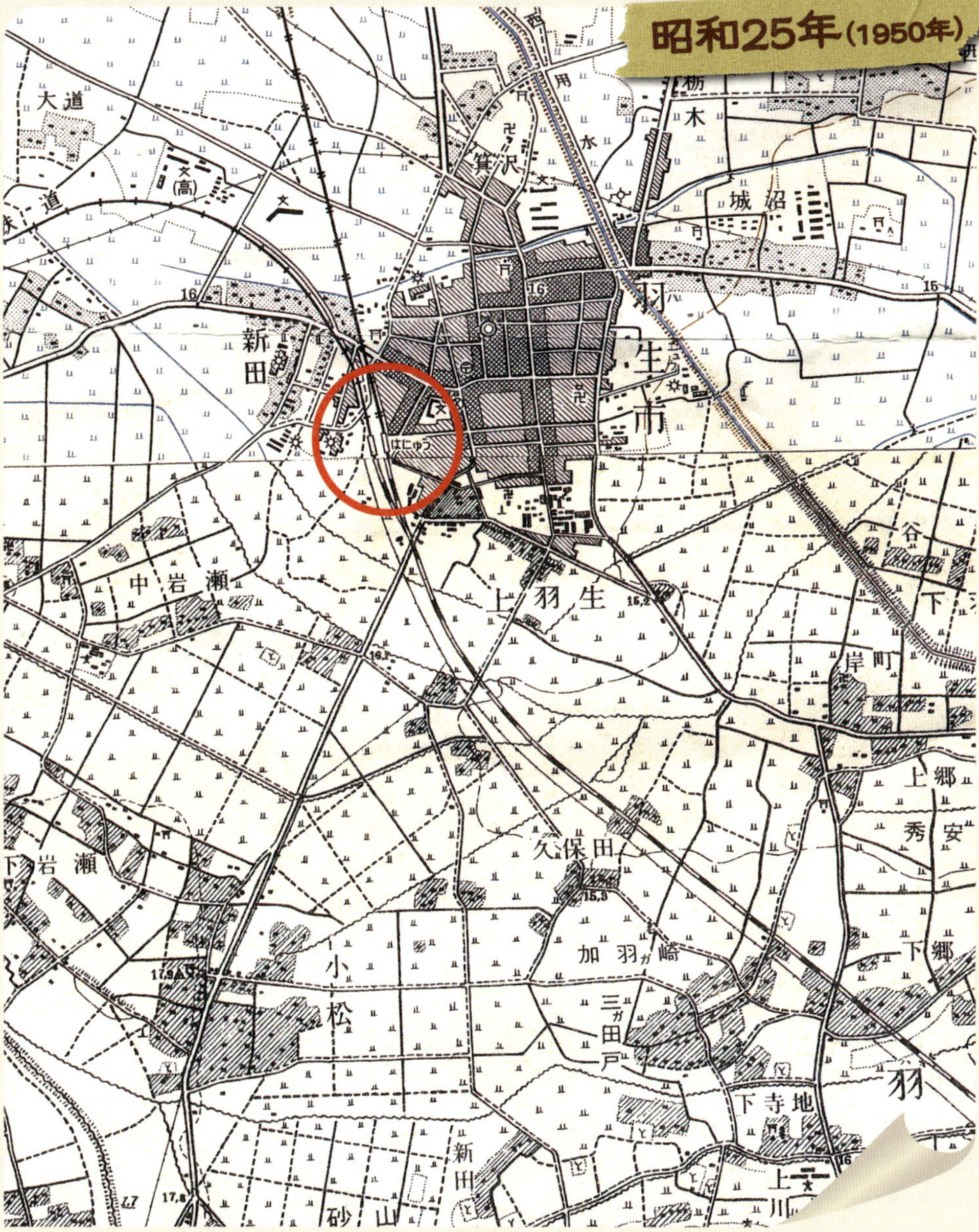

明治後半から大正〜昭和にかけて青縞の産地として賑わった羽生の街が羽生市となったのは昭和29(1954)年であるから、羽生市となる前の地図だ。地図左側から羽生駅に入ってくる鉄路は秩父鉄道。同鉄道の羽生駅開業は大正10(1920)年で、その頃は羽生町とその周辺の町村の有志により計画された北武鉄道羽生駅だった。しかし翌年に秩父鉄道と合併。地元が興した北武鉄道の名は消えた。

南羽生駅

開業年	明治36(1903)年 9月13日
所在地	埼玉県羽生市南羽生 1-37
駅構造	2面2線(地上駅)
キロ程	63.1㎞ (浅草起点)
乗降客	3,853人

羽生駅

開業年	明治36(1903)年 4月23日
所在地	埼玉県羽生市南 1-1-62
駅構造	2面4線(地上駅)
キロ程	66·2㎞ (浅草起点)
乗降客	14,264人

青縞時代の羽生の繁華

四里の道は長かった。その間に青縞の市のたつ羽生の町があった。田圃にはげんげが咲き、豪家の垣からは八重桜が散りこぼれた。赤い蹴出を出した田舎の姐さんがおりおり通った。

——田山花袋の『田舎教師』（明治42年刊）の書き出しだ。日露戦争を時代背景に青縞で賑わっていた頃の羽生を舞台にしたこの一作は田山花袋の代表作となった。

羽生は「キャラクターの聖地」でもあり、毎年「世界キャラクターさみっとin羽生」を開催。国内外からご当地キャラが集まってくる

南羽生と羽生の駅が開業したのは明治36（1903）年。北千住〜久喜間で開業した東武鉄道が久喜以遠の延伸を図っていた時期の駅開業だが、青縞の主産地が加須から羽生へと移った明治後半から太正年間にかけての羽生の繁盛ぶりを往時の『東武線案内』はこう報じている。曰く、

〈駅中の要駅にして構内諸般の設備、駅舎の構造甚だ完備せり。列車は五分以上停止するを以て所用の間あり。当駅に於いては手荷物一時預かり、構内呼

『田舎教師』と建福寺

〈寺の後ろにはこの十月から開通する東武鉄道の停車場ができて、大工がしきりに鉋や手斧の音を立てている〉

〈秋の末になると、いつも赤城おろしが吹きわたって、寺の裏の森は潮のように鳴った。その森のそばを足利まで連絡した東武鉄道の汽車が朝に夕べにすさまじい響きを立てて通った〉

——往時の東武鉄道も寸描されている『田舎教師』には実在のモデルがいる。明治34年、17歳で北埼玉郡三田ヶ谷村（現羽生市）の弥勒高等小学校の准教員となり、21歳で病死した小林秀三は、己の人生を日記にして残していた。この日記を元に、文学への志を抱きながらも田舎に埋もれていく青年の心象風景を小説にしたのが『田舎教師』となっている。

羽生駅東口駅前通りを徒歩5分ほどのところの曹洞宗建福寺（羽生市南1-3-21）には小説のモデルとなった小林秀三の墓がある。お墓の前には市教育委員会による説明板が立つ。

建福寺

建設省国土地理院発行「1/25000地形図」

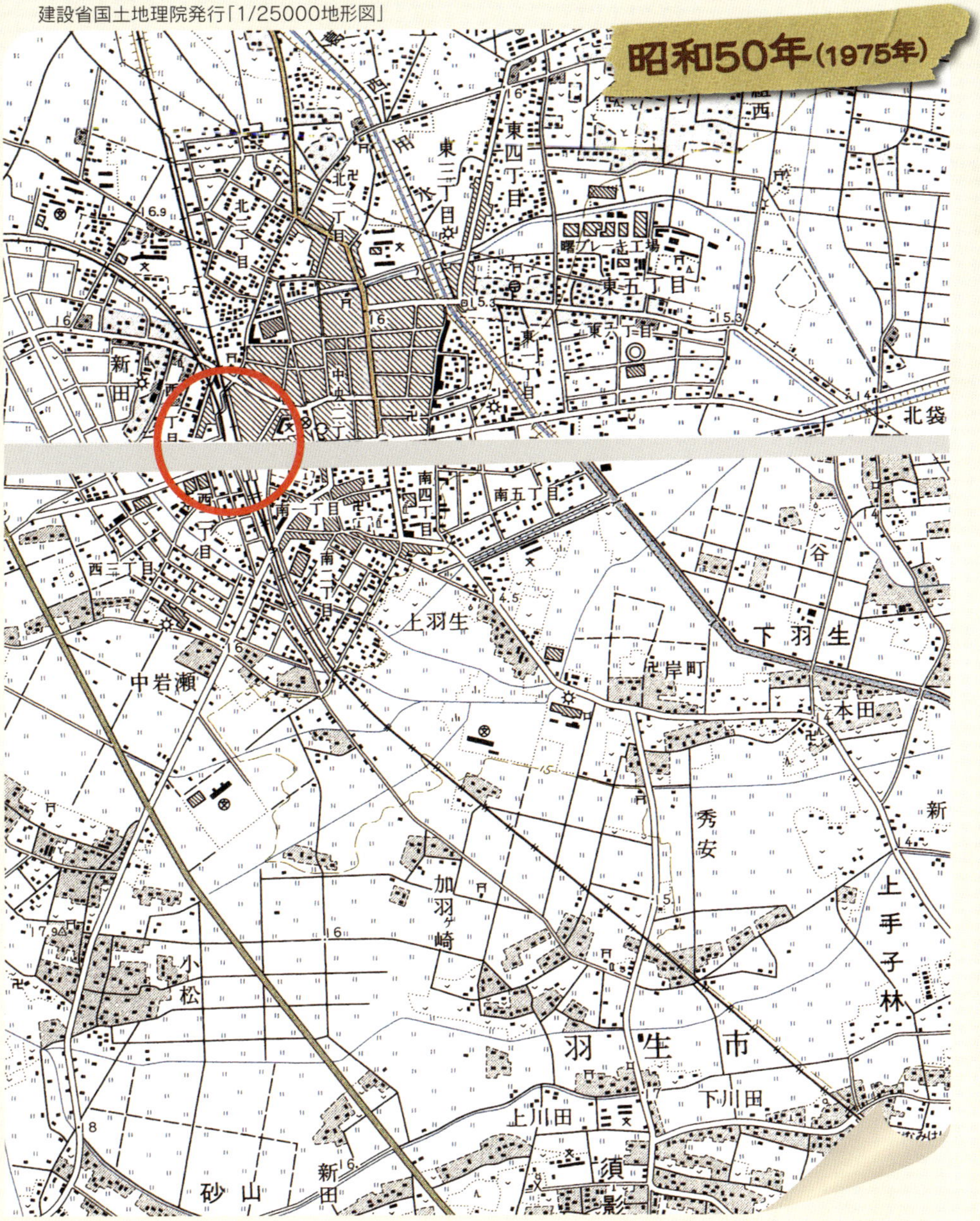

羽生市初の工業団地は昭和46（1971）年の大沼工業団地がそのハシリとなっている。衣料の街となった羽生が明日を模索し始めたころの地図だ。南羽生の駅は地図の外側になるが明治36（1903）年、須影駅として開業。明治末期から昭和初期まで廃止されていた歴史を持ち、南羽生駅となったのは昭和43（1968）年だ。全国のご当地キャラが集う「ゆるキャラさみっと」を開催したのは平成22年（下段写真参照）。以降、羽生はゆるキャラの聖地となっている。

「安産・子育て」大天白神社

羽生駅西口から徒歩30分ほどの大天白神社（羽生市北2-8-13）は、羽生城ゆかりの神社であるとともに、羽生市の安産・子育ての神様とされている。

弘治3（1557）年、羽生城主の正室が安産祈願に創建云々がその所以となっている。羽生城は16世紀初頭の築城とされる平城。江戸初期に姿を消した。広い境内にある大天白公園では毎年「大天白藤まつり」が開催される。


売あり。呼売の寿司に弁当は美味佳良。常に旅客の激賞を惜しまざるものにして駅中、一名物の観あり。

　商工の業、盛んにして店舗櫛比し、毎月四九の日に市を開く。取引賑盛にして郡中、枢要の商区たり。戸数凡そ八百、人口四千三百余り。羽生銀行、忍貯蓄銀行支店、羽生倉庫株式会社、関東新聞社等あり。有名なる青縞は当地を中心として産出」云々。

　時が流れて、「青縞の羽生」から東日本で有数の「衣料の街」となり、人口5万5千人の羽生市は今、産業経済の振興や雇用機会の拡大を図るため、企業誘致推進本部を設置するなど企業誘致に積極的に動いている。

建設省地理調査所発行「1/25000地形図」

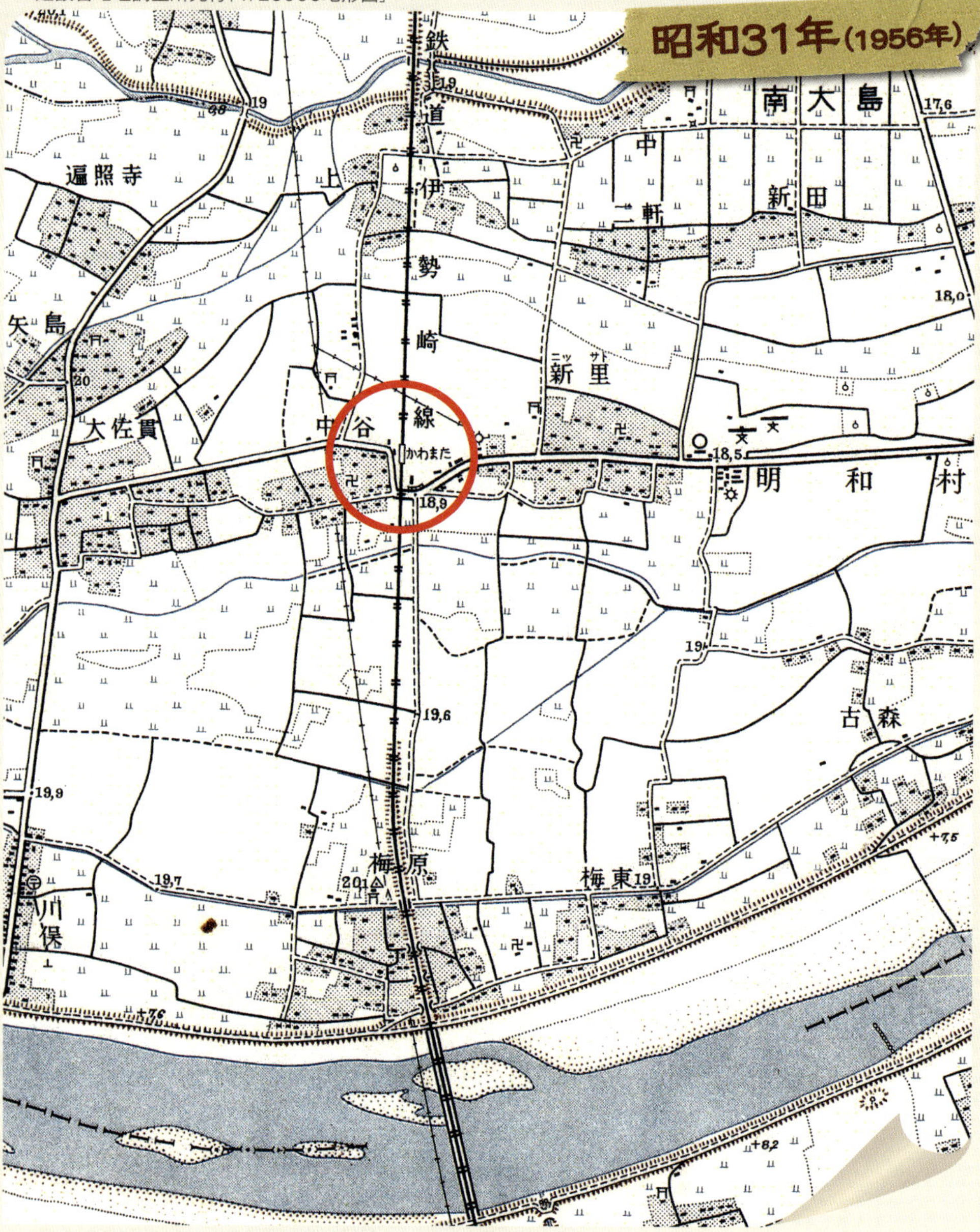

伊勢崎線

川俣

工場団地が多数立地して、合併無縁

田山花袋が『旅すがた』を著したのは明治39年(下段の本文参照)、その頃の川俣駅は利根川南岸にあったが、駅の立地は違っても明和町の風景はその頃と変わらないのではないかと思えるほど地図だ。明和町は「町の中で一番高いのは利根川の土手?」と冗談を言われるくらい、関東平野独特の平らなところにある。加えて利根川がある。こうした地勢が着目されて後に工業団地が相次いで進出していく。

開業年	明治36(1903)年4月23日
所在地	群馬県邑楽郡明和町大字中谷328-3
駅構造	2面2線(地上駅)
キロ程	70.5㎞(浅草起点)
乗降客	2,782人

課題は商業集積地の形成

東武伊勢崎線も、利根川を越えると群馬県に入る。その最初の駅が川俣。東武鉄道がまだ川俣止まりだったその昔、田山花袋は〈凡そ汽車の終端駅で、これほどあわれな小さい停車場は日本全国、何処を探してもあるまいと思われる―勿論、之が永久の終端駅ではなく、足利までやがて延びるのであるけれど〉云々と明治39(1906)年に出版した『旅すがた』で評している。

川俣駅は明治36年、利根川南岸の堤防下、埼玉県側に暫定的に開設。花袋が描いた頃、群馬県に用事がある乗客は、停車場から600mほど離れた渡し場まで歩き、そこから渡し船で利根川を渡っていた。こうした乗客のために仮造りの寂しい駅前でも小さい旅亭兼料理店が2軒、浅黄の幔幕を風に翻していたと、花袋は綴っている。利根川橋梁が竣工し、川俣駅以降の延伸が成って現在地に川俣駅が移るのは花袋が描いた翌年の明治40年である。

駅前では明和町の特産品をアピール

群馬県と工場立地件数

経済産業省の「工場立地動向調査」によると、平成29年の1年間における都道府県別製造業工場立地件数ベスト5は次のようになっている。
1位静岡県95件
2位群馬県63件
3位兵庫県63件
4位茨城県50件
5位愛知県46件
5年前の平成24年は1位が静岡と兵庫の65件で、群馬県は59件で3位となっている。群馬県はコンスタントに上位に来ていることが窺える。
群馬県は県内全市町村や経済団体などと連携し、東日本大震災後に「群馬県バックアップ機能誘致協議会」を設立している。
群馬県は東京から100キロ圏内に位置し、高速道路と新幹線などの交通網が発達している、大きな地震などの災害が少ない等々、恵まれた立地環境がそのポイントになっている。

足尾鉱毒と川俣事件記念碑

日本公害史の原点、足尾鉱毒事件。川俣事件は明治33（1900）年、邑楽郡佐貫村川俣（現明和町）で、足尾の鉱毒を政府に請願するために上京する途中の農民と警官が衝突、当時は兇徒聚集事件などと呼ばれた。明和町では川俣事件100周年に当たる平成12年2月13日、事件発生場所に碑を建てた（明和町川俣558）。この事件を町内外に広く知ってもらうとともに後世に正しく伝え、環境問題にも目を向けてもらおうと町指定史跡に指定している。

建設省国土地理院発行「1/25000地形図」

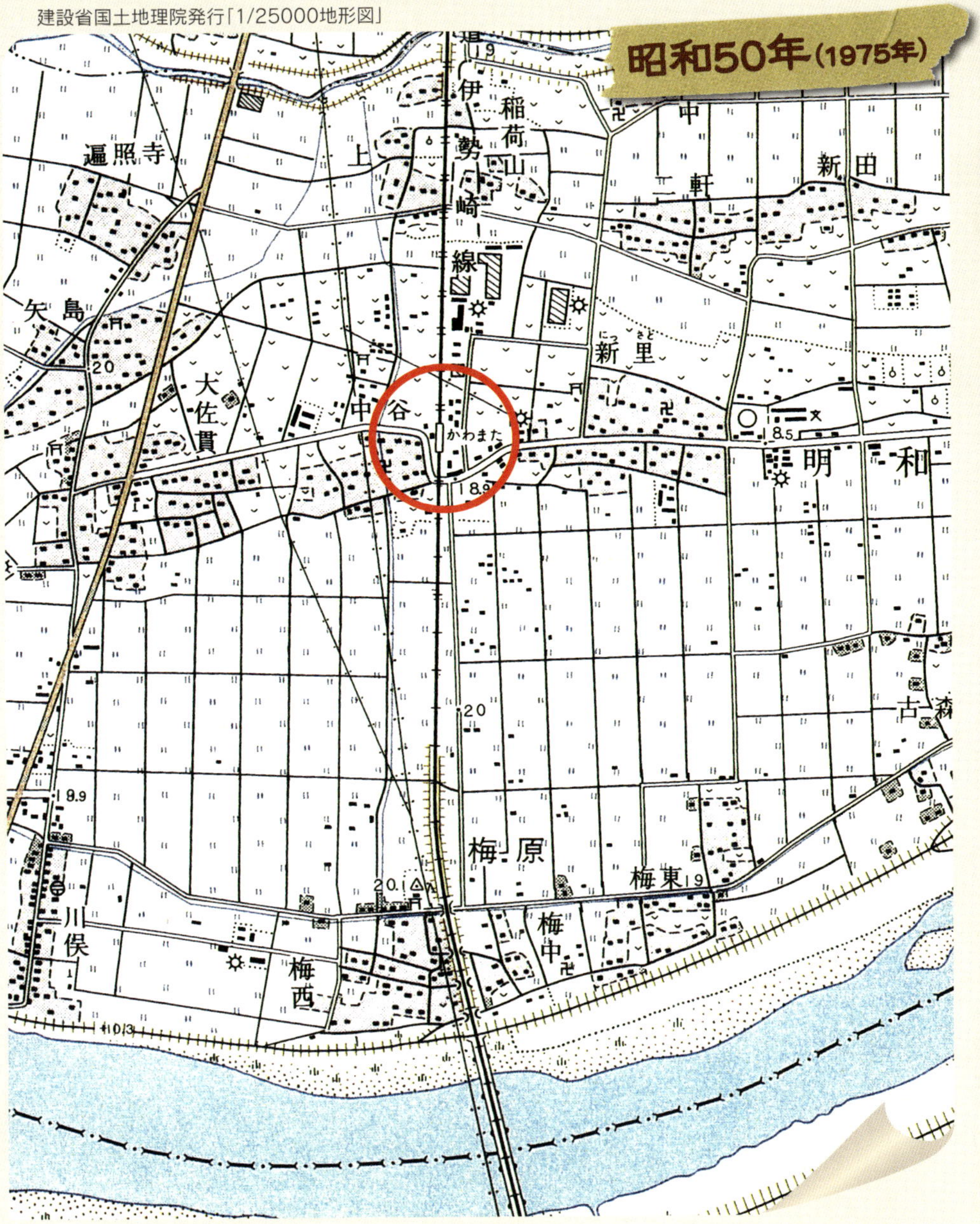

昭和50年頃の明和町はまだ村であり、人口はやっと9千人台に入ったところだ。明和町となるのは平成10（1998）年、つい最近のことだ。既に町の西部には工業団地が進出していたことから定住人口も増え、町制移行時は1万1千人台と大台に乗ったときだ。明和町は今、豊かな農地と工業団地の街として堂々の地方交付税不交付団体である。地図左側に走っている幹線道路は国道122号。

川俣駅の所在地は邑楽郡明和町であるが、邑楽郡は埼玉県と群馬県の境界である利根川に接しており、群馬県の東南端にあたる。

邑楽郡は東側から板倉町（人口1万5千人＝平成30年4月現在の概数。以下、数字は同）、明和町（1万1千人）、邑楽町（2万6千人）、千代田町（1万1千人）、大泉町（4万2千人）の5町が利根川に沿うようにして成り立っているが、そのうち太田市に接する大泉町を除いた4町が館林市に接しており、地勢的に古くから館林市との繋がりが深く、生活圏も非常に密な関係にある。

平成の大合併では、群馬県内の郡では唯一全町が独立を保った。各町とも大企業の工場や工業団地等が多数立地しており、合併にメリットは見いだせなかったのだ。例えば、明和町は西部の工業専用地域を中心に大企業の製造工場も多く、交付金不交付団体となっている。

シクラメンの生産で有名な明和町の悩みは、川俣駅前が象徴している。町の中心となる川俣駅周辺は鉄道により東西市街地が分断され、駅周辺を始めに魅力的な商業集積地が形成しにくいことだろう。

茂林寺前

分福茶釜で今も昔も観光名所

建設省地理調査所発行「1/25000地形図」

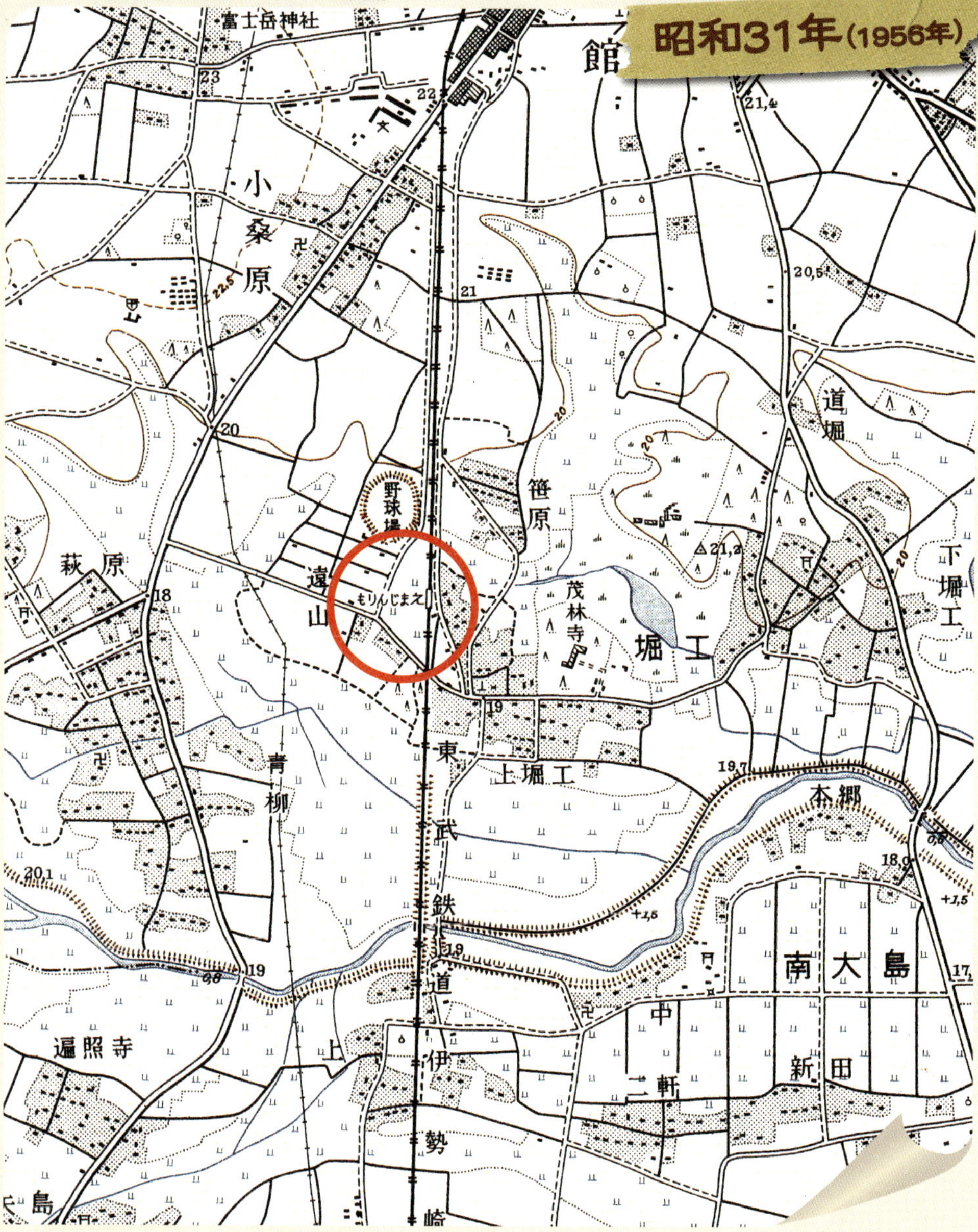

茂林寺駅北側の「野球場」は通称文福球場。なかなかの歴史を持った球場で、館林駅前にはその旨を記した石碑が立っている。曰く、職業野球の東京巨人軍は昭和11（1936）年、分福球場で実施したキャンプでの血反吐を吐く猛特訓は、巨人軍の基礎を作った。翌年、巨人軍は公式戦初優勝を飾った。文福球場は「巨人軍栄光の初V」の地である云々。その後敷地は学校法人関東学園に売却され、現在は関東学園分福競技場となっている。

開業年	昭和2（1927）年4月1日
所在地	群馬県館林市堀工町1624
駅構造	2面2線（地上駅）
キロ程	72.4㎞（浅草起点）
乗降客	1,698人

総門くぐれば時空を超える

分福茶釜の茂林寺（館林市堀工町1570）は駅から歩いて十数分。「黒門」と通称される、曹洞宗特有の総門は応仁2（1468）年建立と伝わる。総門から本堂へと導いてくれる通称「赤門」も、元禄7（1694）の建造という。総門から550年の歴史を通り過ぎてくる参道には20体ほどの狸の石像が色とりどりの衣装をまとって並び、参拝者を出迎える。お目当ての分福茶釜の拝観料は300円（子供半額）。茂林寺に代々伝わる宝物と一緒に由緒を云々してくれる——。

狸がお出迎えの茂林寺駅前

群馬の観光名所の一つである茂林寺は、昭和2年に鉄道開通後は東武鉄道も力を入れる沿線名所であった。

〈浅草駅から二時間。茂林寺前に着く。駅長兼助役兼出札係の北條さん、次の電車迄に間がありますから寺まで案内

分福茶釜と狸

寺伝によると、茂林寺の開山大林正通に従って、伊香保から館林に来た守鶴に来由する。
元亀元年(1570)、茂林寺で千人法会が催された際、代々の住職に仕えた守鶴はどこからか一つの茶釜を調達、茶堂に備えた。
この茶釜は不思議なことにいくら湯を汲んでも尽きることがなかったことから、守鶴はこの茶釜を、福を分け与える「紫金銅分福茶釜」と名付け、この茶釜の湯で喉を潤すものは開運出世・寿命長久等々、八つの功徳に授かる云々。
ある夜、守鶴は手足に毛が生え、尾が付いた狢(狸の説もある)の姿で熟睡しているところを目撃され、狢の姿となって飛び去った。
時は天正15(1587)年、守鶴が開山大林正通と小庵を結んでから161年の月日が経ってた――。
この寺伝を、巌谷小波(明治～大正期の作家)がお伽噺「文福茶釜」として出版。茶釜から顔や手足を出して綱渡りする狸の姿が「分福茶釜と狸」の物語になった。
なお、分福茶釜など宝物の拝観時間は午前9時～午後4時。木曜日が不定休。

茂林寺本堂

建設省国土地理院発行「1/25000地形図」

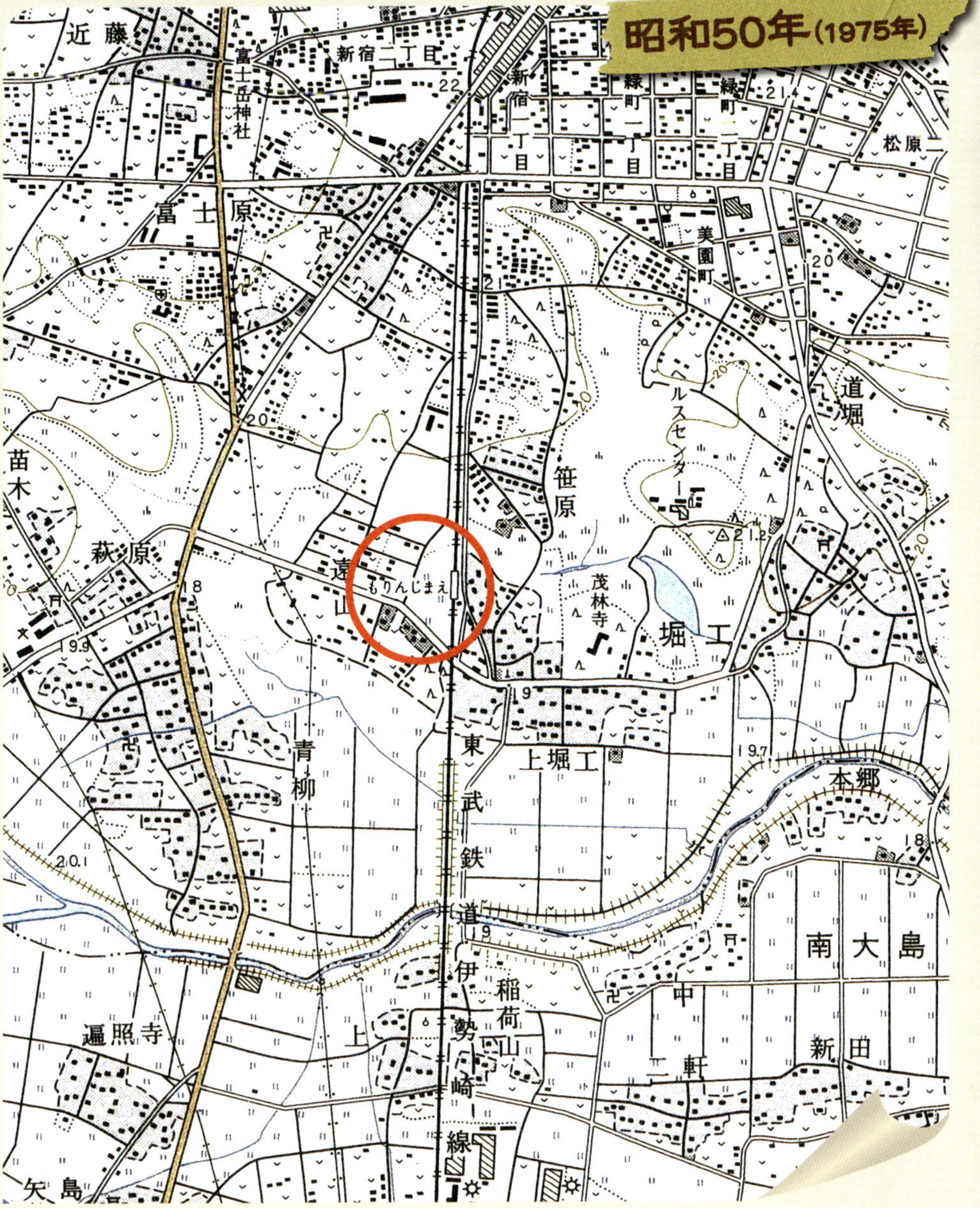

分福野球場は既になく、右ページで触れた関東学園大学(本部：館林市)が開学するのは昭和51(1976)年。関東学園の前身は大正13(1924)年に開学した関東高等女学校。茂林寺に東側に見える大きな池沼は群馬県指定天然記念物「茂林寺沼及び低地湿原」。現在は周辺一帯が茂林寺公園となっている。「ヘルスセンター」があった辺りに現在、東武トレジャーガーデン館林となっている。

しましょうという親切振り。知らぬ田舎道を土地の駅長さんと歩くので肩身が広い。

分福茶釜の茂林寺は、コンモリとした森と八重桜、芽柳、雀の子、それらを青麦が包んだ中にあって、案内僧を待つべく、寺の玄関に立つ。

お供物と渋茶が出る。黒光りの天井に電気のコードが目立って、燕が白い腹を返して飛び込んでくる。

集まっている客は田舎者、職人、若夫婦、モガ一組、それに僕。この七人が善男善女面をして一間に通される。分福茶釜はいきなり見せぬ。まず、寺の宝物、天皇御綸旨などの説明を承って、一番最後のお楽しみに出てくる。

この釜から狸の手足が出たなどは全然ウソという。でも、鼻先の東武線四色刷宣伝ポスターには、この釜に狸の尻尾を描いて居る――〉

茂林寺前駅開業後の昭和5(1930)年に出版された『旅の小遣帳』からの要約引用である。

この頃は茂林寺からツツジで有名な館林の花山を周遊するのが一つの観光コースとなっており、東武鉄道「茂林寺～館林巡り」の往復割引切符は2円。茶釜の拝観料は20銭。門前の茶店で売っていた茂林寺名物「狸寿司」は35銭。茂林寺から花山への乗合自動車は40銭だったと記している。

茂林寺と隣接する茂林寺公園は、全国でも希少な「低地湿原」の一つ。往時は沼から渡し船も出ており、「館林の駅まで三丁」の降り口まで30分ほどで20銭だったとある。

陸軍参謀本部陸地測量部発行「1/50000地形図」

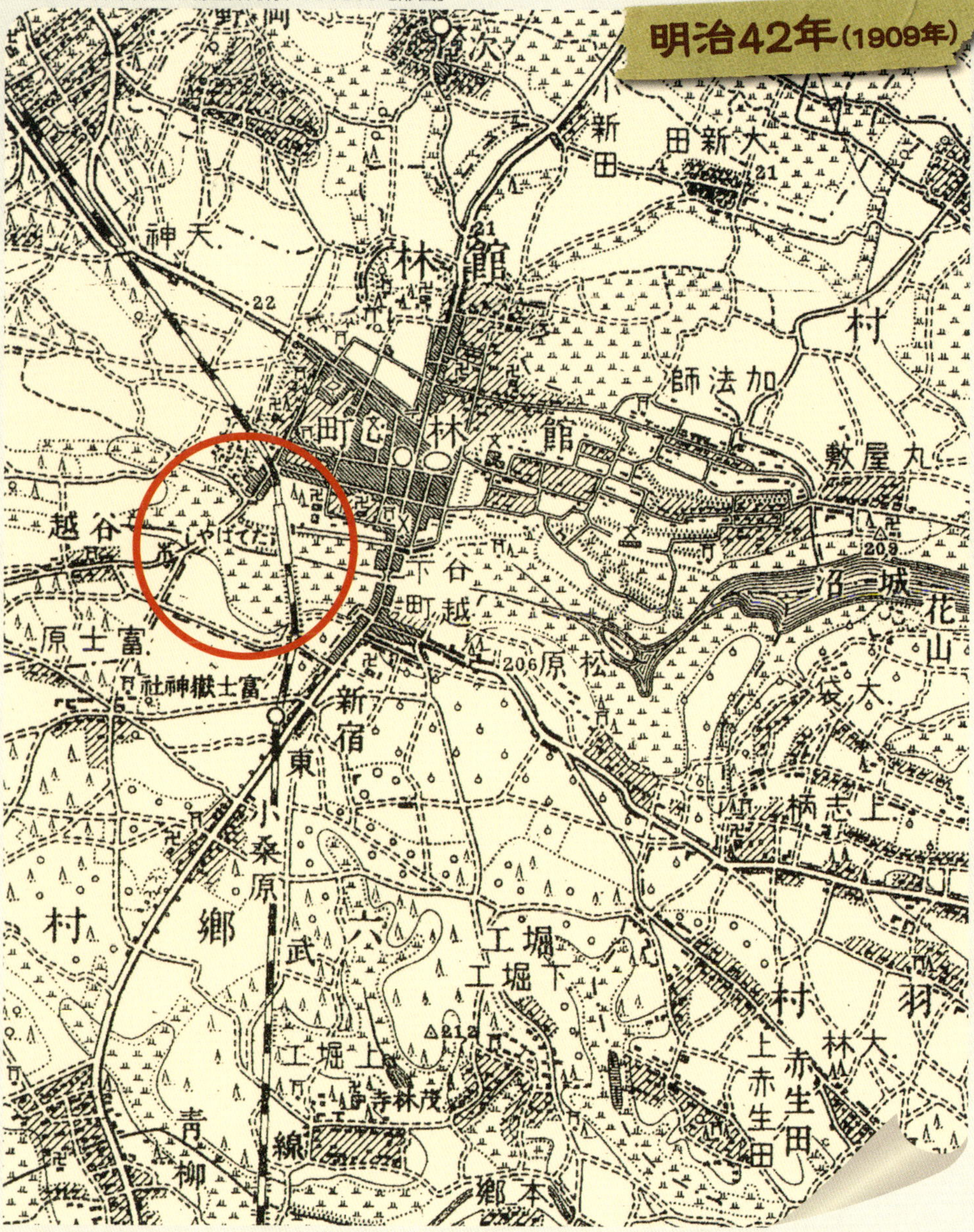

日清製粉のルーツとなる館林製粉がこの地で産声を上げたのは明治33（1900）年。創業したのは美智子皇后の実家でにあたる。この時代の館林の地図は5万分の1のみであり、地図には記載されていないが、創業10年後の地図である。市街地の東側にかつては館林城があり、城沼は城の濠の名残である。東武伊勢崎線館林駅の開業は明治40（1907）年。地図は館林が発展していく時代を写していることになる。

伊勢崎線

館林

東武鉄道が館林の発展を約束した

開業年	明治40（1907）年8月27日
所在地	群馬県館林市本町2-1-1
駅構造	2面5線（地上駅）
キロ程	74・6km（浅草起点）
乗降客	10,995人

館林の江戸時代と近代

伊勢崎線・佐野線・小泉線の3路線が乗り入れている館林の駅は平成10年、「関東の駅百選」に選定された。「洒落た模様の窓がある洋館風の駅舎で小規模ながら歴史を感じさせる駅」云々が選定理由となっている。

駅東側にあたる館林城は明治7年（1874）年に大半を焼失したが、現在でも本丸、三の丸、稲荷郭、城下町などの土塁の一部が残されており、三の丸には土橋門が復元されている。

東西に長い城沼は館林城の外濠だった。その水辺に整備されているつつじが岡公園は明治から昭和戦前にかけて「花山の躑躅ヶ岡」と称され、東京にも聞こえたツツジの名所だった。向井千秋記念子ども科学館は本丸の一画に立地している。二の丸跡には市役所、三の丸跡には館林文化会館が建つ。

昭和10年代の館林町（館林町勢要覧）

同じく東口の館林市立資料館には、館林で生まれ育ち、自然文学の旗手と

館林と綱吉

館林城は江戸時代に入ると、徳川四天王の一人榊原康政が城主に就く。館林は交通の要衝であり、北の抑えの役割を担った。

館林城の城主から五代将軍の座に就いたのが、生類憐れみの令で「犬公方」と揶揄された綱吉だった。

40歳で死去した四代家綱は一人の嗣子にも恵まれていない。その家綱が死の床に就いたとき、幕閣は次期将軍を巡って紛糾。このとき、大老酒井雅楽頭は京都から皇族の有栖川宮幸仁親王を将軍に迎えようと提案。対してただ一人異を唱えたのは老中堀田正俊で、館林殿の将軍継承が然るべき旨を主張する。

館林殿とは家綱の弟に当たる綱吉だったが、実兄の甲府城主綱重の子、綱豊も19歳で健在であり、次期将軍レースでは後方グループだった。

綱吉の生母は、家光の側室の一人だったお玉の方。表向きは関白二条家の家臣、本庄宗利の娘ということになっていたが、実のところは京都の町家の娘だったという。

出自が何かと問われた時代であるから、綱吉の将軍宣下には異論も出る。それを説き伏せた堀田正俊に対し、将軍になれるとは思ってもいなかった綱吉は、堀田正俊を大老に昇進させることで恩義に報いている。


陸軍参謀本部陸地測量部発行「1/50000地形図」

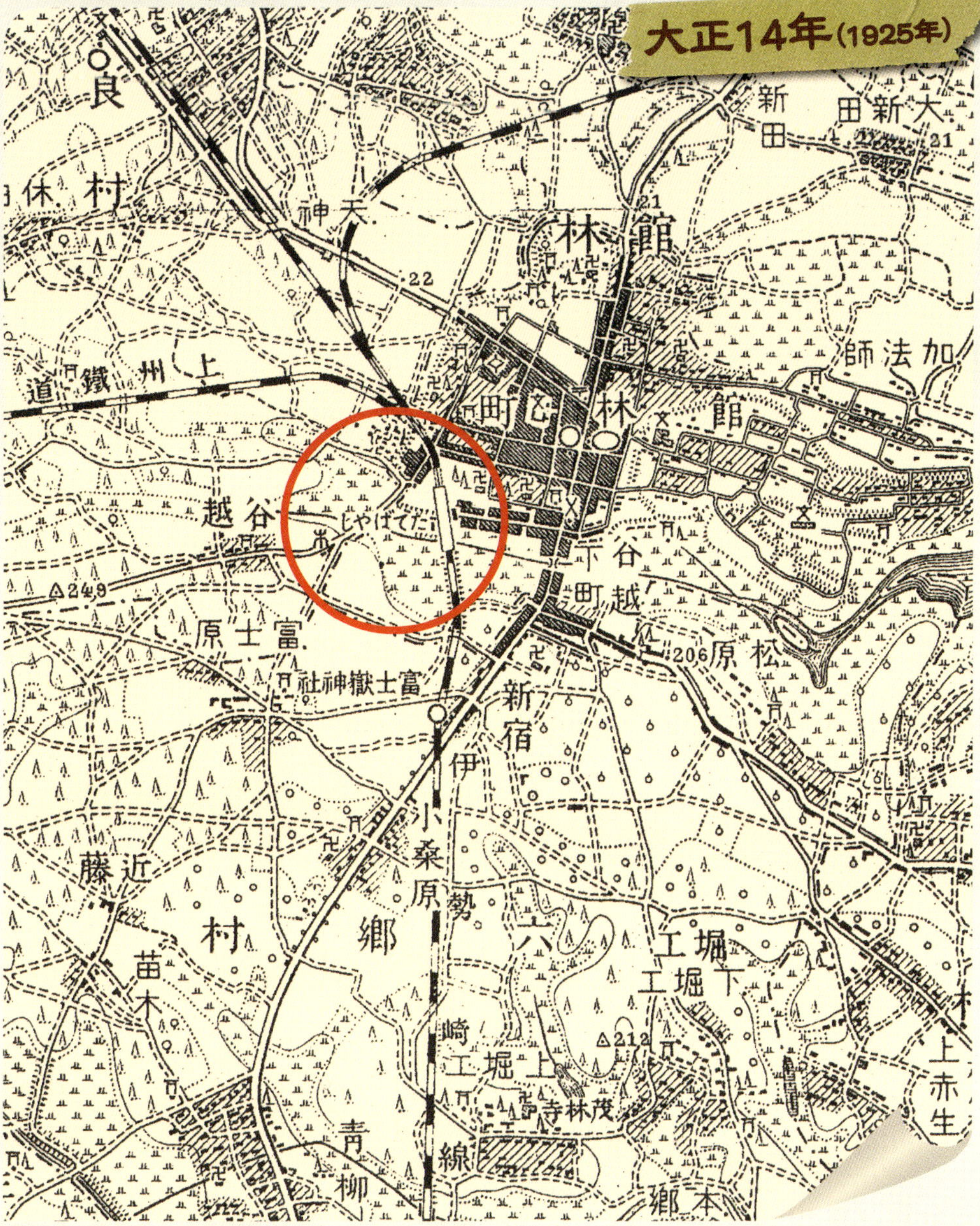

館林の駅から西と東に2本伸びているが、東に向かっているのが東武佐野線、西に向かうのが上州常州こと、後の東武小泉線だ。佐野線の前身は明治21（1888）年に設立された葛生〜越名間の安蘇馬車鉄道。葛生で産出される石灰石を運ぶための馬車鉄道だった。小泉線の前身は大正6（1917）年に館林〜小泉町間で営業開始した中原鉄道小泉線で、大正11年に上州鉄道と改称され、昭和12（1937）年に東武鉄道が買収、東武鉄道小泉線となった。

なった田山花袋の記念文学館がある。

西口に目をやれば、近代館林の歴史に欠かせない日清製粉館林工場、製粉ミュージアム、正田醤油本社、正田記念館等々がある。

館林発展の時代を、東京女子高等師範学校附属高等女学校が女学生に知識と見聞を積ませるために編んだ『遠足の栞』（大正7年刊）がガイドしている（要約）

――栃木、茨城、埼玉三県に接する館林は利根川、渡良瀬川を抱え、付近一帯は河川間の低地を成し、城沼、板倉沼、多々良沼等々、数多の池沼散在す。西部及び中央部は市街地を成し、東部は城址にして旧士族屋敷地なり。人口一万四千四百余にして、群馬県中前橋、高崎の両市に次ぎ第三の都会なり。

館林は農業の中心にして米穀肥料の取引盛んに行われ、製粉（日清製粉館林工場あり）織物（上毛モスリン）雑貨を産し、城沼の蓴菜は瓶詰めにして四方に輸出せられ、名物には麦落雁（文政年間の創製。幕府へ献上）麦羊羹等あり。

館林城址は、東南は城沼に沿い、西北は内郭の溝渠を廻らし、昔時頗る要害の地たるを思わしむ。

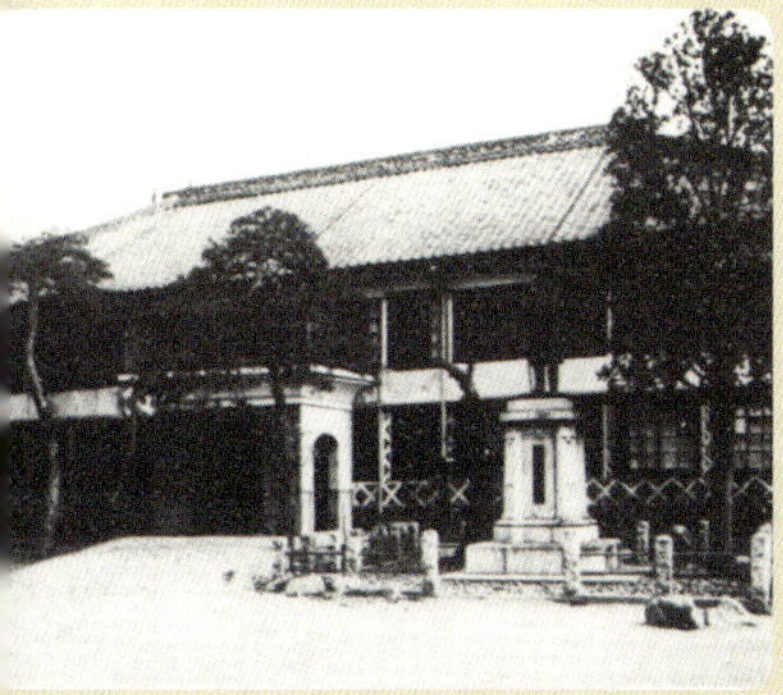

昭和10年代の館林町役場（館林町勢要覧）

建設省地理調査所発行「1/25000地形図」

昭和31年（1956年）

伊勢崎線の沿線名所だった城沼やつつじの花山などの景観は昭和30（1955）年頃までは明治・大正期の景観を残していたと聞くが、時代が高度成長期に入ると館林でも開発が進み城沼の様子は変わっていく。地図上左に見える「醤油工場」は正田醤油。創業は明治6（1873）の超老舗。日清製粉の創業家として知られる美智子皇后の実家の本家筋であることでも知られる。

つつじが岡公園

つつじが岡公園（館林市花山町32）のつつじ園では開花の時期には「つつじまつり」が開催される。推定樹齢800年を誇るツツジがある。

往時の「躑躅ヶ岡」は国の名勝となっており、北側には渡船場があり、ツツジや花ハスの季節には遊覧船も出ている。

つつじ園

製粉ミュージアム

館林駅西口すぐ近くにある「製粉ミュージアム」（館林市栄町6-1）は平成24年のオープン（写真）。

日清製粉グループの創業から現在までの歩みを当時の資料や映像と共に知ることが出来る。

開館時間は午前10時から午後4時半まで。月曜日休館。入館料200円、小中学生100円。

花山は躑躅ヶ岡または躑躅ヶ崎と称し、館林町の東南に位置し、停車場より二十五町。城沼に望み、東南に館林桃林を控え、西北は城沼を隔てて館林町と相対し、風景頗る佳なり。岡には紅白の躑躅約一千株あり、毎年四月下旬より五月中旬の頃を花の盛り時す。——

館林製粉と上州モスリン

市史に云う。明治40年に開通した東武鉄道こそ、館林の今日の発展を約束した事業だった——。

〈館林は私の故郷だ。十六まで其処にいた。館林は製粉が出来、汽車が出来、モスリンが出来てから非常に賑やかになった。今では芸者が三四十人もいる。待合などもある。昔に比べて大いに発展している。港屋の料理もかなりに食える。これというのも、ここの城沼の向かいにある躑躅園が都会の人に知られて毎春、遊びに来る客が多くなったのもその一因であろう〉と、田山花袋も、発展していく館林の一端を描写している（『東京の近郊：一日二日の旅』大正9年刊）

花袋のいう「製粉」「モスリン」とは、『遠足の栞』にある館林製粉と上州モスリンを指している。

館林製粉は現在の日清製粉の前身。平成天皇の皇后の祖父にあたる正田貞一郎が明治33（1900）年に興した。

「上州モスリン」は館林町の有志が創業した織物工場を母体として明治35年設立。東武鉄道開通で輸送面の利便性が飛躍的に向上したことから、当初は資本金2万円だったが明治45年には400万円と躍進。東京にも工場を

田山花袋旧居

館林第二資料館（館林市城町2-3）に移設されている田山花袋旧居は、田山花袋が少年期を過ごした家で、江戸時代の小規模な武家屋敷の一例となっている。花袋が7歳から14歳までおよそ8年間を過ごした。木造平屋建て、玄関の土間に続いて三畳、左手に八畳二間、右手に四畳、裏に三畳の板間と土間の合わせて5部屋。

明治4（1871）年、旧館林藩士の子として生まれた花袋は14歳で上京。やがて小説家をめざし、明治40年『蒲団』の発表で、日本の自然主義文学を確立している。

館林と花袋のつながりは深く、数多くの紀行文にも幾度となく採り上げているが、花袋が館林の思い出を書き綴った作品『ふる郷』（明治32年刊）では「なつかしきこの家」と綴っている。

入館時間は午前9時から午後4時半まで。月曜日休館。入館料は無料。

花袋の旧居

建設省国土地理院発行「1/25000地形図」

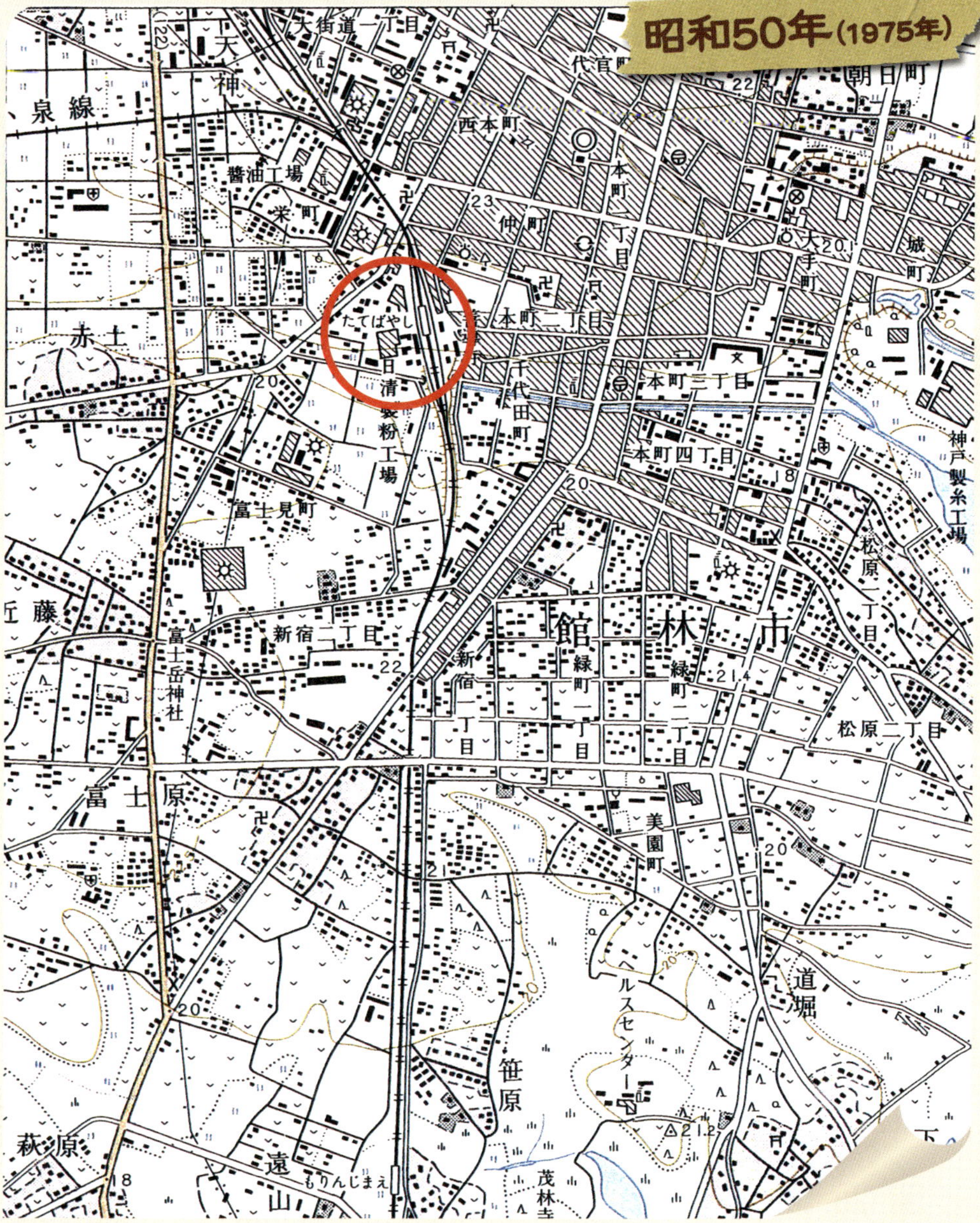

館林の市街地を南北に縦断しているのは、通称日光脇往還。日光裏街道とも呼ばれる。江戸時代、鴻巣の追分まで中山道と街道を同じくし、ここで分岐して行田～羽生～川俣～館林～佐野～栃木～今市を経て日光街道に合流する。佐野より先は日光例幣使街道と重なる。館林市は昭和49年に市制20周年記念を迎え、その記念事業として館林城三の丸跡に館林文化会館、図書館がオープン。昭和53年には郷土資料館（現・第一資料館）が開館している。

構えるようになる。しかし、欧州大戦（1914～18年）の影響による原料不足から低迷。大正12（1923）年の関東大震災で東京・練馬工場が倒壊するなどで、震災の打撃から立ち直れず、大正15年に破綻。その後、共立モスリン、日本毛織、中島飛行機館林分工場、戦後のは神戸製糸と変遷した。

往時の上州モスリン本館事務所

館林市第二資料館（館林市城町2-3）は上毛モスリン本館事務所が移設されて、資料館となった。明治41年から43年にかけて建てられた木造二階建の擬洋風建物で、入母屋造りだが、左右対称の外観、張り出しの浅い屋根、上下開閉式の窓、柱・階段の手すり・天井などに見られる意匠等に洋風建築の要素が見られ、館林における当時の建物の発展の様子が伝えている。

東武鉄道が発展を約束した館林は、かつては前橋、高崎に次ぐ県内第三の年だった。近年は社会環境の変化で県内都市人口ランキングも変わっている。1位高崎市、2位前橋市、3位太田市と続き、館林市7万6362人（平成30年9月現在）は渋川市に次ぐ7位だ。

館林市は平成28年から邑楽郡板倉町と合併協議に入ってる。同協議会はこの夏までに13回を数えている。

伊勢崎線

足利市

織物の街から観光都市へ

陸軍参謀本部陸地測量部発行「1/50000地形図」

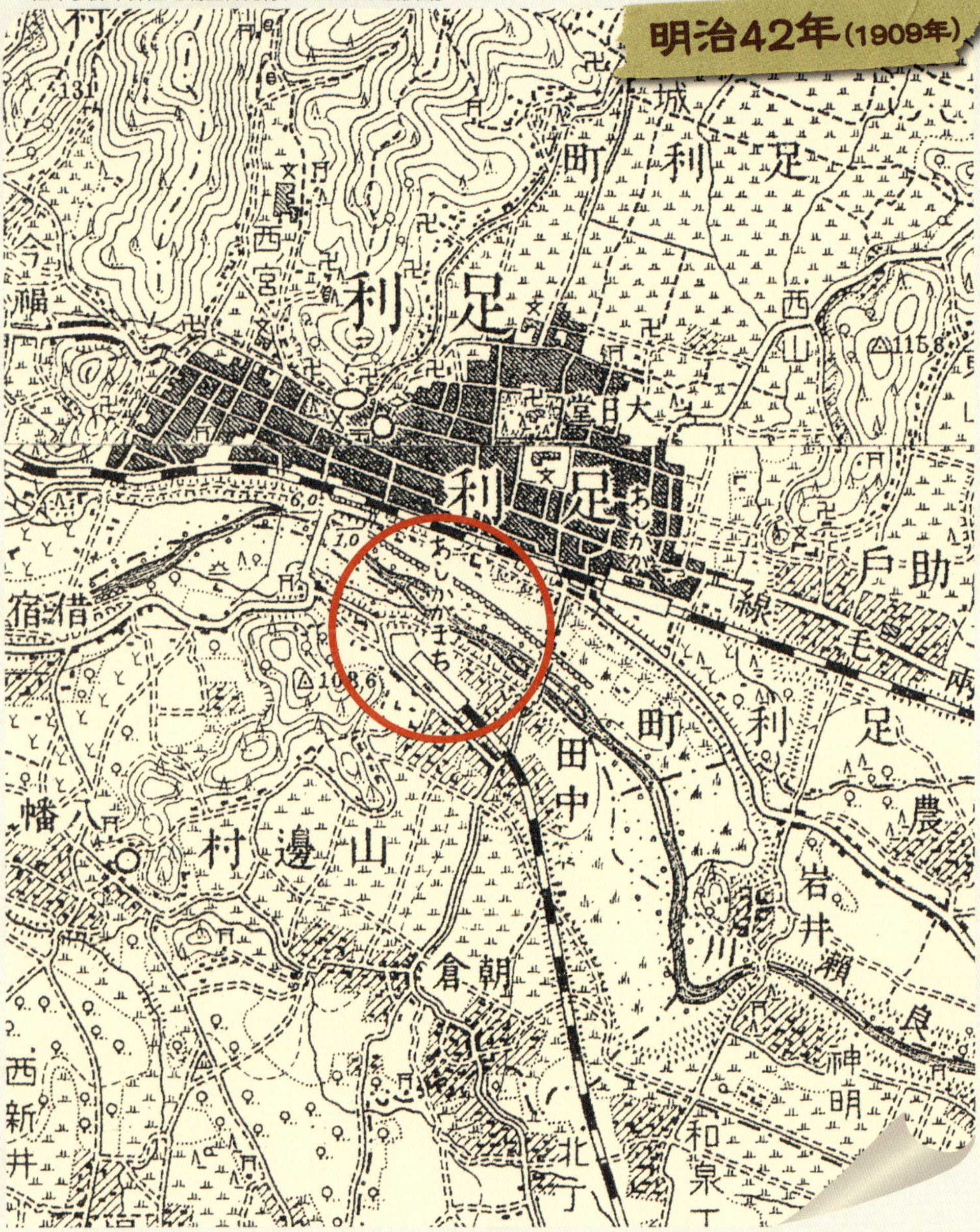

足利町に電気が入ったのは明治40（1907）年。桐生より十数年遅かったが、機業にとって電灯は大きな戦力となった。それまでのランプと違い、火災の恐れは激減。夜の残業に威力を発揮した。紡績関係でいち早く電灯の有用性を示したは大阪紡績だったが、明治40年以降は足利の機業も電灯をともしてフル操業していただろう。田山花袋が描いた足利の街（下段本文）が活況に沸いている時代だ。

開業年	明治40（1907）年8月27日
所在地	栃木県足利市南町3694
駅構造	1面2線（高架駅）
キロ程	86.8㎞（浅草起点）
乗降客	6,330人

足利の大正期

街の中央を渡良瀬川が東西に流れる足利市。渡良瀬川の北側にＪR両毛線の足利駅があり、南側には東武伊勢崎線の足利市駅がある。

足利市議会は平成30年5月、「観光都市宣言」を決議した

足利はかつては桐生と並ぶ機業の中心地だった。田山花袋は往時の足利を「嵐気の漲った山の下にごだごだと集まった人家と白亜、二階家、煙突から高く上がる煤煙、これが天下に名高い機織りの町である」云々と描写した（大正7年『一日の行楽』）

奈良時代まで遡ると言われる足利の織物は、大正から昭和初期にかけては足利銘仙が全国的なブームとなった。花袋が描いた街の表情は発行年から見るとその頃のものと思われる。

大正９年の戦後恐慌

『足利商工案内』に云う「大ガラ」とは、欧州大戦後の戦後恐慌を指している。大戦時の過剰生産が原因だった。

大戦景気は、日露戦争後の不況で債務国に転落していたが、大戦景気で日本は一転、債権国となった。

しかし、戦争が終わり、欧州列強が市場に復帰すると、輸出が一転不振となって余剰生産物が大量に発生。大正9（1920）年の春から夏にかけて、株価暴落を受けて銀行取付騒ぎが続出し、170行に及んだといわれる。

大戦景気で好調だった綿糸や生糸の相場も大正9年には半値以下に暴落して打撃を受けた。これにより、20を超える銀行が休業、紡績・製糸業は操業短縮を余儀なくされた。文中にある「盟休」はこのことを指していると思われる。

当時の足利織物同業組合会館

陸軍参謀本部陸地測量部発行「1/50000地形図」

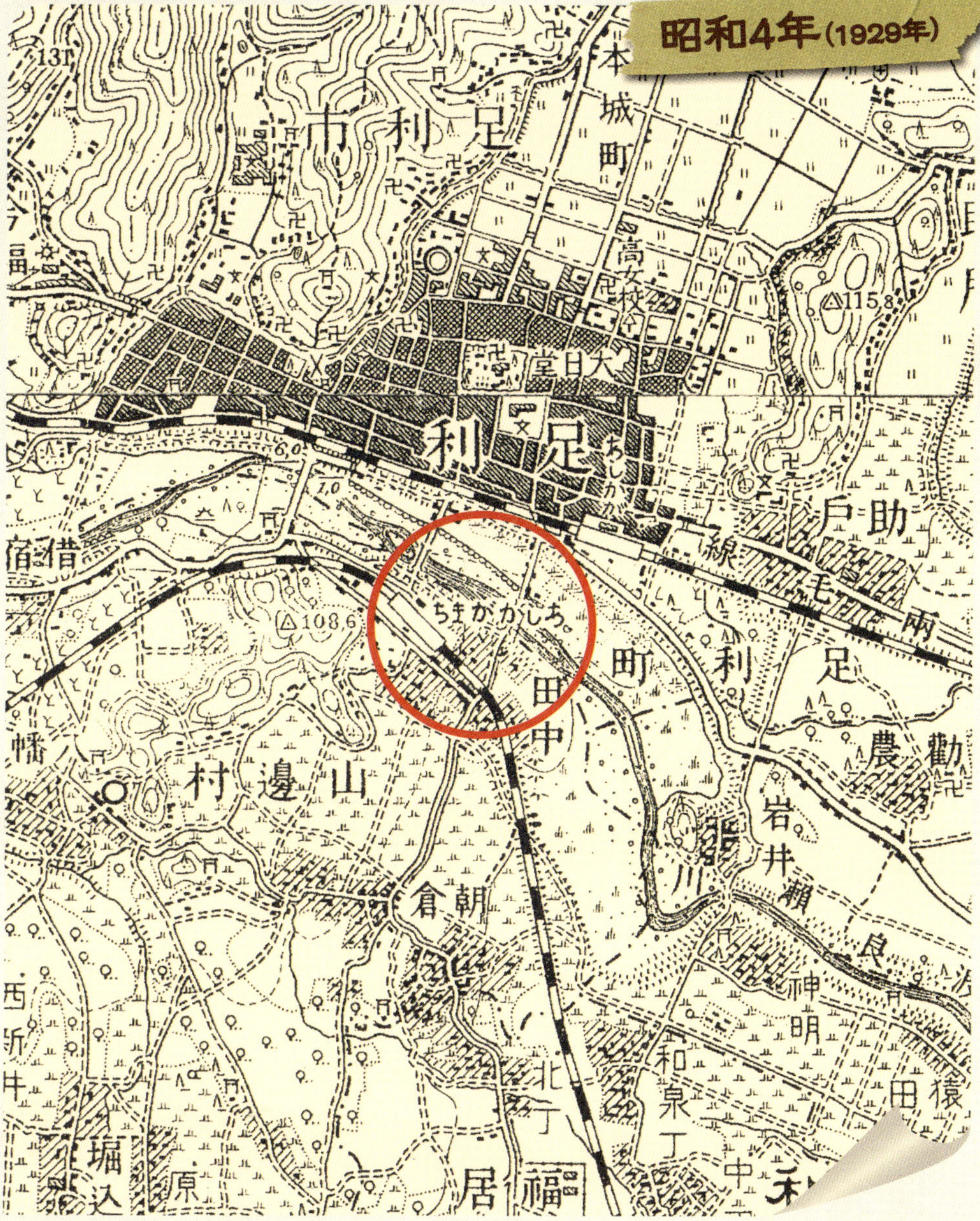

明治42（1909）年には足利止まりだった伊勢崎線（右ページ参照）も翌年には伊勢崎まで到達。東武鉄道創業以来の目的を達した伊勢崎線全通が足利の大きな武器になって20年。大正から始まった足柄銘仙の人気が沸騰。両毛線足利駅の背後にあった山間の田畑も区画整理され、市街地が成長していっているのが見て取れる。昭和初期は足利織物の全盛時代だった（下段本文参照）。

日本で機業が発達発展したのは「市日制度にあった」と、大正15（1926）年に足利市商業聯合会が発行した『足利商工案内』にある。

――同制度は我が国機業発達史上に特筆大書されなくてはならぬ一大革命であった。我が市日制度は天保年間にあり、当時はかの有名な天保の大飢饉があっても、足利だけは独り旺盛であった機業のために経済が緩和され、さしも猛烈を極めた天災にも苦しまずにすんだものだと、当時の記録に残されているとのことである。

爾来、市日制度は卓越した商業政策として各地織物問屋の歓迎を受け、年一年と取引増加し、足利織の声価を高め、繁盛を招来せしめた。

而して欧州大戦の余映で、大正七～八年に至っては空前の大飛躍を遂げ（中略）本邦第一位の織物生産地たることも夢ではあるまいと思わしめた。

だが九年の大ガラ（別項参照）に一朝際会するや、前年最高潮に達した足利織物業界も、襲来する経済界の大海嘯には抗すること能わず、取引中止、生産の盟休、支払停止等の奈落に陥り無比の惨状を呈した。それ以来は引き続き取引減を示すも依然として両毛五大機業地における随一の花形足ることには幸いに変わりがない（要約）。――

トリコット黄金時代

足利駅から渡良瀬川に向かうと田中橋に出る。この道筋はトリコット通りと呼ばれ、南下していくと足柄バイパスにつながる。

建設省地理調査所発行「1/25000地形図」

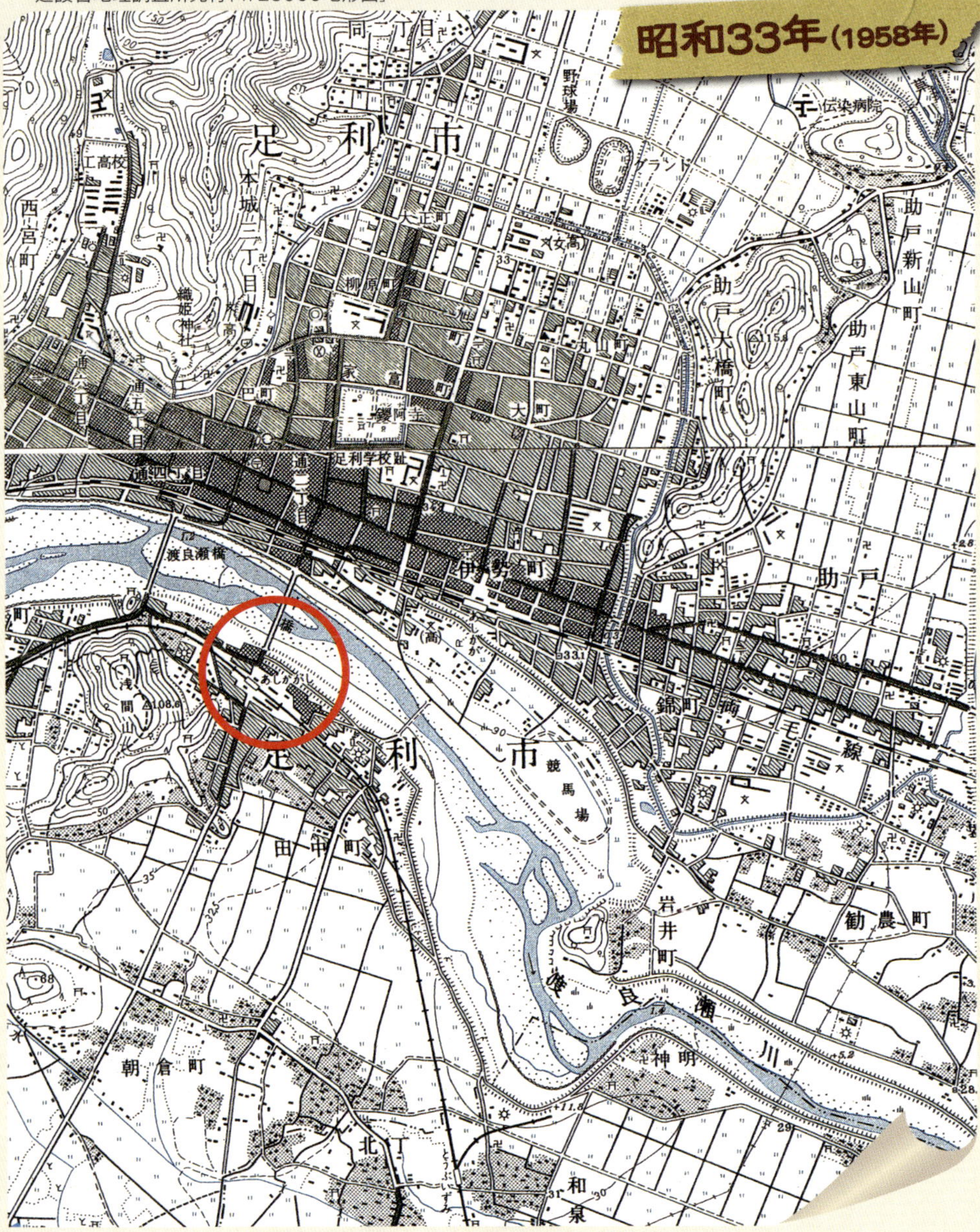

トリコット会館が建設された（下段の本文参照）翌年の地図だ。足利は以降、トリコット全盛時代を迎え、その繁昌は戦前の織物を凌ぐ勢いを見せていく。JR（当時は国鉄）両毛線足利駅前から伸びていくトリコット通りはまだ姿を見せていないが、渡良瀬川に架かる田中橋ともどもトリコット通りが整備されるのは昭和45（1970）年。この地図年以降、足利は空前のトリコットブームで街全体がヒートアップすることになる。

足利学校と寺子屋

中世の日本で国内随一の「知の宝庫」だった足利学校が大学なら、小学校が寺子屋。平安時代末期から鎌倉時代にかけての中世の寺院で読み書きを教えたのが寺子屋の起こりという。

寺子屋が普及したのは町人社会が発展した元禄時代以降だが、寺入り（入学）の年齢は6歳が標準で、早いものは5歳、遅い場合は10歳以上。寺入りは2月の初午、5月節句などの他、随意にできたが、2月初午が多かった。

寺入りの日は女親が子を連れて、硯や筆墨、机を持参。師匠には束脩（謝礼）を納める。机のないものは寺子屋で借りるが、無論、無料ではない。束脩は一朱（一両の16分の1）か二朱の金銭か、菓子折や扇子などの他、引越の挨拶よろしく寺子仲間へ菓子類を配った。

授業は四つ（午前10時）から八つ（午後2時）まで。1日3食になったのは元禄以降だが、これは武家社会の話で、町人農民は文化文政頃まで1日2食だったから、昼休みはない。在学年限は、男子はほぼ4年で女子は5年。男子は年季奉公、女子は見習い奉公に出る関係で、女子の在学が長かったという。

足利学校

織物の衰退を見た戦後は、足利は「足利ジャージ」を始めとするトリコット工業が盛んになった。経済白書が「もはや戦後ではない」と高らかに謳い上げた昭和31（1956）年には足利トリコット工業協同組合が設立され、翌年にはトリコット会館が建設された。35年には足利トリコット工業団地の造成が完了。高度成長期の昭和41年には、足利のトリコット生産は日本一となった。

そして昭和45（1970）年に田中橋が完成している。田中橋は明治時代は舟橋（河川の中に並べた舟の上に板を敷いて渡る仮設橋）で、大正になってから本橋となったが自動車交通には向かず、

市制施行間もない頃の足利市役所

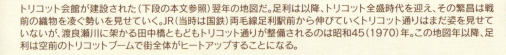

鑁阿寺（ばんなじ）

鑁阿寺（足利市家富町2220）は、源姓足利氏二代目の足利義兼が建久7（1196）年、邸内に持仏堂を建て、大日如来を祀ったのが始まりという。足利三代目義氏が堂塔伽藍を建立し、足利一門の氏寺となった。鎌倉時代の武家屋敷の面影を伝えている。本堂は国宝。

織姫神社と美人弁天

♪足利来るなら織姫様の赤いお宮を目じるしにカラリコトントン♪と足利音頭に歌われた足利織姫神社（足利市西宮町3889）。朱塗りの社殿は緑に映えて景観美しく、境内からは関東平野を一望できる。

女性誌や旅行誌が取り上げるなどして全国的に知られるようになった「美人弁天」は厳島神社（本城2-1860）の御祭神・市杵島姫命の分身。美人弁天の開扉日は毎月第1・第3日曜日。

建設省国土地理院発行「1/25000地形図」

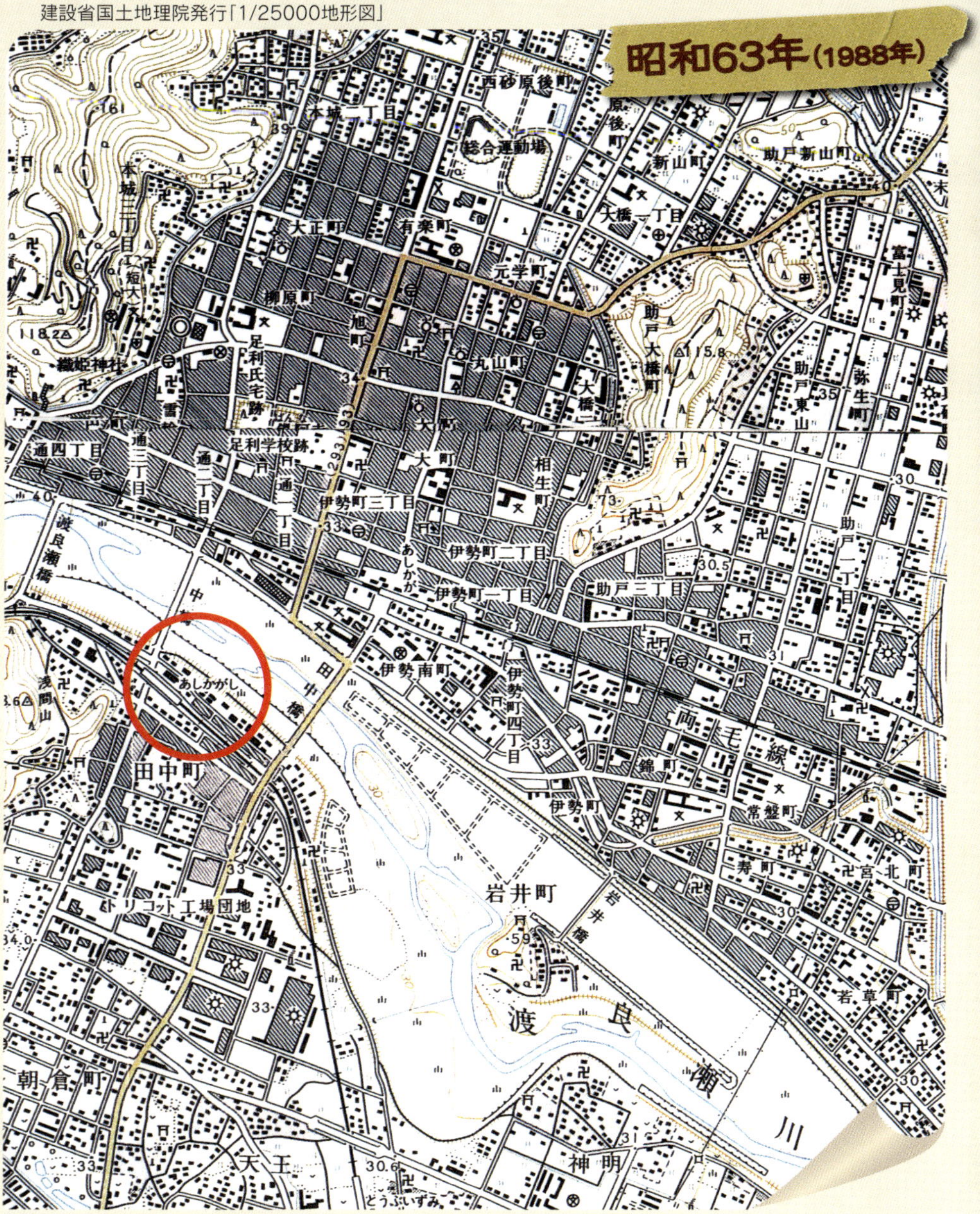

伊勢崎線足利市駅南に「トリコット工業団地」が見える。JR足利駅前から田中橋を通って渡良瀬川を渡る道路がトリコット通りと呼ばれる由縁でもある（下段本文参照）。しかし、足利に我が世の春をもたらしたトリコット産業も衰退。明日を模索していたころ、NHKが大河ドラマで足利尊氏を主人公にした「太平記」を放送するのは、地図年から3年後の平成3（1991）年。「観光足利」の契機となった大河ドラマであった。

トリコットの勢いががっちりとした鉄筋コンクリートの橋に変わった。当初は全国でも珍しい有料橋だったが昭和51年から無料化。田中橋とトリコット通りは現在、二つの足利を結ぶ大きな役割を果たしている。

足利に我が世の春をもたらしたトリコットもやがて衰退。トリコット会館も解体され、その跡地は観光客用の駐車場となり、足利の今を象徴してる。

観光足利

かつてのトリコット団地周辺は、大型ショッピングセンターや大型マンション、ファミリーレストラン、大型家電店などが進出し、郊外型ショッピングエリアへ変貌を遂げた。その影響で旧市街と呼ばれる中心商店街からは、次々と大型店（高島屋、さくら屋、十字屋、サンパルコ、キンカ堂等々）が撤退し衰退が進んでいる。

足利の産業は現在では、かつての機業に代わってアルミや機械金属、プラスチック工業などが中心となっているが、名刺の肩書は「観光足利」であろう。観光都市宣言した足利の観光は近年急成長している。

栃木県による「栃木県観光客入込数・宿泊数推定調査結果」によれば、足利市の観光客入込数は平成24年306万人に対し、同29年は475万人と5割増の勢いで振興。観光客宿泊数も1万6861人から3万3170人と倍増。外国人観光客は2900人で横這いだが。22年の126人に比べると20倍を超えている。

◎足利市街　群馬県の伊勢崎、桐生と並んで、北関東の織物の街として栄えてきた足利市。1921(大正10)年に市制を施行、一時は宇都宮市に次ぐ県内2位の人口を誇っていた。平安時代に起源があるとされる「足利学校」があることでも有名(諸説あり)で、現在は方丈や庭園が復元されている。

◎藪塚駅　東武桐生線の主要駅のひとつ、藪塚駅である。1913(大正2)年に開業したが、これは大正期の駅舎、ホームの姿と推定される。行基の開湯伝説が残る藪塚温泉があることでも知られる。

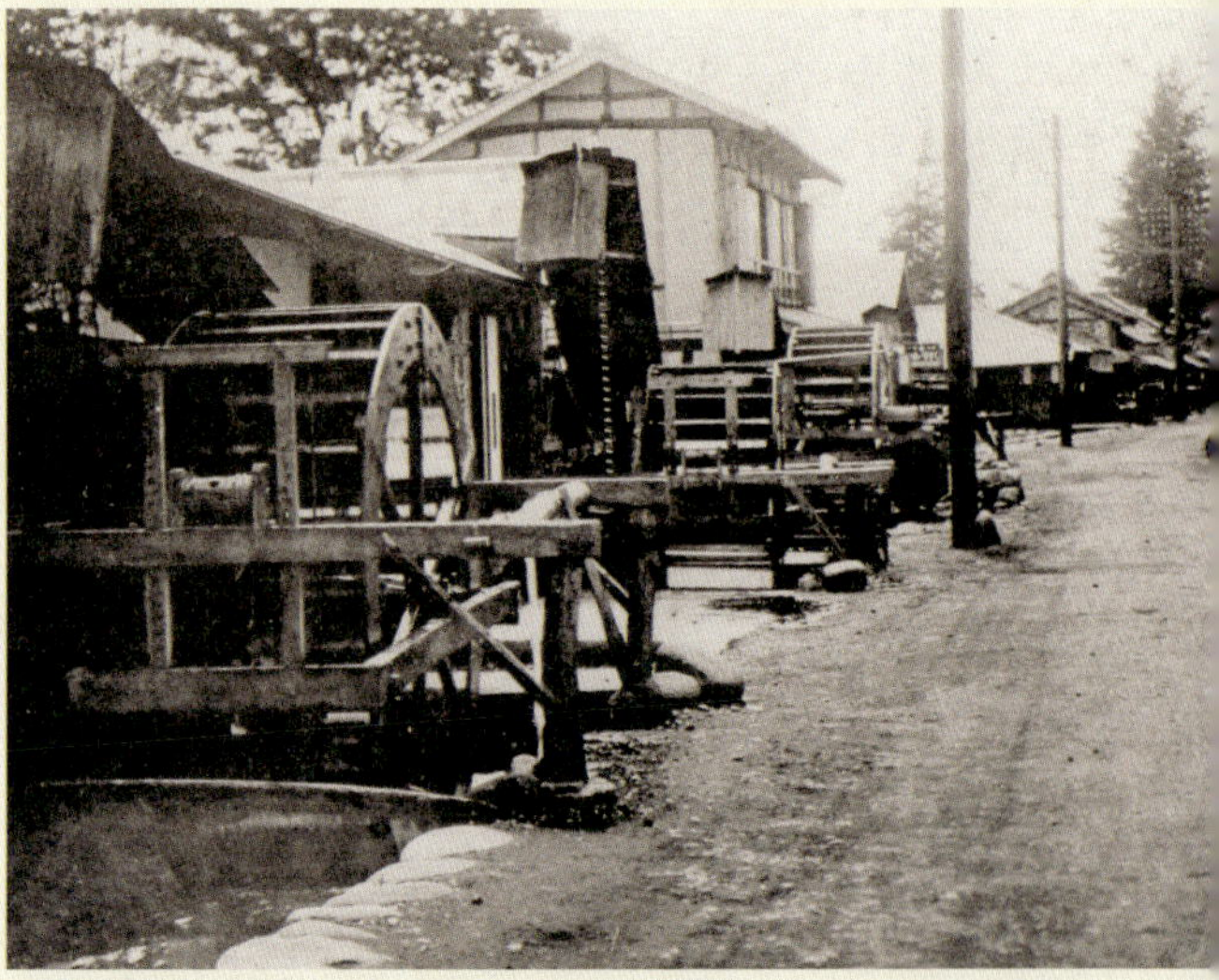

◎桐生新宿の水車　桐生市中部(旧新宿村)で使用されていた水車。新宿通りの両脇には用水路が流れ、撚糸業の動力として多くの水車が稼働していた。明治時代に発行された「桐生商工案内」でも「新宿の水車」として紹介されている。

◎**館林駅・日清製粉**　1907(明治40)年に開業した館林駅付近を走る東武線の列車。右奥に駅・ホームがのぞく。左手に見えるのは日清製粉の館林工場。館林は日清製粉の発祥の地で、現在は「製粉ミュージアム」が開館している。

◎**足利織物市場**　織物の街として発展した足利には、市内中心部に東西2つの取引市場が存在した。1888(明治21)年、両毛鉄道(現・JR両毛線)が延伸して足利駅が開業すると、この駅付近にあった東市場が発展するようになる。

◎**大光院**　東武伊勢崎線の太田駅がある群馬県太田市は、現在は人口20万人を超す工業都市だが、かつては「子育て呑龍」「呑龍さま」として知られる浄土宗の寺院、大光院を訪れる人で賑っていた。これは門前の風景である。

◎**伊勢崎市街**　織物の街として有名で、「伊勢崎銘仙(絣)」の故郷でもある伊勢崎市。1940(昭和15)年、伊勢崎町と殖蓮村、茂呂村が合併し、群馬県で四番目となる伊勢崎市が誕生した。これは昭和戦前期の市街地の風景で、多数の煙突が並び建つ工業都市であったことがわかる。

陸軍参謀本部陸地測量部発行「1/50000地形図」

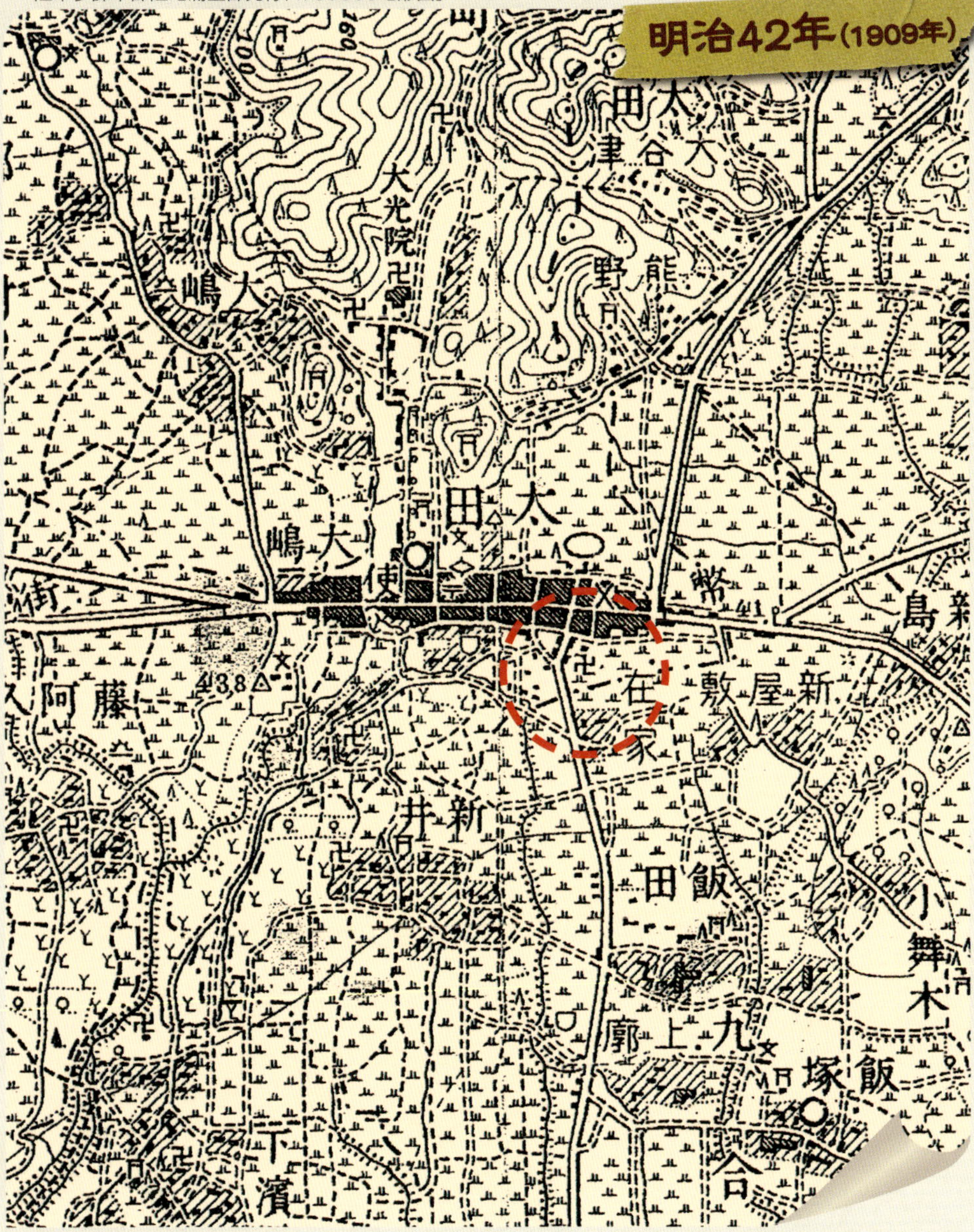

「太田」の都市名由来は、宿場町時代の「太田宿」に因んだものだが、それ以前は新田義貞が生誕し、開拓した地であることから「新田荘」と呼ばれていた時代を彷彿とさせる地図である。太田町は明治22（1889）年の町村制施行で誕生している。それから20年経っているが、鉄道もまだ走っておらず、日光例幣使街道の宿場町だったことや子育て呑龍の大光院が観光名所であったこと以外、語ることも無いような地図となっている。

伊勢崎線

太田

「歴史とテクノロジー」北関東屈指の工業都市

開業年	明治42（1909）年2月17日
所在地	群馬県太田市東本町16-1
駅構造	3面6線（高架駅）
キロ程	94.7km（浅草起点）
乗降客	11,756人

駅前にスバル町あり

関東平野を北上し、埼玉県を抜けて群馬から栃木県に入った東武伊勢崎線は足利を過ぎると、左に大きくカーブしながら再び群馬に入って行く。野州山辺、韮川と過ぎると、北関東随一の工業都市太田市の表玄関、太田駅だ。

関東平野の北部にあたる太田市は、南に利根川、北に渡良瀬川という二つの豊かな水量を誇る河川が流れる。市街地北部に標高240mの金山と、それにつながる八王子丘陵が走るほかは概ね平坦地という恵まれた地勢にある。

鉄道は、JRは走っていないものの東武鉄道の伊勢崎線、桐生線、小泉線と3路線が地域を縫い、北関東自動車道が北部地域を通過して関越自動車道、東北自動車道と接続と、交通網にも恵まれている。

群馬県内では高崎、前橋に次ぐ人口22万5千人に近い今も、人口は増え続けている。各地の地方都市が直面している人口減少という悩みは、太田市には見受けられない。

スバル群馬製作所本工場

中島飛行機とラビットスクーター

中島飛行機株式会社は大正6（1917）年から昭和20（1945）年まで、会社が存在したのは30年足らずであったが、太平洋戦争終戦までは東洋最大、世界でも有数の航空機メーカーであった。

創業者中島知久平は太田市尾島町の生まれ。長じて海軍機関学校を卒業し海軍軍人となる。欧米視察を重ね、航空機の重要性を痛感。海軍在官中の大正6年、尾島町に「飛行機研究所」設立。この研究所が中島飛行機の前身となっている。

同年暮れ、海軍を退役すると本格的に試作に没頭。大正8年、複葉機の「四型6号機」を完成。以降、機体からエンジンまで開発できる技術力を背景に陸海軍からの受注が続き、中島飛行機株式会社は飛躍・発展。太田は「飛行機の町」として広く知られるようになった。

戦後、元社員たちは戦災を免れた機械を使い、鍋や釜、乳母車などを作って当座の糧とした。その中で誕生したのが、団塊の世代には懐かしい「ラビットスクーター」であった。

残っていた爆撃機「銀河」の尾輪を利用し、135cc単気筒エンジンを載せたモデルを試作。太田工場などで量産化されたラビットは平和な街を走り出した。

戦後、中島飛行機は離合集散を重ねた。そして昭和28年に誕生したのが富士重工業だった。

陸軍参謀本部陸地測量部発行「1/50000地形図」

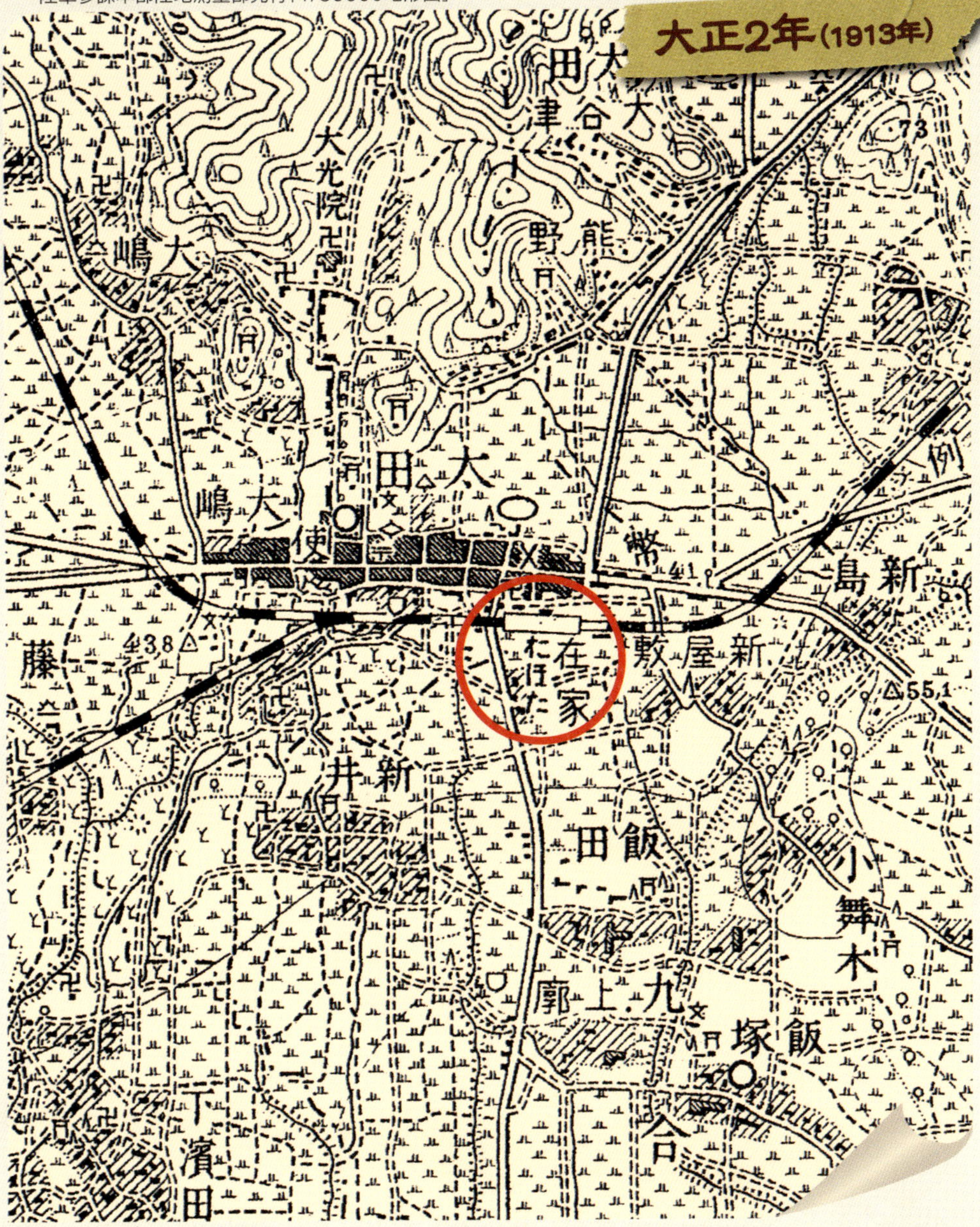

太田の駅から鉄道が2本出ている。西に向かっているのが東武伊勢崎線で、分岐して北に伸びているのは東武桐生線である。もともとは太田～藪塚間を走らせていた太田軽便鉄道の路線を東武鉄道が買収。さらに太田軽便鉄道の未成線であった藪塚～相老間を新たに敷設して、大正2（1913）年開業している。地図はその年のものとなっている。太田を変える中島飛行機が当地で産声をあげるのはこれから4年後である（別項参照）。

そうした太田市の特徴を何よりも物語っているのは「スバル町」がれっきとした町名であることだ。

スバル町があるのは太田市郊外ではない。太田駅と目と鼻の先の市街地中心部にある。町の全域がSUBALUの群馬製作所本工場であり、テストコースも備えた、文字通りSUBALUだけの町だ。

もっとも、太田町とSUBALUの関係は、昨日今日のような浅いものではない。SUBALUの前身は富士重工業だが、そのルーツを辿れば戦前の中島飛行機（別項参照）となる。太田市とSUBALUとのつながりは、中島飛行機が同地で産声を上げて、当時の太田町が中島飛行機の企業城下町となった以来のものなのだ。

ものづくりの街

太田市に進出しているのはSUBALUだけではない。誰もが知っている有名どころだけを挙げても、三菱電機、サッポロビール、日野自動車、キッコーマン、明電舎、NEC、コクヨ等々がすぐに挙げられる。

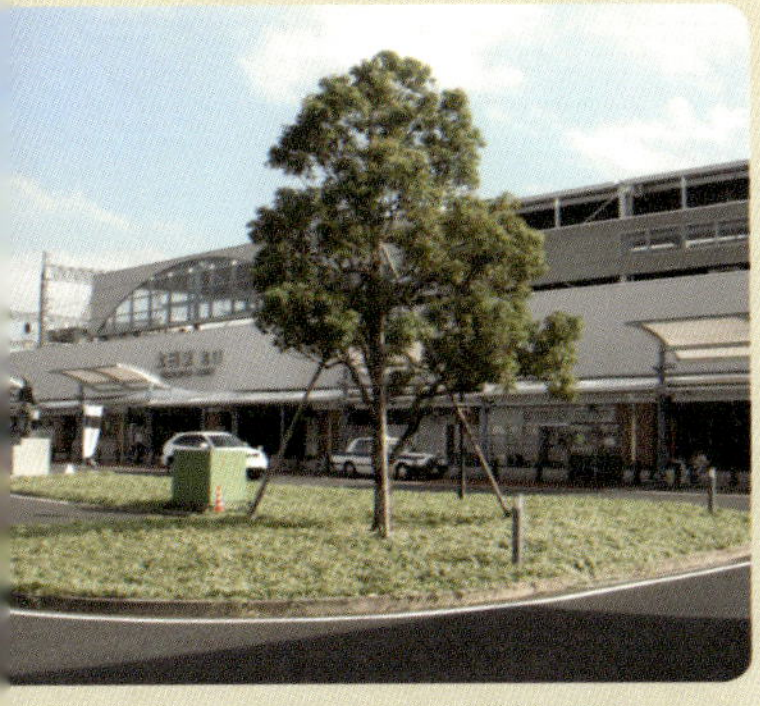

「人口20万人都市の顔」太田駅

建設省地理調査所発行「1/25000地形図」

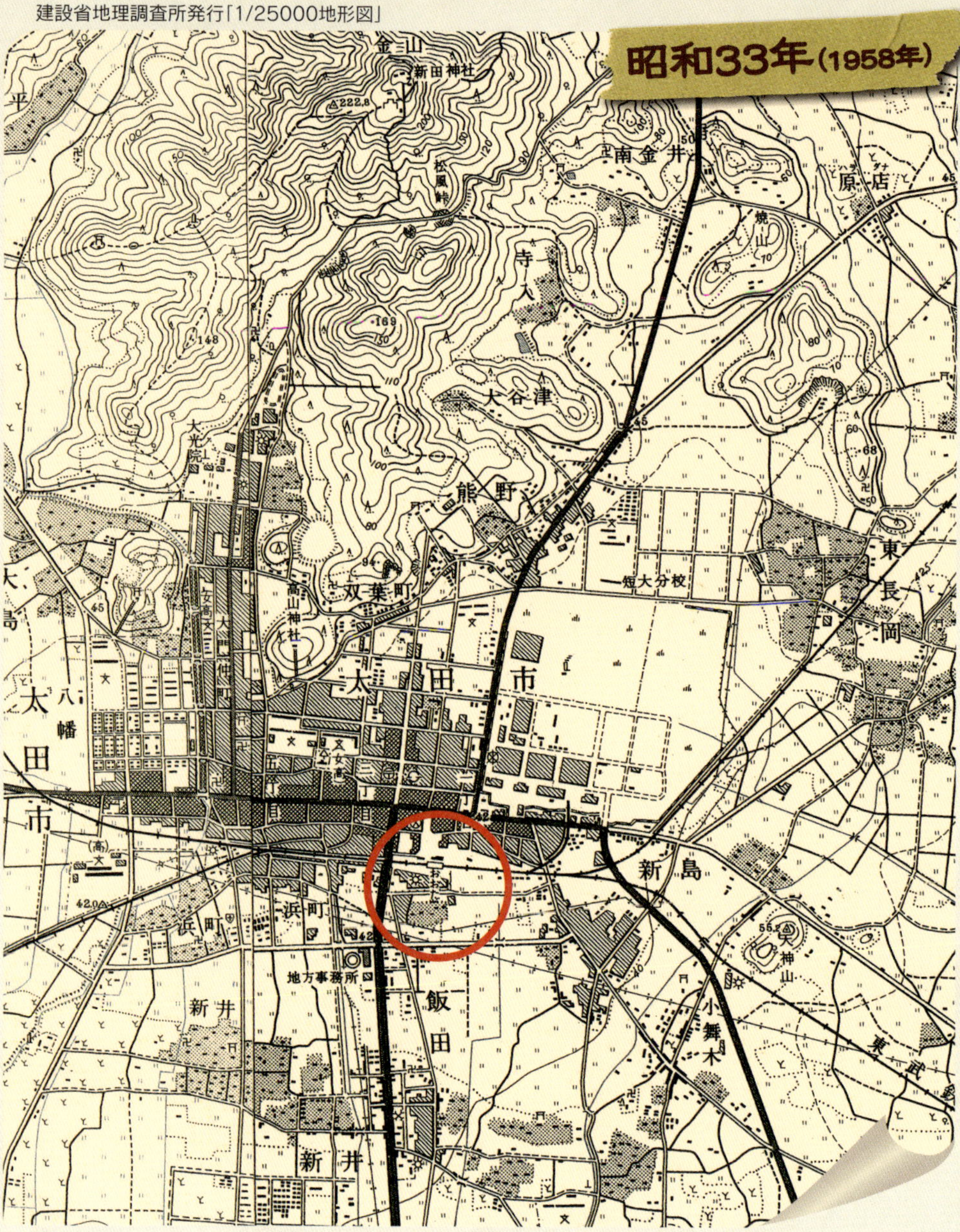

大田駅北西に見える「高山神社」は明治12(1873)年の創建。太田市が輩出した江戸時代後期の勤王思想家高山彦九郎を祭神としている。地元が政府に神社創建を願い出ると維新政府はすんなりと許可。明治天皇、各皇族の下付金、一般の寄付を得て、創建されている。明治時代から戦前にかけてはガイドブックが取り上げる観光名所だったが、時の流れで戦後は人気も落ちた時期もあった。

子育て呑龍

呑龍は戦国時代から江戸時代前期にかけての浄土宗の僧。弘治2(1556)、岩槻城の家臣の次男として武蔵国埼玉郡一ノ割に生まれている。
三縁山増上寺(東京・芝)で修学している。
一代の有徳の僧で、家康の命で大光院(太田市金山町37-8)を開山してからは、難産を救い、貧しき子どもたちを引き取り、教育を施したことから「子育て呑龍」の異称がついた。

新田義貞と金龍寺

新田義貞の供養塔が建つのが金龍寺(太田市金山町40-1)。曹洞宗の寺院である金龍寺は金山城主横瀬氏の菩提寺。創建は文明年間(1469〜86)とも。歴代金山城主の五輪塔が建ち並び、新田義貞の供養塔は五輪塔の奥、最上段にある。寛永14(1637)年、新田義貞三百回忌法要に際し造立された。総高は2.5mもある。
本堂周辺の紅葉は絶景。上州太田七福神で、毘沙門天を祭っている。

スバル町は自動車の工業団地が町に昇格したようなものだが、太田市の工業団地エリアはスバル町を含めて太田工業団地、太田西部工業団地、太田大泉工業団地、太田さくら工業団地、東金井工業団地等々24エリアを数える。

業種も多彩だ。輸送用機械器具、運輸・その他業種、鉄鋼業、金属製品、非鉄金属、生産用機械器具、電気機械器具・電子部品、情報通信機械器具、食品・飲料・医薬品、プラスチック・ゴム製品、繊維工業　汎用・業務用機械器具、化学工業、印刷・紙加工品等々、日本の製造業が一堂に会した如く、太田は「ものづくりの街」となっている。

太田市がこうした工業都市として発展していったのには、富士重工業の企業城下町として発展していた過程にあった昭和35年、首都圏整備法に基づく市街地開発区域の指定による都市計画の実施があった。

東京から100キロ未満で平坦地が多く、そして利根川、渡良瀬川が流れているという恵まれた地勢は、企業誘致に大きなメリットとなった。

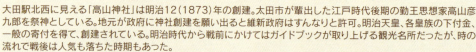

宿場町太田

太田はしかし、古い歴史もある街でもある。

太田市となる前の太田町は上野国新田郡太田郷がその起こりだが、新田郡を治めた新田氏の一族が輩出したのが新田義貞だ。新田氏を祖とするという徳川家康が新田氏供養のために建立した大光院の開山となった呑龍上人は「子育て呑龍」(別項参照)として明治・大

復元された金山城

国の指定史跡となっている金山城址（太田市金山町40-98他）。戦国期、関東七名城の一つとされていた金山城は文明元（1469）年、新田一族であった岩松家純によって築城された。

標高240mの金山山頂の実城（みじょう＝本丸に当たる）を中心に、四方に延びる尾根上を造成して曲輪とし、これを堀切・土塁などで固く守った戦国時代の山城。

特筆されるのは、石垣や石敷きが多用されていることで、戦国時代の関東の山城に本格的な石垣はないとされた城郭史の従来の定説が金山城跡の発掘調査で覆された。

かつて本丸があった山頂部には新田神社が建っており、それ以外の場所も復元作業により石垣や日ノ池、月ノ池が往時の様子を伝えている。

大正年間の沿線ガイドは「金山山上の眺望絶佳にして関東八州はほとんど一望の下にありと記している。

建設省国土地理院発行「1/25000地形図」

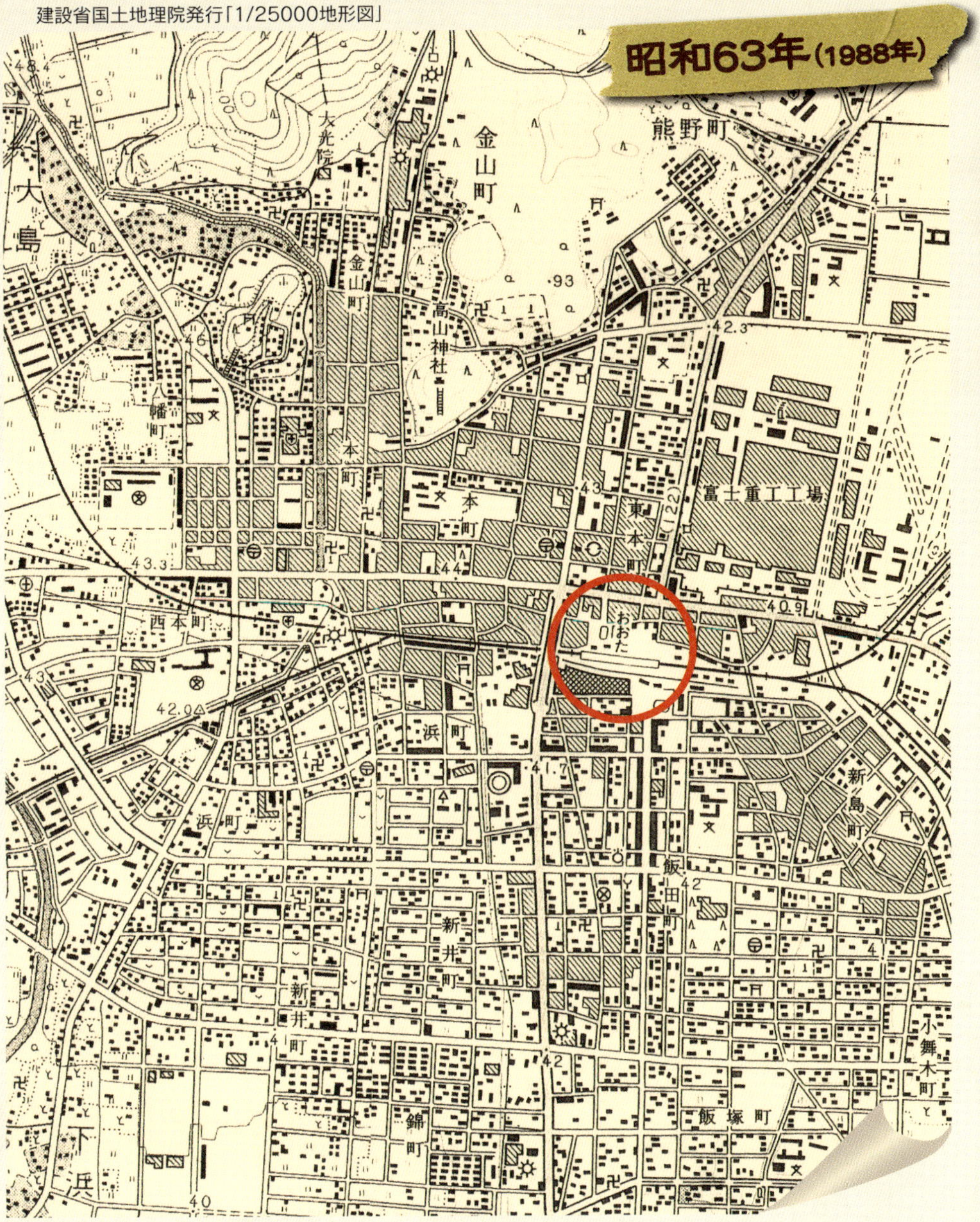

中島飛行機が大正時代に太田で産声を上げてから（別項参照）発展していった太田市は昭和11（1936）年には「30万大都市構想」を掲げた。昭和15年には「太田都市計画新興工業都市建設区画整理事業」が内務省から告示されている。SUBALUの企業城下町から北関東随一の工業都市となった太田市の現在は、戦前からの流れにあるとも言える。地図に見る「富士重工工場」は現在のSUBALU群馬製作所本工場である。

正期には流行仏となり、沿線の観光名所ともなった。

戦前の太田町の町並み（太田町勢要覧）

太田の駅北側、スバル町の南端に沿って市域を東西に横断する幹線道路が走っている。この通りはかつての日光例幣使街道の道筋にあたり、太田はその宿場町でもあった。

「例幣使」とは、伊勢神宮の神前に捧げ物を持参する朝廷の使者をいう。江戸時代に入ると朝廷は、祖父家康に次いで日光に眠ることになった三代家光没後、春の東照宮例祭にあわせて、例幣使を遣わした。その道筋は、京から中山道に入り、倉賀野宿（高崎市）から分岐して玉村宿（佐波郡玉村町）～柴宿（伊勢崎市）～太田宿を経て栃木宿そして日光へと向かっている。日光例幣使の行列は、宿場にとって江戸期を通して春の風物詩となった。

陸軍参謀本部陸地測量部発行「1/25000地形図」

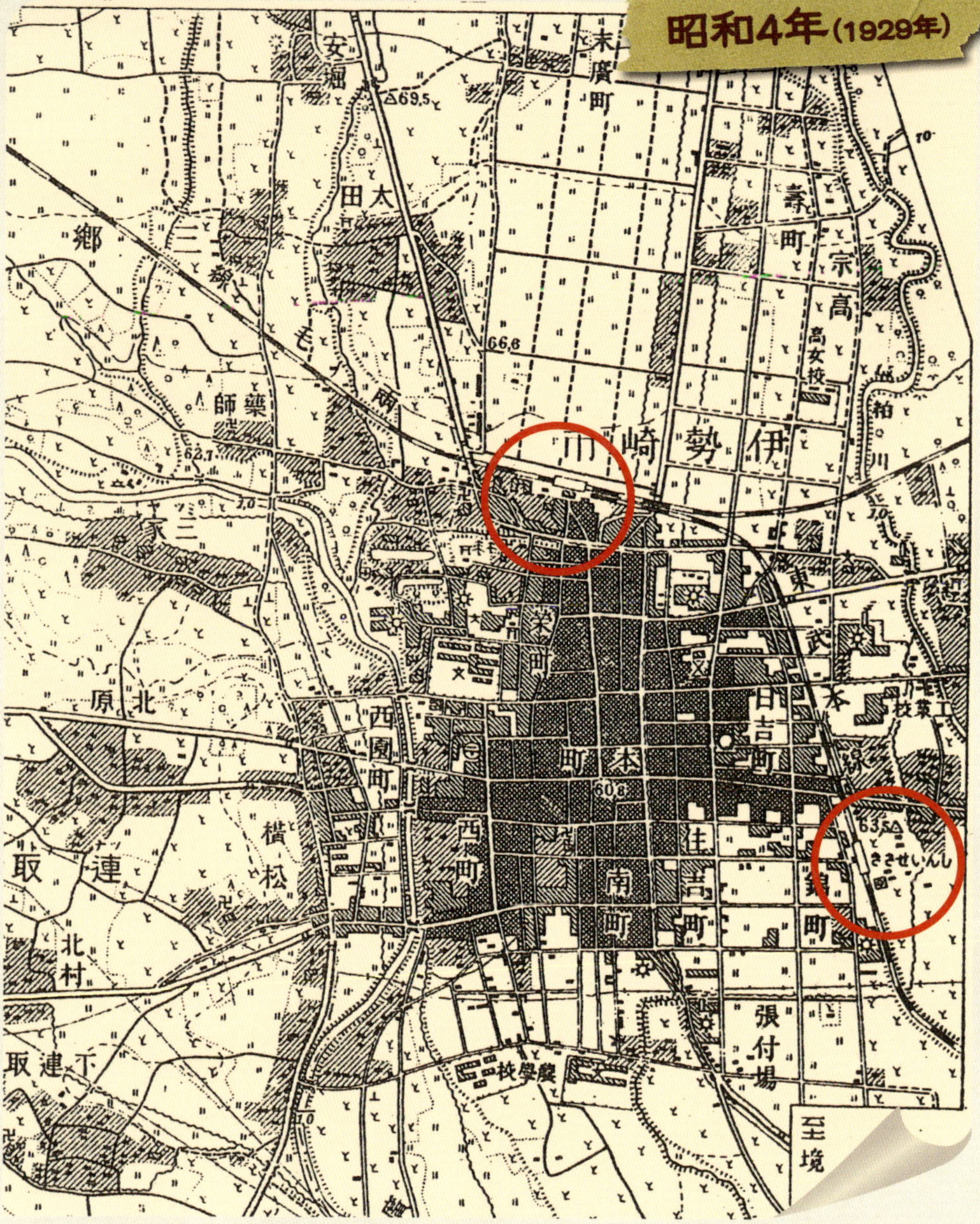

伊勢崎線

新伊勢崎、伊勢崎

伊勢崎銘仙の街は今、太田市と競う工業都市

新伊勢崎駅

開業年	明治43（1910）年3月27日
所在地	群馬県伊勢崎市中央町15-3
駅構造	2面2線（高架駅）
キロ程	113.3㎞（浅草起点）
乗降客	1,283人

伊勢崎駅

開業年	明治43（1910）年7月13日
所在地	群馬県伊勢崎市曲輪町3-1
駅構造	1面2線（高架駅）
キロ程	114･5㎞（浅草起点）
乗降客	6,738人

明治末から昭和初期にかけては「銘仙」と呼ばれて全国で流行した伊勢崎絣も昭和初期になると下火になった。代わって活気をもたらしたのが軍需関連産業だった。鉄道と道路交通の要衝という地の利を得て、駅周辺地区は濃密な商業集積地なった。往時の活況が伝わってくる戦前の伊勢崎市街地周辺地域の密集ぶりだ。伊勢崎市は戦災で市街地の4割が焼失したが、都市計画が実現されずに昭和戦後を迎える。

東武鉄道の志が結実

明治時代、糸へん業界は日本の花形産業であった。国内はもとより、輸出で外貨を稼ぎ、国力増強のエースでもあった。

東武鉄道が生糸産業のメッカである「両毛地域と東京を鉄道で結ぼう」と志高く関東平野に鉄路を敷設し、蒸気機関車を走らせ始めたのは明治32年だった。当初は北千住～久喜間だった鉄路はその後南北に延伸延長、広い関東平野を縦断していく。そして明治43（1910）年3月に新伊勢崎、次いで7月に伊勢崎駅を開業。かくて浅草から伊勢崎まで全線開業。東武鉄道は20年余の年月をかけて遂に終着駅に着いた。

伊勢崎織物同業組合会館（伊勢崎織物同業組合史）

あたかも、伊勢崎銘仙は一時代を築いていた時代であった。

〈其の端を享保年間に聞きしも当時は農間の副業にして産額微々たりしか、文政の頃に至って逐次発達の機運に向かい、元機屋なる機業家を生じて益々

伊勢崎市と日光例幣使街道

伊勢崎を通る日光例幣使街道は、市南部を通る群馬県道142号と国道354号と多くの部分で重なっている。

伊勢崎エリアには柴宿と境宿の２つの宿場町があった。

柴宿は市の西端にあたり、倉賀野宿（高崎市）から日光に向かう13宿の中で、第3番目の宿場。玉村宿（玉村町）で一泊した例幣使一行が利根川を渡り、ここで休憩した。

境宿は市の東端。伊勢崎線の境町駅近辺と思われる。

いせさき明治館

現存する県内最古の2階建て洋風建築物「いせさき明治館」（曲輪町31-4）は、伊勢崎藩の藩医等を務めていた今村家が明治45（1912）年に建てた。和洋折衷の造りが特徴。

昭和4（1929）年、今村家の末裔が伊勢崎を転出したため、一時は伊勢崎保健所などとして利用されていたが、昭和17年に市内の内科医が購入し、医院となった。以後、昭和59年までの40年余、診療所として利用された。

平成14年に伊勢崎市へ寄贈され、現在地へと曳き家移転された。現在は伊勢崎市指定文化財として保存、無料公開されている。

建設省国土地理院発行「1/25000地形図」

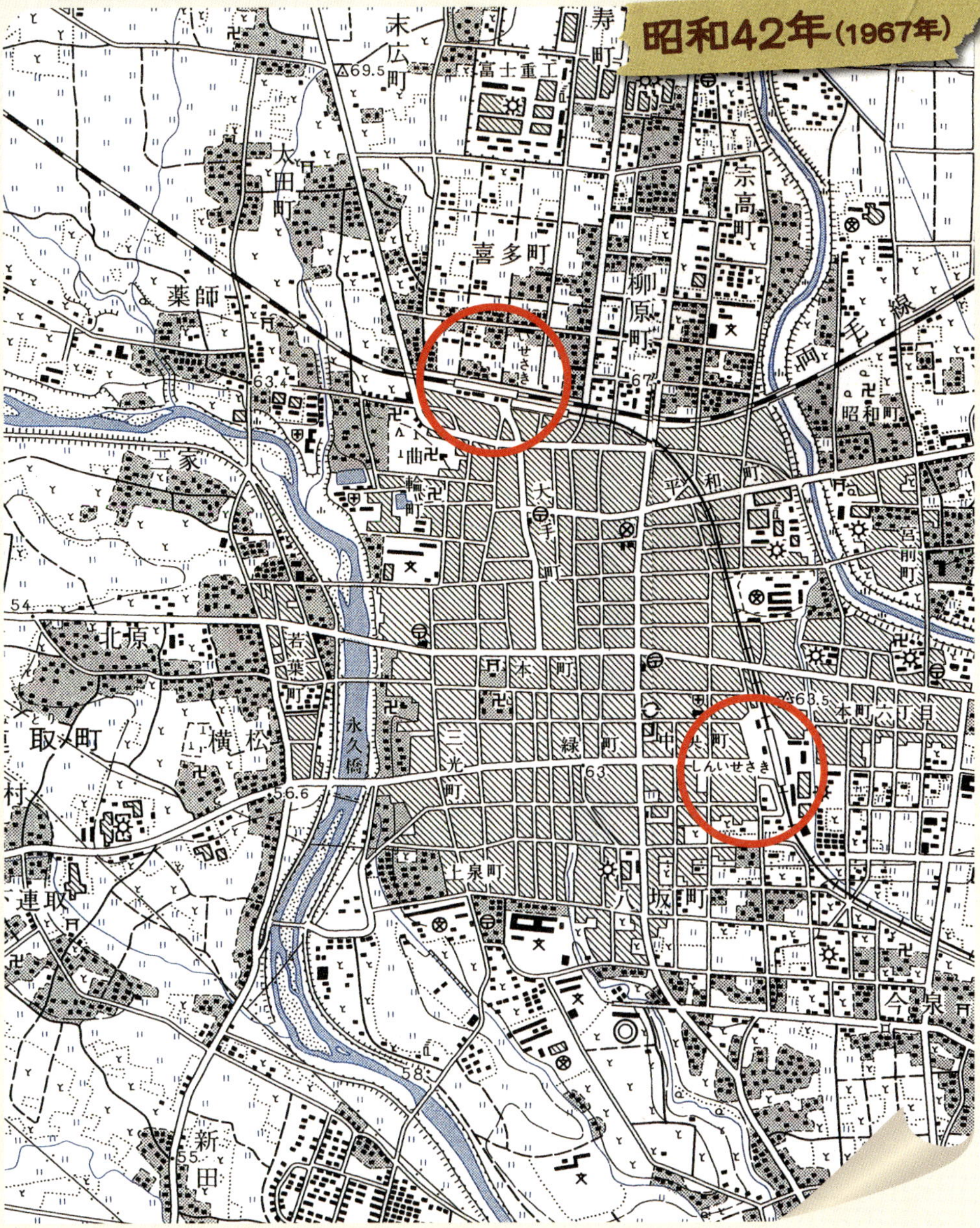

伝統と歴史を紡いできた織物の街から脱皮し、工業都市へと変貌中の伊勢崎の市街地だ。しかし、駅周辺の都市形成の骨格は戦前とほとんど変わらず、平成（1989年～）に入ってもそのまま経過し、県下有数の工業都市となった。しかし、太田市のような駅前の賑やかさは見られない。伊勢崎市は今、道路や公園等の公共施設整備と新たな商店街形成など、市の玄関口としての賑わいと活気を取り戻すべく、伊勢崎駅周辺総合開発事業に取り組んでいる。

好評を博するに至れり。降って明治八年頃は粗染に流れし結果、著しく其の声価を失墜したるも十四年頃より同業団体伊勢崎太織会社を組織し制裁の法を設けしかば弊風漸く革まれり。爾来世運の発達、嗜好の変遷鑑みて需要者の便宜を図りしより日に月に産額増加して盛況に達せり。現在組合員一千余名、益々声価の向上に努めつつ在り」（大正7年『東武沿線案内』）

絹織物で有名であった伊勢崎市も、積極的な企業誘致で市内には多数の工業団地を展開、今では太田市と同様に県内有数の工業都市に変貌している。製造品出荷額は1兆円を超え、太田市に次ぐ県内第2位の地位を保っている。

駅前にスーパーあり、伊勢崎駅北口

人口もまた増加しており、平成30年9月現在で21万4千人弱で県内4位と、これまた太田市と拮抗している。

江戸時代は日光例幣使街道の通っていた伊勢崎市と太田市。互いに都心部まで100キロ未満、東京圏に入る北関東の都市として隣接しながら、追いつき追い越せの競争を展開している。

昭和32年当時の東武鉄道各線の時刻表②

32. 7.20 補訂

東武鉄道特急及び急行 ㊁ ㊄

特急 料金 200円 座席指定

停車駅	101	103	107	┐	109	111	113	運賃	停車駅	102	104	106	108	┐	110	112
発 浅草	740	840	1240	土	1340	1440	1940	円	浅草 着	1215	1319	1425	1720	日	1918	2003
着 下今市	‖	‖	1433	曜	1534	1632	2133	260	下今市 発	1022	1127	1228	1526	曜	1727	‖
〃 東武日光	937	1037	‖	運	‖	‖	‖	270	東武日光 〃	‖	1115	‖	‖	運	1715	1803
着 鬼怒川温泉			1457	転	1558	1657	2157	290	鬼怒川温泉 発	953	1054	1158	1458	転	1657	…

下今市—日光 107. 109. 111 バス連絡　113 電車連絡　日光—下今市 102. 106 バス連絡

急行 料金 100円 座席指定

浅草—中央前橋　浅草発1955　中央前橋発 646　浅草—宇都宮　浅草発1830　宇都宮発 751
浅草—日光　浅草発 814(毎).1410(毎) 1630(日)日光発1128(毎).1645(毎).1915(日)
浅草—鬼怒川　浅草発 955(毎).1355(土).　鬼怒川発1423(㊋).1742(土).1344(日)
所要時間　浅草—日光　2時間10分　浅草—鬼怒川　2時間30分

32. 8. 4 訂補

池袋—寄居—越生 ㊁ ㊄ (東武鉄道東上線)

						粁	円	駅名							
…	525	625		2100	2330			発池袋(国)着	513	556	647	747	此間	2310	001
…	546	639	此間	2113	2352	10.4	20	〃成増発	453	536	633	733	寄居発	2249	2341
…	552	645		2119	2358	14.0	30	〃朝霞〃	…	530	624	725	618. 635	2242	2335
…	557	650	8時より	2125	003	17.9	40	〃志木〃	…	525	618	718	659. 742	2237	2330
…	615	707	池袋—川越市	2143	020	30.5	70	〃川越(国)〃	…	507	558	657	838. 922	2219	…
…	619	711		2147	022	31.4	70	〃川越市〃	…	505	556	655	1011.1111	2217	…
…	637	724	約30分毎	2202	—	40.6	90	〃坂戸町〃	…	…	542	639	1211.1311	2203	…
605	650	738		2214	…	49.9	110	〃東松山〃	…	…	528	624	1409.1510	2150	…
614	659	747	8時より	2223	…	57.1	130	〃武州嵐山〃	…	…	519	616	1612.1711	2142	…
623	709	801	池袋—寄居	2232	…	64.1	140	〃小川町(国)〃	…	…	511	606	1820.1930	2133	…
645	724	817		2249	…	74.6	160	〃玉淀〃	…	…	…	549	2016	2116	…
648	726	819	約60分毎	2250	…	75.2	160	着寄居発	…	…	…	547		2114	…

							粁	円	駅名							
545	603	628	此間	2105	2205	2300			発坂戸町着	537	620	645	此間	2100	2141	2224
602	625	649	30—60分毎	2125	2224	2317	8.6	20	〃東毛呂発	520	603	626	30—60分毎	2042	2124	2206
608	630	654		2130	2229	2323	10.9	30	着越生(国)発	515	556	619		2037	2117	2200

32. 6.23 改正

大宮——柏——船橋 ㊁ ㊄ (東武鉄道野田線) 下表の他区間運転多数あり

						粁	円	駅名						
…	545	此間	2140	2210	2245			発大宮(国)着	554	701	此間 船橋発	2316	…	…
…	550	大宮発船橋行	2145	2215	2249	2.3	10	〃大宮公園発	550	657	大宮行544. 615	2314	…	…
…	600	608. 646. 728	2156	2226	2302	8.0	20	〃岩槻〃	539	646	645. 715. 744	2302	…	—
548	611	819. 925.1025	2207	2240	2313	15.3	40	〃春日部〃	529	633	816. 844. 945	2252	…	2347
552	615	1125.1225.1325	2210	2246	2317	17.9	40	〃藤の牛島〃	523	629	1040.1145.1245	2246	—	2343
606	629	1425.1455.1525	2222	2300	2332	26.7	60	〃清水公園〃	511	616	1345.1415.1445	2233	2300	2331
612	633	1555.1635.1705	2230	2304	2336	28.7	70	〃野田市〃	507	612	1515.1545.1619	2230	2256	2327
635	702	1735.1805.1835	2254	—	—	43.0	100	〃柏〃	…	552	1650.1723.1755	2209	2235	2307
652	721	1915.1945.2025	2308	…	…	52.0	115	〃六実〃	…	536	1828.1901.1934	2152	2219	2248
711	741	2100	2324	…	…	62.9	140	着船橋発	…	519	2007.2030	2130	2200	2230

32. 7.25 訂補

東武鉄道支線各線 ㊁ ㊄

線名	初電	終電	粁	賃	駅名	初電	終電	運転間隔
亀戸線	5 42	23 56	0.0	円	着亀戸(国)発	5 40	23 54	10—20 分毎
	5 49	0 03	3.4	10	発曳舟着	5 33	23 47	
大師線	5 21	0 07	0.0	円	発西新井着	5 27	0 14	10—20 分毎
	5 23	0 09	1.1	10	着大師前発	5 25	0 12	
小泉線	5 15	22 25	0.0	円	発館林着	5 23	22 52	館林発 527. 556.651.740.833.921—1521 60分毎
	5 31	22 40	11.0	30	〃小泉町〃	5 05	22 35	1610.1707.1758.1828.1858.1932.1957.2053.2141
	5 33	22 43	13.2	30	着西小泉発	5 03	22 33	西小泉発 546. 628. 717. 752. 833 932—1532
	5 52	22 18	0.0	円	発太田着	5 48	22 15	60分毎 1647.1732.1758.1809.1857.1930.2005
	6 05	22 31	11.3	30	着西小泉発	5 35	22 02	2026.2101.2152　太田—西小泉 約60分毎
熊谷線 ㊈併用	5 47	21 00	0.0	円	発熊谷(国)着	5 44	20 52	50—60 分毎
	5 56	21 09	6.1	20	〃大幡発	5 35	20 42	
	6 05	21 18	14.3	30	着妻沼発	5 27	20 34	
日光軌道	5 55	19 15	0.0	円	発日光(国)着	7 19	20 34	10—20 分毎
	6 26	19 48	9.6	30	着馬返発	6 45	20 00	
ケーブル	6 00	19 50	0.0	円	発馬返着	6 06	19 56	ケーブル線 軌道・バスに
	6 06	19 56	1.2	40	着明智平発	6 00	19 50	10—20分毎 接続する

32. 7.21 開設

赤城山ケーブル・地蔵岳ロープウエイ ㊀ (東武鉄道)

	区間	粁	運賃	運転時間	所要	間隔
ケーブル	利平茶屋—鳥居峠	1.1	上り70円 下り60円	645——1855	6分	20分毎
ロープウエイ	大洞—地蔵岳山頂	0.5	片道50円 往復80円	810——1655	3分	20分毎

東武鉄道・日光ケーブル・赤城山ケーブル・地蔵岳ロープウエイ

3章
日光線
宇都宮線
鬼怒川線

姫宮～杉戸(現・東武動物公園)間を走る1720系DRC「きぬ」。◎昭和56年9月23日　撮影：高橋義雄

陸軍参謀本部陸地測量部発行「1/25000地形図」

昭和28年（1953年）

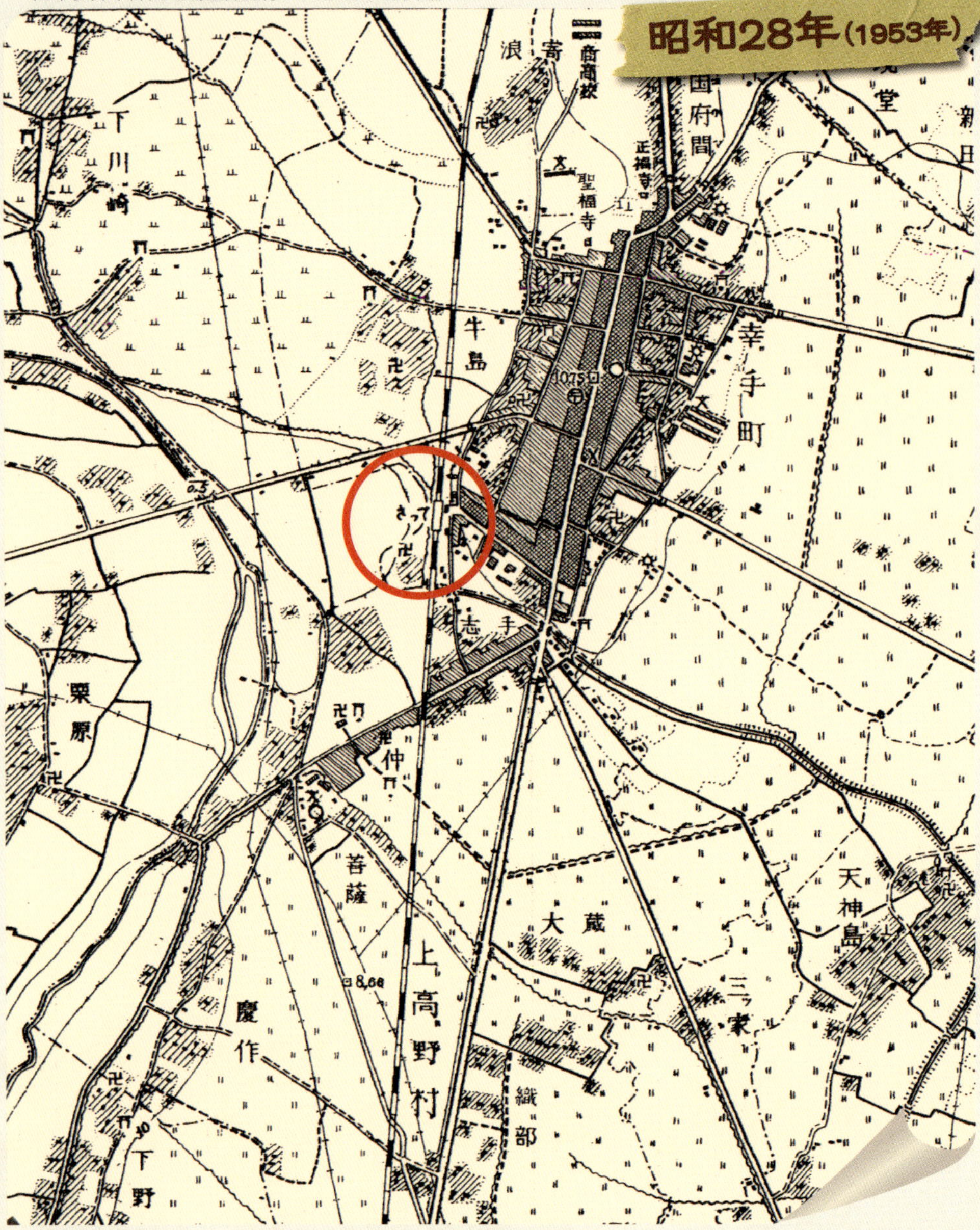

日光線

幸手

圏央道開通で変化の兆し

日光街道幸手宿の賑わいを残している街並み以外は当たり一面農地が広がっていたのが、幸手に生まれた団塊の世代が物心ついた頃に見ていた風景だ。桜で有名な権現堂（地図上）の左に見える「内国府間」は「うちごうま」と読む難読地名。その昔、下野（栃木）・下総（千葉）・武蔵三国の国府を結ぶ官道が幸手市を通っていたことに由来する地名と聞く。権現堂川沿いには「外国府間」の地名も残されている。

開業年	昭和4（1929）4月1日
所在地	埼玉県幸手市中 1-1-23
駅構造	2面2線（地上駅）
キロ程	5.8㎞（東武動物公園起点）
乗降客	14,003人

駅前活性化に動く

中川の権現堤が関東の桜の名所として知られる幸手市の人口は現在5万2千人弱。市内にある唯一の鉄道駅、東武日光線幸手駅の1日平均乗降客数は1万4千人ちょと（平成29年）。市の人口の3分の1近くが利用しているこ駅前は賑やかさとは縁遠い。

現在の幸手駅

しかし、来年には橋上駅開業で、現在は工事中。東口しかなかった幸手駅は、橋上駅は日光街道に直進する大通りの正面に出来るから、街の顔もガラリと変わる。

幸手市民の消費活動は、主として4号線沿いに立地する郊外型大型量販店に傾斜している。こうした傾向は幸手市のみならず、電車ではなく車が生活の足となってる地方都市でよく見かける光景だ。

幸手市の人口は平成7年の5万8千人をピークに減少傾向に入っている。減少率は平成13年～29年で約8％だが、中心市街地では19％弱と、市全体を上回る減少率を示している。

以上の数字は「幸手市中心市街地にぎわい創造方針」（平成30年3月）から

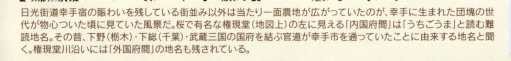

日光街道幸手宿

幸手宿は日光街道のみならず、日光御成道との結節点でもあったことから宿場は賑わった。開宿当初は2町構成だったが、間もなく4町で形成される。
天保年間当時で幸手宿は9丁余、道幅6間、戸数千軒弱、宿場人口4千人弱、本陣及び脇本陣は各1軒、旅籠27軒と千住、越ヶ谷に次ぐ日光街道3番目の規模となっている。
幸手駅から駅前大通りを行くと、幸手駅入口の交差点に出る。その交叉点で南北に走る通りがかつての宿場ストリート。
宿場の南端は交叉点を右に曲がり、倉松川にかかる志手橋付近という。

「幸手の総鎮守」幸宮神社

幸手駅より歩いて数分の幸宮神社(幸手市中4-11-30)は、幸手の総鎮守。創建年等は不詳だが、400年以上の歴史を持つとされる。古くには八幡香取社と称されていたが、明治42(1909)年に合祀が行われたのを機会に幸宮神社と改称され幸手町の総鎮守となった。棟札によると現在の本殿は文久3(1863)年に再建され、総欅の流れ造りとなっている。昇り龍・下り龍・獅子(阿形と吽形)・鳳凰・天邪鬼・鷹・松などが彫刻されている。

建設省国土地理院発行「1/25000地形図」

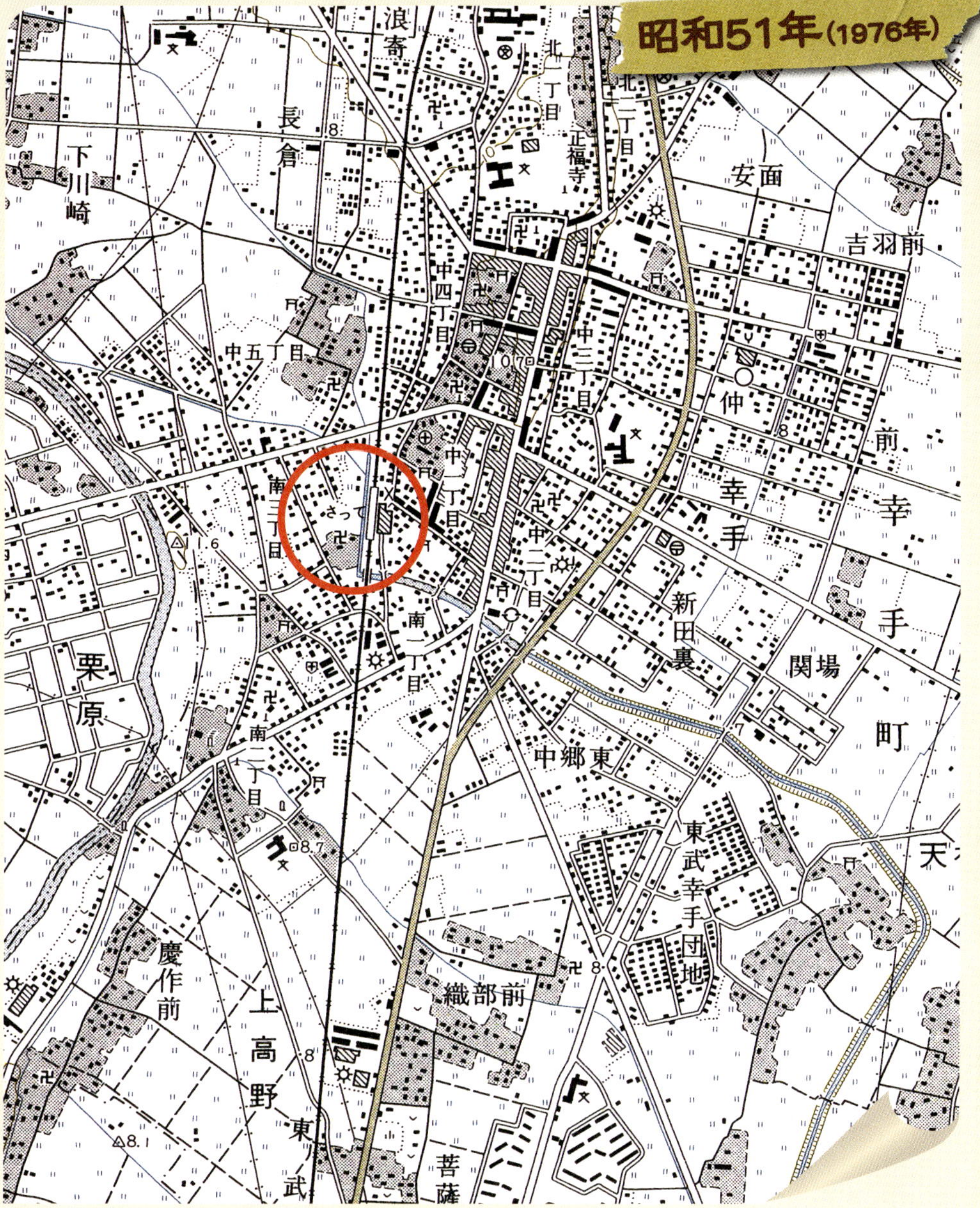

日光街道の東側で湾曲しながら南北を縦断しているのは国道4号。宿場街の南端で日光街道は二股に分岐しているが、西側に向かっているのが日光街道。地図に見える「南二丁目」の左で日光街道が分岐しているところが、日光御成道との合流点。日光街道は分岐点で左折して南下していく。かつての田圃は住宅地となり、宿場街も日光街道東側の賑わいが薄れて来ている。こうした街の風景の移り変わりを幸手の団塊の世代は見てきた。

の引用だが、幸手市は街の賑やかさを育む中心市街地の商業振興に向けて、幸手市商工会との協働により前記の「〜創造方針」を策定、動き出しているところだ。

かつての幸手宿の一画に復元された醤油醸造業・岸本家住宅主屋。古民家カフェに利用されている。

幸手市の新しい動きのもう一つは、幸手中央地区産業団地だ。圏央道幸手IC東側に誕生した同産業団地にはこの9月時点で13社が進出。好調なスタート切った。圏央道が平成27年10月に埼玉県区間全域、同29年2月に茨城県区間全域が開通したことで、幸手は一躍、物流拠点構築の好適地となった。

関東平野のほぼ中央部に位置する都市の中でも、幸手市は平坦な街だ。標高の最も高いところで16mほどだ。昭和4年に東武日光線幸手駅開業後も大きな変化は見られず、近年まで典型的な農村型都市として歩んできた幸手市は昭和61年に市制移行後、平成と共に歩んできた。やがて元号が変わるように、幸手市も変化を見せ始めている。

南栗橋、栗橋

歴史で彩られる久喜市の北の拠点

陸軍参謀本部陸地測量部発行「1/50000地形図」

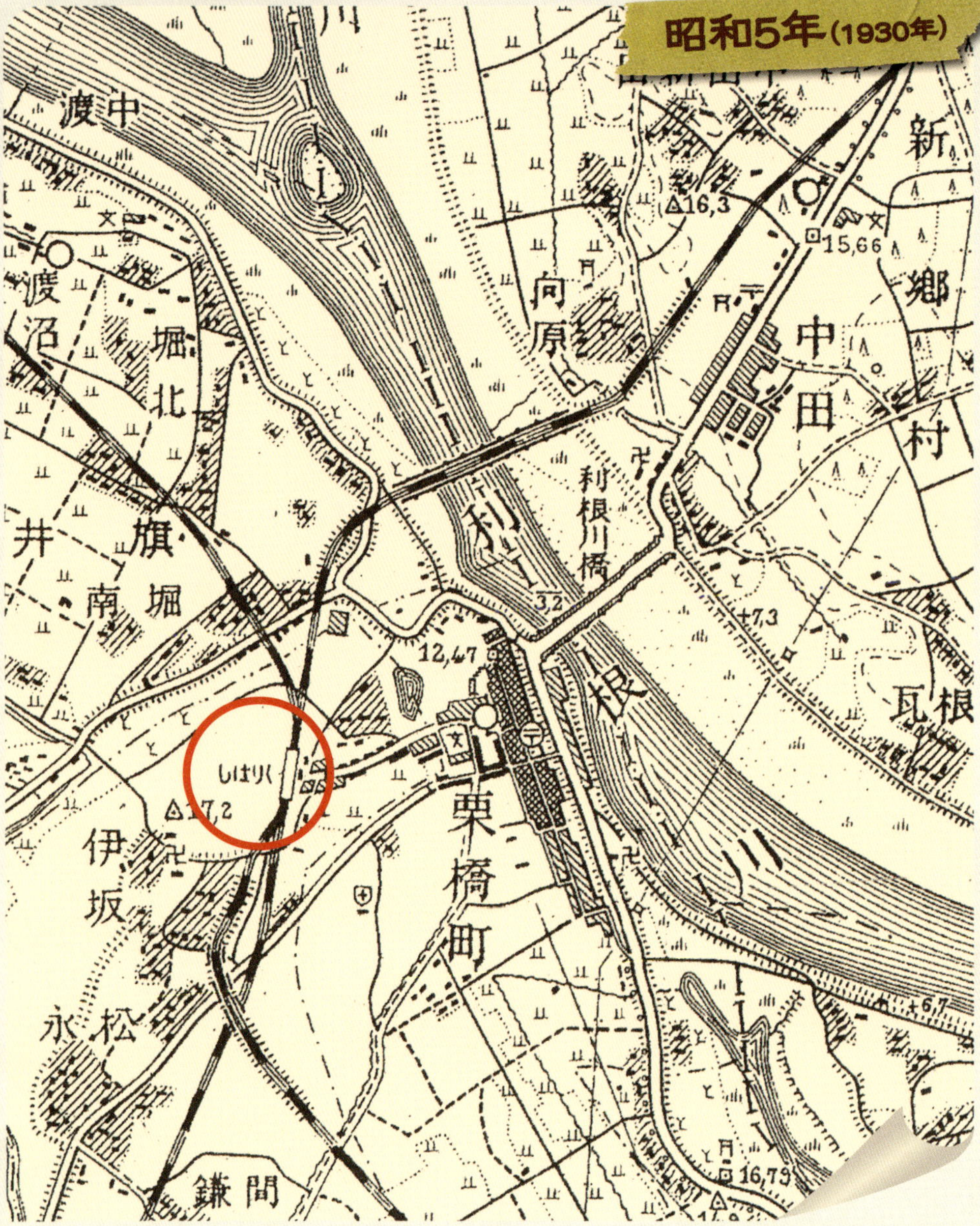

利根川を航行する外輪蒸気船は昭和初期まで現役だったから(下段本文参照)地図は蒸気船が消えてゆく頃の栗橋と利根川だろう。栗橋駅から北東に向かっているのが伊勢崎線で、北西に伸びていくのは国鉄東北本線である。利根川橋を渡ったところに見られる「中田」は田山花袋の『一日の行楽』によれば遊郭があったところ。しかし、賑わったのは利根川橋が出来るまでだろう。橋ができれば、通過点になってしまうからだ。

南栗橋駅

開業年	昭和61(1986)年8月26日
所在地	埼玉県久喜市南栗橋1-20
駅構造	2面4線(地上駅)
キロ程	10.4km(東武動物公園起点)
乗降客	8,825人

栗橋駅

開業年	昭和4(1929)年4月1日
所在地	埼玉県久喜市伊坂字土取場1202-2
駅構造	1面2線(地上駅)
キロ程	13.9km(東武動物公園起点)
乗降客	11,831人

静御前の墓所

栗橋は久喜市の北の拠点だ。東武日光線とJR東北本線の接続駅でもある栗橋駅は、朝夕の通勤時には久喜駅前を凌ぐ賑わいを見せる。しかし、東京圏に飲み込まれたベッドタウンの例に漏れず、平日の駅前や商店街は静かな時間が流れている。

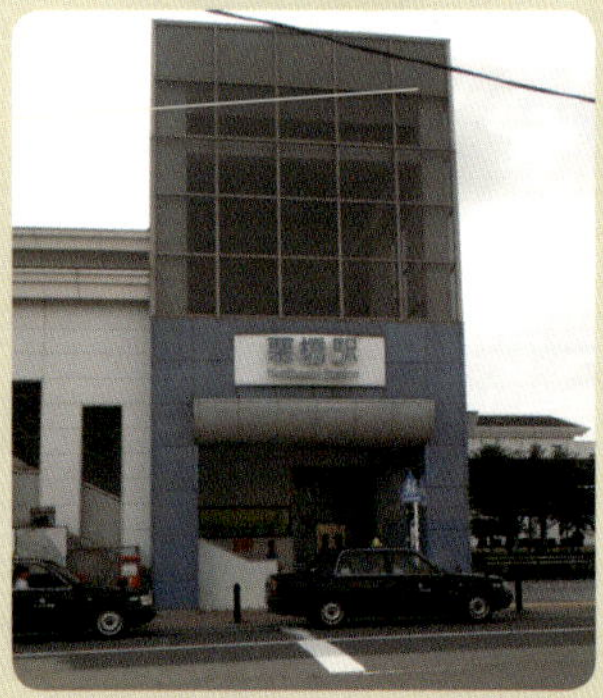

人影まばらな昼下がりの栗橋駅前

栗橋駅前商店街は鉄道に沿って伸びており、東口を出て左手すぐのところにある。

この商店街には、静御前の墓所がある(写真)。東口から歩いて1分ほどだ。「静御前の墓所」(栗橋中央1-2)は久喜市の指定史跡ともなっている。

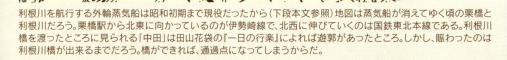

奥州・平泉は衣川の戦いで兄頼朝に討たれ、悲劇的な死を遂げた源義経にはその後、数多の物語、伝説が語られ、生まれた。窮地を脱して蝦夷に落ちのびた、或いは蝦夷から蒙古に渡り、成吉思汗と称したなどという荒唐無稽とも思える伝承もある。

義経の官位から「判官贔屓」の言葉も生まれた心情からか、日本各地に義経伝説が残されているが、栗橋の静御前

静御前祭り

平成30年で25回目を数えた静御前祭りは、栗橋駅前の秋の恒例行事としてすっかり定着している。祭りの目玉のひとつは「時代絵巻パレード」。義経・静御前・白拍子といった歴史を偲ぶ当時の衣装で駅前を練り歩き、地区外から来街客を迎えるイベントとなっている。

南栗橋駅

駅西口、東口両方に駅前広場があり、駅前としては栗橋駅よりしっかりしている。駅前周辺は住宅街に畑がポツリ、ポツリと残されているといった風景。南栗橋の駅開業は昭和61年と新しい。東京都心から50キロ圏内という交通の便にも恵まれ、駅周辺には昭和50年代にニュータウンが建設されるなど、首都圏のベッドタウンとして、かつての農村地帯は変貌。乗降客数も平成10年は4500人台だったのが、現在は9千人弱と増加の一途をたどっている。

建設省地理調査所発行「1/25000地形図」

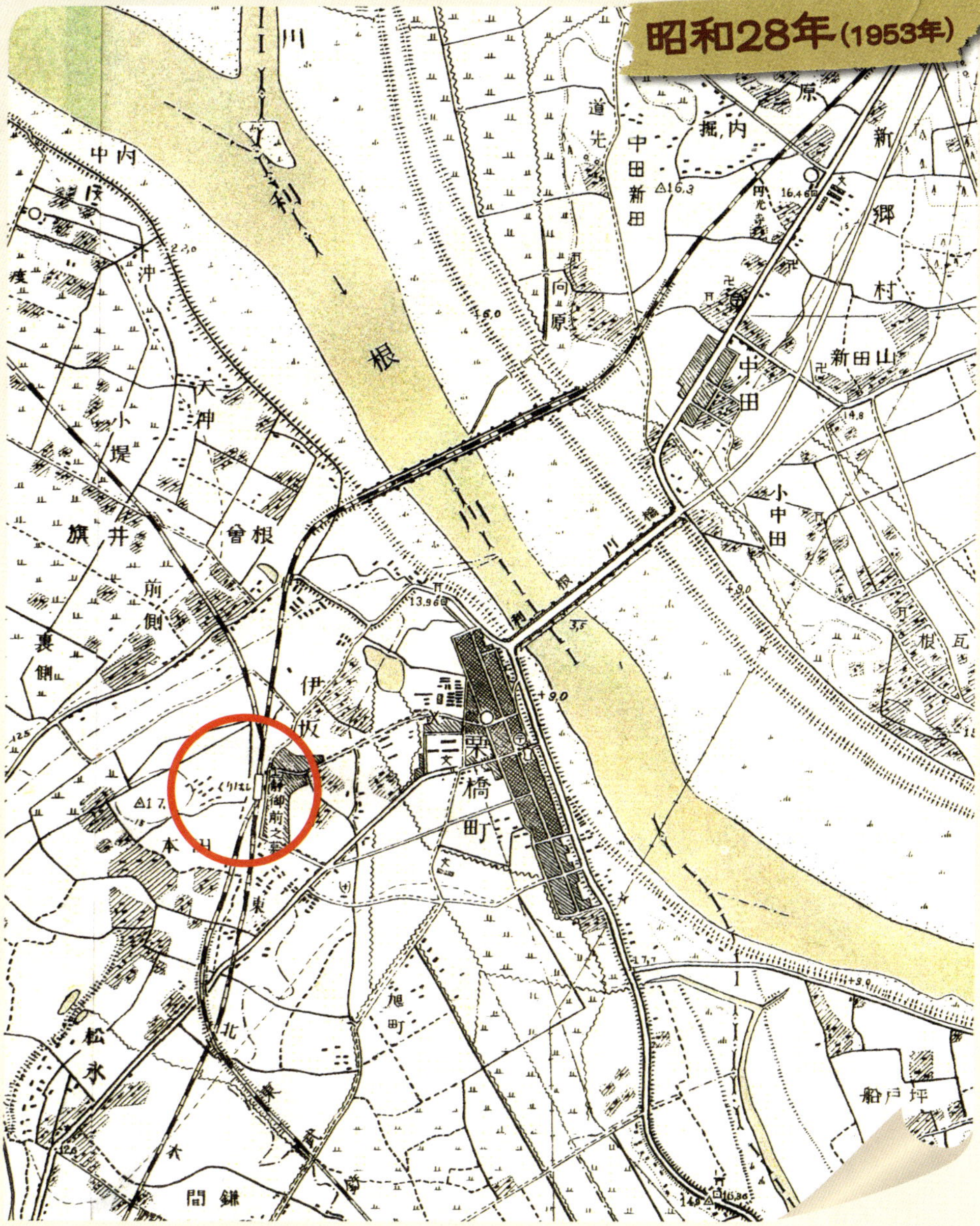

栗橋駅そばに「静御前之墓」が見える。この頃までは地図にしっかり記載されるほどだったようだ。駅周辺には栗橋駅前商店だが、駅前よりはるかに大きい集積地が利根川土手で形成されている。下段の本文で触れた栗橋宿があった一帯である。その集積地の北に神社の記号が見えるが、この神社が別項で採り上げた八坂神社。栗橋の関所はこの神社の東隣にあった。

もその一つだろう。

静御前は鎌倉を追放されてから、義経の後を追って陸奥に下るつもりで栗橋まで辿り着いたところで義経の死を知った。悲しみが病魔を呼び、文治5（1189）年9月15日、儚き一生を終えた。墓標の代わりとして杉の木が植えられていた。江戸時代の享和3（1803）年、静御前の伝承を耳にした関東郡代中川飛騨守忠英が墓を建てた云々が「静御前の墓に」まつわる伝説伝承となっている。

静御前墓所

毎年10月、「静御前まつり」（別項参照）を行っている栗橋駅前商店街を先に進むと、通りは二股に分かれる。右手の道を行くとまもなく利根川に出る。

栗橋関所と利根川橋

利根川橋の架橋は大正13（1924）年。利根川の中・下流域で最初に架けられた近代的な道路橋だった。現在のように上りと下りの二本に分けられたのは昭和41年。時代は高度成長期、交通量が増加したことから上流側に新橋を架橋。それまでの橋を上り専用、新橋を下り専用とした。

建設省国土地理院発行「1/25000地形図」

昭和52年(1977年)

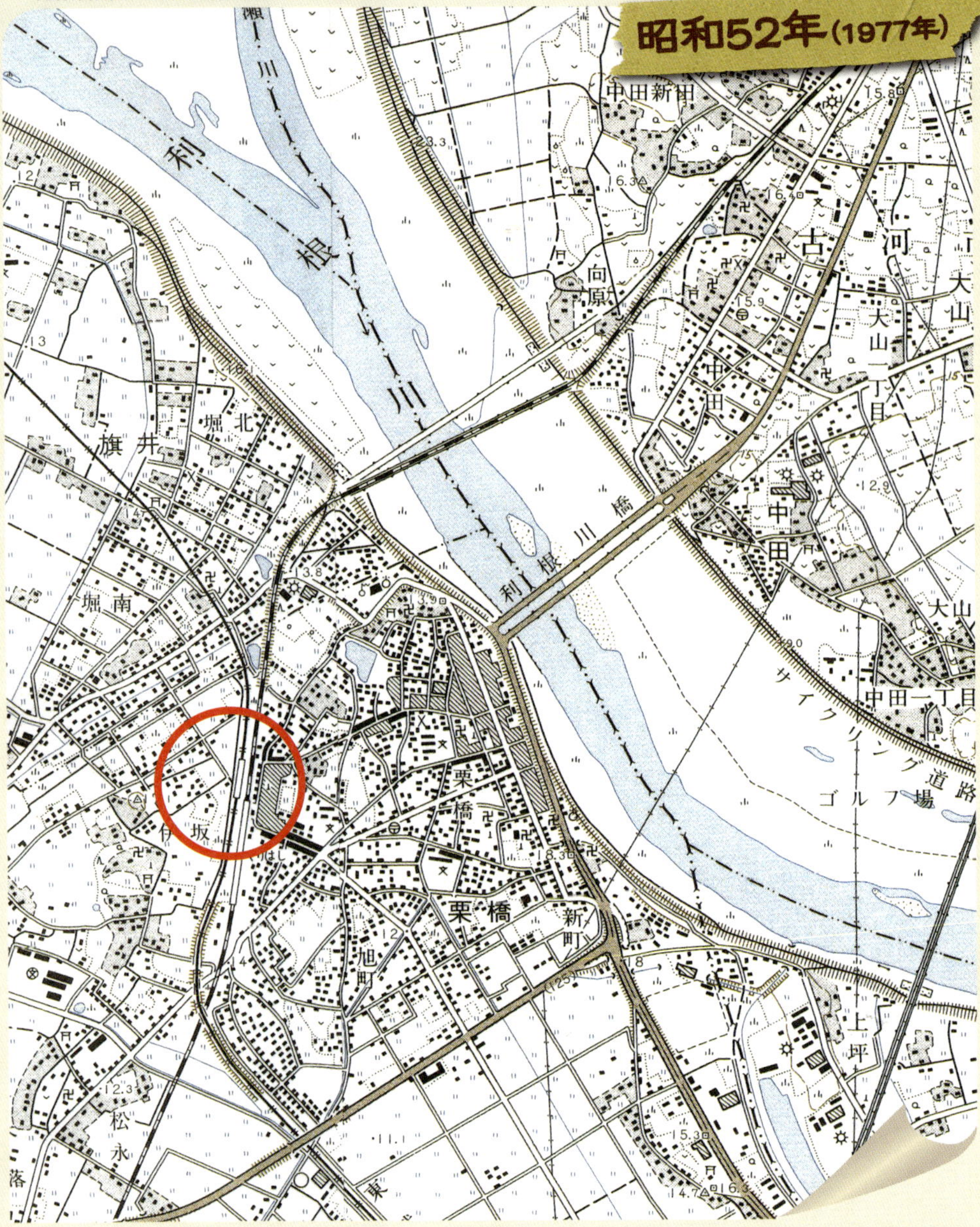

前ページの地図では、利根川橋はまだ一本だが、上記の地図でははっきりと2本描かれている。下段テキストで触れたように高度経済成長で国道4号の交通量も加速。あわせて鉄道東側から利根川に至る一帯も市街地化が格段に進んでいる。反面、繁華な集積地だったかつての宿場街も宅地化の波に飲まれたように縮小しているのが見て取れる。一方、静御前の駅前商店街は広がっている。

栗橋駅開業も鉄橋未通で・・・

日本鉄道栗橋駅が開業したのは明治18(1885)年。

ただし、鉄道開通時に利根川の橋は完成しておらず、乗客はいったん鉄道を降り、舟で利根川を渡っていた。翌年になって鉄道橋である利根川鉄橋が完成。利根川超えの途中下車は解消されている。

栗橋の川魚料理

栗橋にもよく訪れた田山花袋は、利根川土手にあった料理屋「稲荷屋」を激賞。川魚料理店では、柴又の川甚、二子の亀屋、それに稲荷屋がベストスリーとしている。友人ばかりでなく、妻子も連れて来るほど、稲荷屋の味を気に入っていた。川魚を売り物にする料理屋であるから、メインは鯉。

鯉こくは塩が辛すぎるという向きもあったが、花袋の舌には東京の甘すぎるものに比べると「余程好い」。鯉の洗いは名物だけあって、殊に味が好く、「利根川の鯉は東京でも美味を聞こえている」云々。

東京でも評判だった栗橋の稲荷屋だが、戦前の利根川改修で移転を余議なくされ、廃業に至ったという。

江戸時代、利根川は東海道の大井川と同様、幕府にとって軍事上の防衛ラインであり、橋は架けずに渡し船オンリーとした。江戸時代初頭、日光街道を整備すると栗橋に関所を設け、宿場を置いた。対岸の中田宿(茨城県古河市)と合わせた二宿制だったともいう。

街道筋だった利根川土手の栗橋宿は茶屋や旅籠屋、料理屋等々で賑わった。対岸の中田宿には遊郭もあったと、田山花袋は『一日の行楽』で綴っている。

将軍家の日光社参、明治の世の天皇行幸の際には、和舟をつないだ上に板を渡した舟橋を設けた。

利根川橋が架けられたのは、陸軍の事情が大きかった。軍隊も近代化し、部隊の移動に渡し船や舟橋ではお話しにならなくなったからだ。

利根川橋が架けられて渡し船の時代は終わったが、昭和初期までは利根川を外輪蒸気船が往来。古きよき時代を思わせるその蒸気船は利根川の風物詩でもあった。

外輪蒸気船「通運丸」

外輪蒸気船は通運丸。貨客船だった。〈昔はこの土手の上は河港として非常に賑やかであったところである。船宿、料理屋などはもっともっと沢山にあった。川には河船が絶えず上下した。今ではそういう光景はすっかりなくなってしまったけれど、それでも毎日一回、東京から時代遅れの通運丸がやってきて、中田に渡る渡し場のところに停まって、一人二人づつ乗客を拾って行く〉と、前出『一日の行楽』。

内国通運は日通のルーツ

明治4(1871)年、宿駅の飛脚制度の近代化を図って、日本でも近代郵便制度が始まった。これにともない、宿駅が担っていた伝馬機能は明治5年、新たに創設された陸運元会社が継承。この陸運会社が明治8年に内国通運会社に改称。昭和3年に国際通運株式会社として発足し、昭和12年に国策で日本通運株式会社となっている。

「栗橋の鎮守」八坂神社

栗利根川橋の南詰にあるのが栗橋の鎮守である八坂神社(栗橋北2-15-1)。拝殿前には狛犬ならぬ「狛鯉」の像がある。昭和61年に設置されたものだが、鯉が浮かぶ波間に亀も彫り込まれている。

江戸初期の慶長年間、利根川の大洪水の折に対岸の八坂神社の神輿が鯉と泥亀に囲まれて当地に流れ着いた。「これは神慮である」と対岸の八坂神社を勧請した云々が、栗橋の八坂神社と「狛鯉」の来由になっている。

栗橋の関所そばにあった八坂神社

国土交通省国土地理院発行「1/25000地形図」

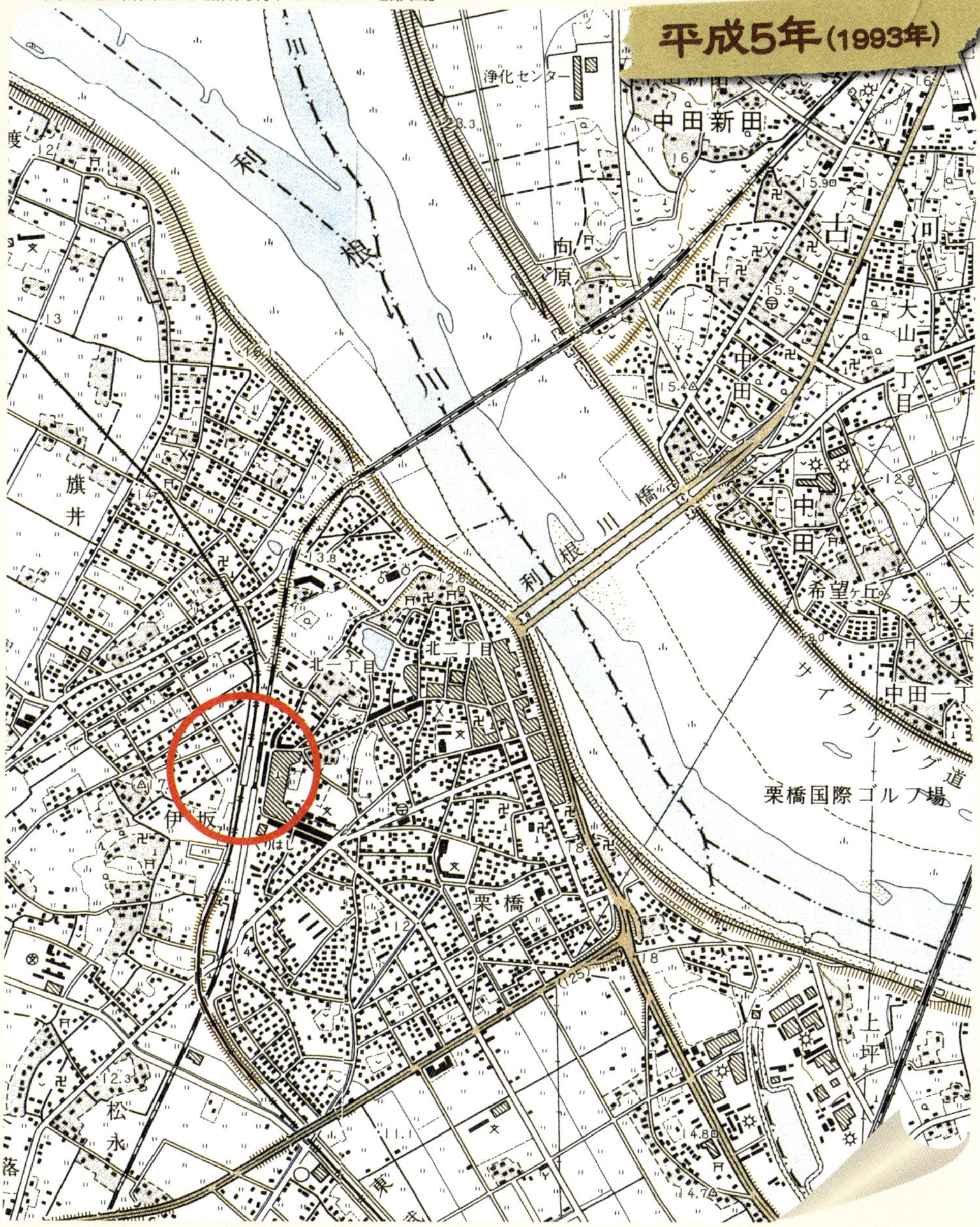

利根川下流域に見える「栗橋国際ゴルフ場」は高度成長期の昭和41(1966)年に開場した河川敷コース。現在は栗橋国際カントリー倶楽部と改称している。同じところに見えるサイクリング道路は、現在は群馬県渋川市から東京ディズニーリゾートまで、利根川沿いの超長距離サイクリングロードになっている。明治大正の昔の外輪蒸気船に代わって平成の今は米川沿いに自転車が走っているようである。

通運丸は明治初期から利根川を航行し始めた。

江戸時代から利根川は舟運による物流ルートであり、幕府は穀物を始めに野田の醤油や銚子の海産物などは利根川から江戸川を経由して運ばせていた。明治に入り、このルートには内国通運(別項参照)の外輪蒸気船「通運丸」が就航した。

貨客船として両国を出発した通運丸は、小名木川から江戸川、そして利根川に入って銚子との間を結んでいた。通運丸の航路は江戸川・利根川・霞ヶ浦・北浦など各方面に拡大し、関東地方を代表する川蒸気船として昭和初期まで活躍。備船数も第56通運丸までの存在が確認できている。

両国を出向していく外輪蒸気船通運丸(「利根川汽船航路案内」より)

花袋が懐かしんだ栗橋の利根川土手は、その後の利根川改修で往時の面影は消えてしまった。また「栗橋関所跡」も本来は利根川橋の上流側、「栗橋の鎮守」八坂神社(別項参照)東側にあったが、現在は利根川の改修工事により利根川橋下流側の栗橋北2丁目地内の土手に仮移転している。

陸軍参謀本部陸地測量部発行「1/50000地形図」

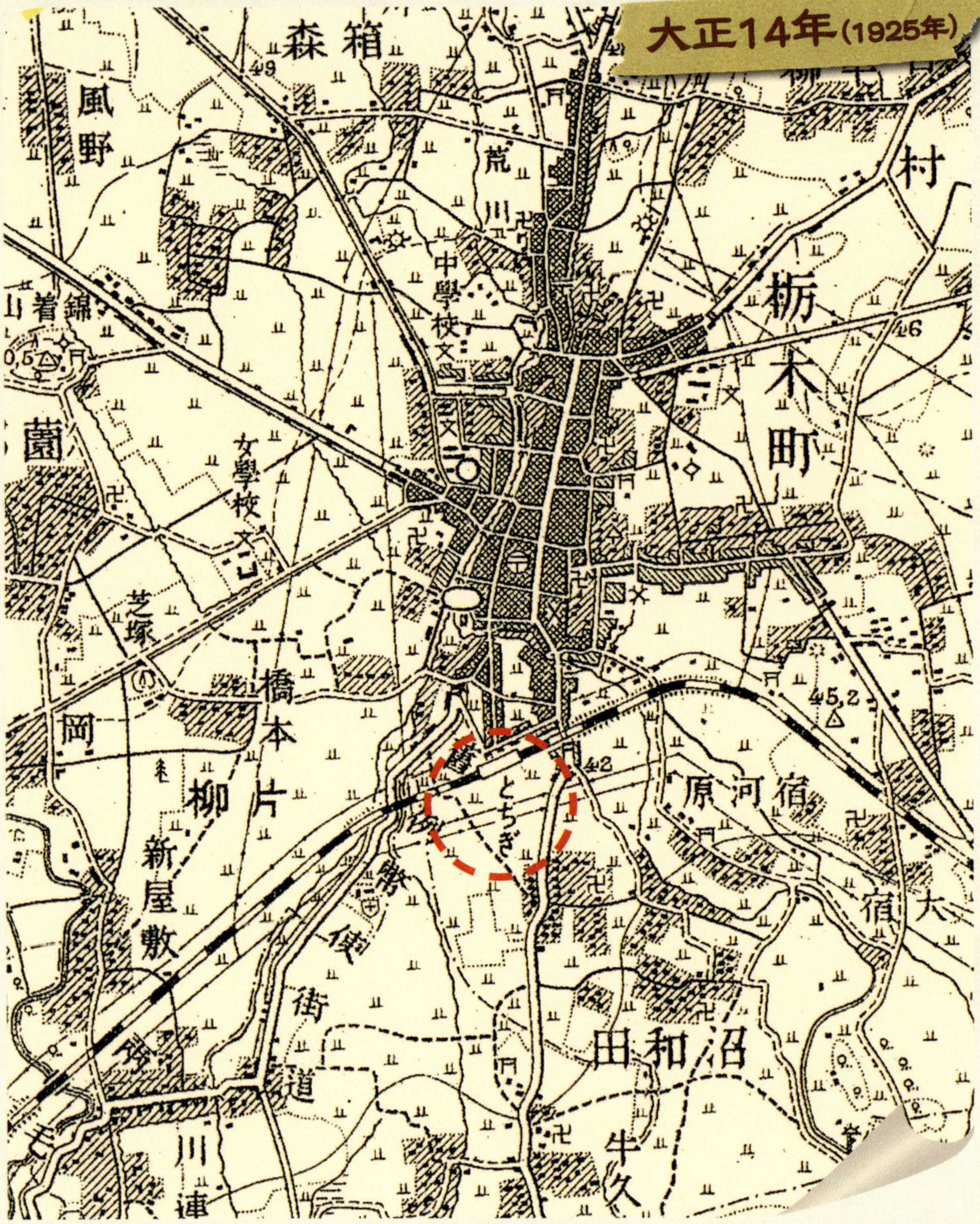

日光線

栃木、新栃木

小江戸とも称された観光の街

栃木駅

開業年	昭和4（1929）年4月1日
所在地	栃木県栃木市沼和田1-35
駅構造	2面3線（高架駅）
キロ程	44.9km（東武動物公園起点）
乗降客	11,888人

新栃木駅

開業年	昭和4（1929）年4月1日
所在地	栃木県栃木市平柳町1-8-18
駅構造	2面3線（地上駅）
キロ程	47・9km（東武動物公園起点）
乗降客	4,017人

地図中央上部に見える「中学校」は旧制時代の栃木中学で、現在の県立栃木高校。ここの講堂は明治43年、図書館は大正3年に建築され、ともに国の登録有形文化財として残されている。板張りにペンキ塗り、瓦葺の洋風建築だ。戦災を免れた栃木市内にはその他にも栃木病院（市内万町13-13）関根家住宅店舗（市内倭町11-4）等々、大正年間の建造物が今も多く残されおり、観光資源となっている。宿場通り南外れに「例幣使街道」が見える。

巴波川が醸し出す都市景観

栃木市は関東平野の北部に位置し、市北部には山並みが広がる。人口は16万人。宇都宮市、小山市に次ぐ県下第3位の街だ。

中心市街地は東武日光線と両毛線が乗り入れている栃木駅と東武線の新栃木駅周辺に形成されている。戦災を免れたため、歴史的な寺院のほか、市街地には江戸時代から明治時代にかけての蔵屋敷や黒板塀・格子づくり商家などが多く残っており、街並みが保存されていることから小江戸、小京都、関東の倉敷などと呼ばれ、観光地としての人気も高い。平成21年には国土交通省の「美しいまちなみ大賞」（現在の都市景観大賞）を受賞している。

「観光栃木」の玄関口栃木駅

栃木市内の町並みが評価されているのは、市街地中心部を流れる巴波川（うずまがわ）の景観があってこそだろう。錦鯉が群れをなして泳いでいる姿が見て取れるほどであり、都市河川にありがちな濁った川とは無縁の流れである。

栃木市は江戸時代、この巴波川の舟運で江戸と繋がり、北関東の商都として賑わった。巴波川の舟運は、元和3

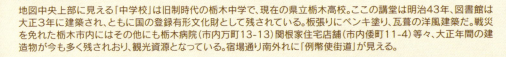

陸軍参謀本部陸地測量部発行「1/25000地形図」

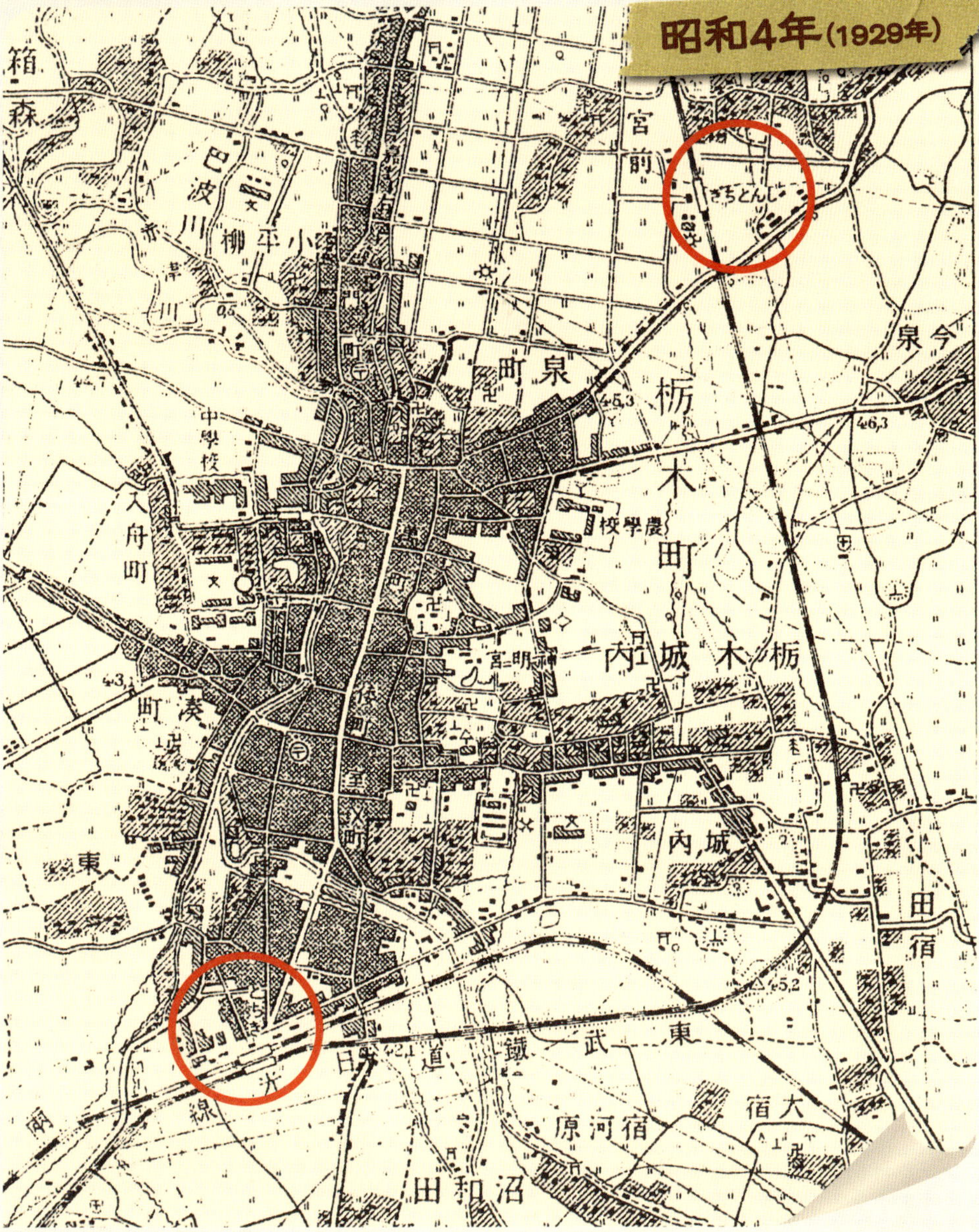

地図右側に見える「栃木城内」は豊臣時代の末期、栃木城があったところ。徳川の時代になって廃城となり、築城から20年足らずで姿を消したが、城主皆川広照が荒れ地に城下町を築いたことから江戸時代に日光例幣使街道の栃木宿として巴波川の舟運で栄えることとなった。東武鉄道日光線と交差しているのは明治21（1888）年開通の国鉄両毛線。

蔵の街遊覧船

20分ほど流れに乗って、船の上から蔵の街なみをゆっくりと鑑賞できる。春の「うずまの鯉のぼり」（3～5月）では千匹を優に超える鯉幟が掲揚され、舟はその下を往き来する。8月上旬の「蔵の街サマーフェスタ」では行灯まつりとして、巴波川沿いに設置された行灯が幻想的に水面に映える。蔵の街遊覧船待合処（栃木市倭町2-6）は栃木駅から徒歩約10分。乗船料は中学生以上700円、小学生以下500円、犬等100円。団体割引等あり。

とちぎ歌麿館

栃木駅北口から蔵の街大通り沿いを北に徒歩20分ほどの「とちぎ歌麿館」（栃

木市万町7-1）は、喜多川歌麿と栃木市の縁を中心とした文化情報を発信するために、栃木市蔵の資料館「古久磯提灯店見世蔵」を活用。歌麿とその時代の関連資料（狂歌や浮世絵など）を展示する「まちなか美術館」となっている。入館料無料。毎週月曜日休館（祝祭日の場合は翌日）

（1617）年、徳川家康の久能山から日光山へ改装する際、御用荷物などを栃木河岸に陸上げしたことに始まるというが、栃木の発展になくてはならなかった巴波川は、今も「観光栃木」に無くてはならない自然資産だ。その一例が「蔵の街遊覧船」（別項参照）であり「歌麿まつり」だ。

街の活性化を図って始めた「歌麿まつり」は、平成30年で8回目を数え、栃木市の秋の風物詩として定着。花魁道中や巴波川の川下り等々、多彩な催し物で内外から観光客を集めている。

歌麿で街を活性化

喜多川歌麿と栃木は、そもそもは狂歌つながりだった。栃木の豪商「釜喜」の4代目善野喜兵衛は狂歌を趣味とし、「通用亭徳成」なる狂歌名を持っていた。一方、歌麿も狂歌も能くし、「筆綾丸」のペンネームも持っていたほど。この狂歌が縁となって、豪商善野家と交友を深めたことで絵を依頼されるようになった。後に「幻の大作」と伝承されることになった「花街雪月花三幅対」等々、数点の肉筆画を善野家に滞在して描くようになったと伝わる。

歌麿が善野家に肉筆画を残したこと、戦前から知られてはいた。しかし、すでに流出し、消息不明説が定着していた。

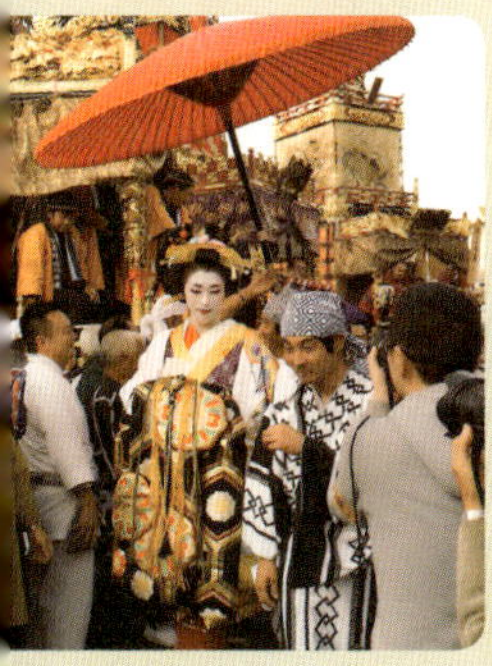

イベントとして定着した歌麿まつり

建設省地理調査所発行「1/25000地形図」

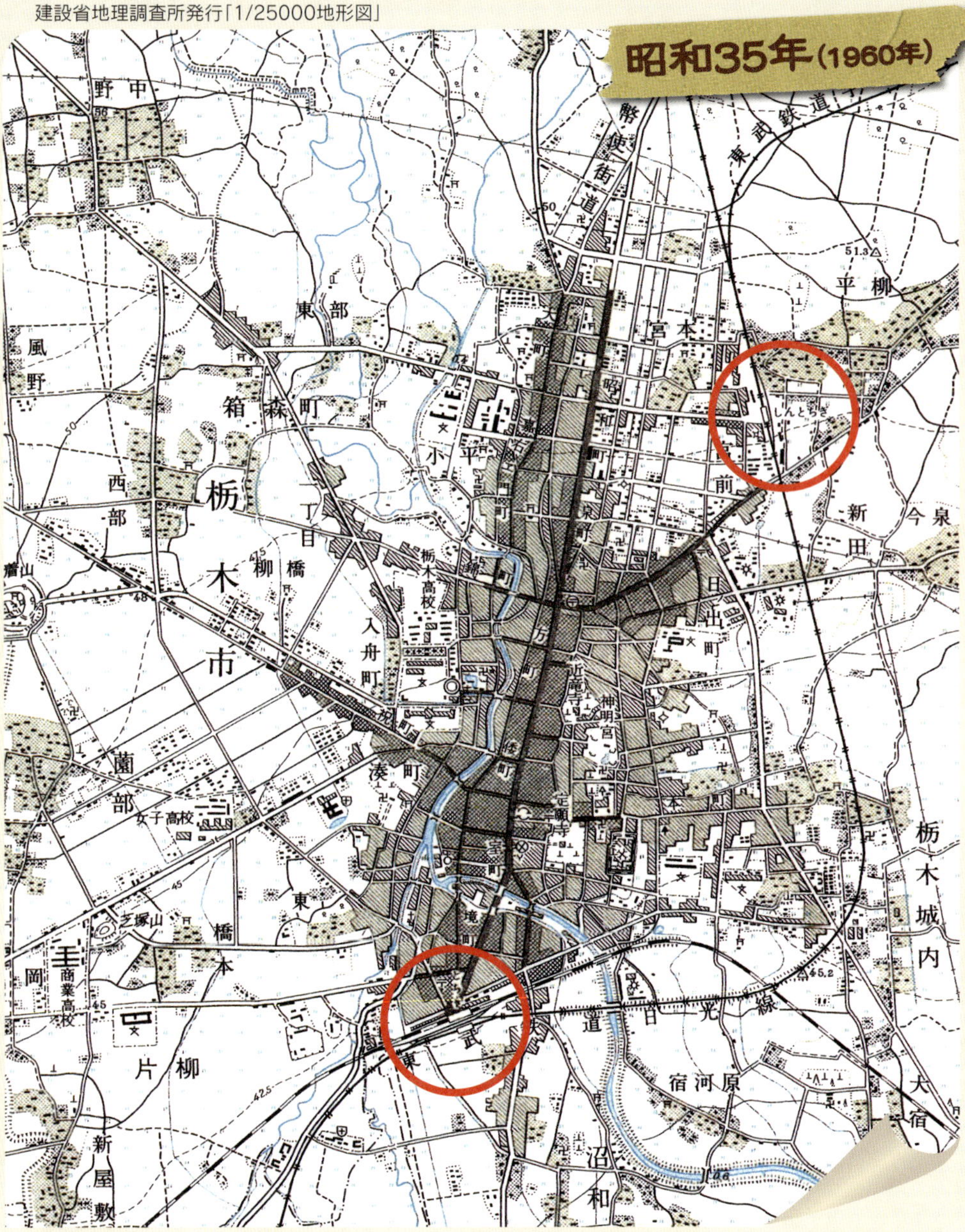

日光例幣使街道は栃木宿の北側から巴波川沿いに南下していくが、その後の市街地開発で往時の道筋はだいぶ消えている。地図中央に見える「嘉右衛門町」の通りがかつての例幣使街道となっている。通りの両サイドには古い町並みが今も現役で残されており、市内観光の暁にはおすすめのコースである。栃木市が「観光栃木」の看板を掲げたのは今からほんの十年ほど前。それまでに失われた歴史遺産は少なくなかっただろう。

雪月花三幅対の行方

平成26年3月、雪月花三幅対のうち「深川の雪」が再発見されてニュースになった。神奈川県箱根町の岡田美術館が国内で発見。鑑定の結果、真筆と判明したものだ。

「深川の雪」は昭和23年、東京・銀座の松坂屋で開催された「第二回浮世絵名作展覧会」、同27年に同じく銀座松坂屋で行われた「歌麿生誕二百年祭／浮世絵大展覧会」で展示された以降、消息不明となっていた。

「深川の雪」に描かれた女性たちの中で、足元の猫を見つめる女性の着物の肩には、笹の葉を9枚重ねた家紋「九枚笹」が入っている。善野家の家紋と同じで、歌麿が制作を依頼した善野家に敬意を評したものと推測されている。

美術品の世界の常で、岡田美術館の入手経路や空白の期間などの推移は明らかにされていない。現在は岡田美術館の所蔵となっている。

残る三幅対のうち、「品川の月」は米ワシントンD.Cのフリーア美術館、「吉原の花」は米コネティカット州ハートフォードのワズワース・アシニアム美術館に収蔵されている由。

ところが10年ほど前、栃木市でこのうち3点が発見された。平成19年に市内の民家で「女達磨図」が見つかり、翌年には市外に引っ越した別の民家で「鍾馗図」と「三福神相撲図」が発見されたのだ。

栃木市は、3点の肉筆画が市ゆかりの民家で見つかると間もなく街の活性化に購入。展示公開用にまちなか美術館として新しく「とちぎ歌麿館」（別項参照）設置した。

「歌麿まつり」も、幻とされていた栃木で描いた肉筆画が発見されたことが契機となっている。

目指せ、観光客650万人

県の観光交流課が平成30年5月にまとめた「平成29年栃木県観光客入込数・宿泊数推定調査結果」によれば、平成29年の栃木県は9276万人（千人以下は切り捨て表記。以下同）を記録。平成27年に9千万人を突破後、「観光立県」にむけて快調な足取りを見せている。前年と比較して184万人増、対前年比102%となり、過去最高を更新している。

観光客宿泊数は836万人で、前年と比較して約24万人増。3年連続で東日本大震災前の平成22年を超える宿泊数となった

前者のベストスリーは1位宇都宮市1498万人、2位日光市1209万人、3位那須塩原市935万人。観光宿泊客数も1位日光市344万人、2位那須町171万人、3位宇都宮市159万人。

栃木市の平成29年入込数は560万人で県下5位。ちなみに4位は佐野市

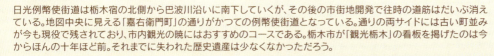

栃木市の例幣使街道

日光例幣使街道の宿場の一つだった栃木宿。

例幣使街道の一部が今の中心街をなす大通りや嘉右衛門町通りであり、その両側には黒塗りの重厚な見世蔵や、白壁の土蔵群が残り、当時の繁栄振りを偲ばせている。嘉右衛門町通りは新栃木駅が最寄り。

栃木市の不運

県名を戴きながら県庁所在地ではない栃木市だが、明治17（1884）年までは県庁が置かれていた。しかし、そのころ栃木町では自由民権運動が活発、それを時の県令がうとましく思い、宇都宮に県庁を移したと言われる。

もう一つの不運は、日本鉄道の駅が置かれなかったことだった。

日本鉄道は現在の宇都宮線にあたる第二区線の敷設計画には2案あった。第一区線（上野～高崎間）の大宮から分岐して幸手～古河を経て宇都宮に至る甲案と、同じく熊谷駅から分岐して館林～栃木～鹿沼を経て宇都宮に至る乙案だった。

栃木町を始め、乙案に関連する自治体は嘆願書まで出したが、日本鉄道は敷設工事の難易度等を勘案して、大宮分岐に決定した。

国土交通省国土地理院発行「1/25000地形図」

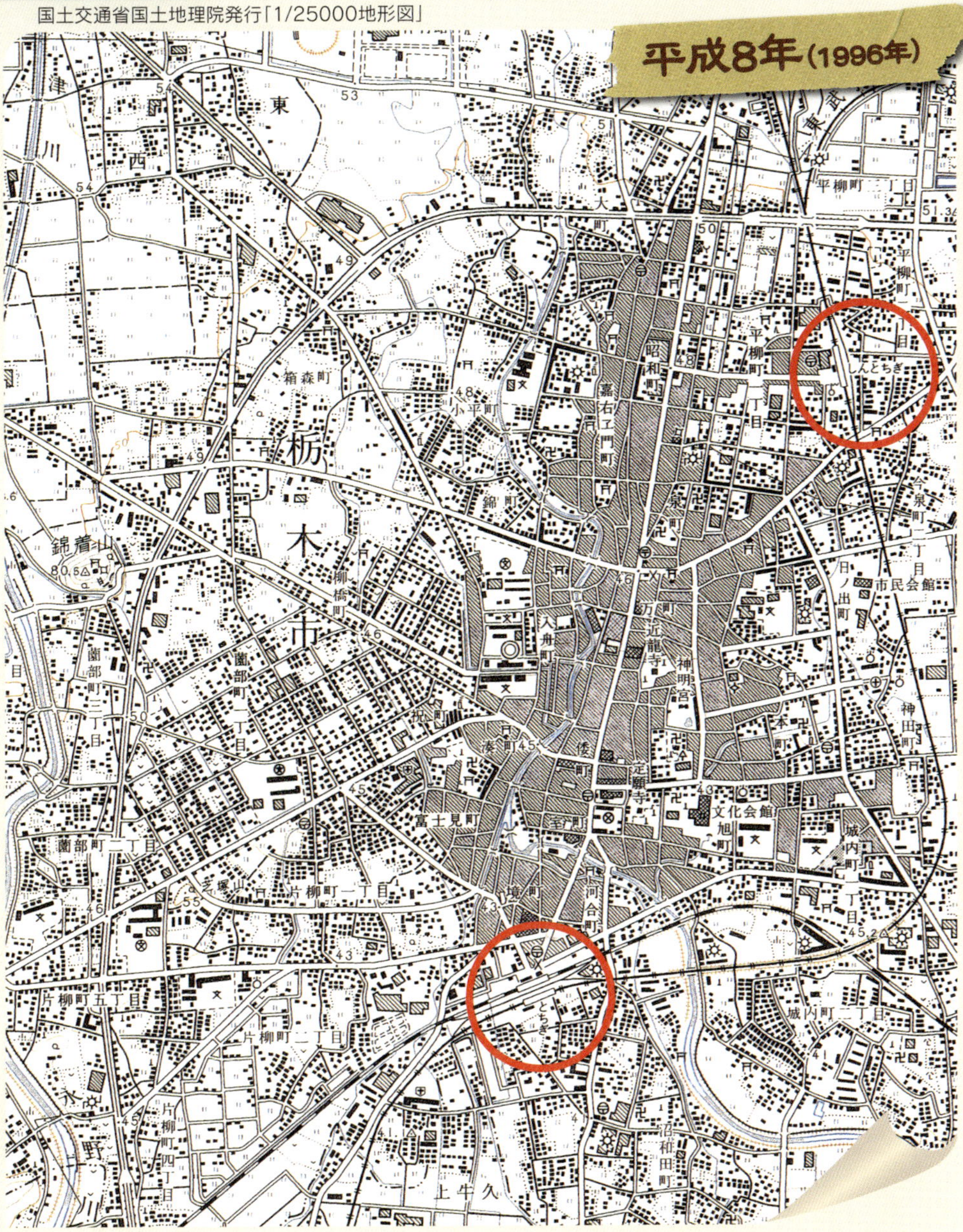

栃木市の市制施行は昭和12（1937）年だから、市制施行130周年が近くなった頃の市街地である。市街地も拡大し、栃木市の人口がピーク時の17万人台で推移していたころだ（現在は14万人）。新栃木駅南側で斜めに走りながら市街地を横断していく道は栃木と宇都宮を結ぶ県道2号宇都宮栃木線。ルートは東武宇都宮線とほぼ並行しており、栃木の幹線道路となっている。

となっている。

　宿泊数は1万4309人。前年比109%増であるが、栃木市は日帰り観光地となっていることが窺える。

　ただ、栃木市の観光資源は、多様だ。

　市南部の藤岡地域には、ラムサール条約登録湿地に指定されているかの有名な渡良瀬遊水地がある。市の中心部を流れる巴波川、東部を流れる思川、南部の渡良瀬川が合流して広大な湿地帯をつくった。

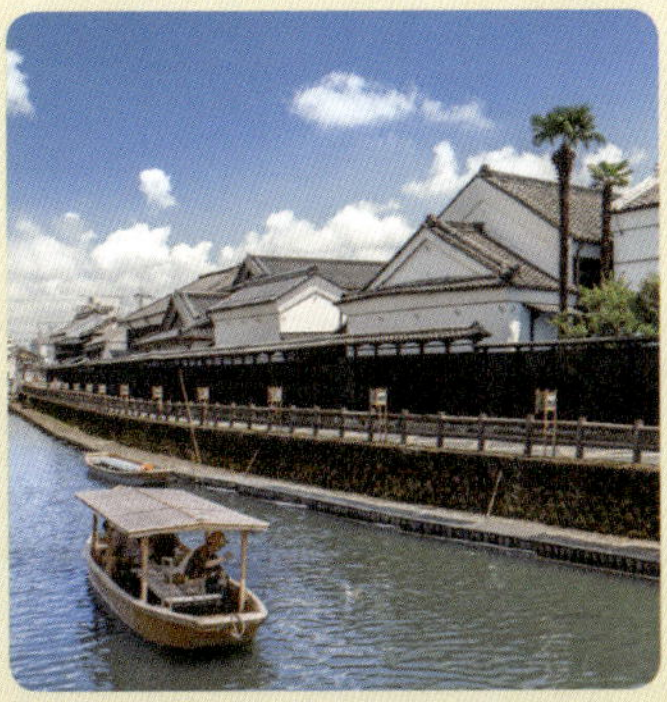

巴波川を行く蔵の街遊覧船

　佐野市との境界に位置する三毳山（みかもやま）は標高239m。一部は県営都市公園「みかも山公園」となっており、フルーツパークなど、豊かな自然と農産物等の資源を活かした観光拠点もある。山麓からは何本かのハイキングコースがあるほか、公園東口・西口・南口の各広場からはフラワートレインも運行されている。

　栃木市は2013年に「栃木市観光基本計画」を策定。2012年の年間観光客540万人を4年後の2022年までに650万人にするべく動いているところだ。

陸軍参謀本部陸地測量部発行「1/50000地形図」

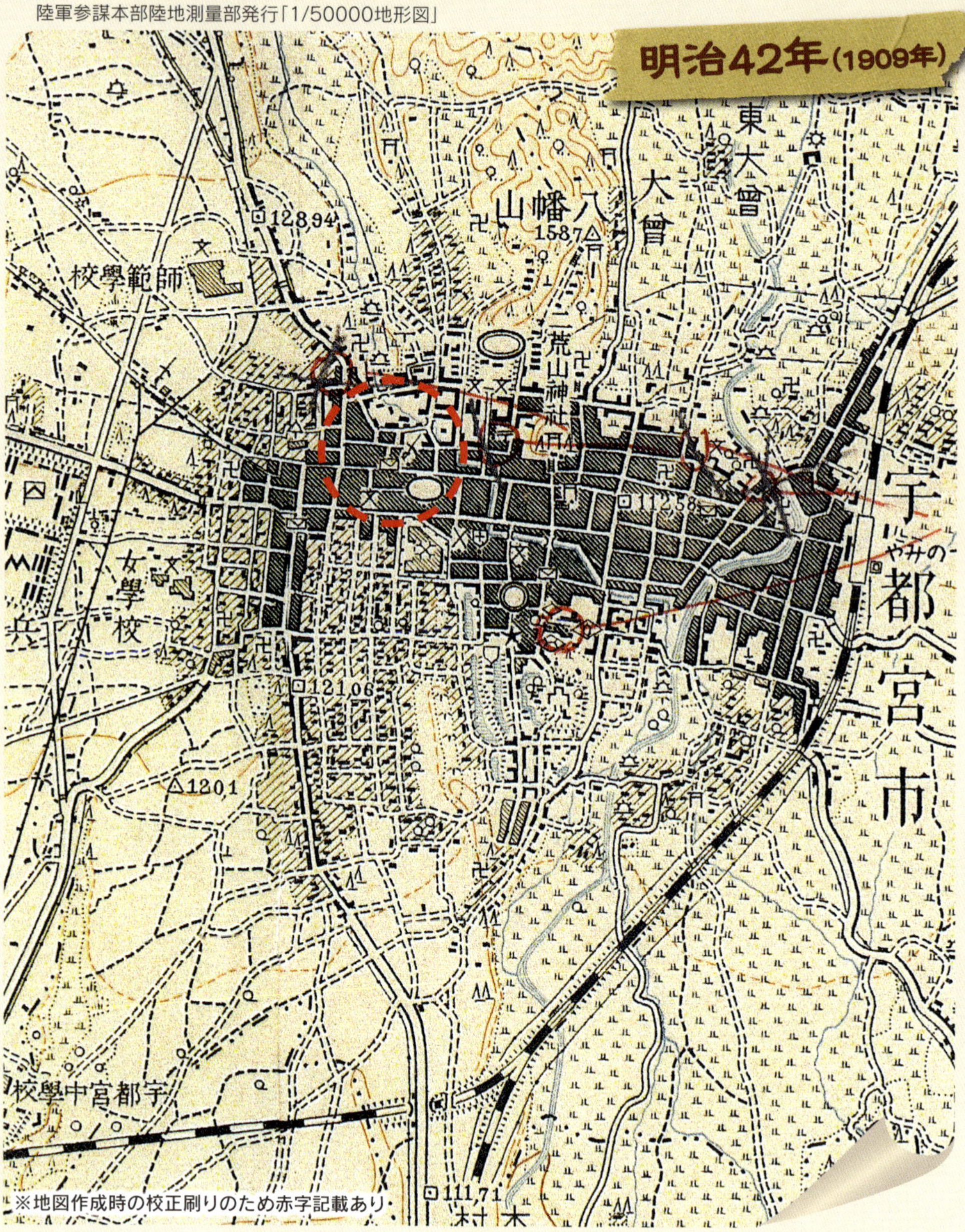

※地図作成時の校正刷りのため赤字記載あり

JR宇都宮駅西側で蛇行しながら市街地を縦断しているのは、田川。日光市を源流とし、宇都宮市を流れて鬼怒川に合流する一級河川。宇都宮の田園地帯に恵みをもたらしてきたが、その蛇行ぶりから江戸時代から「暴れ川」として幾度となく水害をもたらせている。治水が進んだ今でも、近いところでは平成9年と10年に台風や集中豪雨で浸水被害を起こしている。「師範学校」は国立宇都宮大学の前身である栃木師範学校。

宇都宮線

東武宇都宮

北関東最大の都市の繁華の歴史

開業年	昭和6（1931）年8月11日
所在地	栃木県宇都宮市宮園町5-4
駅構造	1面2線（高架駅）
キロ程	24.3㎞（新栃木起点）
乗降客	9,894人

繁華の起こりは二荒山神社

東武鉄道にとって初めての百貨店事業となったのが、東武宇都宮駅のターミナルデパートだった。オープンは昭和34（1959）年11月。神宮のヒーローだった長嶋茂雄がプロ野球デビューした翌年であり、プロ野球人気が沸騰。戦後の傷跡も癒え、なにやら日本全体が明るくなったように感じた時代のことだ。

開店に先立ち、18歳から25歳までの女性従業員200名を募集したところ、700名余の応募者があり「選考に苦労した」と『東武鉄道百年史』にある。

〈従業員の研修には特に意を用い、新規採用した200名の女性従業員を2組に分けて4日間ずつ松坂屋銀座店で研修を積ませた。販売の仕方、レジ、エレベーターの運転と案内、店内放送、電話交換など百貨店に必要なあらゆる業務について研修し、準備万端を整えて開店に臨んだ〉云々。

東武百貨店開店は、駅前市開発事業の流れにあったものだが、東武宇都宮駅東側はいま、幾つもの商店街が形成されて宇都宮というより、県内随一の繁華の地となった。

オリオン通り

宇都宮二荒山神社

「宇都宮の鎮守」二荒山神社（馬場通り1-1-1）は宇都宮市の中心部、明神山（標高約135m）山頂に鎮座する。社殿参拝には結構急な石段を95段上る。宇都宮の市街地を見下ろす

立地だ。社伝によればその歴史は第10代崇神天皇の時代に遡れるという。ちなみに古墳で有名な仁徳天皇は第16代だ。
現在の社殿は戊辰戦争による焼失後の明治10（1877）年の再建。

宇都宮城址公園

関東の七名城の一つとも謳われた宇都宮城は明治初頭の戊辰戦争の際に焼失。昭和戦後の都市開発によって殆どすべての構造物が失われ、昭和中期にはわずか本丸土塁の一部が残されるのみとなった。
この遺構は「御本丸公園」として整備され、平成初期には公園内に歴史資料館「清明館」が建設された。
「御本丸公園」を改修・再整備し、改称して「宇都宮城址公園」（宇都宮市本丸町）とした。平成19年開園。

陸軍参謀本部陸地測量部発行「1/25000地形図」

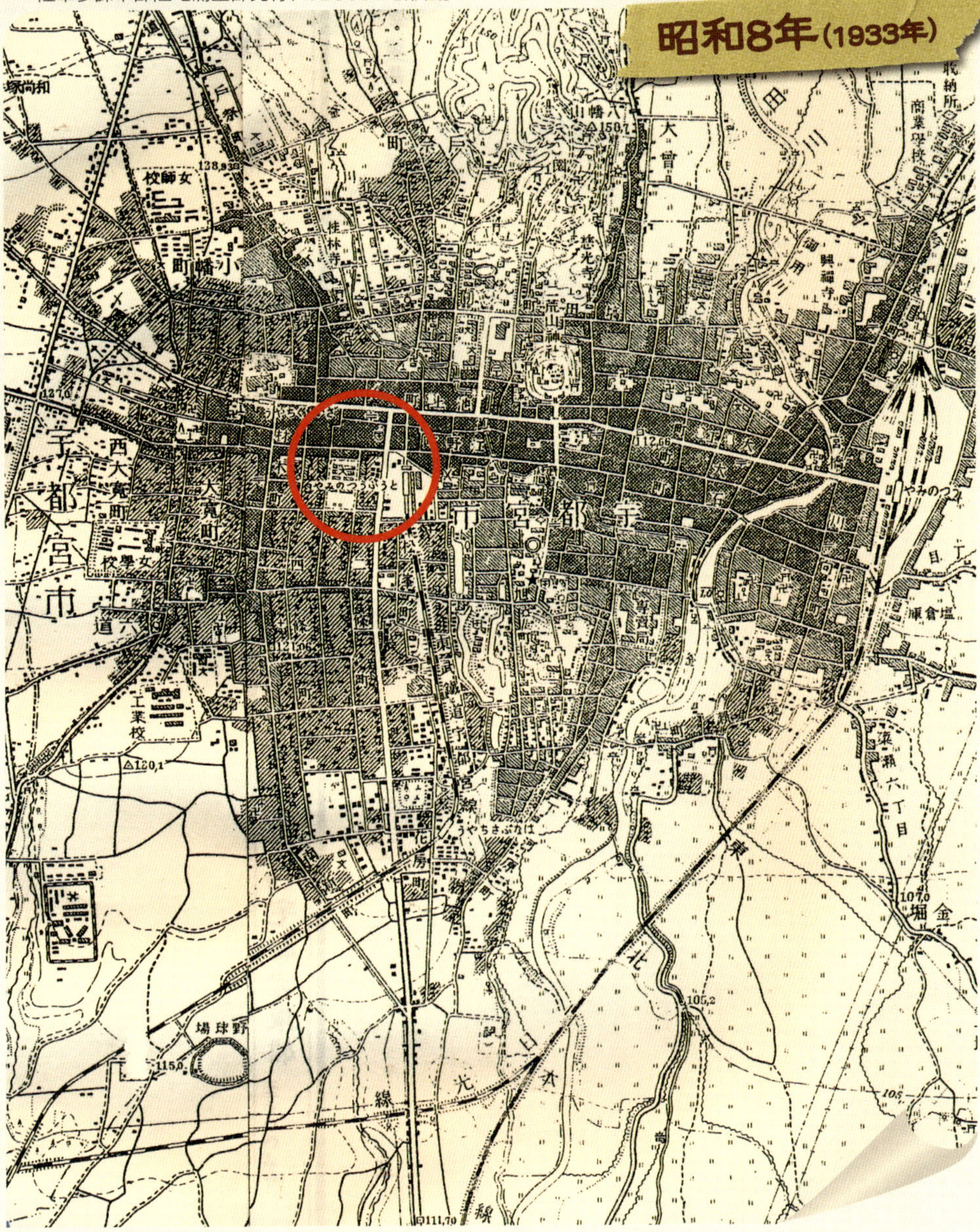

東武宇都宮駅の開業は昭和6（1931）年。明治時代の日本鉄道宇都宮駅開業以来、市街化が郊外へ西進していく中で、宇都宮監獄の移転が計画され、その跡地に東武宇都宮駅は設置されている。宇都宮監獄は明保野町）移転し、黒羽刑務所と改称されている。掲載した地図は東武宇都宮駅開業2年後の宇都宮市街を写している。地図中央やや上に二荒山神社が見え、宇都宮城阯はその南側、地図のほぼ中央にあたる。

東武百貨店北側にオリオン通りが東西に走っている。全天候型アーケード街だ。オリオン通りをJR宇都宮駅方向に行くと、間もなくバンバ通りと交差する。近辺に「馬場通り」の地区名があるから、転訛してカタカナ表記にしたものか。

バンバ通りは市街地を南北に走っているが、オリオン通りとの交差点を南に向かえば宇都宮城址公園（別項参照）であり、北に行けば宇都宮二荒山神社に導いてくれる。バンバ通りは二荒山神社の門前町であり、二荒山神社と宇都宮城の本丸跡が真っ直ぐ相対している。

バンバ通りから見た二荒山神社。門前町だったことがよく分かる道筋だ

二荒山神社は下野国の一宮だ。「宇都宮」は一宮が訛ったともいうが、宇都宮城を築いたとされる宇都宮氏は二荒山神社の宮司を務めていたという説に従うと、明神山の山頂にある同神社と低地にある城の位置関係の曰く因縁がよりわかりやすくなる。往時は城といっても平城であり、豪族の居館の毛の生えたようなものだ。太田道灌が築いた江戸城も右に同じだ。

建設省地理調査所発行「1/25000地形図」

昭和39年（1964年）

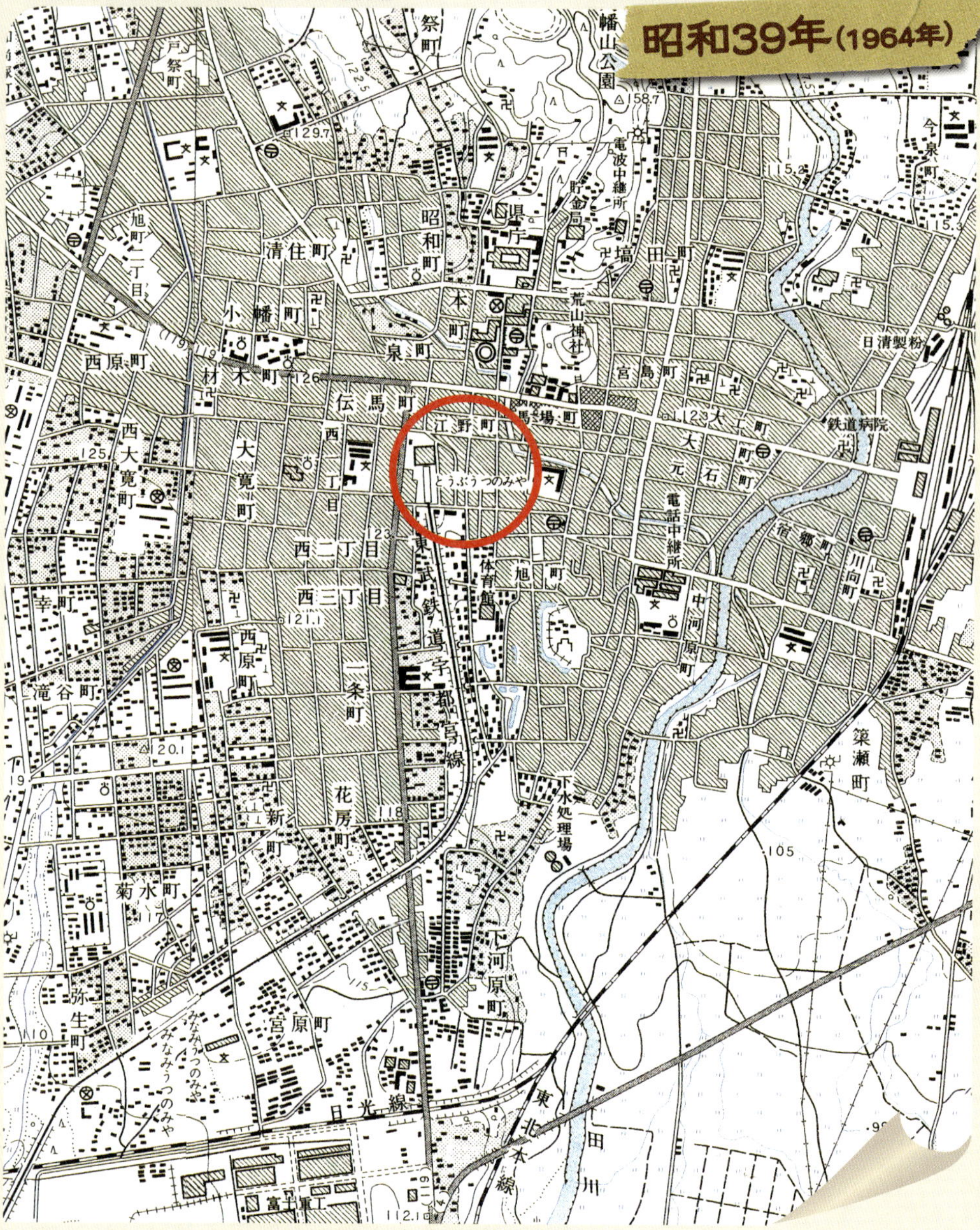

前頁地図左下にあった「野球場」は昭和35年に閉鎖されている。昭和7年に宇都宮野球連盟が「宇都宮常設球場」として建設。収容人員2万人は当時としては屈指の広さを誇ったA級球場であった。昭和9年には、ベーブ・ルースや沢村栄治が出場した日米野球の会場ともなった歴史もある。昭和15年に宇都宮市営球場となり、昭和35年に施設の老朽化や小学校不足などの理由で閉鎖された。跡地は宇都宮市立宮の原小学校となった。

宇都宮城吊り天井事件

元和8（1622）年、宇都宮藩主本多正純が、城内に吊り天井を仕掛けて徳川秀忠圧殺を図ったとされ、本多家は改易、正純が流罪となった事件が起きている。この年は家康の7回忌に当たっていた。秀忠は日光社参拝の帰途、宇都宮城に一泊する予定で、本多正純はその時を狙って秀忠圧死を目論んでいる云々の密訴が秀忠の耳に届けられた。しかし、この密訴自体が嘘八百だった。

正純の父親正信は駿府時代からの家康側近。正信・正純二代に渡って権勢を振るったのが周囲の反発恨みを買って陥れられた。秀忠は正純の無実が判明しても処分を取り消していない。

秀忠の政治能力は卓越しており、徳川政権の基礎を盤石にしたのは秀忠というのが定説となっている。秀忠は慶長10（1605）年、二代将軍の座に就くが、家康が没してから酒井忠世・土井利勝らの側近で固めると、大名統制を強化。

外様有力大名の福島正則（安芸広島50万石）田中忠政（筑後柳川32万石）最上義俊（出羽山形57万石）蒲生忠郷（会津若松60万石）を改易して所領を没収。最終的に秀忠が大御所の時代も含めると外様23家を改易している。

親藩、譜代でも「コイツ、気にくわない」と見たら遠慮会釈なく改易。処分は16家にも及んでいる。

日光社参の大行列

徳川の時代に入ると、宇都宮城は家康股肱の臣だった本多正純によって近代的な城に生まれ変わる。宇都宮の街は二荒山神社の門前町として、また宇都宮城の城下町として繁盛を重ねていくことになる。

宇都宮は奥州街道と日光街道の分岐点にあたる。東武宇都宮駅の南、西原の信号地点で、奥州街道は国道4号線となってJR宇都宮駅の東側を抜け、日光街道は東武宇都宮駅の西側そばを抜けていく。

城下町は、宇都宮城の東側にあたるJR宇都宮駅周辺の低地に広がっていた。しかし、江戸時代に入って日光社参が始まると、街道に宿場を設けることになった。

東武宇都宮駅は台地上にあり、その台地に宿場が設けられ、城下町は城の西側にも展開していった。

宇都宮城址公園

宇都宮城主は本丸ではなく、二の丸で起居していた。本丸は社参用に空けておく必要があったからという。それほど日光社参の行列は規模壮大、一説には

宇都宮をＬＲＴが走る

宇都宮市のLRT（ライト・レール・トランジット）は2013年3月、「東西基幹公共交通の実現に向けた基本方針」で導入の方針が示されたもの。

2022年開業予定で事業が進められているのは、優先整備区間とされたJR宇都宮駅東口から芳賀工業団地の本田技研北門の14.6キロ間。

新型車両PRムービーがすでに公開されている。

運営は第三セクター方式。LRTは簡単に言えば、路面電車の進化版。軌道系にしては建設費が安く、技術的にも運行面でも汎用性の高いことから、欧米では普及している。

日本では既存の路面電車の改良を含めてLRTが走っている都市には富山、広島、熊本などがあるが、軌道も車両も新規というのは、宇都宮市が初めて。

全体整備区間として、宇都宮市街地中心部西側の桜通り十文字交差点からJR宇都宮駅を経由して市東部の宇都宮テクノポリスまでの延長約15キロと、芳賀町区間の芳賀～高根沢工業団地までの約3キロが計画されているが、将来的には延伸も検討されている。
※テクノポリスとは、先端技術産業を中心とし地方経済の振興をめざす高度技術集積都市。通産省によって構想され、昭和58（1983）年に法制化された。

建設省国土地理院発行「1/25000地形図」

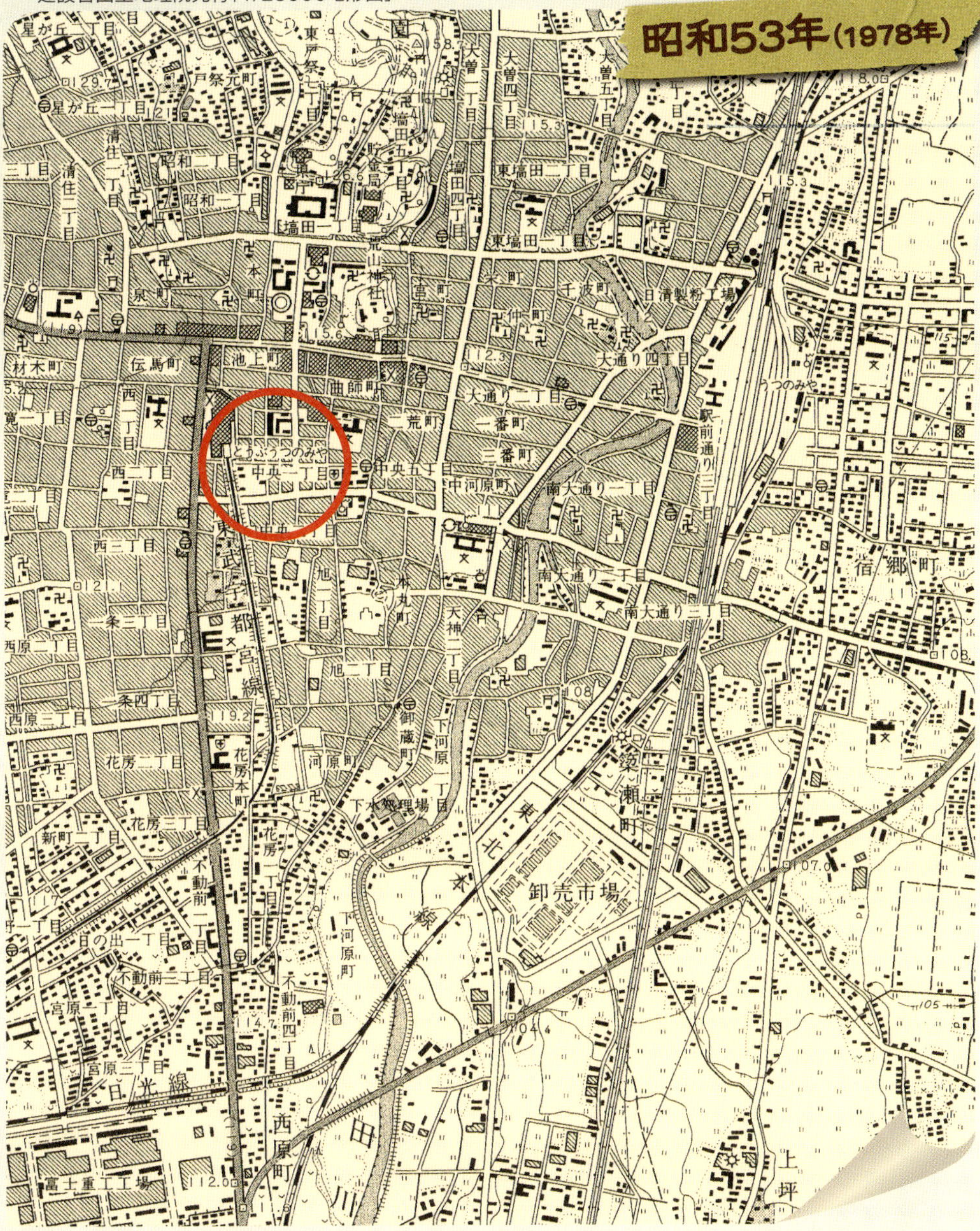

前ページの昭和39年と比較すると、市街地の密集地が西へ西へと進んでいるのがよく分かる。JR宇都宮駅の南端から描かれている太い軸線は東北新幹線の軌道予定地。東北新幹線大宮～盛岡間が開業するのは昭和57（1982）年だから、この地図から4年後だ。東京駅～上野駅間が開通するのは平成3年。宇都宮は今、1時間で東京都心部と直結。時間距離でいえば、東京の近郊都市と変わらない。地図下で奥州街道と日光御成道が分岐している。

10万人を超える大行列だった。

よく語られるのが、八代吉宗による享保13（1728）年の日光社参だ。13万人を超える大行列だったというのである。にわかには信じがたいが、日光社参は将軍家の威信が関わってくる。諸大名や旗本は社参供奉のほか日光や道中各地の警備、江戸の留守・固めなど様々な御用を命じられる。輸送に必要な人馬の手配もある。そのための供侍の数は膨大に膨らむ。費用も莫大だ。

日光社参はかくて数百人規模となる代参が多くなっていったのだが、主要街道の追分でもあった宇都宮宿は、日光街道で最も繁華な宿場町となった。

北関東最大の商工業都市

宇都宮は明治に入っても、栃木に代わって県庁所在地となり、現在の東北本線となる鉄道も通った。今では新幹線も走る。

地元の足、東武宇都宮線

鬼怒川が流れる市東部には大規模な工業団地が開発され、北関東で最大、また国内でも有数の地域商工業都市となっている。北関東最大の都市宇都宮の人口は50万人超。首都圏の都市としても10位の人口を擁している。

日光線

東武日光

外国人観光宿泊数も右肩上がり

陸軍参謀本部陸地測量部発行「1/25000地形図」

大正4年（1915年）

東武日光駅開業前の地図だ。日光への鉄道をいち早く敷設したのは日本鉄道だが、東武鉄道にとっては日光は観光事業の原点だ、日光線を企図したのはこの時代の大正年間。最初の計画では館林を起点とする佐野線の終点葛生駅付近より日光への延伸を意図したが、山越えのルートとなるため、杉戸駅（現在の東武動物公園駅）より分岐し北上するルートとした経緯がある。

開業年	昭和4（1929）年10月1日
所在地	栃木県日光市松原町4-3
駅構造	3面4線（地上駅）
キロ程	94・5㎞（東武動物公園起点）
乗降客	3,726人

懐深い日光

日光観光は、衰えを見せない。日光が世界遺産に登録されたのは20年近く前の平成11（1999）年だ。それでもなお、年々観光客数を増やしているのは、日光の観光資源が厚く、多彩に渡っているからだろう。社寺（日光東照宮、日光二荒山神社、日光山輪王寺）を始め、いろは坂、中禅寺湖、華厳の滝、戦場ヶ原等々、四季折々の自然の中で、それぞれがまた違った表情を見せる。

明治20年代の東照宮陽明門（日本百景）

日光観光（旧日光市）への平成29年観光客数は639万4443人。5年前の平成24年は558万0842人だ（「平成29年栃木県観光客入込数・宿泊数推定調査結果」（県観光交流課）。以下数字は同）

観光宿泊客数も平成24年の121万3826人から127万0743人と増加。宿泊客のうち外国人は2万2428人から6万5819人と、5年間で4万人以上の増加を示している。宿泊数の伸びの過半数は外国人観光客が貢献していることになる。政府は「観光立国」を掲げ、外国人観光客増加の音頭を取っているが、その政策は確実に日光に効果を与えていることが見て取れる。

天海大僧正と寛永寺

天海の最終目的は、徳川政権の本拠地である江戸に、関東における天台宗の一大拠点を築き、天台宗はもとより宗教界全体の支配だったと伝わる。

天海が政治的手腕を発揮するのは家康没後。「江戸城の鬼門の方角（北東）に当たる上野の山に徳川家の祈祷寺を」と二代秀忠に建言。家光の時代の寛永2（1625）年に東叡山寛永寺を創建している。

家光と日光

三代家光は、実父秀忠を嫌い、祖父家康を慕った。

秀忠は徳川家の菩提寺である芝・増上寺に祀られたが、家光は家康と同じ日光を遺言に残した。

家光は竹千代時代、乳母の春日局に育てられたが、母親のお江の方は三男国千代を溺愛。秀忠も国千代をかわいがった。二人の女の対立は将軍承継争いに発展。城内は竹千代派と国千代派に分裂。最終的には家康が断を下している。

家康肖像画

陸軍参謀本部陸地測量部発行「1/25000地形図」

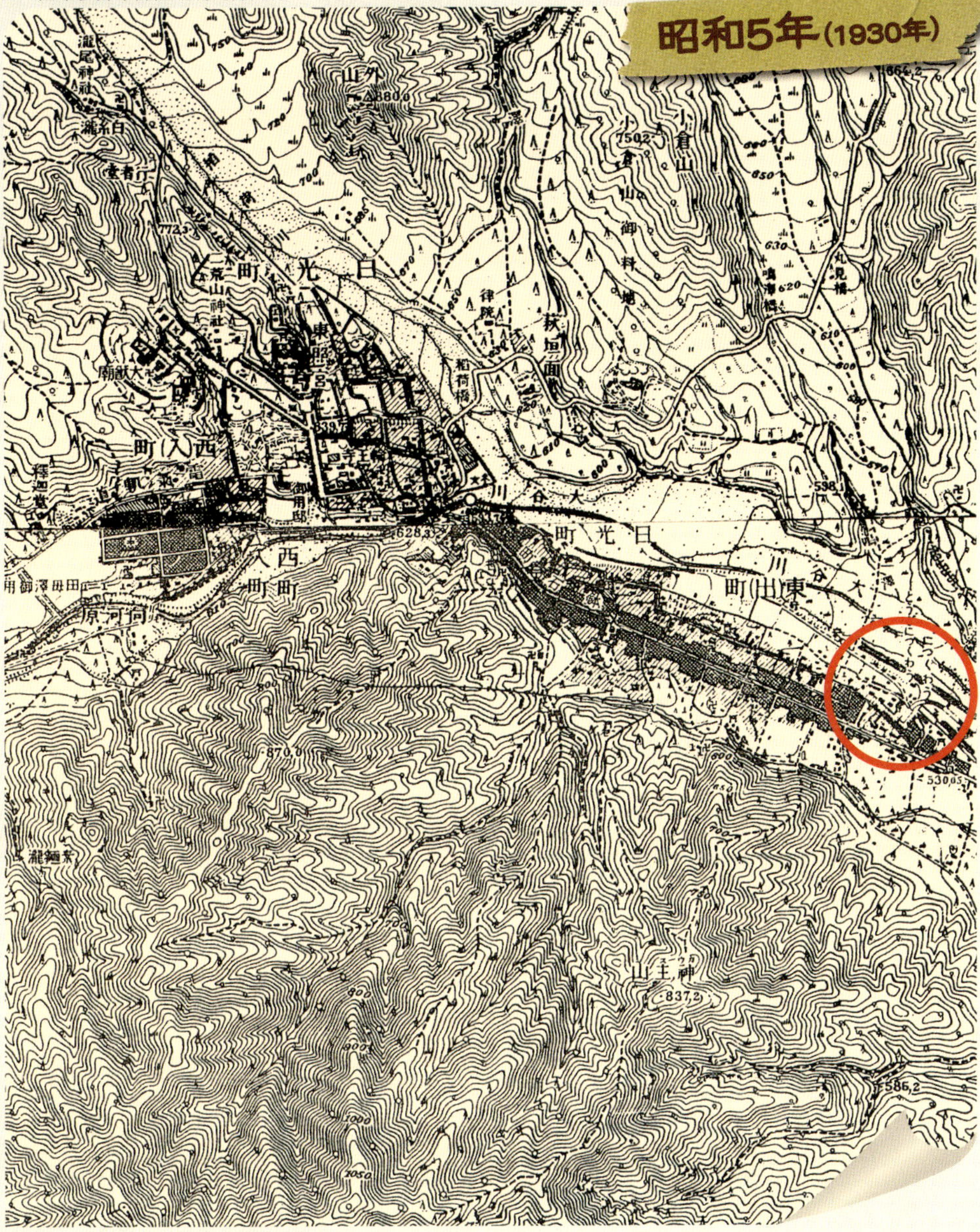

地図でご覧のように東武日光駅は国鉄日光駅の鼻先に設けられた。しかも、国鉄が蒸気機関車で単線運行だったのに対し、東武鉄道は昭和4（1929）年の開業時より電化・複線で開業し、伊勢崎線浅草駅（現在のとうきょうスカイツリー駅）からの直通運転が実施された。もっとも時局はまもなく観光どころではなくなってくる。東武鉄道が日光観光完全制覇を目指し、国鉄に果敢に勝負を挑んでいくのは昭和30年代（1955〜1964年）である（下段本文参照）。

山岳信仰の聖地

日光の歴史は山岳信仰から始まっている。

奈良時代の末に日光山は開かれ、男体山に四本龍寺が建立されたのがその起こりとも伝わる。政権の庇護を受けた鎌倉時代に神仏習合が進展し、三山（男体山・女峰山・太郎山）三仏（千手観音・阿弥陀如来・馬頭観音）山社（新宮・滝尾・本宮）を同一視する考えが整う。日光山は山岳修行修験道の拠点となり、室町時代には所領18万石、500に及ぶ僧坊が建ち並んだと言われ、関東最大の山岳信仰の聖地となった。

戦国時代末期、日光山は小田原北条に与したことで、覇者となった豊臣秀吉に寺領を没収され、没落の窮地に立ち至った。この危機を救ったのが天海大僧正（別項参照）だ。

徳川家の歴史に唐突に関わってくる天海大僧正は、107歳まで生きたという長寿伝説もさりながら、明智光秀説も取り沙汰されるなど、その前半生は謎に包まれている。巷説では天文5年（1536）会津生まれ。11歳で出家、14歳で天台宗の総本山比叡山に入山。後に茨城、埼玉に居を移しながら、家康の知遇を得たのは関ヶ原以降云々。

明治20年代の日光街道杉並木（日本百景）

建設省地理調査所発行「1/25000地形図」

昭和40年(1965年)

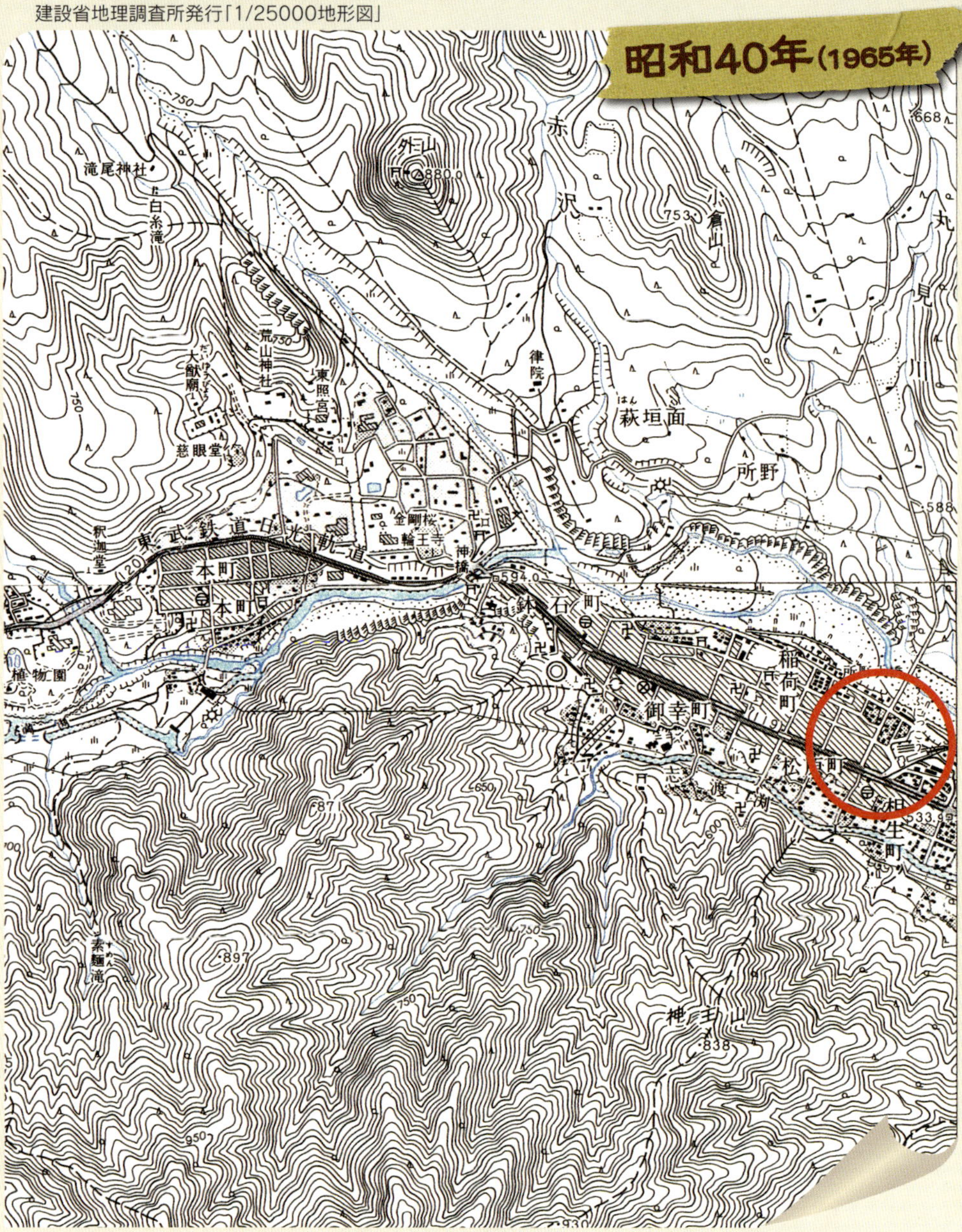

デラックスロマンスカーの投入で、国鉄との日光戦争に勝って5年後（下段の本文参照）、東武日光駅で日光軌道（路面電車）に接続していた時代の地図だ。いろは坂の下にある日光軌道線の終点馬返駅では坂上の明智平に至るケーブルカー（日光鋼索鉄道線）、さらに明智平ロープウェイへと接続していたが、日光軌道は昭和43（1968）年、ケーブルカーは昭和45（1970）年に廃止され、現在は明智平ロープウェイのみが営業している。

日光観光開発

東武鉄道は日光線を開業すると、日光観光開発に取り組んでいる。

国鉄日光駅～馬返間の日光電気軌道を傘下に収めると、日光登山鉄道を通じて馬返～明智平間のケーブルカー、明智平～茶ノ木平間のロープウエイ、観光客の利便を図った。

日光電気軌道は、古河合名会社（後の古河電気工業）と日光町の有志が、牛馬軌道を水力電気による電車軌道に替えるため、設立。明治43年から営業を始めていた。

いろは坂

明治から大正にかけて、日光町から日光二荒山神社（中宮祠）への交通は徒歩か山駕籠だけだった。そのうち2人引きの人力車が上るようになった。

その頃、日光～二荒山神社への道はほぼ直線の急坂であった。改修が始まったのは大正年間で、九十九折の道路に付け替え、後にいろは坂と称される道になったのは、大正末期頃。

明治時代の日光二荒山神社（日本名勝旧蹟産業写真集）

家康の知遇を得ると、天海は日光山の救済に動く。比叡山と共に日光山を天台宗における最高の寺格に位置づけ、慶長18（1613）年、78歳の時に日光山の住職に就く。家康没後。東照大権現と神格化した家康を日光に迎えることに成功。かくて山岳信仰の聖地だった日光山は幕府直轄の地となり、日光山の地位は揺るぎないものとなった。

語り草の日光戦争

〈当社日光線は来る十月全通致します。就きましては日光には既に省線の日光駅がありますから、当社の日光停車場は如何なる駅マイが最も便利でありますか、お客様のお知恵を拝借して最も適当な駅名を選びたいと存じます〉云々と「東武日光」を始めに新日光、上日光等々幾つかの駅名候補を上げて、一般乗客にアンケート方式で駅名募集を行ったのは昭和4年8月のことだ。アンケート用紙には東武鉄道日光駅と国鉄日光駅の位置を、町の通りや神橋、東照宮などと並べて図示。前宣伝も兼ねたものだった。

日光は明治に入ると、その風致は外国人の注目するところなった。英国の女流紀行作イザベラ・バードは明治13年に『日本奥地紀行』を本国で著し、日光の景勝を採り上げた。明治期の日本紹介に多大な貢献をしたアーネスト・サトウは明治23年に『日光案内記』を訪日外国人向けに刊行しているほどだ。

日本人富裕層やお雇いで来日した外国人等で始まった明治期の日光観光だが、明治23（1890）年に日本鉄道日

レジャーブームの到来

東武鉄道と国鉄の日光戦争が話題になった昭和30年代は「レジャー」というカタカナ語が登場し、レジャーブーム到来と喧伝されるようになったのは、昭和30年代半ばだった。

家計調査統計を見ると、昭和30年の消費支出2万1431円が3万円台に入ったのは昭和36年で、昭和38年には一気に4万円台に突入している。

エンゲル係数も40%を割り、いわゆる「教養娯楽費」に回せる余裕が出来てきたということだった。

日光山岳列車

東武鉄道はレジャーブームを先取りした形で、昭和30（1955）年7月から8月まで、季節限定の日光山岳列車の運行を始めている。

季節限定の日光行臨時急行は、平日は早朝に浅草を出発、午後（14時40分）日光を出る列車を一往復。土曜と日曜には2～3往復させて日光方面の夏山に向かう旅客の便を図った。

この日光山岳列車はその後、夜行スタイルに変化し、平成10（1998）年まで続いた。

東武鉄道は平成30年10月、18年ぶり夜行列車を復活させた。しかし、JR新宿駅始発であるから、時代も変わった。

国土交通省国土地理院発行「1/25000地形図」

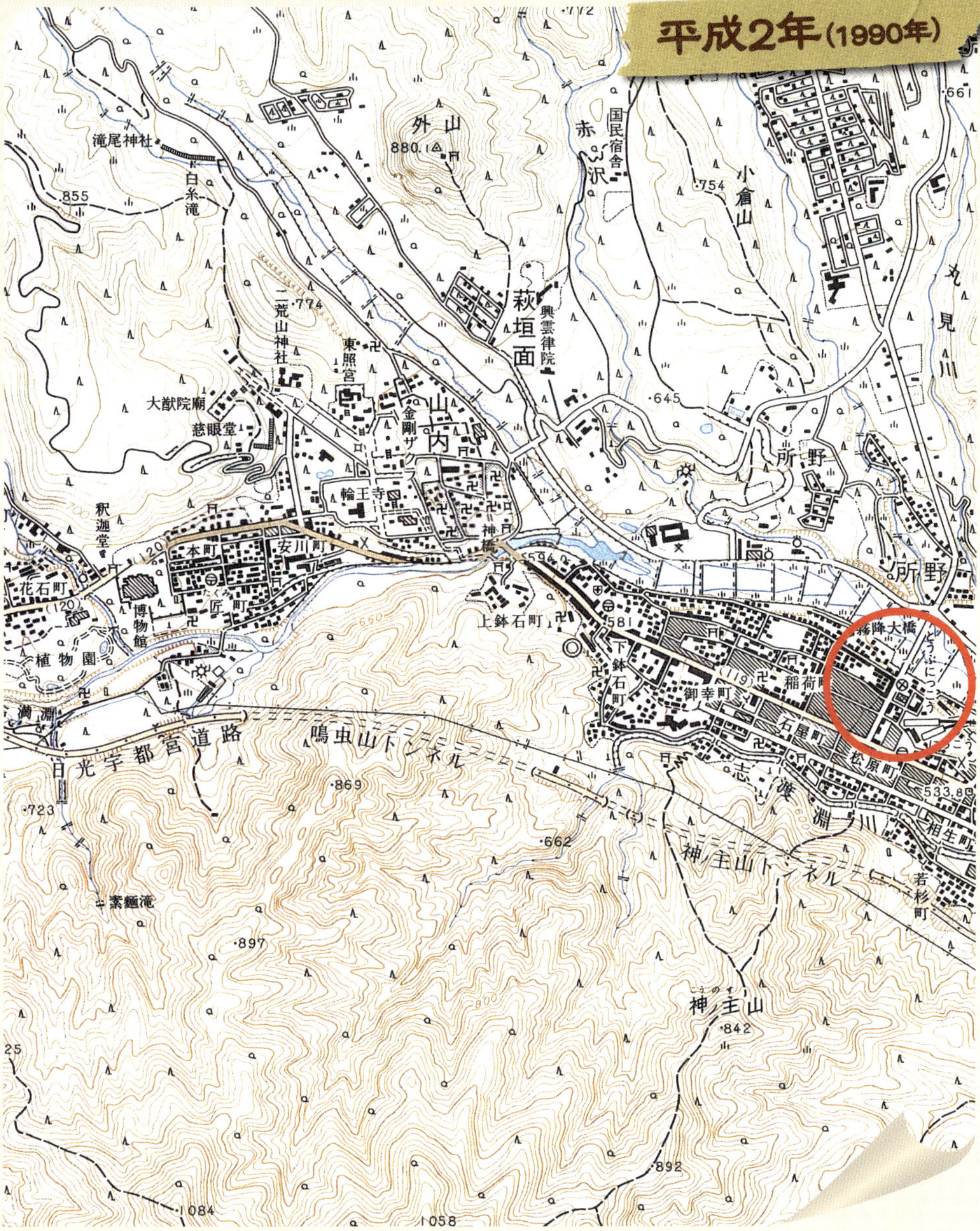

列島が札束と地上げに狂奔したバブル景気が破裂するのは地図翌年の平成3（1991）年だ。それ以降、日光観光は低迷期に入るが、近年は回復傾向にある（下段の本文参照）。地図中断に見える「日光宇都宮道路」は昭和56（1981）年に全線が開通した一般有料道路。東北自動車道宇都宮インターチェンジ（IC）から、日光市の清滝ICへ至る一般有料道路（自動車専用道路）である。

光線が開業。東京～宇都宮は馬車で、宇都宮～日光間は人力車という時代に終止符を打っている。

明治20年代の中禅寺湖（日本百景）

日本鉄道は明治39年に国有化され、日光観光は国鉄の独壇場であった。それに楔を打ったのが、東武日光線の開業となる。

両者の競合関係が熾烈になったのは、戦後混乱が落ち着いた昭和30年代だ。快適性と速さ、そしてお得感を競って互いに新型車両を投入。日光戦争などと呼ばれた競争は昭和35年に決着が就く。

東武鉄道はデラックスロマンスカーと称する新車両を投入。ジュークボックスを設置したサロンルーム、ビュッフェ、ジュースクーラー、コーヒー沸かし器、生ビールの販売機を設置、旅の気分を満喫出来るようにした。もちろん、ゆったり座席にリクライニング。当時の国鉄の一等車を有にしのいだこのデラックスロマンスカーの出現で、国鉄は日光戦争に白旗を掲げた。

この優等列車の後継として現在走っているのが、スペーシアだ。

そのような過去もある東武鉄道とJRだが、今は相互直通運転も開始。日光・鬼怒川観光はより便利になった。

◎岩ノ鼻停留場　東武の日光軌道線は1910(明治43)年、「日光電気軌道」として日光停車場前(日光駅前)～岩ノ鼻間が開業した。これは開業時の終点であった岩ノ鼻停留場付近、大正期の絵葉書である。電車と農夫、荷車などとの対比が際立つ風景となっている。

◎宇都宮の二荒山神社　豊城入彦命を祀る宇都宮二荒山神社は「下野国一宮」であり、「宇都宮大明神」として崇敬を集めてきた。2つの宇都宮駅のうち、やや東武駅寄りの北側に鎮座しており、門前は古くから賑わいを見せてきた。

◎日光駅　日本鉄道が1890(明治23)年に開設した日光駅で、現在はJR日光線の終着駅となっている。これは1912(大正元)年に竣工した二代目駅舎で、リニューアルされながら現在も使用されている。

◎鬼怒川発電所　小田急の親会社であった「鬼怒川水力電気」は、各地に水力発電所を有していた。これは鬼怒川温泉駅付近の「竹之沢第二発電所」の全景である。

◎藤岡の常盤パーク　「藤岡町常盤パーク」のキャプションがある公園の水辺の風景。藤岡町は1954(昭和29)年に市制を施行して藤岡市となる。大正期の絵葉書だが、詳細は不明である。

◎栃木駅　1918(大正7)年、当時の栃木県栃木町付近で行われた「陸軍特別大演習」では、御召列車に乗った大正天皇が栃木駅に到着した。このとき、スタンプに見える大本営は栃木中学校に置かれた。

◎東武宇都宮駅　現在の東武宇都宮駅は、宇都宮監獄の跡地の払い下げを受けて、1931(昭和6)年に開業した。この駅舎は1945(昭和20)年の宇都宮空襲により全焼している。

◎大谷人車鉄道会社　名産である大谷石の輸送を行うため交通機関として、1897(明治30)年に「宇都宮軌道運輸」、1899(明治32)年に「野州人車鉄道」が設立された。両者は合併して「宇都宮石材軌道」となり、後に東武鉄道の一部となった。これは「人車鉄道」時代の本社前の風景である。

◎日光金谷ホテル　1873(明治6)年に開業した日本を代表するリゾートホテルのひとつ、日光金谷ホテル。戦前から著名な外国人を迎えたクラシックホテルとしても有名で、イザベラ・バードやアインシュタイン、ヘレン・ケラーらが滞在した。現在は国の登録有形文化財、近代化産業遺産になっている。

◎神橋交差点付近　国道119号・120号・122号が結ばれる日光の神橋交差点付近で、この当時は日光軌道線が通っていた。名称となっている「神橋」は、すぐ上流の大谷川に架かる名橋。勝道上人が開山した際、山菅が生えて橋になったという伝説をもつ。現在の橋は1904(明治37)年に架橋され、「日木三大奇橋」のひとつに数えられている。

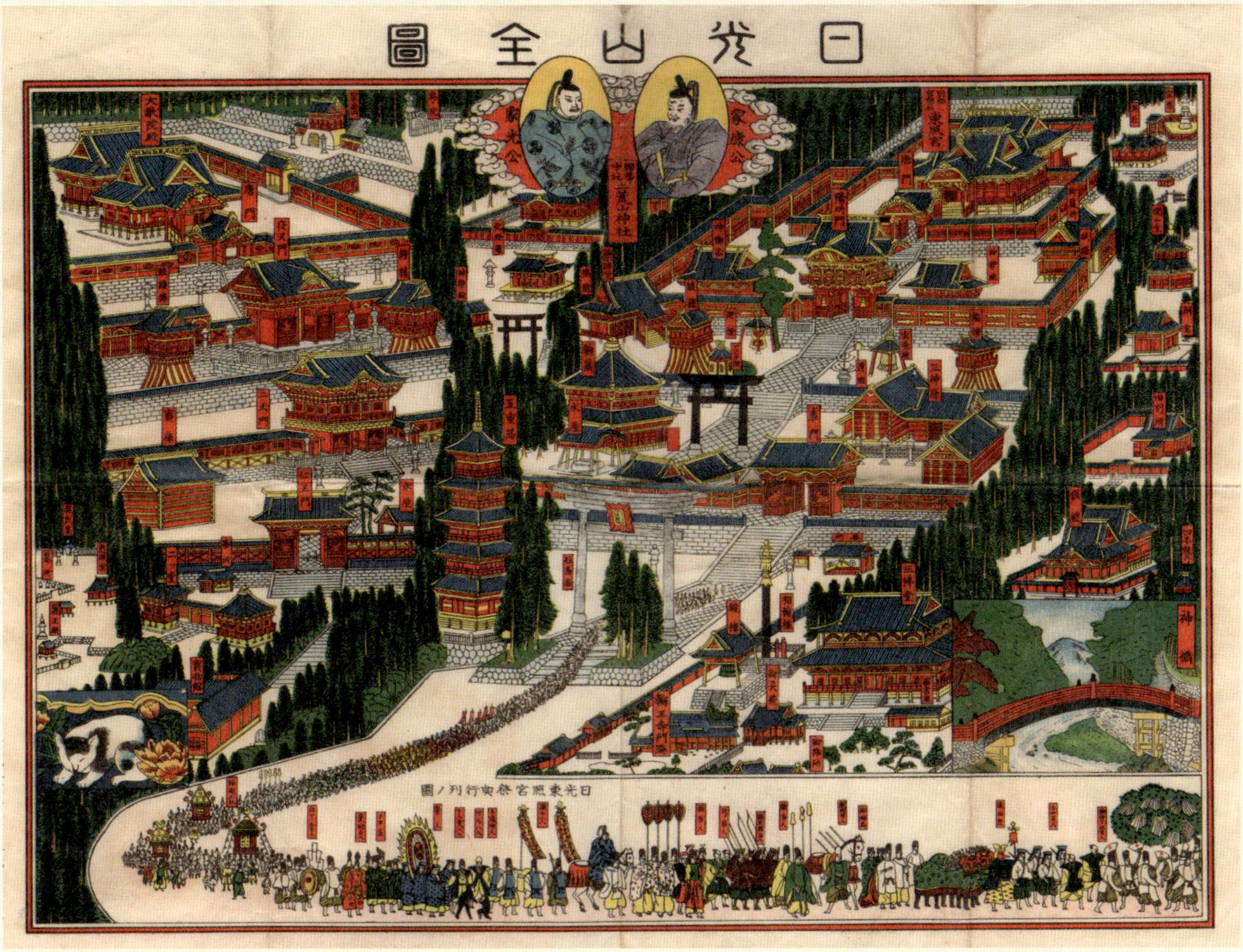

◎日光山全図　土産物として発行されていた日光山の全図(石版画)。版を重ねており、第150版と記されている。東照宮、二荒山神社の唐門、陽明門、五重塔といった境内の建造物のほか、神橋も見える。また、下には「日光東照宮祭典行列ノ図」として、境内から長く続く祭典の行列の姿が細密に描かれている。

◎中禅寺湖　中禅寺湖の大尻付近で、湖に浮かぶ遊覧船の姿がある。中禅寺湖は1周約250メートル、栃木県では最大の湖。明治以来、観光地として有名になり、湖畔には外国の大使館の別荘なども設けられている。

◎田母沢橋梁　日光駅前から馬返まで結んでいた、日光軌道線の田母沢橋梁である。1910(明治43)年に「日光電気軌道」として岩ノ鼻まで開通し、3年後に馬返まで延伸した。戦後に東武線の一部となり、1968(昭和43)年に廃止された。現在も、国道120号の上り線と下り線との間に残されている。

建設省地理調査所発行「1/25000地形図」

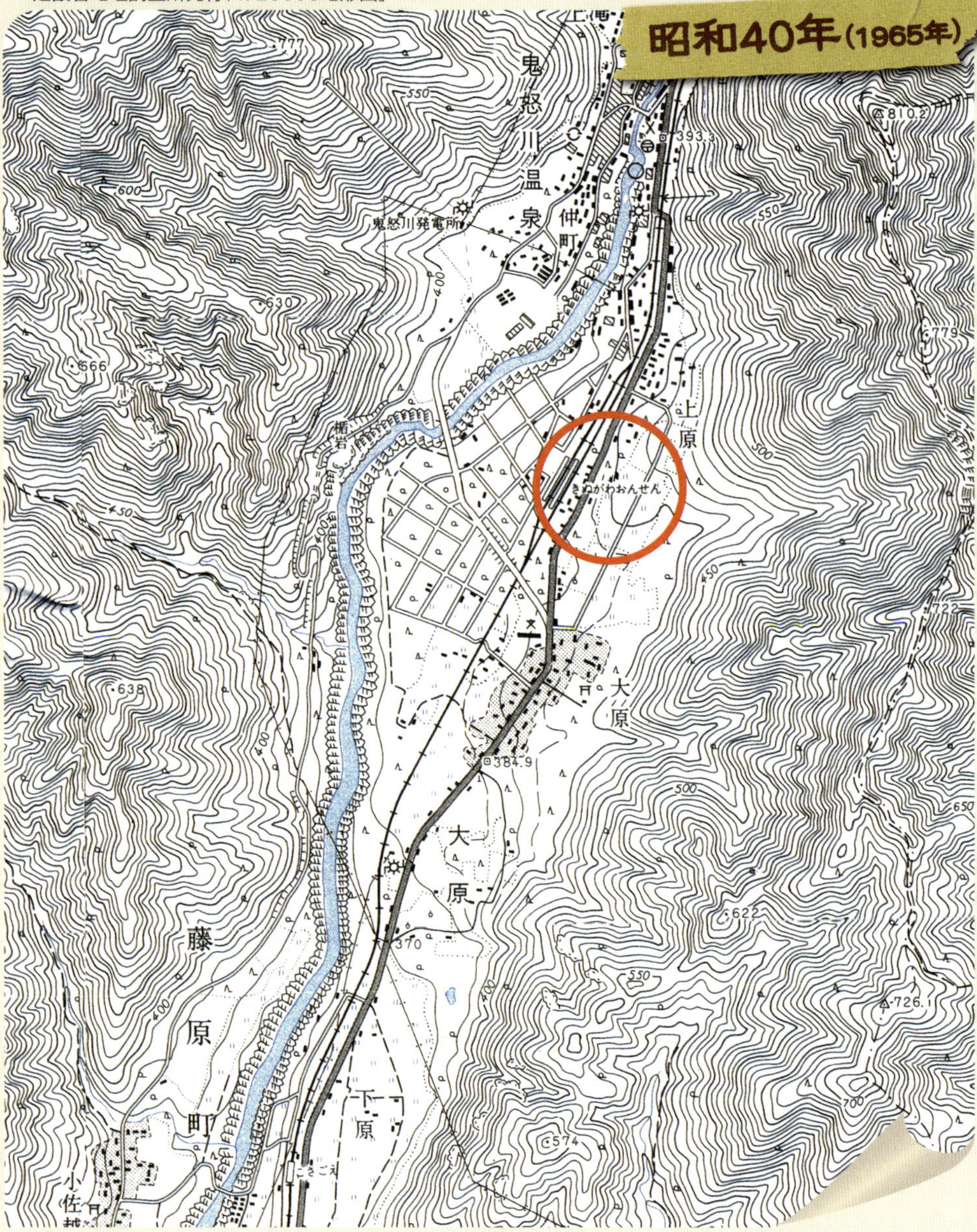

鬼怒川温泉駅前にはまだ畑が残っていた、発展途上期の地図だ。しかし、時代は列島が「昭和元禄」と浮かれた高度成長期。鬼怒川温泉郷は昭和40年代（1965～1974年）から急速に発展。駅周辺の畑ホテルや旅館が建ち並び、コンビニ、みやげ物店、レストラン、売店、カフェ、料理店、そば店、中華料理店、足湯、旅館観光案内所、ツーリストセンター、レンタカー、全天候型プール＆スパ、銀行、郵便局等々、なんでも揃う温泉都市となっていく。

鬼怒川線

鬼怒川温泉

「東武鉄道は藤原町の恩人である」

開業年	大正8（1919）年3月17日
所在地	栃木県日光市鬼怒川温泉大原1390
駅構造	2面4線（地上駅）
キロ程	12.4㎞（下今市起点）
乗降客	3,062人

景気の荒波を越えて

現在の日光市は平成18年、それまでの日光市が新たに今市市、足尾町、藤原町、栗山村と新設合併して成っている。このうち鬼怒川温泉郷を擁しているのが、藤原町だ。

昭和10（1935）年5月、藤原村は端午の節句の日に町制に移行すると5月16日には早速、町制施行記念誌を発行した。40頁ほどの冊子タイプだが、序文を寄せた時の町長星藤太は高らかに謳い上げた。

――山紫水明、自然美の景勝に恵まれた仙郷藤原も往時は会津街道の一寒村に過ぎなかった。

然るに明治四十五年、鬼怒川水力発電所の設置と高徳地内の鉱山事業によって村勢の躍進を見、更に大正八年下野電気鉄道の開通（中略）鬼怒川温泉の出現により一躍著名なる温泉郷として知られ、昭和四年東武日光線、鬼怒川線の開通によって帝都遊覧者の交通の便を得て、益々発展を見るに至った。

この頃の鬼怒川温泉入口（「町制施行記念」より）

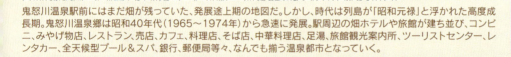

鬼怒川温泉

元禄年間に右岸の滝村で発見され、滝の湯などと呼ばれた。明治2年、左岸の藤原村地内の河原でも源泉が発見され、12年に浴場が設けられると滝村の温泉と区別して一時は藤原温泉とも称された。鬼怒川上流に水力発電所ができて水位が下がるとともに、川底から新源泉が次々と発見されたことから、昭和2年に、滝温泉と藤原温泉を合わせて鬼怒川温泉と呼ぶようになった。

下野電気鉄道

もともとは鬼怒川水力発電所（現・東京電力鬼怒川発電所）建設のための資材運搬軌道だった。
大正4年に藤原軌道～下野軌道と改称。大正10年に下野電気鉄道となった。この間、路線も延伸し沿線鉱山の需要にも対応する貨客鉄道となっており、大正8年には鬼怒川温泉駅のルーツとなる下野軌道下滝駅として開業している。
欧州大戦後の経済環境の激変や沿線鉱山の転変もあって、下野電気鉄道の経営は低迷。鬼怒川温泉の将来性に着目していた東武鉄道の支援なくては経営が立ち行かなくなる状況にあった。
昭和18年、東武鉄道は下野電気鉄道を買収の形で傘下に収めた。

国土交通省国土地理院発行「1/25000地形図」

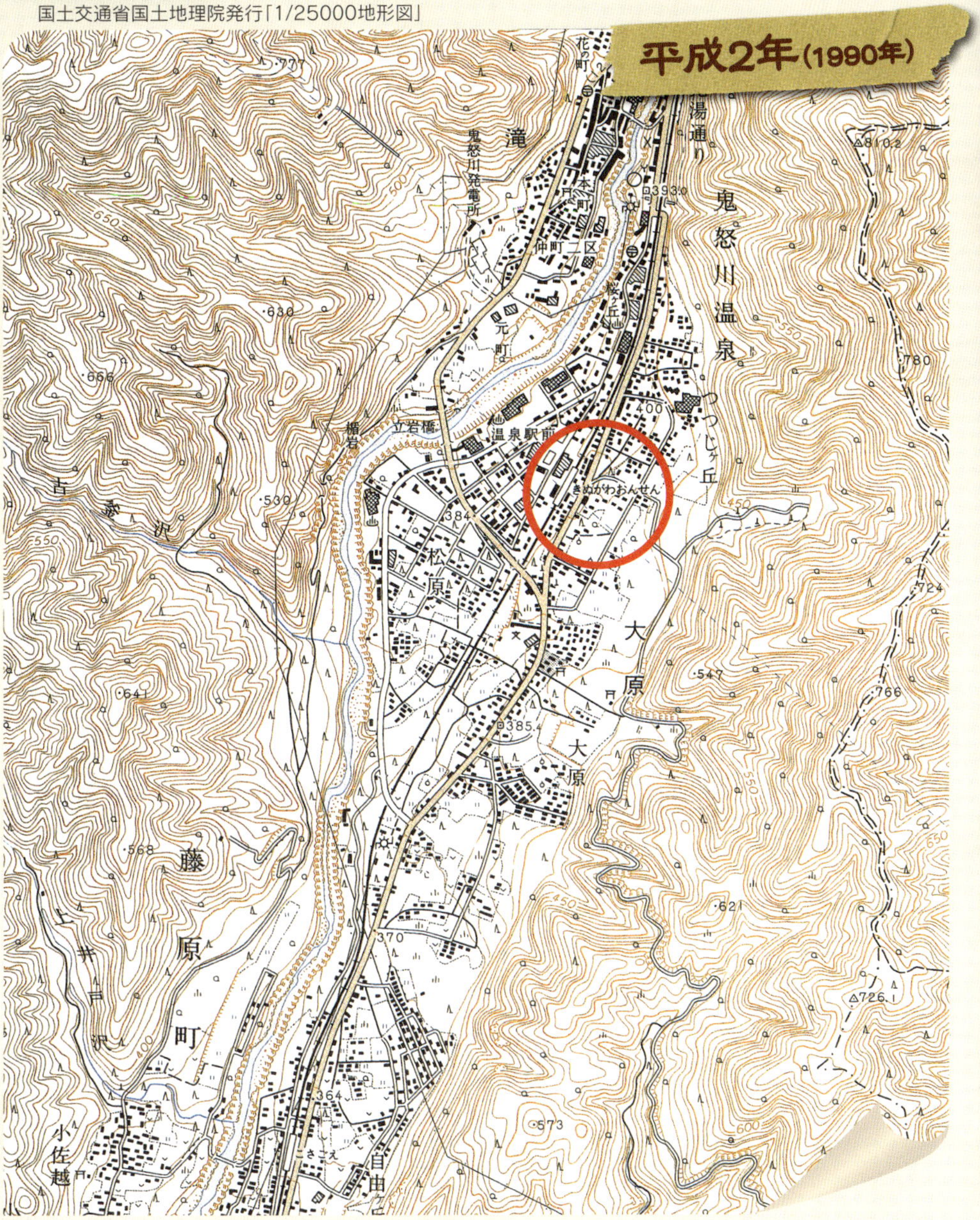

右ページの地図から四半世紀。鬼怒川渓谷沿いには旅館やホテルが建ち並ぶ関東有数の大型温泉地としてなった鬼怒川温泉のピーク時を写している地図。下段テキストでも触れているが年間宿泊客数が300万人を超えた時代だ。列島が札束と地上げに狂奔したバブル景気の真っ最中。しかし、バブルは翌年、突然破裂。鬼怒川温泉もこのあと、苦難の時期を迎えることになる。

日光の国立公園指定に伴い、その延長たる表日光の鬼怒川温泉は近く藤原への観光道路と共に町として諸施設を完備し、天下の温泉郷として産業の開発を為し、一大発展を期せんとす云々——

同誌はさらに下野電気鉄道（別項参照）を支援し、合わせて鬼怒川温泉郷を都人士にあまねく広めた根津嘉一郎東武鉄道社長は藤原町の恩人であるとの一文を構成。根津社長と鬼怒川温泉駅を写真入りで紹介している。

開業当初の鬼怒川温泉駅（『町制施行記念』より）

町長星藤太の言や好し。藤原町牽引の原動力ともなった鬼怒川温泉の宿泊客数は90年代初頭のピーク時には年間300万人を越えた。だが、日本経済は「失われた20年」に落ち込み、鬼怒川温泉の観光客もまた減少。宿泊客数は一時はピーク時の半減まで落ち込んだ。

しかし、近年は回復傾向に入った。観光客数は230万人を超え、宿泊客数も平成29年で185万人を数える（平成29年栃木県観光客入込数・宿泊数推定調査結果」における旧藤原町の数字をピックアップ）。

【著者プロフィール】

坂上 正一（さかうえ しょういち）

東京・深川生まれ、1972年東京都立大学経済学部卒業。日刊電気通信社に３年ほど在籍後、日本出版社に就職。その後、フリーランスとして生活文化をフィールドとして活動。2006年、新人物往来社『別冊歴史読本　戦後社会風俗データファイル』に企画・編集協力で参画後、軸足を歴史分野に。かんき出版でビジネス本にたずさわりながら2011年、同社から『京王沿線ぶらり歴史散歩』『地下鉄で行く江戸・東京ぶらり歴史散歩』を「東京歴史研究会」の名で上梓。2014年、日刊電気通信社から『風雲家電流通史』を上梓。現在は新聞集成編年史を主資料に明治・大正・昭和戦前の生活文化年表づくりに取り組み中。

【写真提供】
国立国会図書館

【絵葉書・沿線案内図提供】
生田 誠

【現在の写真撮影】
斎藤岳敬

本書に掲載した地形図は、国土地理院長の承認を得て、同院発行の５万分の１地形図、２万５千分の１地形図及び１万分の１地形図を複製したものです。（承認番号 平 30 情複、第 443 号）
本書に掲載した地形図をさらに複製する場合には、国土地理院長の承認が必要となります。

東武伊勢崎線、日光線 古地図さんぽ

2018 年 11 月 15 日　第１刷発行

著　者……………………坂上 正一
発行人……………………高山和彦
発行所……………………株式会社フォト・パブリッシング
〒 161-0032　東京都新宿区中落合 2-12-26
TEL.03-5988-8951 FAX.03-5988-8958
発売元……………………株式会社メディアパル
〒 162-0813　東京都新宿区東五軒町 6-21（トーハン別館３階）
TEL.03-5261-1171 FAX.03-3235-4645
デザイン・DTP ………柏倉栄治（装丁・本文とも）
印刷所……………………株式会社シナノパブリッシングプレス

ISBN978-4-8021-3129-2 C0026